同衣且共爨
崇荆出檐端

毛广淞，1955年生，中国古爨[①]书法传承者和当代中国毛爨体创始人，中国书法家协会会员，中国书协书法培训中心教授，清华大学美术学院培训中心书画高研班毛爨书艺研修班导师，中国国际友好联络会理事，中国画院理事，中华炎黄文化研究会艺术研究分会会长，中国国际书画艺术研究会爨体书法专业委员会主任。原武警总部大校警官。其书法作品曾被北京人民大会堂、驻港部队、中国国际广播电台等单位，以及萨马兰奇、施瓦辛格、福田康夫，正大集团谢国民、前联大主席让平等国际友人广为收藏。2007年被评为“中国书法十大年度人物”。毛广淞爨体书法具备了传承性、创新性、唯一性的特点，自2015年起受到国家版权局版权保护。

① “爨”字源于中国最古老的象形文字，该字核心之意即为“粮食”，而“爨文化”所蕴含的农业文化遗产价值对于全球粮食安全治理有重要的启示意义。毛先生特赠“同衣且共爨，紫荆出檐端”于本书，寓意为：携手维护全球粮食安全是世界大家庭成员之间和谐相处的共同保障，家庭和睦、兄弟情深是中埃两国的共同福祉。

寶鐸合園響天外
糧農濟世奏華章

乙巳春月 李少青書

李少青，1964年4月生于北京，1986年毕业于北京大学。中国诗书画研究会副会长兼李铎书法艺术研究专委会会长、中国书法家协会会员、北京书法家协会理事、中华诗词学会理事、前驻波黑大使馆政务参赞（首席馆员）、外交部原副局长，原中央国家机关书法家协会副主席、外交部老年书画研究会顾问、中华炎黄文化研究会艺术研究分会副会长、北京大学书法艺术研究所客座研究员、中国楹联学会书画艺术委员会委员。作品多次参加国内外书画展并获奖，被中国人民外交学会、钓鱼台国宾馆、驻外使领馆、中国人民抗日战争纪念馆、中华慈善总会等机构和个人收藏，并被刻碑刻匾于北京百望山森林公园碑林、北京报国寺、北京八大处公园、北京检察博物馆等。

贫困终结者和他的新农村时代

——埃及农业综论

（埃及农村及可持续发展研究）

丁麟◎著

中国农业科学技术出版社

图书在版编目（CIP）数据

贫困终结者和他的新农村时代：埃及农业综论：埃及农村及可持续发展研究 / 丁麟著. -- 北京：中国农业科学技术出版社，2025. 3. -- ISBN 978-7-5116-7342-8

Ⅰ. F341.13

中国国家版本馆CIP数据核字第 2025MH6240 号

责任编辑　白姗姗
责任校对　李向荣
责任印制　姜义伟　王思文

出 版 者　中国农业科学技术出版社
　　　　　北京市中关村南大街 12 号　　邮编：100081
电　　话　（010）82106638（编辑室）　（010）82106624（发行部）
　　　　　（010）82109709（读者服务部）
网　　址　https: // castp.caas.cn
经 销 者　各地新华书店
印 刷 者　北京建宏印刷有限公司
开　　本　170 mm × 240 mm　1/16
印　　张　25.5
字　　数　460 千字
版　　次　2025 年 3 月第 1 版　　2025 年 3 月第 1 次印刷
定　　价　180.00 元

“尼罗河，不仅仅是一条河，她还是一条战争之河，

一条终极之河，一条文明共享之河。”

——谨以此书献给我的家庭

和伟大的埃及人民

摄影：丁鹏

The Nile River is not only a river，but also a river of war，
and an ultimate river of shared civilization.

——This book is dedicated to my family

and present to the great people of Egypt.

摄影：丁麟

作者简介

丁麟，曾用名丁璘（Lin），1975年生，祖籍河南省唐河县，成长于北京。研究员，博士，农业竞争情报专业。现任中国农业科学院国际合作局五级职员，曾任中国驻阿拉伯埃及共和国大使馆政治处一等秘书、中国常驻联合国粮农机构代表处一等秘书［世界粮食计划署（WFP）业务组及联合国粮食及农业组织（FAO）业务组组长］。1998年参加工作，在中国农业科学院及农业农村部先后从事网络信息、科技管理、政策研究、行政与外事管理等工作。常驻意大利和埃及期间，先后从事粮农多边外交、农业政策研究，政府间双边外交、农业交流与合作、农业情报研究等工作。因在粮农多边外交与磋商工作中的优异表现，于2017年6月在WFP年会上荣获由WFP时任执行干事大卫·比斯利亲自授予的WFP常驻外交官“杰出贡献”荣誉[①]。因在中埃双边外交与“治国理政”智库交流等合作中做出的贡献，于2023年11月受到埃及总理内阁信息与决策支持中心特别致谢。

著有以下粮农外交系列专著：

1.《饥饿终结者和他的粮食王国——世界粮食计划署概述篇》

2.《饥饿终结者和她的努特之翼——世界粮食计划署综述篇》

3.《法老终结者和她的终极之河——埃及农业概论》

4.《贫困终结者和他的新农村时代——埃及农业综论（埃及农村及可持续发展研究）》

作者联系方式：dinglin@caas.cn

---

① 该荣誉为中国外交官首次获得。

Profile of the Author

DR. DING LIN, THE RESEARCH FELLOW IN THE Department of International Cooperation, *Chinese Academy of Agricultural Science* (*CAAS*). The former first secretary of the Chinese Embassy in Cairo, Egypt. The former first secretary of the Chinese Permanent Representative Office to the Rome Based Agencies (RBAs) of United Nations for Food and Agriculture in Rome, Italy. He served as the teams leader of *World Food Programme* (*WFP*) and *Food and Agriculture Organization* (*FAO*) affairs in China Mission to the RBAs. He is a Chinese author and researcher in agriculture. He was born in 1975 in Tanghe County, Henan Province, and grown up in Beijing, China. His major, begun in 1998, is about agricultural competitive intelligence and hold the title of Research Fellow. He received the *Certificate of Appreciation* ①from Mr.David M.Beasley, the then Executive Director of WFP to outstanding diplomatic permanent representatives to WFP on the annual session of WFP in 2017 for his contributions in multilateral cooperation and negotiation of UN food and agriculture affairs, and the *Letter of Appreciation* from Egyptian Cabinet, *Information and Decision Support Center* (*IDSC*) in 2023 for his contributions in high level think-tank dialogue and governance cooperation between China and Egypt.

He is the author of the *Agricultural Diplomacy*② series as follows:

The Hunger Terminator with His Food Kingdom-the past, presence and future of World Food Programme.

The Hunger Terminator with The Wings of Goddess Nut—The Synthesis Book of World Food Programme.

The Pharaoh Terminator with The Ultimate River—Introduction to Egyptian Agriculture.

The Terminator of Poverty with His New Rural Era—Comprehensive Review of Egyptian Agriculture: Research on Rural and Sustainable Development in Egypt.

E-mail: dinglin@caas.cn

---

① This is the first time a Chinese diplomat has received the honor in WFP.

② diplomatic efforts in agriculture (*Agricultural Diplomacy*), similiarly hereinafter.

序 一

首先，祝贺丁麟博士能够借助他的专业技能和在埃及等地的难得工作、生活经历完成了这样一部独特的、令人耳目一新的著作。作为一位一生倾心于埃中关系构建与合作的前埃及职业外交官，在阅读这本书的过程中，不断能够获得熟悉、亲切和各种有趣的感觉。

作者在《埃及农业综论》中对埃及农业以及相关外延领域的研究非常广泛，阅读本书，你几乎可以获得且毫无困难地读懂埃及农业所有领域的特点和进展，这确实是本书的一个独特之处，我甚至感觉似乎可以作为埃及或中国学校了解埃及的“百科全书”。同时，我并不认为这种“面面俱到”的研究是“硬伤”，“管中窥豹，时见一斑”，这种对埃及的全景观察，非常可能对其所在的北非、中东，乃至整个非洲地区的经济格局和区域治理产生更多启发。

作者在他的前言中提到对埃及农业的期待，我和作者有着共同的观点，即：当我们从全人类共同发展的角度去看待一个曾经辉煌的农业国度，并思考现在能够给我们带来的哪些启示，那么一定能够唤起人们对更大辉煌的期待。

中国学者能够怀着强烈的热爱对埃及进行研究，一定会同样激发埃及学者对中国开展深入研究的热情，这种良性的互动势必会对中国的“一带一路”等倡议的推广带来新的启示，更符合中国领导人多年奉行的“包容”“互利”和“共赢”等合作宗旨。

作者能够将农业专业著作的研究上升到国际粮农治理的高度，并借助外交视角拓展了这种专业研究的视野，这种方式固然与作者的丰富外交经历密切相关，但更重要的是为相关领域的研究者特别是政策的决策者提供了另外一种全新角度的思维模式，这种创新理念对于这个充满着不确定性和矛盾的世界如何重新找回平和状态有一定的启示意义。特别是作者在其另一本专著——《世界粮食计划署综论篇》中提及的“无用论”，即“无用即为大用”，这类哲学思想在埃及的古文化中可能也有相应的呼应。我想，这也是埃及—中国两个全球最具悠久文化民族的共通之处。

当前，埃中关系处在历史较好时期，同时也是关键的机遇期，中国有句成语：步步为营。埃及也有类似的谚语：世上只有两种动物能够到达金字塔顶，一种是雄鹰，一种是蜗牛。蜗牛当然就是“步步为营”，那么雄鹰所代表的——就是一种创新的理念，一种开拓的勇气和眼光。这正是这本书所希望传达给读者的。

最后，预祝作者在未来的埃中、非中合作乃至在未来联合国可持续发展目标的实现工作中做出更多的贡献。

阿里·埃尔·希夫尼

副主席

埃中友好协会

前埃及驻华大使馆大使

前埃及外交部副部长

Preface Ⅰ

FIRSTLY, CONGRATULATIONS TO DR.DING FOR achieving such a unique and eye-catch work by utilizing his professional skills and rare experiences of work and life in Egypt and other places. As a former Egyptian professional diplomat who devoted to building up and fostering Egypt-China relations and cooperate throughout his life, reading this book constantly evokes feelings of familiarity, warmth and various interesting inside.

The author's research on Egyptian agriculture and related fields in "*Comprehensive Review of Egyptian Agriculture*" is very extensive. By reading this book, you could effortlessly understand the characteristics and progress of all fields of Egyptian agriculture. This is indeed a unique feature of this book, and I even feel like it may serve as an "encyclopedia" for Egyptian or Chinese schools to understand Egypt. Further, I don't think this — "reach every aspect of a matter" — research as a flaw which the author mentioned in his book. This kind of panoramic view of Egypt is likely to have more inspiration for the economic pattern and regional governance of North Africa, the Middle East, and even the entire African region.

The author mentioned his expectations for Egyptian agriculture in his preface, and we share a common view that if we look at a once glorious agricultural country from the perspective of the common development of all mankind, what new inspirations can it bring us now will definitely evoke expectations for even greater glory.

In addition, if Chinese scholars can study Egypt with strong passion will certainly inspire Egyptian scholars to conduct in-depth research on China as well. This benign interaction is bound to bring new enlightenment to the promotion of China's "the Belt and Road" and other initiatives, which is more in line with the cooperative purposes of "inclusiveness" , "mutual benefit" and "win-

win" pursued by Chinese leaders for many years.

The author is able to elevate the research on agricultural professional works to the level of international food and agriculture governance, and promote this professional research perspective through a diplomatic perspective. This approach is closely related to the author's rich diplomatic experience, but more importantly, it provides researchers in related fields, especially policy decision-makers, with a fresh angle of thinking. This innovative concept has certain enlightening significance for how to recover from aftermath in this uncertain and contradictory world. Especially the "*Uselessness Theory*" mentioned by the author in another of his monograph— "*Comprehensive Review of the World Food Programme*", which states that "No use is of great use" —may resonates with ancient Egyptian culture. I think this is also the common trait between Egypt and China—two of the world's long standing cultural nations.

The Egypt-China relationship now in one of the best historical periods, which is also in the most critical opportunity period. There is a Chinese idiom: consolidate at every step. There is also a similar proverb in Egypt: there are only two animals in the world that can reach the top of the pyramid, one is the eagle and the other is the snail. Snails, of course, represent "step by step", while eagles means an innovative concept, a pioneering courage and vision. This is exactly what this book aims to convey to readers.

Finally, I wish the author more contributions in the future cooperation between Egypt and China, Africa and China, and even in the achievement of the United Nations Sustainable Development Goals.

H. E. Aly·El·Hefny
Vice president
Egyptian Chinese Friendship Association
Former Ambassador of Egypt to China
Former Deputy Minister of Foreign Affairs of Egypt

序 二

我与作者在中国驻埃大及使馆有过一段共同工作的经历。作者作为首位派驻埃及的农业外交官，能够将专业技能充分服务外交，将碎片化信息积累与整合的日常工作提升为常态化的能力建设过程。短时期内连续完成包括《埃及农业综论》在内的多部著作素材积累，并在卸任后适时形成产出，这些是对职责和追求的正确回答和必然收获。

中埃农业合作成效重点体现在两国间农产品及服务贸易增值、产业链不断强化和延伸方面，这些对中埃全面战略伙伴关系下构建的紧密贸易伙伴关系具有重要的价值和推动意义。同为历史悠久的传统农业国家，两国在农业资源禀赋、产业多样性和地区影响力等方面都有很多相似性和互补性。深化两国的农业交流与合作，对于维护地区稳定和粮食安全、提升发展中国家的治国理政能力，都有现实意义。特别是近期埃及加入“金砖国家”体系，这体现了更多“全球南方”国家深度参与全球治理的诉求。中埃农业合作将面临历史机遇，并迎来大发展时期。

粮农外交系列丛书也是作者在这个大的国际背景下，积极思考全球粮食安全问题，深入探索粮农治理的体现。作者以中国学者的视角，结合大量实例，全景式、多方位展示了埃及农业，甚至还延伸到经济、政治、国际发展合作等领域，给读者提供了一个“小百科全书”式的阅读体验，这个是不多见的，有利于国内读者全面了解埃及甚至激发对整个北非和中东地区民生与发展的关注兴趣。同时，这种“接地气”的基础调研及体系化的整合模式，展现的是一个较大的系统工程。而目前国内仅有零星的专题调研，还鲜有此模式的系统研究报道，这对于有关决策支持机构特别是国际智库具有实际借鉴意义，尤其是在针对性地开展国别研究方面。

书中提供了大量数据和丰富的图表，体现了作者的细致和严谨。同时，一些内容，包括政策措施、数据等，具有一定的时效性，然而伴随国际形势的变化，有时甚至会发生巨大的变化，读者需要在本书的基础上进行更新跟踪。另外，埃及未来在沙漠土地改造、人工智能与机械化等农业集约化治理领域或将鼓励更多国际农业企业深度参与，这些专业性强且契合现实紧迫需求的研究也需要更加深入，这些恰恰是专业机构和企业希望了解的，期待作者未来在上述专业领域能够深耕。

预祝作者在粮农研究与合作领域取得更多进展。

韩兵

全球化智库（CCG）特邀高级研究员

原中国驻克罗地亚、波兰和津巴布韦使馆经济和商务参赞

原中国驻埃及大使馆经商处公使衔参赞

Preface Ⅱ

I HAVE WORKED WITH THE AUTHOR AT THE Chinese Embassy in Egypt. The author is the first agricultural diplomat served the embassy who contributed his professional skills to diplomatic affairs who adopting fragmented information accumulation methods to enhance his capacity building and successfully complete the series including "*Comprehensive Review of Egyptian Agriculture*", and I believe this is the correct answer and inevitable results to his responsibilities and pursuits.

The agricultural cooperation between China and Egypt is reflected in the value-added of agricultural products and services trade between the two countries, as well as the strengthening and extension of the industrial chain, and made a good sense for the close trade partnership built under the comprehensive strategic partnership between China and Egypt. Similarly, as traditional agricultural countries with a long history, the two countries have many similarities and complementarity in terms of agricultural resource endowment, industrial diversity, and regional influence. Make the cooperation between the two countries in-depth will reflect the practical significance for maintaining regional stability and food security, and enhancing the governance capabilities of developing countries. Especially with Egypt join the BRICS, it reflects the demand for more "global south" countries to deeply participate in global governance. Therefore, China and Egypt agricultural cooperation will face historical opportunities and great development.

The Food and Agriculture Diplomacy Series is also a reflection of the author's active consideration of global food security issues and in-depth exploration of food and agriculture governance in this international context. The author presents Egypt's agriculture from the perspective of Chinese scholars, and combined with numerous examples, in a panoramic and multi-dimensional manner, and even extends to fields such as economy, politics, and international development cooperation, providing readers with a rare "encyclopedia" like reading experience. This is beneficial for domestic readers to comprehensively understand the livelihood and development of Egypt and even the entire North Africa and Middle East region if they interest in. In addition, this pragmatic basic research and systematic model demonstrate a systematic model in agriculture diplomacy approach which was rarely researched in China and has practical reference significance for policy decision-making institutions, international think-tank, especially in conducting specific country-study.

A large amount of data and charts in the book reflecting the author's meticulousness and rigor. However, many of them should be update and track by the further reader due to the timeliness of some policies and data. In addition, Egypt may encourage more international agricultural enterprises to deeply participate in land reclamation, artificial intelligence (AI), mechanization and other agricultural intensive management in the future. These technics meet practical is what exactly enterprises highly concerned.

Wish the author make further progress in agriculture research and diplomacy.

HAN Bing
Research Fellow

Senior Researcher Invited by the Center for China and Globalization (CCG),
Former Economic and Commercial Counsellor of the Chinese Embassy in Croatia, Poland and Zimbabwe,
Former Minister Counselor of the Commercial Office of the Chinese Embassy in Egypt

序 三

《埃及农业概论》《世界粮食计划署综述篇》以及此前出版的《世界粮食计划署概述篇》连同这一部《埃及农业综论》，使得作者的两次农业外交官经历变得更加充实，驻外成果显著，并形成了体系化的模式。这符合作为一名优秀科研人员所应具备的持续研究与总结能力和宽阔视野的要求。

我在粮食安全与营养研究领域工作多年，也参与过联合国粮农机构的多项研究项目，感到作者的研究能够始终契合粮食安全的核心问题，即人的可持续发展问题，并围绕粮食安全与营养这个核心，大胆拓展研究范围，并不断提出更多创新观点，丰富粮食安全与营养的内涵与外延。特别是能够站在全球粮安治理的高度，运用外交理论与观点，诠释和展望全球农业可持续发展和全人类的可持续发展问题。将单纯的农业及粮农专题研究上升至战略层面的同时，反过来赋予了本书更具说服力的理论依据，也带来了更高的学术价值。

科研始终为需求服务。

农业科研特别是粮农领域的研究，归根结底是要为我们的粮食安全和可持续发展服务的，大胆的探索和创新是解决当前和未来的羁绊和不确定性乃至风险与挑战的唯一手段。特别是基础研究，是未来实现突破的源泉。这也与当前我国高度重视基础研究的国策相一致。因此，务实和持续地对重点国家和地区以及国际组织开展实实在在的基础研究，必定会在某一个时刻由量变转变为质变，正如作者提出的“无用乃为大用”一样，表面看似“无用”和枯燥的积累，实则是有心的“沉淀”和“涅槃”。

作者的这个粮农外交系列丛书，更像是一块试金石，体现更多的是作者不断探索求新的精神，这是更加值得赞许的。期待作者在农业外交官职业生涯取得更加突出的业绩，在粮农研究领域获得新的突破，也希望更多的读者和有志于从事粮农研究与外交事业的年轻人通过此书获得更多启发。

聂凤英
研究员

原中国农业科学院农业信息研究所副所长
原中国农业科学院海外农业研究中心副主任
中国农业科学院海外农业与情报研究团队原首席
原国务院扶贫开发领导小组专家咨询委员会委员
中国农学会农业现代化研究分会主任委员

Preface Ⅲ

"*THE SYNTHESIS BOOK OF WORLD FOOD programme*", "*Introduction to Egyptian Agriculture*", "*Comprehensive Review of Egyptian Agriculture*" have enriched the author's two stages of experiences as an agricultural diplomat and resulting in significant achievements especially in forming a systematic model in research. This is a continuous research capability and summarization quality that a researcher with broad perspective should possess.

I have been working in the field of food security and nutrition research for many years, and have also involved in multiple research projects of the United Nations Food and Agriculture Organization. I feel that the author's research fully align with the core issue of food security-one of the sustainable development goals of UN, expand the scope of research and constantly propose more innovative ideas around the core of food security and nutrition issues, enriching the connotation and extension of food security and nutrition. Especially being able to stand at the height of global food security governance, utilize diplomatic theories and perspectives to interpret and prospect the sustainable development of global agriculture and the sustainable development of all humanity. While elevating the research on agriculture and food security to a strategic level, this book has been endowed with more convincing theoretical basis and higher academic value.

Basic research always serves the application needs.

Agricultural research, especially in the field of food and agriculture, ultimately serves our food security and sustainable development. Explore and innovative with courageously are the only means to address current and future constraints, uncertainties, risks, and challenges. Especially in the basic research field, it could be treat as the source of future breakthroughs. This is also consistent with China's current national priority policy of basic research. Therefore, conducting practical and sustained basic research on key countries, regions, and international organizations will inevitably make it shift from quantitative to qualitative changes at some point, just as the author's proposes— "uselessness could be great use" . The seemingly "useless" and dull-data-collection work is actually a deliberate "Self-reflection" and then "Nirvana" .

The author's series of *Agricultural Diplomacy* books is more like a touchstone, reflecting the author's spirit of continuous exploration and innovation, which is even more commendable. I am looking forward the author could achieve more outputs in his career as an agricultural diplomat, and making new breakthroughs in the field of food and agriculture research. I also hope that more readers and young people who are interested in pursuing food and agriculture research and diplomacy can gain more inspiration through this book.

NIE Fengying

Research Fellow

Former Deputy Director, Institute of Agricultural Information,
Chinese Academy of Agricultural Sciences (CAAS)
Former Deputy Director, Overseas Agricultural Research Center (OARC), CAAS
Former Chief of the Research Team of OARC, CAAS
Former Member of the Expert, Advisory Committee of the Leading Group,
Poverty Alleviation and Development of the State Council
Chairman, Agricultural Modernization Research Branch Association,
China Association of Agricultural Science Societies

序 四

提问AI：您是埃及农业政策的决策者，请为以下文章撰写评论，评论应包括对文章的总体评价，以及对埃及绿色农业和农村地区可持续发展的可能贡献。

AI回答：

在您阅读以下内容时，我希望您认真思考农业的重要性，因为它不仅是作为一种经济活动，更重要的还是我们身份、文化和遗产的重要组成部分。这本书连接了埃及的过去和现在，同时可引导我们走向可持续和繁荣的未来。我以埃及农业政策研究人员的身份从以下几个关键要素评估本书。

在农业领域，很少有国家能像埃及那样拥有如此丰富而深厚的历史。数千年来，尼罗河滋养了我们的土地，不仅维持了充满活力的生物多样性，还延续了我们文明的精髓。

该书的主要优势之一是它对埃及农业遗产的深刻理解，特别是对尼罗河的依赖以及农业在数百万农村生活的埃及人中发挥的社会经济作用。尤其在对埃及农业正在从以生存为基础的传统做法向更现代的工业和出口导向型体系的转变，对政府向绿色农业过渡的努力方面，分析得尤为清晰。

该书强调了农业作为埃及经济基石的重要性。历史上，埃及的农业严重依赖尼罗河，尼罗河推动了其农村经济和文化的发展。该书强调了埃及农村如何与该国的农业生产力错综复杂地联系在一起，特别是其对粮食安全和就业所做出的贡献。农业在养活埃及快速增长的人口和支持农村生计方面，以及维护社会稳定至关重要。

鉴于这一历史背景，《埃及农业综论》的关注点与人们对埃及农村发展的关注点具有高度相关性。它介绍了农村经济不仅可以作为埃及农业生产力的重要组成部分，而且还能作为更广泛的经济发展战略关键指标（包括扶贫、农村就业和可持续性）。这使得读者通过该书更容易理解埃及农业运作的经济和社会框架。

《埃及农业综论》探讨了政府和制度框架在推动农业发展的关键作用。优先考虑可持续性和制定创新的健全政策将有助于促进埃及向更具弹性的农业系统过渡。政府、学术界和私营部门之间的合作对于创建一种综合方法至关重要，这种方法可以确保粮食安全，同时保护我们宝贵的自然资源。

此外，该书还对埃及的农业发展、农村经济及其与国际合作、可持续发展和治理的交叉进行了广泛而深入的分析，涉及埃及农业的几个关键方面，同时与全球和区域政治及经济框架相吻合。

该书为理解埃及的农业景观以及农村发展、国际合作和可持续性之间的复杂相互作用提供了全面指导。它专业地涵盖了各种主题，包括埃及的农村地理、农业生产、水资源短缺以及国际组织在推动可持续发展方面的作用。作者综合运用讨论“体面生活”运动等地方倡议以及联合国可持续发展目标（SDGs）等更广泛的国际框架的方法，使该书体例更加平衡且完整。

该书对埃及的农业政策、绿色农业的潜力以及农村地区的可持续发展进行了深入而富有洞察力的分析。其关于促进可持续农业实践、改善农村基础设施和利用国际合作的建议是有充分依据的，与埃及的长期发展目标相一致。此外，该书强调了农业、农村发展与社会经济稳定的相互联系，表明可持续农业不仅可保护环境，还能缓解贫困和加强粮食安全。

对埃及来说，发展绿色农业不仅为可持续发展提供了一条道路，而且为改善农村生计、促进经济发展和加强其作为可持续实践区域领导者的地位提供了一种手段。该书的建议可作为埃及正在努力平衡现代化与环境保护和社会福利之间关系的政策改良措施的一部分。

总的来说，该书对埃及农业和农村发展做出了宝贵贡献。在广泛的范围内，对农业、国际合作和国内政策之间的交叉点进行了深刻的分析。强调埃及努力与全球可持续发展目标保持一致以及国际组织的作用，凸显了埃及农业部门不仅在国内而且在全球的重要性。

对于政策制定者和研究人员来说，该书为理解埃及农业系统的复杂性提供了坚实的基础。如果辅以更多的实证与案例，该书将能更进一步的增强其在政策建议方面的说服力。尽管如此，该书的系统分析将使其成为研究埃及农业政策和农村发展的重要依据。

总之，前面的道路虽然充满了挑战，但也充满了可能性。通过利用已有的知识和资源，我们可以建立可持续性的农业系统，不仅能养活人口，而且有助于维持环境的健康。责任在于我们——让我们共同培育埃及的田地，并挖掘我们社会的潜力。

最后，未来的道路需要合作努力和守正创新。只有通过我们的坚定决心，我们才能确保子孙后代拥有可持续和繁荣的农业前景。让我们共同努力，在尊重传统农耕文明的前提下，带领我们走向富足和可持续的未来。

期待您与我们共同踏上这段深入探索埃及农业发展的旅程。

OpenAI

2024.9.18

来源：基于OpenAI（Chat GPT-4）平台的AIBox创作系统

Preface Ⅳ

REQUEST: YOU ARE THE DECISION-MAKER OF EGYPT'S agriculture policy, please write a comment for the article below, the comment should include the overall evaluation of the article, and the possible contribution for Egypt green agriculture, and sustainable development of rural area.

Retrieving file:

As you engage with the content that follows, I encourage you to reflect upon the significance of agriculture not just as an economic activity, but as a vital part of our identity, culture, and heritage. It is a narrative that connects us to our past while guiding us toward a sustainable and prosperous future. Below, I will evaluate the key elements of the article from an Egyptian agricultural policy researcher's perspective.

In the realm of agriculture, few nations can boast a history as rich and profound as Egypt. For thousands of years, the Nile River has nourished our lands, sustaining not only a vibrant biodiversity but also the very essence of our civilization.

One of the article's key strengths is its deep understanding of Egypt's agricultural heritage, particularly its dependency on the Nile River and the socio-economic role that agriculture plays in the lives of millions of rural Egyptians. The article effectively highlights the ongoing transformation of agriculture in Egypt from subsistence-based, traditional practices to a more modern, industrial, and export-oriented system. The analysis of the government's efforts to transition into green agriculture is particularly well-articulated.

The article rightly underscores the importance of agriculture as a cornerstone of Egypt's economy. Historically, Egypt's agriculture has been heavily reliant on the Nile, which has shaped the development of its rural economy and culture. The text highlights how rural Egypt is intricately linked to the country's agricultural productivity, particularly through its contribution to food security and employment.

Agriculture remains vital in feeding Egypt's rapidly growing population and in supporting rural livelihoods, which are essential to maintaining social stability.

Given this historical context, the focus of article on rural development in Egypt is highly relevant. It successfully presents the rural economy not only as a significant part of Egypt's agricultural productivity but also as a key player in broader economic development strategies, including poverty alleviation, rural employment, and sustainability. This makes the article a valuable contribution to understanding the economic and social framework within which Egyptian agriculture operates.

The article also examines the pivotal role of governmental and institutional frameworks in shaping agricultural development. Sound policy-making that prioritizes sustainability and innovation will be instrumental in facilitating the transition towards more resilient farming systems. Collaborations among government, academia, and the private sector are essential to create an integrated approach that ensures food security while safeguarding our precious natural resources.

The article you have shared provides an extensive and in-depth analysis of Egypt's agricultural development, rural economy, and its intersection with international cooperation, sustainability, and governance. It is a comprehensive work that touches on several critical aspects of Egypt's agricultural landscape while integrating these topics with global and regional political and economic frameworks.

The article serves as a comprehensive guide to understanding Egypt's agricultural landscape and the complex interplay between rural development, international cooperation, and sustainability. It expertly covers various topics, including Egypt's rural geography, agricultural production, water scarcity, and the role of international organizations in driving sustainable development. The author's approach of discussing both local initiatives, such as the "Decent Life" campaign, alongside broader international frameworks like the UN Sustainable Development Goals (SDGs), creates a balanced narrative.

The article provides a thorough and insightful analysis of Egypt's agricultural policies, the potential for green agriculture, and the sustainable development of rural areas. Its recommendations for promoting sustainable farming practices, improving rural infrastructure, and leveraging international cooperation are well-founded and align with Egypt's long-term development goals. Furthermore, the article highlights the interconnectedness of agriculture, rural development, and broader socio-economic stability, demonstrating that sustainable agriculture is not just an environmental necessity but also a critical tool for alleviating poverty and enhancing food security.

For Egypt, the transition to green agriculture offers not only a path to sustainability but also a means to enhance rural livelihoods, promote economic development, and strengthen its position as a regional leader in sustainable practices. The insights from this article should be considered seriously as part of Egypt's ongoing efforts to balance modernization with environmental preservation and social welfare.

Overall, the article is a valuable contribution to the literature on Egypt's agricultural and rural development. Its broad scope provides an insightful analysis of the intersection between agriculture, international cooperation, and domestic policy. The emphasis on Egypt's efforts to align with global sustainable development goals and the role of international organizations highlights the importance of Egypt's agricultural sector not only domestically but also globally.

For policymakers and researchers, this work offers a solid foundation for understanding the complexities and opportunities within Egypt's agricultural system. However, the article would benefit from a more focused approach on empirical data and case studies to strengthen its policy recommendations. Nonetheless, its wide-ranging analysis makes it a significant resource for anyone studying the agricultural policies and rural development of Egypt.

In conclusion, the road ahead is fraught with challenges, yet it is also teeming with possibilities. By harnessing our collective knowledge and resources, we can build resilient agricultural systems that not only feed our population but also contribute to the health of our environment. The responsibility lies with us—together, let us nurture the fields of Egypt and cultivate the potential that lies within our society.

In closing， the path forward mandates a collaborative effort and a commitment to innovation. Only through our collective resolve can we ensure a sustainable and prosperous agricultural landscape for generations to come. Let us work together， fostering an integrated approach that respects our heritage while leading us towards a future of abundance and sustainability.

Thank you for joining us on this journey into the heart of Egyptian agriculture.

OpenAI

2024.9.18

Source：AIBox，By OpenAI（Chat GPT-4）

前言

对于是否需要再撰写一部《埃及农业综论》？在《埃及农业概论》出版之前，我是带有一定的不确定性的。但随着对埃及农业的跟踪研究持续且逐渐深入，以及在《埃及农业概论》撰写过程中，对一些领域和问题的不断研究又出现了较大幅度拓展，以至于对一些问题产生了更多自己的想法。我逐渐发现，受制于传统模式的撰写方式已经不能够全面地反映出埃及这个极具特色农业国家的时代特征和发展潜力，盖因埃及的地区代表性在近年越来越明显，尤其是在最近几年，埃及周边出现的诸多国际纷争和博弈，将其不断地推向历史的“风口”，特别是地缘政治问题在埃及周边地区不断发酵，直接或间接对埃及的农业产生了巨大的影响，使得埃及这个扼守亚非欧“十字路口”的关口国家在地缘政治、经济特别是农业方面再次成为世界关注的焦点。埃及在不断地向周边和世界提供着极具多样性的农产品及农业服务贸易的同时，也在向世界展示着埃及在农业可持续发展领域的观点和诉求以及在实现联合国可持续发展目标（SDGs）方面的作为。这也是一个负责任的地区大国应该具备的能力和应该履行的义务，更重要的是对我国的农业可持续发展及全球战略定位亦有一定的启示。基于这样的认识，我在完成了对埃及农业的基础研究之后，再开展对埃及农业更加自由的、全方位的研究就变得十分有趣了，也因此就有了《埃及农业概论》的前言中提到的对《埃及农业综论》的期待了。

如果说《埃及农业概论》能够帮助读者对埃及的农业历史、现状有一个初步的全面了解的话，那么《埃及农业综论》要做的则是希望帮助读者能够更加深层次地理解研究埃及农业的意义何在；埃及为什么要发展现代农业、绿色农业；我们可以对埃及农业产生什么样的期待；如果我们站在全人类共同发展的角度去看待一个曾经辉煌的农业国度，那么它又能够给我们带来什么样的新启示……

埃及的农业不仅仅属于埃及，也属于整个阿拉伯世界、整个非洲，当然也属于整个世界。站在这个角度考虑，我们就会发现，埃及的农业绝不仅仅是沿着尼罗河流域的生生不息的“自养”农业，那里的农民也不仅仅是一些满足于“大饼”的农夫。那里存在着一个具有巨大发展潜力的农业体系，一些亟待开发的绿色农业产业，一批等待发掘的农业资源，一众聪颖务实的年轻人才，这些将毫无疑问地对埃及农业的未来转型和变革，以及推动地区的经济一体化步伐，起到关键的作用。

2025年3月

Preface

IS IT NECESSARY TO WRITE AGAIN SUCH A DUPLICATE-LIKELY book of Egyptian Agriculture followed my first edition although I named it a "*Comprehensive Review of Egyptian Agriculture*" ? Actually, before the first edition of "*Introduction to Egyptian Agriculture*" release, I still had a certain degree of uncertainty. However, with the continuous and gradual deepening of tracking research on Egyptian agriculture, as well as the significant expansion of research in some fields and issues during the process of "*Comprehensive Review of Egyptian Agriculture*" , more ideas have been generated on some issues. Gradually, it has been discovered that the traditional writing style is no longer able to make fully reflection on the characteristics and development deep inside of Egypt—a highly distinctive agricultural country. This is because Egypt's regional representativeness has become increasingly apparent in recent years, especially with the emergence of many international disputes and political games encircled Egypt, which have constantly pushed it towards the "Historic Tuyere" ①. In particular, regional political issues have been fermenting in the surrounding areas of Egypt, directly or indirectly affecting Egypt's agriculture, making Egypt, a pivotal country that guarding the crossroads of Asia, Africa, and Europe, once again in the focus of world attention in terms of regional politics, economy, and agriculture.

Egypt is the key country that providing a diverse range of agricultural products and services to its neighbors and the world, while also showcasing its perspective and demands in agricultural sustainable development as well as its contributions

① In western culture, it means: historic time of the hot tensions. In Chinese culture, it means when you reached and standing at the take-off point when the unprecedent soaring wind comes, then the only thing you should do is, catch the chance and jump, and then you will fly and change your fate.

towards achieving the United Nations Sustainable Development Goals (SDGs) . This is also a capability and obligation that a responsible regional power should possess and fulfill, and more importantly, it offers insights into Chinese sustainable agricultural development and global strategic positioning. Based on this understanding, after completing basic research on Egyptian agriculture, it becomes very intriguing to conduct more liberal and comprehensive research on Egyptian agriculture. Therefore, the expectation for a comprehensive theory mentioned in the preface of my first edition— "*Introduction to Egyptian Agriculture*" also emerged.

If "*Introduction to Egyptian Agriculture*" could help readers have a preliminary and comprehensive understanding of Egyptian agricultural history and current status, then the "*Comprehensive Review of Egyptian Agriculture*" is to help readers delve more profoundly into understanding the significance of studying Egyptian agriculture, and why does Egypt need to develop the modern and green agriculture? And what expectations could get from Egyptian agriculture? If we look at a once glorious agricultural country from the perspective of the common development of all mankind, what new insights it may bring us?

Egypt's agriculture does not only belong to Egypt, but also to the entire Arab world, the entire Africa, and of course, the entire world. From this perspective, we will find that agriculture in Egypt is not merely about the ever-thriving "self-sustaining" agriculture along the Nile River basin, and the farmers there are not just individuals' content with their daily bread— "Aish Baladi" . There exists a vast agricultural system with immense development potential, promising green agricultural industries and untapped agricultural resources waiting to be discovered, and a multitude of bright and practical young talents. These will undoubtedly play a key role in the future transformation of Egyptian agriculture, as well as promoting the pace of regional economic integration.

Dinglin

March, 2025

引言

本书与上一部《埃及农业概论》（以下简称《概论》）一样，提供的也是一个站在埃及本地视角，利用埃及自身和相关的国际资源对其农业各个方面的动态进行持续跟踪与分析。但是这一部《埃及农业综论》（以下简称《综论》）有所不同的是，它站在埃及农村与农业可持续发展的高度，借助农业这个特别的研究平台，对埃及的自身可持续发展能力以及未来在地区乃至全球治理过程中所能够扮演的角色，从农业的角度进行了全面的评估。读者能够在《概论》中对埃及农业获得的基本认识的基础上，通过本《综论》在更深层次的领域，解读埃及在不同农业应用领域的政府间伙伴关系、民间组织、国际机构等的表现，感受埃及农业区域、全球影响力和多重挑战下的可持续发展能力，甚至可以对埃及的双边关系、国内治理、多边合作等的能力建设水平，形成一个较为全面和深刻的认识。更重要的是，借助对埃及的全景观察，能够对其所在的北非、中东，乃至整个非洲地区的经济格局和区域治理产生更多启发。

在本书的首章中，通过对埃及农村的现状与形态、历史沿革、发展矛盾、农村经济等系统描述，全方位展示了埃及农村在维护埃及农业经济稳定持续发展和支持现代农业经济可持续发展，特别是粮食安全保障方面所发挥的重要作用。

第二章着重介绍了埃及在推动新农村综合治理和可持续发展过程中，如何充分利用各种国际资源，特别是国际金融机构等参与埃及的农业与农村经济可持续发展。此外，还分类详细介绍了联合国相关组织和有关主要国家在长期参与埃及的农业与农村治理过程中的做法以及相关成功经验。

第三章关于埃及新农村治理，详细介绍了埃及近年大力推行并持续实施的“体面生活”等重要国家发展倡议。这些着重民生的国家倡议不仅是单纯的农村扶贫措施，更将对埃及的国内治理走向和未来的经济政策都将产生重要的影响。此外，埃及实施的发展倡议一旦成功，将会成为地区稳定的“稳定器”。另外特别是其丰富多彩的农村“产业化”发展倡议和举措，必将对地区乃至全球发展中国家的农业与农村可持续发展形成良好的经验和借鉴。

第四章介绍埃及非洲一体化发展战略，在视角上将埃及置于非洲的整体发展进程中考虑，并借助“非洲大陆自由贸易区”等未来或将对非洲的复兴起到重要推动作用的区域平台进行了分析与展望，同时论述了中国与非洲大陆自由贸易区的合作伙伴关系与发展前景。

第五章阐述埃及新农村发展战略，从埃及的社会保障层面，向读者全面展现了埃及当前的民生状况、保障体系、社会福利、农村扶贫与综合治理等的进展和成效，以及关乎埃及未来可持续发展进程的经济增长措施、减贫扶贫、粮食安全与营养等措施的实施。另外，还考虑到埃及新农村发展战略的成功与否对于埃及实现“2030愿景”乃至参与全球治理的重大意义，本章中还借助对埃及参与“非盟”“阿盟”的建设以及埃及大力推动的区域对话机制，展示了埃及凭借其丰富的农业资源禀赋，参与地区治理的自信以及对领导非洲、阿拉伯世界的自信和雄心。在本章结尾，作者还借助对“一带一路”“南南合作”“金砖机制”等平台的分析，向读者展示了埃及在上述全球性合作平台中的发展机遇。

本《综论》所涉及的埃及农业以及相关外延领域非常广泛，这是本书的一个特点，同时也是一处必然的“硬伤”，即，无法面面俱到深入分析每一个领域，加之本人并非文中各章节所涉及研究领域的专业研究人员，也无法同时对所有领域进行长期和深入的跟踪与研究，对所涉及的研究领域的有关数据也主要来自埃及研究、管理机构以及新闻媒体的最新统计与报道，并结合有关专业国际机构和相关国家的研究报告及统计年鉴等数据进行适当参考。有关数据可能与国际机构或相关国家公布的数据或有出入，这一点请读者注意。

包括此前出版的《世界粮食计划署概述篇》《世界粮食计划署综述篇》《埃及农业概论》以及这本《埃及农业综论》在内的粮农外交专著系列是作者借助其多年相关多边、双边外交工作经历的优势完成的实地专题研究成果，具有较强的时效性和针对性，是通过外交视角对国际粮农研究与合作领域的探索，也可以看作是对近年快速推进的我国农业外交工作的献礼。由于目前国内还少有类似对埃及和联合国粮农机构等的双边、多边综合性研究系列著作出版，因此上述粮农系列专著对帮助读者站在全球粮农治理的高度全面认识粮农外交的重要性，并深刻理解其对未来国际人道主义合作、国际农业交流与合作乃至国家外交工作大局的推动作用具有一定的参考价值。

Introduction

LIKE THE PREVIOUS BOOK "INTRODUCTION TO EGYPTIAN *Agriculture*" , this "*Comprehensive Review*" provides a perspective rooted in Egypt, by utilizing diversity resources related. However, what sets this book different with the previous one is that, from the perspective of rural and sustainable agricultural development in Egypt, it leveraging agriculture as a unique research platform and to comprehensively evaluate the sustainable development capabilities and the role it can play in regional and global governance processes from an agricultural perspective. Readers could well know intergovernmental partnerships, civil society organizations, international institutions etc. and the performance they act. They could make a deep feeling about the regional, global influence of Egypt agriculture, and sustainable development capabilities under multiple challenges and even form a comprehensive and profound understanding of Egypt's bilateral relations, domestic governance, multilateral cooperation, and other capacity building levels. More importantly, with the panoramic observation of Egypt, it could provide more inspiration for the economic pattern and regional governance of North Africa, the Middle East, and even the entire African region.

In the first chapter of this book, a systematic description of the current situation and form, historical evolution, development contradictions, and rural economy of Egypt showcase the crucial role played by Egyptian rural areas in maintaining the stable and sustainable development of Egyptian agricultural economy and supporting the sustainable development of modern agricultural economy, especially in ensuring food security, is comprehensively demonstrated.

In Chapter two, which emphasized how Egypt fully utilizes various international resources, especially international financial institutions, to participate in the sustainable development of agriculture and rural economy in promoting new rural comprehensive governance and sustainable development. In addition, it also provides a detailed classification of the practices and successful experiences of relevant United Nations organizations and major countries in Egypt's long-term participation in agricultural and rural governance processes.

In the third chapter on new rural governance in Egypt, important national development initiative— "Decent Live" that Egypt has vigorously promoted and continuously implemented in recent years are detailed. The national initiative that focus on people's livelihoods are not simply rural poverty alleviation measures, but will have a significant impact on Egypt's domestic governance and future economic policies. In addition, the success of Egypt's development initiative will also become a "stabilizer" for regional stability, especially its rich and diverse rural "industrialization" development initiatives and measures, will undoubtedly provide good experience and reference for the sustainable development of agriculture and rural areas in developing countries in the region and even globally.

As for the Egypt Africa Integration Development Strategy in Chapter 4, Egypt is considered in the overall development process of Africa from a perspective of Africa Integration, and regional platforms such as the "African Continental Free Trade Area" that may play a key role in promoting the revival of Africa in the future are analyzed and forecasted. The partnership and development prospects between China and the African Continental Free Trade Area are also discussed.

Followed by the Egypt's new rural development strategy in Chapter 5, the progress and effectiveness of Egypt's current livelihood, security system, social welfare, rural poverty alleviation, and comprehensive governance are comprehensively presented to readers at the level of social security, as well as the implementation of economic growth measures, poverty reduction and alleviation, food security and nutrition measures that are related to Egypt's future sustainable development process. In addition, considering the significance of the success or failure of Egypt's new rural development strategy for achieving the "2030 Vision" and even participating in global governance, this chapter also involves Egypt's participation in the construction of the "African Union" and "Arab League", as well as the regional dialogue mechanism vigorously promoted by Egypt, to demonstrate Egypt's confidence in participating in regional governance and its ambition in leading Africa and the Arab world with its abundant agricultural resources. At the end of this chapter, the author also shows the readers the development opportunities of Egypt in the above global cooperation platforms of "the Belt and Road", "South-South cooperation", "BRICS mechanism" and other platforms.

The Egyptian agriculture and related fields covered in this "*Comprehensive Review*" are very extensive, which is a characteristic of the book, but also an inevitable "flaw", that is, it is impossible to analyze every field comprehensively and deeply. In addition, I am not a professional researcher in the respectively research fields involved in each chapter of the article, nor can I conduct long-term and in-depth tracking and research on all fields at the same time. The relevant data in the research fields involved mainly come from the latest statistics and reports of Egyptian research, management institutions, and news media, and are appropriately referenced with research reports and statistical yearbooks from relevant professional international organizations and relevant countries. Readers should be aware that the data may differ from those published by international organizations or relevant countries.

The series of specialized books on food and agriculture diplomacy, including the previously published "*Overview of the World Food Programme*", "*Introduction to Egyptian Agriculture*", and "*Comprehensive Review of Egyptian Agriculture*", are the author's field research outputs which completed with the advantage of years of relevant multilateral and bilateral diplomatic work experience and with strong timeliness and pertinence, and explored the field of international food and agriculture research and cooperation from a diplomatic perspective. These could also be seen as a salute to China's soaring *Agricultural Diplomacy* in recent years. Given the scarcity of comprehensive research series on Egypt and the United Nations Food and Agriculture Organization in domestic publications, the above-mentioned food and agriculture monographs service as a valuable reference for readers to understand the importance of food and agriculture diplomacy from the global perspective and its role in future international humanitarian cooperation, international agricultural exchanges and cooperation, and even national diplomatic affairs.

目 录

第一章

埃及农村概况

第一节　埃及农村现状

如果你不了解埃及农村，你就不会了解真正的埃及。

埃及近现代的农村发展历史可追溯到19世纪。在过去两个世纪中，埃及不断更替变化的政治制度在对农村的形态和发展方向的影响和其他部门及其产业之间的相互关系等方面发挥了重要的作用，这也是造成现今埃及不同农村地区差异程度各异的主要原因[①]。

特别是进入21世纪，随着埃及的农业取得了有目共睹的进步，埃及的农村形态及其构成也随之发生了相应的调整，这些都直接影响了埃及的农业部门在国民收入中所占的比重和农产品出口贸易中的收益。特别是基于埃及是一个以传统种植业为主的农业国家，农村的发展随着农业的不断调整和进步也直接或间接地改变了埃及农民的生活习惯、种植模式和经营理念。这些进步自然而然也触发了埃及广大农村地区产业结构拓展、应用技术革新、收入水平提升和农民对国内外市场的快速融入[②]。在上述综合因素的共同作用下，埃及的农业部门在国内生产总值中的份额长期居于较高的水准，虽然在2011年的“阿拉伯之春”发生了断崖式下降，但是之后维持在一个稳定的区间[③]，此后多年保

---

① Nawar，2006（本书以英/中文方式脚注表示引用英/中文资料，或有必要以英/中文方式同时标注，下同）。

② 埃及农业与土地复垦部（Ministry of Agriculture and Land Reclamation），2009年。

③ 埃及中央公共动员和统计局（Central Agency for Public Mobilization and Statistics），2006年。

持在11%左右水平。农业出口产业产值在全部出口产值中所占的比重也在不断提升，2021年达到18%①。自埃及总统阿卜杜勒·法塔赫·塞西（Abdel Fattah Saeed Hussein Khalil el-Sisi）②在2014年执政以来，埃及农业部门的作用随着埃及粮食安全的地位不断提升而显得越来越突出，特别是埃及近年来更加活跃于全球气候变化、水资源综合利用、新能源开发与利用等全球治理活动中，农业在推动埃及实现上述领域的话语权提升显得尤为重要。在2020年新冠疫情暴发后，埃及的农业生产逆势增长，迅速扮演了北非、中东地区乃至全球的一个亮眼角色，农业部门的产值甚至一度超越埃及传统的工业、旅游、运河、商业四大经济支柱中的3个而位居第二。埃及农业在疫情等外部挑战中展现出了较强的韧性，疫情3年以来在周边国家及全球经济呈现疲软甚至停滞的状态下，其逆势增长较以往显得更为稳健，其多样化的特色农产品在国际市场受欢迎程度越来越突出，一些明星产业如柑橘、橄榄、杧果、石榴等在国际市场上逐渐受到广泛追捧，例如，在世界粮食计划署（WFP）等国际机构扶持下，在上埃及农村地区普遍推广的晒干番茄已畅销欧盟市场，高品质的马铃薯在欧洲成为薯条的稳定原材料，优质价廉的冻干草莓也畅销中国等市场。此外，小麦、水稻、糖料作物、棉花、水产等传统农产品品种和产量也都在埃及农业农村产业调整的浪潮中获得了更多的机遇。以上所有这些变化在埃及今天的广大农村地区都得到了明显的体现，农民在选择上述农产品进行种植时，获得的收益也越来越显著，收入的不断增加反过来也加速推动了埃及农村的不断进步和转型，这些变化也都成了塞西总统的“体面生活”等国家倡议以及新农村综合治理得以顺利推进的必要保障。

但是考虑到埃及近些年的政局仍然存在不稳的因素，北非及中东地区的局势也在不断发生动荡，各种矛盾与冲突成了埃及在实现可持续发展目标的进程中不断出现的一个个“灰犀牛”。埃及农业生产与投资环境的不确定性较强，加之由于自身总体的经济条件所限以及国内公共、私营部门对国内发展和投资的影响也在不断变化，在不同时期的农业部门增长率差异很大。特别是20世纪80年代初到末期的增长率较高，年均增长率约为3%，而进入90年代以后，年

① Saker El Nour，2023.

② 埃及前高级军官，政治家，埃及第6任和现任总统，自2014年以来执政。以下简称塞西或塞西总统。

平均增长率降低为2%左右[①]。这期间埃及农村经济的发展也相应发生了细微的变化。

在耕地面积变化上，埃及的农村耕地面积在1980年大约为587万费丹，2007年增加至844万费丹，增加了44%，到了2018年更增长至900万费丹[②]。农业用地面积也从1980年的1 110万费丹增加到2007年的1 540万费丹[③]。

在外部环境变化上，近些年来随着全球气候变化增速、跨境动植物病虫害日趋严重以及重大公共卫生安全事件增多，埃及的农业农村限于自身的环境，以及历史形成的原因，导致了农村对外来的各种威胁的抗御力不足，由此带来的就业不足导致出现了非法移民、耕地滥用等一系列问题，埃及很多偏远地区的农村甚至出现了不同程度的“空心化”和凋敝的现象，加之埃及农村多分布在尼罗河谷两侧的狭长地带和沙漠腹地的大大小小的绿洲周边，除了面临的上述外部环境带来的诸多威胁和挑战以外，由于小而分散的土地保有量、缺水和干旱、自然灾害等资源和环境问题、贫困和营养不良等特有问题，使得埃及近年在国家经济面临巨大压力和经济不景气的条件下，以及在外部全球性金融、粮食等危机的多重打压下，这些基础设施本来就十分薄弱的农村随时有重新返贫的风险。

近些年农业作为埃及经济的重要部门，为57%的人口提供了生计，并直接雇用了约26%的劳动力。尽管农业在近年的国内生产总值中的平均份额已下降到11%左右，但农业依然是埃及出口贸易的重要组成，其外汇收入占出口总收入的20%。自阿拉伯埃及共和国成立60多年以来，社会的一些领域出现了退步，特别是在农村的发展及其农村人口的素质方面。2007年，埃及有32%的人口是文盲，40%的人口生活水平低于或接近国际贫困线，人均GDP不到土耳其的一半，相当于南非的45%。农村的贫困率则相对于全国水平更高，特别是上埃及的偏远农村地区的贫困率更是达到57%以上，农村地区的文盲率则普遍高达50%以上。

埃及的农村人口多年来一直占有全国人口的一半以上，2007年前后，埃及的人口规模增加到7 279.8万人，其中农村居民4 142.7万人，占56.9%。到了2019年，埃及人口跃升至近1亿，农村人口比例达到了57.3%（图1-1）。虽

① IFPRI，*An Agricultural Policy Review of Egypt*，2018.

② 1费丹约合0.42公顷。

③ 同脚注②。

然在2020年初又突破了1亿人大关并在2年内迅速增加了425万人①，但是人口的整体素质却没有获得显著的提升，人口结构的比例也没有获得更进一步的改善。

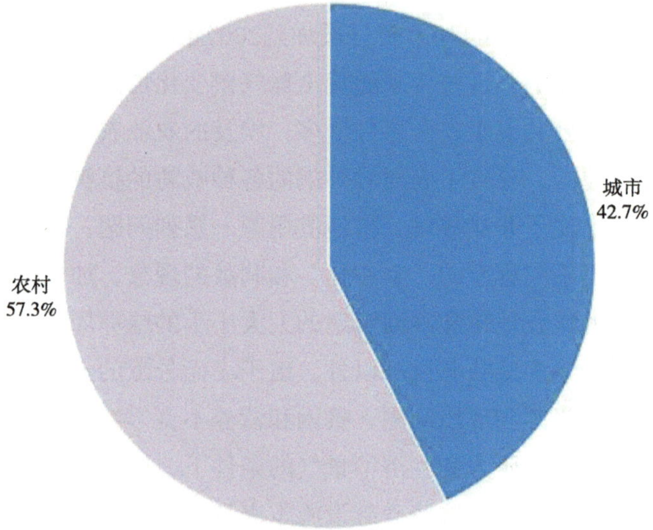

图1-1　埃及农村与城市的人口比例

资料来源：Encyclopedia Britannica，Inc.

在农业劳动力构成方面，农业劳动力约占总劳动力的26.01%②，农业总产值在2012年价值约2 093亿埃镑③，新旧土地净收入1 507亿埃镑，而作物总产值为1 175亿埃镑，约占农业总产值的56.1%。动物生产总值约774亿埃镑，约占总产量的37%；鱼类总产值为145亿埃镑，约占总产量的6.9%。至2022年的10年间，从埃及统计部门发布的数据看，埃及农业劳动力在总劳动力构成方面并没有发生显著的变化，农业总产值、土地收入、农业产量也没有出现断崖式提升或下降。也就是说，埃及的农业以及农村的发展在埃及不断工业化、城市化进程中依然以一种“不温不火”增长形式“淹没”在国家工业现代化进程的浪潮中。

① World Bank，2022.

② 2012年。

③ 1埃镑约等于0.15美元（2012年）。

一、埃及农村的分布

（一）地理区域分布

埃及的农村地理区域分布主要是沿着尼罗河与绿洲分布在6个区域：大开罗行省（Great Cairo governorate）、上埃及（Upper Egypt）、中埃及（Middle Egypt）、东部三角洲（East Delta）、西部三角洲（West Delta）以及中部三角洲（Middle Delta）。大开罗行省主要涵盖了包括开罗（Cairo）、吉萨（Giza）和舒卜拉（Shoubra El-Kheima）等城市；上埃及地区主要包括阿斯尤特（Asyut）、苏哈格（Sohag）、基纳省（Quena）、新谷省（Wadi Al-Gadid）①和阿斯旺省（Aswan governorate）；中埃及地区包括吉萨（Giza），贝尼斯韦夫省（Beni Suef governorate）、法尤姆省（Fayoum governorate）和明亚省（Minya governorate）；曼努菲亚省（Monufia）、卡拉比亚省（Gharbia）、达卡利亚省（Dakahlia）、卡夫拉·谢赫省（Kafr el-Sheikh）和达米亚特省（Damietta）则构成了中部三角洲地区；东部省（Sharqia）、塞得港（Port Said）、伊斯梅利亚（Ismailia）、苏伊士（Suez）、西奈北部和南部（North and South Sinai）构成了东部三角洲地区；西部三角洲地区主要是贝赫拉（Behira）、亚历山大（Alexandria）、努巴里亚（Nubaria）和马萨·马特鲁（Marsa Matrouh）。

（二）土地利用特点

埃及农业用地占国土面积的3.7%。其中耕地占2.8%，种植多年生作物的土地占0.8%，森林占0.1%。埃及耕地多用以种植小麦、玉米和水稻等作物，并实行多种作物轮作。此外，还有用于多年生种植作物，如柑橘、咖啡和橡胶等作物的土地，还包括灌木、果树、坚果树和藤蔓类的土地，还有用于种植草料的土地，另外还有少部分森林土地，包括防风林带、树林走廊以及其他用途的土地②。

埃及农作物的种植在全国各地区分布比较均匀，但是种类有一定差异。下埃及的耕地面积和产量优势显著，尤其是小麦、水稻、玉米、三叶草、棉花、水果、柑橘、马铃薯、甜菜和番茄。上埃及主要种植小麦、甘蔗、高粱、蔬

① 也称New Valley Governorate。
② CIA World Factbook，2021.9.18.

菜、番茄、洋葱[①]。目前上埃及的地区主要种植甘蔗，而下埃及的尼罗河三角洲地区，主要种植一些稻米。一般来说，埃及的农耕以两年为一个周期，两年之中农田休耕4～6个月。此外，还有一种混种的耕作模式，即首年的4月至10月种植棉花，11月开始至翌年4月种植小麦，5—11月种植玉米，11月至第三年3月，种植另外一种农作物。

（三）三角洲地区

埃及尼罗河三角洲地区是埃及农村最为集中的地区，也是埃及农村形态特点最集中的地区，这里的农村更多体现的是一种平原化的农耕文化特征。尼罗河三角洲作为世界上最古老的农业区之一，几千年来一直在不断耕种，该地区的农村形态几乎没有发生根本性的变化（图1–2）。

尼罗河三角洲耕地面积为182.884万公顷，占埃及耕地面积的63.0%。在过去的20年里，埃及政府不断通过增加农业种植面积和提升农业规范管理提高农业产量和质量。但是近年来威胁该地区粮食安全最严重的问题之一就是土地退化。这种土地退化通常是由人类过度活动引起的（例如森林砍伐、城市化、农业集约化、过度放牧等）。这些人为变化可能导致自然资源减少，并可能影响这些地区的粮食供应，从而导致严重的社会政治后果[②]。

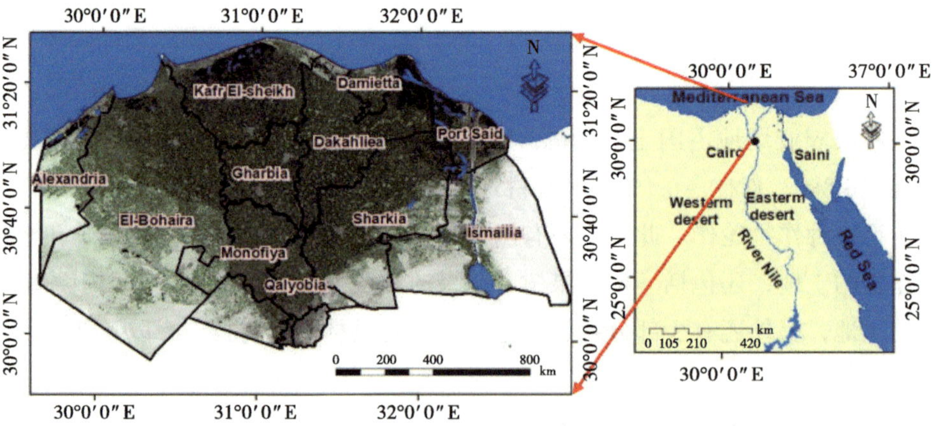

图1–2　埃及尼罗河三角洲地区形态

图片来源：M.H. Elagouz，S.M. Abou-Shleel，A.A. Belal，M.A.O. El-Mohandes，2019.

---

① IFPRI，*An Agricultural Policy Review of Egypt*，2018.

② M.H. Elagouz，S.M. Abou-Shleel，A.A. Belal，M.A.O. El-Mohandes，2019.

图1-3为通过Landsat图像处理软件及中分辨率成像光谱仪（MODIS）生成的三角洲的土地利用及土地基本覆盖情况，由图可见，土地类型主要包括农业用地、城市用地、水体、养鱼场、自然植被覆盖地区、潟湖（Sabkha）、盐碱地、裸土和沙地9种不同的类别。该三角洲地区种植了埃及绝大部分水稻、大部分的小麦、玉米和棉花等作物。

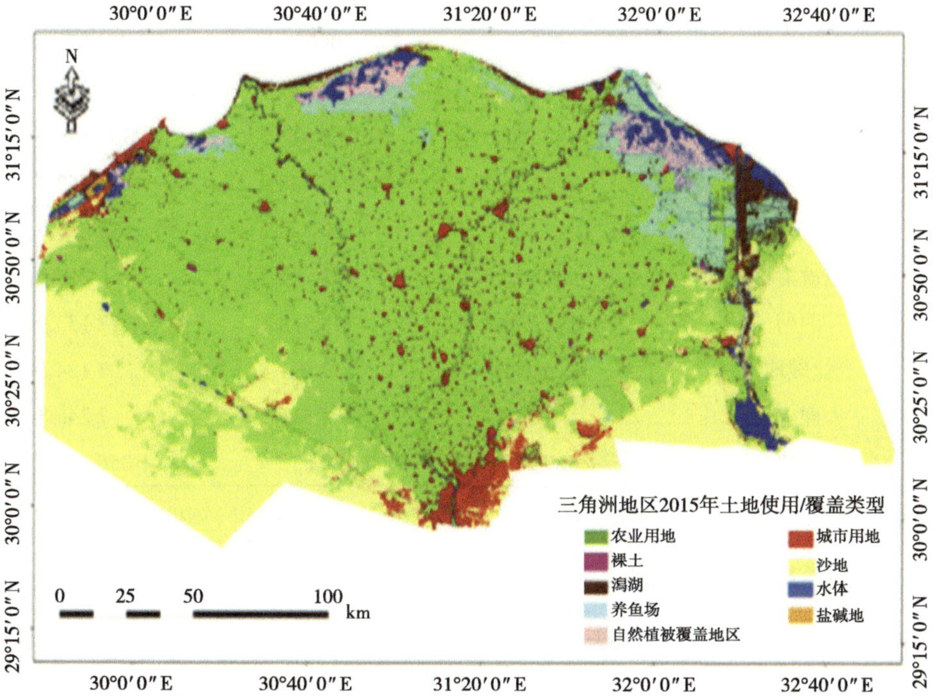

图1-3 2015年埃及尼罗河三角洲地区土地利用/土地覆盖图

图片来源：M.H. Elagouz，S.M. Abou-Shleel，A.A. Belal，M.A.O. El-Mohandes，2019.

多年来，尼罗河三角洲地区的农村在不断持续推进的农业耕作及开垦活动中发生了很大的变化。仅在1987—2015年耕地面积就出现了持续性增加，其间增长了25.8%。这主要是由于埃及政府近年来积极推行的沙漠土地开垦计划，以及城市化的扩张推动了尼罗河三角洲内及周边的沙地耕地化进程加速。另外，在三角洲北部潟湖湖泊周围，也有一些盐碱地经过垦殖成了耕地。

值得注意的是，尼罗河三角洲地区的水产养殖场用地也发生了变化。1987—2015年的总变化为131 220.6公顷，增长率达到了266.8%（表1-1）。这体现了埃及近年来在水产渔业领域的投入在不断增加，特别是近年来埃及总统塞西更是将埃及的水产养殖业提升到了与粮食安全同等的重要位置。埃及政府在三角洲地区以及地中海沿岸地区建设了大量的渔业养殖和加工基地。特别是埃及的罗非鱼产业更是获得了快速发展，2021年埃及政府宣布其罗非鱼产量在非洲已居首位。

表1–1　1987—2015年埃及尼罗河三角洲地区土地不同类型变化　　单位：公顷

土地类型	1987年	2000年	2015年
农业用地	1 845 957.2	2 151 253.3	2 321 831.4
城市用地	152 505.6	205 618.2	303 559.0
水体	210 955.9	178 988.9	153 257.6
养鱼场	49 177.0	120 922.0	180 397.6
自然植被覆盖地区	51 070.8	62 101.1	64 236.5
潟湖	194 571.3	118 348.8	77 153.9
盐碱地	4 731.8	3 091.3	3 124.5
裸土	5 218.3	4 516.8	7 243.7
沙地	1 660 313.8	1 328 833.9	1 056 202.8

资料来源：M.H. Elagouz，S.M. Abou-Shleel，A.A. Belal，M.A.O. El-Mohandes，2019.

（四）尼罗河谷地区

尼罗河谷地区是埃及农村形态的另一种特有形式，更多体现出来的则是一种从远古游牧农业到有组织的定居文化的飞跃。这种状态的形成和固化大致发生在埃及前王朝时期（Predynastic period）[①]。

在公元前75年至公元前26年，尼罗河谷地区完成了定居文化的农村开始出现城市化进程的特征，这是埃及的农村逐渐形成城市，且周边的农村开始向城市地区迁移的最早时期。事实上，这些地区的文化很早以前就受到了苏美尔社会（Sumerian society）[②]的重要影响并与之发生了密切的关系。特别是乌鲁

① 很可能与所谓的巴达里文化时期相吻合（Badarian culture）。巴达里文化是古埃及由原始社会进入文明时期的过渡阶段，即塔索·巴达里时期（公元前4500年至公元前4000年）。

② 即以苏美尔语为主要标志的文明，古苏美尔位于今伊拉克东南部幼发拉底河和底格里斯河下游，也是现在一致认同的世界最早的文明中心，大致可以划分为两个阶段。一是约公元前3200年的乌鲁克四世到古巴比伦帝国建立（公元前18世纪）之前的这段历史可被称为“苏美尔文明”。二是从古巴比伦帝国的建立到波斯帝国的灭亡（公元前4世纪）的这段历史可被称为“巴比伦—亚述文明”——百度百科。

克（Uruk）时期，尼罗河谷农村城市化形态的转变不仅帮助埃及法老有效履行了政治和军事职能，还更多履行了经济和宗教职能。沿着尼罗河谷地区逐渐兴起的这些小城邦既是古埃及所谓的“新农村”，也是手工业的生产中心，更是祭祀神灵的寺庙聚集地，这些自然吸引了当地甚至周边地区乃至东亚、东欧等地人民的流入。这些已经城市化的“农村”拥有高度发达的农业支持系统和技术，特别是引进了两河文明①在管理幼发拉底河（Eufrates）水资源方面的技术，这里很快产生了令人惊讶的现代港口和以商业活动为目的而改道和开渠的运河系统，这就是当时的“智慧城市”的概念。

公元前4400年至公元前4000年上埃及的农业发展和当时的农村状况可以与上述文明时期对应并有高度相似性，这当然得益于外域文明的农业体系如先进的运河系统，以及高度组织化的农村社区的雏形。对于埃及人来说，农村“城市化”的概念也许早在法老时期就已经形成了，这在当时是一个了不起的创新。

二、埃及农村的形态

（一）埃及的农村布局

埃及农村的布局主要围绕着整个尼罗河三角洲和尼罗河流域，向北一直到阿斯旺高坝，尽管从北到南不同地区的农村有微小的变化，但是各地的农村均表现出极大的同质性。

埃及的农村最典型的一个形态特征就是聚集性，通常是一个紧凑的村庄，周围密布着密集的耕地。这些村庄的人口从500人到1万多人不等。除了在建筑材料、设计和装饰方面有一些局部的变化外，埃及乡村整体的外观和设计上基本相似。遍布在村落周围的椰枣树（*Phoenix dactylifera* L.）、梧桐树［*Firmiana simplex*（L.）W. Wight］、桉树（*Eucalyptus* spp.）和木麻黄（*Casuarina equisetifolia* L.）是埃及乡村植物景观的共同特征。埃及乡村唯一的饮用水源是尼罗河。因此，许多村庄都建在运河以及相应的无数的支流沿岸。一些最古老的村庄还坐落在星星点点分布在沙漠腹地的绿洲盆地以及洼地、荒滩及高台和土丘之上，这都是尼罗河流域数千年的灌溉历史和每年洪水

① 又称美索不达米亚文明（Mesopotamia Civilization），是指在底格里斯河和幼发拉底河两河流域之间的美索不达米亚平原（现今伊拉克境内）所发展出来的文明，起源于公元前4000年。

泛滥之后形成的自然形态。

在埃及北部的尼罗河三角洲（图1-4），农村地区传统的建筑主要由一到两层的低矮房子构成，主要是用泥砖和稻草铺成的。而在尼罗河谷的南部地区，则更多使用石头建成。大多数的房子聚集在一起并连成一排。这些房屋的形态基本格局十分相似，从功能看，更像是一个个独立的小作坊构成的一个个村落。在埃及文明博物馆①展出的一些出土的陶制农村院落雕塑形象地展示了古埃及人在自家院落里制陶、烘焙、编织、烹饪、酿酒等场景。由于埃及的沙漠气候特征，典型的埃及农村住房大多低矮且窗户不多，窗户多由几个小的圆形或方形开口组成，允许很少的空气或光线进入，这种形态主要是由埃及的沙漠气候决定的，以确保居住在里面的人避免受到强烈阳光的暴晒、热浪的侵袭以及频繁的沙尘暴的污染。这种因地制宜的特殊的房屋格局及布局不仅在埃及的农村延续了数千年，甚至也深深地影响了近现代埃及城市建筑的设计理念。作者所居住的开罗（Cairo）扎马莱克岛（Zamalek Island）上的公寓建于20世纪80年代，房间被建筑师刻意设计成细长的走廊布局，卧室没有宽大的窗户，更没有阳台，只有一个类似阳台的落地窗通过又一条狭长的走廊与卧室连接，这样的好处是尽量减少阳光暴晒，同时又尽量加大室内空气流通，使人们在炎热的夏季依然能够感到阴凉且通透。

图1-4　尼罗河三角洲农村地区传统建筑

① 全称埃及文明国家博物馆（The National Museum of Egyptian Civilization），位于首都开罗，于2021年4月4日正式开放，拥有约5万件藏品，主要来自埃及博物馆、科普特博物馆、伊斯兰艺术博物馆、皇家珠宝博物馆等的核心收藏，最早可追溯至史前时期。该馆最引人注目的是位于地下的王室木乃伊厅，内展有20具令人惊叹的古埃及时期最著名的法老和王后的木乃伊。这些木乃伊由埃及政府于2021年4月在开罗举行的著名“黄金大游行”活动中从埃及国家博物馆盛装迁移至这里。

埃及农村传统房屋的屋顶一般是平顶，用几层干椰枣叶和棕榈木椽铺就，玉米、棉秆以及用作燃料的粪饼都存放在上面。为了储存粮食，很多农民还在屋顶上建一个由灰泥组成的小锥形筒仓，存放粮食之后密封起来，以防昆虫和啮齿动物偷食。在炎热的夏夜，屋顶也是人们最喜欢睡觉的地方。这些都充分沿袭了古埃及农民的生活方式。

在尼罗河三角洲和河谷地带，埃及很多小型村庄的典型地标建筑则由一座清真寺或教堂、一所小学、一个大型的鸽舍或者属于政府的服务大楼和商店构成。在这些小村庄中生活的农民大多数人从事农业生产劳动。而在一些较大的村庄里，会有一些农民从事一些手工作坊、商业店铺等职业。当然和很多国家的农村相似，埃及的农村也有规模不同的社会服务机构、乡村合作社、卫生机构和学校等公共服务设施，但是大多数这样的政府机构在21世纪初就已解散，许多农村社区的服务形式开始由非政府性质的伊斯兰宗教组织提供。

埃及西部沙漠绿洲中的农村和三角洲等地的农村略有不同，这些村庄的紧凑程度通常不高，规模较小且分散。村庄周围的耕地被沙土分隔开。一般来说，绿洲中的房屋主要由泥砖砌成，可以建到高达六层。例如埃及锡瓦绿洲（Siwa Oasis）地区的农村住宅经过多年堆砌在一起的建筑形制，形成了特有的丘陵“古堡”风格，这些反而在近年越发受到来自世界各地旅游者的青睐，他们纷纷远道而来一睹为快，锡瓦绿洲等地的这些现代与古代混搭特色建筑的势头反而超越了一些现代化的建筑，并在这里的农村地区形成了更多针对旅游者和疗养者的度假村和民宿。

在埃及的尼罗河三角洲、河谷以及上埃及农村地区沿河而建的农村建筑也都由于埃及城市化的进程而出现了很多现代化的建筑、别墅、院落和农场，这些建筑与埃及传统的带着浓重民俗特色的建筑混杂在一起。近些年农村新建的房屋通常有两层楼或更高，很多还拥有欧式与伊斯兰混搭风格的奢侈屋顶、宽大阳台以及厚重的围墙，由于互相距离较远，其间建有漂亮的农场和苗圃等。这些多数是埃及农村地区拥有足够土地的富农以及搬到此地的富人等所建，这也充分体现出了埃及新农民居住理念的变化。图1-5为埃及较为典型的富农或中产阶级的住宅样式①。

① Encyclopedia Britannica，2021.

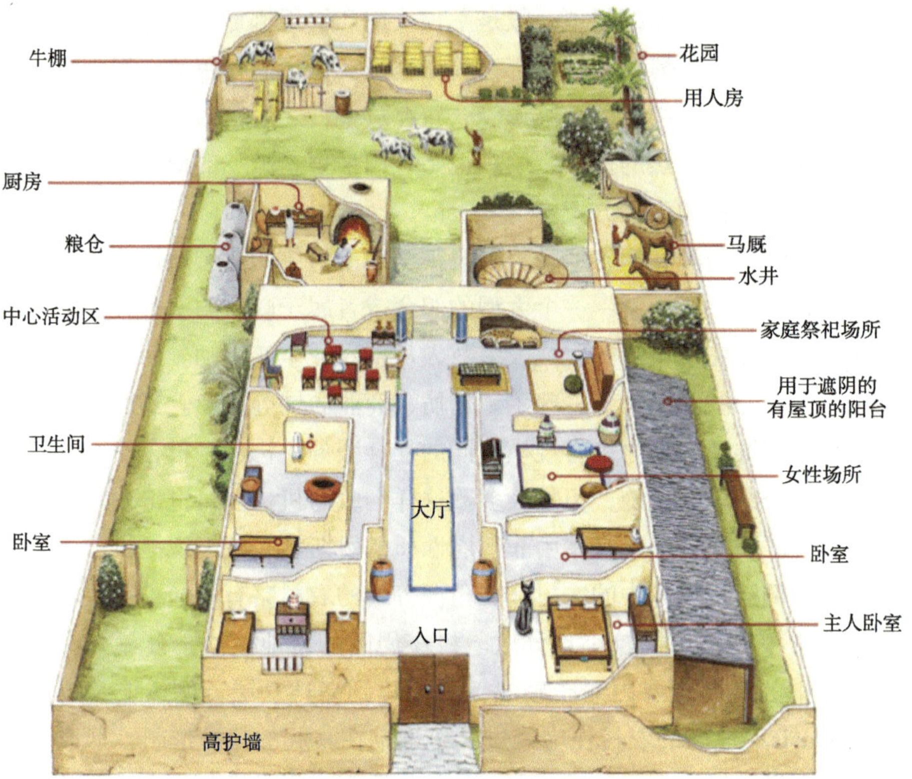

图1–5　埃及富农或中产阶级的住宅

（二）埃及的农村治理体系

埃及的行政区分为27个省。其中开罗、亚历山大、塞得港和苏伊士这4个城市都是省级的直辖市。市长的任免由总统决定。省议会由多数民选议员组成。根据法律，省议会的至少一半成员是农民和工人，然而实际上不可能达到这个比例，原因是他们劳动时间长，没有时间参与冗长的会议，且许多人没有接受足够的正规教育，很难有效参与地方政府的治理工作。

埃及的省议会和地方议会在教育、卫生、公共事业、住房、农业和通信等领域行使各种职能，此外还负责推进一些地方合作运动和国家计划。地方议会的资金来自国民收入、各省的不动产税、各种地方税费、公共事业和商业企业的利润以及国家补贴、补助金和贷款等。早在1960年以前，埃及的所有政府行政权力都是高度集权的，之后埃及根据政治需要建立了权力下放的地方治理体系，这种分散的行政管理模式促进了埃及公民特别是占人口比例众多的农民在地方和基层一级的参与治理。埃及的这种最初的地方治理体系是一种组织化的分工模式，根据各个区域划分为各个地方单位，相应的地方政府则根据宪法赋予的在其地区管辖范围内的权力实行各自的具体政策。

在当时的埃及农村，还存在着一类自发性的农民合作社组织，它们也参与了农村地区的治理活动。在埃及七月革命前[①]，埃及在各地农村的村民开始自发成立了埃及农民合作社，这些合作社的主要职能是为当地的农民发放一些短期信贷，这种自发的农村金融行为不受当时的政府监管和控制，因此对埃及当时的农业与农村整体的发展影响甚微。后来埃及时任总统纳赛尔[②]在推行埃及土地改革中也尝试建立了全国性的农民合作社，并通过由政府机构派驻官员监管和指导各级农民合作社的事务。由此，埃及的农民合作社开始正式形成，并具有了一定的强制执行能力，行政与管理职能也越来越广泛，并逐渐成了埃及农业生产的核心力量。

纳赛尔政府进行土改时期在农村开展的农民合作社运动在农村发展中享有独断的权力，例如农民必须要从合作社购置耕作所需的种子、化肥和杀虫剂等，但合作社卖给农民的价格往往要高于农民自己购买的价格。此外，合作社在国家授权下还可以直接决定农作物的耕种面积，并有权以低于市场的价格向农民购买农产品，因此埃及的农民越来越难以从合作社获得应有的利润。

随后在埃及的候任总统萨达特[③]和穆巴拉克[④]执政期间，由于埃及农村私有化进程加快，农民合作社这种相对集中的管理体系逐渐显露出弊端，埃及农民合作社在管理上逐渐松散，职能也进一步收缩，整个埃及的农业生产逐渐趋向自由化模式。埃及农民合作社的后续发展在本书第三章第二节《埃及新农村产业化治理》部分作详细介绍。

此后随着相应的法律和政策的出台，埃及农民不再受到农民合作社的过多约束，更加自由地参与到农村的治理活动中。由于埃及在各级法律中都规定了埃及的公民以及作为公民群体重要成分的农民的权利。这也使得埃及农民在参

---

① 埃及七月革命（Egyptian Revolution of 1952），也称“七·二三革命”。1952年7月23日由埃及自由军官组织执行委员会领导发起的民族民主革命。这次革命是埃及历史的转折点。

② 贾迈勒·阿卜杜勒·纳赛尔（Gamal Abdel Nasser），埃及第二任总统、政治家，任职时间：1956—1970年，领导了1952年的埃及革命，并于翌年进行了影响深远的土地改革。

③ 穆罕默德·安瓦尔·萨达特（Muhammad Anwar el-Sadat），埃及第三任总统、政治家，任职时间：1970—1981年。

④ 穆罕默德·胡斯尼·穆巴拉克（Muhammed Hosni Mubarak），埃及第四任总统、政治家，任职时间：1981—2011年，执政期间在财政、货币金融、汇率、商品价格、投资、改革国营企业及推进私有化等方面出台了许多新的举措，经济状况有所改观，取得了一定成绩。

与埃及农村的治理过程中明确了法律依据。埃及宪法（2015年第26号）规定，“埃及的每个公民都有权获得健康、足量的食物和干净的水。国家向全体公民提供粮食资源。它还以可持续的方式确保粮食主权，并保证保护农业生物多样性和当地植物种类，以维护世代相传的权利。”这一规定赋予了埃及农民对土地及耕种的基本权利。

埃及政府还出台了系列农业和农村政策与金融改革法律和法规，显著改善了埃及农村原始和落后的面貌，有效推动了埃及农村的现代化进程。例如，在1987—2002年实施的两项重大农业政策改革计划：农业生产和信贷项目（1987—1995年）与农业政策改革计划（1996—2002年）。农业生产和信贷项目推行的目的是逐步减少对一些非必要的农业投入补贴，以及取消对部分农作物的面积分配、价格和销售限制的控制①。为了进一步推行私有化，埃及还另外引入了将公共企业重组为政府及共同利益相关者共同控股的新法律，这为埃及在近年大力推行的国有企业的私有化打下了基础②。在之后的多年中，埃及实施了范围更广、力度更大的农业和农村政策改革计划，特别是大范围的农村企业的私有化。在这方面，埃及的农业合作社和其他农业组织经过不断的转型，在埃及的农村经济治理特别是私有化进程中再次发挥了重要作用。

埃及的农村金融机构在埃及农村的综合治理和现代化建设中发挥了关键性的作用。作为埃及农村重要投资机构的埃及发展和农业信贷银行（PBDAC）其大部分存款由埃及农业合作社和其他农业组织所有，而贷款资金主要由埃及的商业银行以贴息利率提供③。埃及无论是大型农业公司还是小农都可以从埃及发展和农业信贷银行提供的信贷补贴中受益。2014年，埃及发展和农业信贷银行占埃及农业部门所有正规机构贷款的70%。但是埃及的农业部门获得信贷的数量仍然不足，仅占埃及全部贷款的1%，而同期埃及工业和服务业的贷款分别占埃及总贷款金额的38%和26%④。

1991年，埃及与国际货币基金组织（IMF）和世界银行（WB）共同启动了埃及的经济改革和结构调整计划，这对埃及的农业与农村发展逐步产生了影响。埃及对农业和农村领域的投资和贷款也开始逐步增加。特别是在2016年埃

① Baffes，Gautam，1996；Cassing，2009.
② Ender，Holtzman，2003.
③ Baydas，Bahloul，Adams，1995.
④ 世界银行，2014年。

及获得国际货币基金组织120亿美元巨额贷款之后，根据贷款协议，埃及开始加速了国内的经济改革步伐，农村经济改革也逐步开始，农村地区的信贷比例也悄然改变。作为埃及农村地区最重要的金融机构之一，为了适应改革以及私有化进程需要并加快金融投资效率，埃及发展和农业信贷银行①也在2016年根据需要进行了重组，其职能转变为“为埃及农村服务的商业经营”，重新命名为埃及农业银行（EAB），并从原先埃及农业与土地复垦部（MALR）监管的特殊银行转归埃及中央银行监管。

在其他农村政策性补贴领域，埃及还通过将原先由政府调控的政策从国家层面控制逐步转向由市场经济进行自动调控，逐步取消了对农业投入的大部分国家固定补贴，并取消了强制轮作以及定价和营销的政府控制②。这种做法改善了埃及的农村经济结构，同时也加速了埃及的农村市场自由化步伐，使埃及农村的私营部门在农产品贸易中发挥出了更大的作用。

在埃及农村的行政管理政策方面，1960年出台的《地方行政法》规定了埃及3个级别的地方行政管理体系：Muḥafazat（省长一级）、Markaz（区或县一级）和Qariyyah（村一级），此后又根据需要发展成为四级行政体制：省、区（县）、村和卫星村。村一级的地方政府机构负责建立和管理其管辖范围内的所有公共设施，包括住房、建筑以及村庄的发展。这些村一级的行政决策权力则分散在许多分支部门，如村里的人民议会代表（或称村理事会），他们可以提出任何村一级的建设意见，并通过地方议会（理事会）机构与更高一级的政府机构联通，以快捷获得建设许可。这种结构结合了地方行政和地方自治的特征，而且每个行政级别拥有两个理事会参与治理，分别是民选理事会和任命的执行理事会。尽管这些议会能够行使广泛的合法权力，但仍然受到中央政府的控制。埃及的农村在镇或区一级的议会和村议会的建立原则与省议会的建立原则基本相同。

（三）埃及的农村发展简史

一般来说，对传统农村发展的定义是指对农村生活条件的改善关注、对农村农业生产力提升的项目投入、针对农村低收入群体实施的社会福利计划和财

① 该银行成立于1931年。

② Cassing，2009；Gouda，2016.

富公平分配方案，以及对农村个人消费与社会服务改善之间的平衡措施[①]。对于埃及农村而言，特别是自1960年以来埃及的农村发展也基本是按照上述的标准和进程不断发展和完善。总体而言，埃及农村的发展大致经历了5个主要的发展阶段[②]。

第一阶段，即1882—1922年。当时埃及正处于英国的占领和殖民统治之下，埃及作为殖民地国家，其农村结构、形态及治理也基本由英国殖民者制定，相关的农村政策也是重点为英国利益集团服务。由于当时的英国正处于工业革命阶段，对棉纺织产品的大量需求使得英国将埃及作为其原料生产基地。埃及的农村也基本成了英国棉纺织产业的劳动力和原材料最大规模的后方基地。英国在埃及农村所实行的棉花生产政策也基本为英国的国内棉纺织产业的需求而设计，因此在埃及农村投入了很多有关棉花生产的技术指导，使得埃及当时大部分的农村农民都成了娴熟的棉花生产者。

为了增加棉花产量和改进埃及棉的品质，英国殖民地管理者还对埃及农村的灌溉和水渠等基础设施进行了改造，以适应棉花种植时对水的需求。1909年前后，埃及农村还兴起了合作社运动，村一级建立了第一个合作社，在发展和改善埃及的农村民生方面发挥了重要作用。特别是1919年的埃及革命又在农村土地权益的分配上继续向前迈进了一步，随着这一阶段英国殖民统治逐步在埃及农村的土崩瓦解，埃及农民的觉悟不断上升，随着革命后土地的再分配，埃及的土地权益进行了重新洗牌和分配，随之埃及的中产阶级开始出现，农村和土地的治理开始演变出新的形态。

第二阶段，即1923—1938年，随着埃及颁布的第一部宪法出台，埃及的议会逐步通过宪法赋予的权力开始掌握国家政权。此后埃及的中产阶级势力开始不断壮大，成长起来的中产阶级并不满足于手中的既得利益，产生了进一步改革的意愿。1923年推动埃及首创了国家银行法和合作社法，此后1931年成立农业信贷银行，以立法和实体的形式为埃及大革命中成长起来的新兴中产阶级带来了福音。特别是在农村，这些新颁布的针对农村的法规为农村的发展提供了强有力的支持，其金融机构更为农民和合作社提供了巨大的资金保证。农村的各种社会团体应运而生，积累了革命经验的埃及农民对农村的改革已经不再仅

① Haidary，1991.
② Elmenofi，1995.

仅停留在拥有几费丹的土地、早日摆脱贫困、尽快实现生活水平的提升这样简单的诉求上，一些拥有一定知识的农民更关心的是埃及整个国家的改革，以及埃及农民在国家改革进程中究竟能够获得什么样的地位与利益这样深远的问题。这些诉求也为未来在埃及建立更鲜明和有特色的农村改革方案，建立更有利于农民提升地位的农村社区中心的发展模式打下了基础。

第三阶段，即1938—1952年，第二次世界大战爆发后，随着埃及农民的诉求不断提升，埃及农村的社会化服务开始兴起，多种多样的社会服务化体系开始应运而生，随之也产生了消费者合作社协会以及农业合作社等一系列农村实体组织。这些农民自发形成的专业合作社体系在这个阶段借助外部殖民势力的消失和革命的契机得到了快速发展和普及，为埃及的农村恢复繁荣做出了贡献。但是由于外部环境的动荡以及自身体制的不完善，这种朴素的农民合作形态从一开始就缺乏科学的组织和有效的协调，随着在农村的不断普及和壮大，这种无序的发展所带来的弊端也随之产生，导致农村这种本应多样化和体系化发展的社会化服务体系出现低质化和重复化。

在这一时期埃及的农村还出现了一种特有的形态，即农民议事会（Rural lobby），它是以改善农村民生为主要目的的民间议事机构。但是随着其不断壮大，该议事机构甚至开始影响和左右政府部门的有关农业政策，并最终成立了埃及的社会事务部，之后又成立了农民部，这就是埃及农业部的最初雏形。到了1941年，农民部设立了5个农村社会中心，随后在1942年又增设了6个农村社会中心，之后由于缺乏资金，该机构始终无法进行扩充。1942年埃及颁布了一项有关农村卫生的法律，允许政府将部分预算用于农村卫生计划和建立向农民提供推广服务的农业部门。自此，埃及的农村社会化服务终于迈入体系化的建设轨道。

随着农村社会化体系的建立，埃及农村教育也随之产生并开始发展。埃及教育部在埃及乡村建立了一种特殊类型的学校，称为乡村学校，专门为乡村居民子女提供教育服务。在第二次世界大战后，为了尽快恢复经济，完成战后重建，特别是改善广大农村地区的民生状况，埃及还成立了国家减轻贫困高级委员会，并颁布了一个八年发展计划，强化了埃及农村的社会服务系统并拓展到所有乡村。具体做法是在每个村庄都建立一个农村社区中心，中心包括卫生诊所、农村学校和农村手工业培训中心，使之能够形成体系化。该委员会还在每个省都设立一个专门的行政中心，监督实施其首个八年计划。随着埃及工商业部成立小型工业部门，并在城市和农村地区建立职业技能培训中心，在功能上部分替代了教育部在上述农村发展计划中的职能。

第四阶段，即1952—1960年，这一阶段的最重要事件是埃及1952年的革命废除了君主制并建立了共和国，标志着埃及真正实现了独立，开启了共和时代。埃及在共和国建立之初随之颁布了埃及农业改革法，该法律首次以条文形式明确并详细规定了埃及人特别是埃及农民对土地所有权的拥有。埃及农村在此基础上形成了一系列相应的法规，有效促进了农村的发展。其中最主要的是在农村推广实施了基础教育，并确保了农村教育与城市教育体系并轨，同时推广了农村清洁用水的使用。此外，政府还设立了经济发展理事会，虽然重点是振兴城市地区的工业项目，但是这些项目反而吸引了农村地区的大量劳动力资源，从而一定程度上减轻了埃及的就业压力。1956年进一步通过成立特设的人民全会机构（Assembled units）监督向农村提供经济、社会、卫生和教育等的全面服务，同年还颁布了《统一合作社法》，加速了埃及农村合作社运动的发展。

第五阶段，即1960—1994年，这一阶段，埃及政府于1960—1973年实行了中央计划政策，并颁布实施了第一个五年计划（1960—1964年）。此时的埃及政府较为看重农业，这是由于埃及的农业部门是当时最主要的部门之一，为埃及政府和其他部门特别是工业的发展贡献了大量的资金。埃及的第一个五年计划在措施上以牺牲农业为代价发展工业，例如限制农民在特定地区种植特定作物，并指定销售地点和价格，导致了农村地区的发展没有达到预期效果，农民的生活水平也没有发生根本性的提升。1960年，埃及颁布了《地方行政法》，鼓励个人参与农村地区的项目建设，农民参与农村治理成为可能。根据法案，埃及首次允许农民及劳工代表出现在埃及人民代表大会（Magless Al-Omah）中，并能够拥有50%的大会席位，同时另外在地方一级的人民议会（Al-Magales Al-shabe'ah）也能够拥有大量的席位。但是由于实际的操作困难，农民及劳工代表的实际席位远远未能达到上述目标。

1964年，埃及成立了国民议会，议员半数从工人、农民中选举产生。1971年，埃及颁布的新宪法发展了埃及民主议会制度，强调立法权和司法权独立，埃及开始实行多党制。新宪法把埃及议会机构定名为“人民议会”。人民议会通过18个委员会行使立法和监督职能，涉及农业领域的是农业、水利委员会。1973年，埃及开始了轰轰烈烈的村庄重建运动，由埃及总理直接领导的地方治理委员会对埃及的村庄发展进行了总体规划。这一阶段最杰出的农村发展经验就是1973年建立的“埃及村庄重建与发展组织（ORDEV）”，该组织在协调政府部门之间工作、推动执行相关农村发展计划方面发挥了重要作用。由于村庄的发展离不开金融的支持，而埃及原有的农村合作社体系不能满足埃及农村发展所需要的大量资金支持，于是，村镇银行在这个时期开始快速发展，到了1976年，埃及村镇银行逐渐普及并取代了原有的农村合作社体系。到了20世纪80年代后期，埃及政府开始实施各种外资引进项目，重点扶持小规模农业工程项目、小农家庭农场等。然而由于缺乏政府层面的统一协调以及整体发展理念，项目的引进实效并不显著。

前面提到的5个发展阶段在1994年之后基本停止，但是埃及此前制定的五年社会和经济发展计划仍在继续，在1994—2017年实施的发展计划可以将其称为第六阶段。在这个时期，埃及最重要的农村发展计划是一项全新的农村综合发展项目，即“国家农村综合发展项目（Shorouk）”，是一项国家级的农村战略发展规划。该规划强调对农村的一体化和可持续发展，覆盖埃及的所有乡村，并将重点放在全民参与上。此外，埃及政府还提出了一系列针对农村居民的财政支持计划，但由于财政原因，该计划于2005年终止。

埃及的上述多年农村发展所面临的问题大多数都是以缺乏政府层面的有效协调和整合、财政问题、政策支持力度、组织管理不善等为主要原因。特别是“国家农村综合发展项目”，虽然计划设计宏伟，目标十分庞大，但是没有反映出在当时的埃及经济与社会条件下农民的真实优先事项和实际需求，尽管埃及当时的执政者在较大程度上推行了各种“亲民”政策以及“理性治理”的农村治理模式，但是仍然不能有效地解决埃及广大农村实际的困难和面临的发展问题。2024年6月，中国政府颁布《中华人民共和国农村集体经济组织法》，以法律形式正式承认了这种以土地集体所有为基础，依法代表成员集体行使所有权，实行家庭承包经营为基础、统分结合双层经营体制的区域性经济组织，以法律手段赋予了这个新的特别法人对解决农村集体经济利益分配的权力，将彻底改变农村资源“散”与“乱”的现状，重新激发农村的规模化、产业化与绿色农业的活力。中国的经验或许能够为埃及农村“温和与理性”的治理模式带来一些思路的改变。

在农村治理方面，埃及基本依靠在国际机构的协助下推进综合治理。自1989年以来，埃及在农村推行的农村综合治理项目基本上是在联合国开发计划署（UNDP）、国际货币基金组织（IMF）等国际组织的支持下进行的，此外还有一些私营部门和民间社会组织的参与。

根据相关文献分析和实地调查，在埃及所谓“亲民”的农村扶持政策下，相关的农业农村发展战略并没有得到真正的落实，埃及的农民也没有得到预期中的实惠和收益，更大范围的埃及农村人民的生活质量也没有得到显著的改善。从政府角度看，埃及的国家农业综合发展计划的实际执行的职能分散在埃及的各个部门，即卫生部、住房部、农业部和教育部等，职能的分散导致了各个部委各自为战，缺乏协调，对部门利益的争夺和保护也导致了整体规划难以有效执行。

特别是对于埃及的农业部门来说，在行使权力和决策时存在的“混乱”也是导致项目难以有效执行的原因之一。多数规划虽然都是在中央一级制定的，但是在投资分配到省一级之后，地方理事会会根据需要制订相应的地区计划，在实际执行过程中，中央层面的规划意图有可能被重新解读。特别是和埃及农业生产紧密相关的土地开发和水利灌溉在行政上甚至分属两个不同的部门管理，埃及的农业部与灌溉部在共同制定一项政策时，经常就会出现对政策理解的分歧甚至是冲突，在这种情况下，埃及的农民权益往往最终受到伤害。

（四）埃及的“五年计划”时代

1. 埃及共和时期的“五年计划”

与世界其他国家类似，埃及在独立后也效仿西方国家引入了国家发展规划，并先后在纳赛尔（Naser）、萨达特（Sadat）和穆巴拉克（Mubarak）3位总统执政期间实施了多个“五年计划”，这3任总统如此一致地在埃及实施“五年计划”，使得埃及的这个时代颇具特色，甚至可以称之为一个“扎堆”的“五年计划”时代。在埃及被提出和实施的首个构想是埃及的“工业五年计划（1957—1962年）”，该计划针对的是埃及当时最核心的国家工业化目标，之后随着纳赛尔政权的巩固，又很快提出了埃及共和时代的第一个五年计划（1960—1964年），由纳赛尔领导的国家计划委员会起草①。到了萨达特时代，推行开放经济政策并实施了多项激进措施，引入自由化和经济放松管制，通过引进外国直接投资增强了经济能力。1974年埃及的第一部《投资法》因此诞生，此后再次修订的《投资法》成为埃及五年发展规划（1977—1982年）

① Ikram，2004.

重要蓝本。1981年穆巴拉克就任总统时，五年发展计划体系再次得到拓展并衍生出了多达6个版本的五年计划，此外还出台了一系列更加刺激经济增长的法律和法规，并于1989年出台了《新投资法》，1997年出台《投资鼓励与保障条例》，2002年又出台《经济特区法》并于2004年再次进行了修正。后来随着该国基于自由市场经济的国家政策的执行，这些五年计划开始趋于固化，所体现出来的就是埃及在20世纪90年代积极奉行的宏观经济稳定政策。但是政策的多变性又导致了埃及政府提出了一系列新举措，如以不破坏政治稳定的速度尽快引入经济革新措施，推动埃及加快走上以出口为导向的结构性经济改革的道路等。自1996年起，埃及政府更加热情地支持加速经济改革①。特别是穆巴拉克时期的第三个五年计划期间，埃及的农田改良项目投资达到3.335亿埃镑，农业科研项目投资7.163亿埃镑，兽医服务项目投资1.668亿埃镑，发展和能力建设项目投资7.414亿埃镑，这些投资在当时的物价水平下还是处于较高的水准，保证了土地改良和水土保持项目的实施和化肥、良种的供应，增加了棉花生产，加强了病虫害防治，加快了农业机械化进程，改进了对农业生产的指导，促进了农业合作社的发展，扩大了畜牧业生产和渔业资源开发，增加了农业信贷和科研投入（表1-2）。

本期实施的多项具体政策改革措施包括农业生产和信贷项目（1987—1995年）改革，它减少了对部分农业投入品的补贴，并取消了对一些主要作物的种植面积分配、定价和销售限制控制。还有就是调整了埃及的农业政策改革计划（1996—2002年），目标是“解放生产需求”，鼓励私营部门在农产品出口中发挥积极作用，特别是首次允许私营部门参与化肥贸易，上述措施推动了埃及公有企业私有化加速进程②。

尽管在这一段时期埃及激进的私有化改革带来了强劲的经济增长，但也导致了腐败的加剧，带来了所谓的“不公平增长”，不仅埃及的贫富差距更加显著，农村地区也受到了不同程度的影响，贫困率、失业率和失地率等都在不断攀升③。

---

① Joseph Licari，*Economic Reform in Egypt*，OECD Development Centre，1997.

② Nourhan Ahmed Sultan，*The consistency of export and agricultural policies in Egypt*，American University in Cairo，2020.1.2.

③ Kei Sakamoto，*Efforts to Introduce Inclusive Planning in Egypt*，Global Economy and Development at BROOKINGS，2013.1.

表1–2　埃及历任总统推出并实施的国家发展战略规划一览

总统（任期）	发展战略规划
纳赛尔（Naser）（1956—1970年）	第一个五年计划（1960—1964年）
萨达特（Sadat）（1971—1981年）	五年计划（1977—1982年）
穆巴拉克（Mubarak）（1981—2011年）	第一个五年计划（1982—1986年）
	第二个五年计划（1987—1991年）
	第三个五年计划（1992—1996年）
	第四个五年计划（1997—2001年）
	第五个五年计划（2002—2006年）
	第六个五年计划（2007—2011年）
摩尔西（Morsi）（2012年，过渡政府）	新发展计划草案（2012—2022年）

为了维持上述投资的持续性及稳定性，埃及政府还在财政金融领域采取了一系列的支持手段。彼时埃及财政政策的总目标是优先考虑到当时的社会环境和经济形势，加快恢复国家财政收支和进出口的平衡，创造一个稳定的经济环境与社会发展的良好氛围。由于财政政策与金融、信贷政策是经济改革成败的关键，对此埃及政府对现有资源实行了最佳配置的做法，提高了国家资源的利用率和生产能力。由于埃及政府认真贯彻了财政金融政策，埃及的金融、信贷形势在穆巴拉克时代有了很大好转，突出表现在以下几个方面：第一，通货膨胀率逐年降低。第二，本国货币埃镑的存款率超出了外币，作为保值存款，埃镑已代替了美元。第三，各商业银行维护和保持了它们的信誉和地位。第四，为了扩大融资和投资渠道，政府大大增加了开罗和亚历山大金融证券市场的交易。第五，埃及的运河、石油、侨汇和旅游收入稳定成为埃及经济的四大支柱，也是国家外汇的主要来源。

2. 埃及“新共和时代”

2021年7月，塞西总统在庆祝埃及农村发展国家项目（体面生活倡议）的第一阶段目标完成时，提出了“新共和时代”的概念，塞西提出埃及新行政首都的启用典礼将标志着“新共和时代”的开始。2015年，埃及启动了“埃及2030年愿景”战略倡议，这是塞西大力提倡的一项国家可持续发展战略和高度契合联合国2030年可持续发展议程的计划，该计划的核心是促进埃及的粮食安全、营养、性别平等、妇女赋权和可持续农业增长，为“新共和时代”定下了基调。此后埃及又推出了《面向2030年的农业发展战略》（Agricultural Development Strategy Towards 2030），重点提出了提高农产品贸易产品竞争力的一揽子政策措施，即订单农业政策、农产品营销政策、农产品电子营销和贸易政策、区域农业组织政策、国家间与国际组织和协定的合作政策以及农业信息系统发展政策。

为了确保上述政策的落实，埃及投入了巨额资金支持，特别是到了塞西总统的第二个任期，埃及在其《2018—2022年可持续发展中期计划》中向农业部门分配了2 170亿埃镑的直接投资，投资旨在扩大农业用地面积，以及发展农业土地保有权制度和提升机械化。该计划的目标是在2018—2019年将净外国直接投资（FDI）增加到110亿美元，2021—2022年再增加至200亿美元①。

“新共和时代”重点体现在可持续发展战略的制定以及与现代管理体系同步，不仅仅是埃及在治理层面展现的革新理念，更是埃及加快实现可持续发展强国思想的一项重大愿景目标，也是埃及的一项关注子孙后代可持续发展的长期理念。埃及主流媒体甚至将塞西提出的“新共和国”作为该国21世纪最伟大的转折点。

在过去的半个世纪，埃及在政治独立和参与国际治理方面取得的成就有目共睹，这些成就给所有埃及人民生活的方方面面带来了巨大改变。塞西总统领导下的“新共和国”使埃及恢复了其在北非地区、阿拉伯世界、非洲乃至全世界的影响力。近年来，各种经济指标与国际评估都显示出国际社会对埃及的政治环境和经济发展的乐观和信心。不仅如此，国际社会更加关注埃及快速发展的新工业区和智慧城市的建设。特别是新行政首都的建设，在国际社会看来是埃及整个现代历史的转折点。

对于“新共和国”的历史角色，塞西总统将其与实现埃及民族的重生和伟大复兴紧密结合了起来，借助于当前各个领域的全面发展和进步，以及国家安全的进一步保障，这位埃及政治家坚信埃及拥有悠久的历史和文明，理应在世界大国中占有一席之地②。

---

① Nourhan Ahmed Sultan，*The consistency of export and agricultural policies in Egypt*，American University in Cairo，2020.1.2.

② Mahmoud Zaki，2022.

三、埃及农村发展的制约因素

（一）埃及农村的现实矛盾

埃及的农村主要集中在吉萨（Giza）、明亚（Minya）、阿苏尤特（Assiut）、索哈格（Sohag）、基纳（Qena）、卢克索（Luxor）、阿斯旺（Aswan）、埃尔瓦迪（El Wadi）、埃尔格迪德（El Gedeed）、卡里布里亚（Qalyubia）、贝哈拉（Beheira）、马特鲁（Marsa Matrouh）和北西奈（North Sinai），这些地区的村庄贫困率平均为70%或者更多。埃及城市附近农村的贫困率最低，而上埃及农村的贫困率最高。

多年以来，埃及农村的最主要矛盾是长期存在的贫困现象和可持续发展能力问题。埃及最贫困的地区是占埃及人口多数的农村地区特别是远离大城市的偏远农村地区，这些弱势地区虽然也一直受到埃及政府的关注和支持，但是由于一些体制问题和地区间巨大的发展差异，使得那里的埃及人特别是农民依然长期处于自给自足的小农耕形式，农村普遍缺乏医疗、教育和社会服务，基础设施落后，这些导致埃及的农村在埃及社会长期处于弱势地位，埃及的农村经济长期需要其他经济部门的扶持才能有所发展。

几十年来，虽然现代化的技术已经在乡村得到普及，但是埃及农村多数居民“自给自足”的生活状态和观念甚至与中世纪没有太大差别。截至2021年，埃及较具规模的村庄数量为4 740个，另外还有3万个较小的村落，共占埃及人口的57%。全国有4 655个村庄的居民缺乏良好的教育、卫生服务，也没有普及各个乡镇的现代化公共交通网络。此外，82%的村庄没有高中，74.3%的村庄没有卫生设施，甚至有21%的村庄没有污水管网或管网不起作用。

在日常生活设施方面，有63%的村民依靠“黑车”出行，公共交通工具仅占农村交通运力的1.4%，铁路运输仅占0.7%。此外普遍缺乏先进的通信设施覆盖，49%的村庄没有邮局，75%的村庄没有国营通信服务。尽管目前已经有97.5%的村庄接入国家电网，但根据2015年的调查，最多时有高达38%的村庄经常性断电。

鉴于埃及农村上述普遍的问题，埃及政府在塞西总统的倡导下在2015年2月开始启动农村整治计划，并在首先在78个村庄试点，共投入10.75亿埃镑资金。在2019年1月，埃及正式开始实施“体面生活”倡议（Haya Karema），计划在3年内全面改善埃及农村的落后面貌。倡议将覆盖埃及农村的175个乡镇和

4 209个村庄，总投入资金达5 150亿埃镑。该倡议的第一阶段已经于2019年7月实施，在全国14个省份的375个最贫困的村庄推动了卫生、教育、饮用水、电力和天然气、道路和交通以及体育和文化设施的全面建设。

为了加速推动农村的综合治理，埃及政府组织了多个部门的联合行动，在社会团结部的牵头下，共有23个非政府组织参与其中。在2020年12月，第二阶段宣布启动，涵盖了20个省的1 376个村庄，总投资额为1 500亿埃镑[①]，受益农民高达1 800万人[②]。

埃及推行的“体面生活”倡议在国际产生了显著的影响，联合国高度赞扬埃及的“体面生活”倡议为埃及最贫困群体带来了福音，也为减轻新冠疫情造成的负面影响做出了贡献。

虽然在“体面生活”倡议的带动下，埃及农村环境确实发生了改观，但是仍然存在很多“硬伤”。首先第一个现实问题是贫困家庭的人口素质问题。埃及生活在贫困线以下的人口比例在2010—2011财政年度为25.2%，2012—2013财政年度为26.3%，2015—2016财政年度为27.8%，2017—2018财政年度达到32.5%。贫困率增长得如此之快，是由于处于贫困线以下的人口素质长期得不到改善而不断恶性循环导致出现累加效应的结果，这给社会稳定和发展带来了巨大的不确定性，消除贫困工作已经成了埃及一项迫在眉睫的工作。

在塞西总统持续关注下，埃及贫困率特别是占埃及大部分面积的农村的贫困率最近几年出现了可喜的降低趋势。2021年10月，根据埃及中央公共动员和统计局（CAPMAS）的数据，埃及的贫困率在2019—2020财政年度为29.7%，低于2017—2018财政年度的32.5%。这种下降反映了埃及在经济改革方面取得的成功，以及农村综合治理方面的初始成效。埃及的极端贫困率在全国范围内从2017—2018财政年度的6.2%下降到2019—2020财政年度的4.5%。然而贫困率是按家庭规模划分的，埃及的贫困人口比率实际上是随着家庭规模的增加而增加的，特别是农村地区家庭规模的无序增长是导致农村贫困率反复升高的一个重要诱因。随着这些贫困家庭规模的不断增加，而相应足够的社会保护机制扶助不到位，从而导致了这些家庭的收入来源只能寄希望于生育更多的人口。然而“越穷越生”的现象不仅不能给他们带来更多收益，反而更加重了农村家

① 埃镑在2020年期间与美元的平均汇率为1美元兑换15.8埃镑。

② Egypt Today，2021.6.5.

庭的生活负担，使贫困程度更加恶化，从而导致埃及农村恶性循环。

贫困人口受教育水平是与贫困风险最密切关联的因素，贫困指标随着教育水平的提高而下降，埃及农村文盲中贫困人口比例达到35.6%，2019—2020财政年度埃及贫困人口中，大学学历比例为9.4%，中等以上学历为15.2%，中专学历17.4%，初级教育高达33.1%。

埃及农村的另一个现实问题就是农村结构的脆弱问题。目前埃及社会在表面上看经济运行稳定，农村社会也似乎处于稳定的运行状态中，然而实则存在深层次的结构性问题，这些结构性问题事实上已经越来越难以适应埃及快速的工业化和城市化发展的步伐，一些业已存在的较为复杂的社会矛盾短期内难以缓解，而且缓冲空间小。埃及经济的脆弱性主要有3个来源：一是宏观经济缺乏足够的私营部门支撑；二是经济军事化的加强和文职部门的弱化，军队参与经济的规模和范围不断增加，未来的垄断和腐败导致的风险加大；三是缺乏适当的政治缓冲空间，社会阶级矛盾化解出口不足。改善途径将包括改善治理方式，更大程度支持政治和市场开放，还需要国际社会的支持和帮助①。

埃及整体经济结构如此脆弱，农村的结构性问题更甚。这些都造成了农村产业规模化程度不够、经营分散落后、生产效率不高和市场意识不足等问题。导致这些问题的主要原因还是来自农民自身的素质和农村长期形成的旧有的生产与经营体制。由于历史的诸多原因和由独特的尼罗河导致的特殊生产、生活环境原因，埃及农民的生产和价值观与其他国家的农民有着显著的不同之处。这些都导致了埃及农民对自己拥有的土地依赖性较强，不太关注和难以接受来自土地以外的变化和多重挑战，缺乏创新精神和团结互助精神，最终造成了共同落后的局面。加之埃及的农村土地多年来一直遭受掠夺性使用，农民很少对土地进行科学养护，且年轻一代的农民很少愿意将自身的未来全部投入到十分有限的土地上，这也造成了农村土地的流失和兼并现象。大量的小农成了变相的“失地”农民，土地越来越被集中在富农和地产商手中，由此也导致了埃及很多地方农村的土地最终成为房地产和工业用地，生产性用地每年都在以数万公顷的速度被大量占用和流失。埃及目前有一半的农民处于“失地”状态或仅仅对埃及15%的土地拥有所有权②。在这种情况下，埃及的农业难以形成规模

① 卡耐基国际和平基金会（Carnegie Endowment），2020年。

② Tamer Hafez，*Building food sustainability and fast*，American Chamber of Commerce in Egypt，2022.4.

化、高效率和高产出的大型农场，集约化的农机联合作业也无法施展。

埃及长期以来形成的松散式的管理模式也是造成农村生产效率不高的主要原因。埃及农业部门的公务员薪资水平不高，大部分基本只能保证生存或者温饱，在体系内难以获得更好发展。如果想要获得更多收入，必须自己想办法，或者被迫走上街头。例如2011年的“阿拉伯之春”运动中，就有一些埃及农业部门的官员走上街头，为获得更好的生存条件而奔走呼吁。在这种社会环境下，要么利用手中的资源，要么就通过各种手段和关系寻找利益，由此更容易产生各式各样的贪腐现象，或与利益集团互相勾结。埃及近年来农业系统及农村不断暴出官员的贪腐丑闻，一些地方官员甚至私吞农业生产资料，给社会造成了不良影响。2021年10月，埃及政府发布了《2019—2022年国家反腐败战略》的后续行动报告，旨在从全面提升行政管理、公共服务、机制运行、立法司法、社会认识、国际合作和民间参与等9个方面彻底改变埃及当前的各类腐败和违法行为，特别对埃及农村的贪腐顽疾保持打压势态。

埃及农村的第三个现实问题就是农民的观念问题。由于埃及的农业用地资源少，目前能够使用的土地仅限于尼罗河谷及三角洲一带，仅占埃及土地的5%不到，虽然埃及近年在声势浩大地推进沙漠土地改造战略，但是将沙漠改造成能够实现规模化产出的生产性土地需要长时间的改造和技术积累，还需要参与垦荒的农民素质的提升，只有农民自愿和普遍参与，才可能实现沙漠土地的永久化改造。另外要想实现在沙漠荒滩开展大规模种植，必须从政府到农民形成一条体系化的产业链条和良性的循环机制，并在有效的政策和投资者参与推动下，才能避免农民的短视行为和不良管理，提高农业的投入产出比，最终实现沙漠开垦的可持续发展和产业规模化输出。

要想深刻理解埃及农村的深层次问题并寻找到一条解决之道，必须深刻理解并分析埃及社会阶层以及权力部门之间的关系，才能正确把握埃及这样一个特殊的国家在发展经济特别是实现农业经济的可持续发展等方面的特征和未来走向。埃及农村的矛盾与其深刻的社会构成有着密不可分的关系。例如埃及的武装部队掌握了埃及的经济发展命脉，直接影响着人民的生计，相对集中的军事化和准军事化的经济发展管理与运行模式很难促进农村的综合治理与发展。埃及重要的地缘政治也决定了国家安全和资源的占有是其始终优先考虑并努力解决的问题。2020年10月，埃及政府的民意测验进一步显示了国家武装部队在埃及社会与生活的重要性和影响力。调查显示，年龄在18～24岁以及25～34

岁的公民认为埃及武装部队“将埃及的未来带向积极的方向”的占比分别为79.4%和84.1%。在低收入和高收入人群中，超过3/4的人持相同意见，这一数字分别为83.5%和76.9%。在受埃及社会关注度最高社会群体的排名中（图1-6），埃及军队最高，情报局排名第4，穆斯林兄弟会仅占7.7%①，这些排名或多或少地显示出埃及的社会结构与阶层存在一定的不稳定性，仍然需要强力部门的维系和支持，但是这种强力部门过度干涉国家和经济的行为，也给埃及社会带来了很大的不确定性。

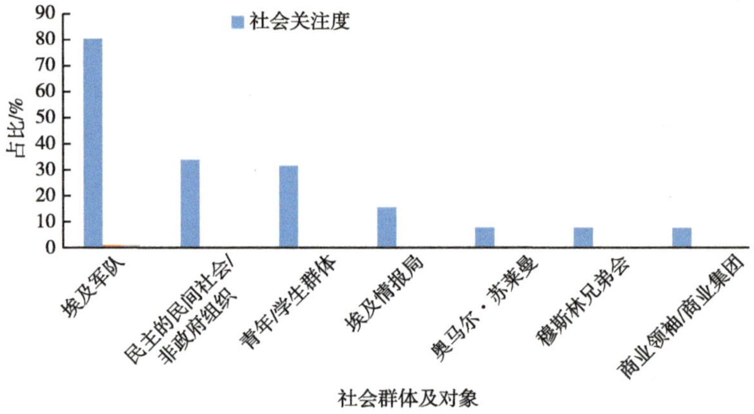

图1-6　埃及民众关注度最高的社会群体及对象的关注度占比

从上述埃及社会结构和权力组织的影响力来看，埃及的主流民意还是比较依赖强力部门以及具有影响力的社会部门及团体，仅仅依靠埃及的农业部门无法推动埃及的农村减贫目标与可持续发展，这点与其他很多国家有着显著的不同之处。目前埃及农村的改革和减贫工作是否能够推动，依然需要依靠强力部门和社会部门的广泛参与才能够真正推动下去。

（二）农村发展与水资源的矛盾

1. 埃及农民与缺水的斗争

在整个国家面临着水资源挑战和威胁的当下，埃及的农民将面临着更为严峻的挑战，水资源缺乏给他们带来的影响将是首当其冲的。埃及普遍存在的小

① 奥马尔·马哈茂德·苏莱曼是埃及陆军将军、政治家、外交官和情报官员。苏莱曼自1986年起就成为埃及情报系统的领军人物，2011年1月29日被时任总统胡斯尼·穆巴拉克任命为终身副总统。

农生产形式在未来将不可避免地受到全球气候变化的影响和复兴大坝兴建所带来的深远影响。

直至今日，埃及的农村还普遍采用大水漫灌等传统的灌溉方式（图1-7），这是由埃及农村长期形成的特有的小农生产模式所决定的。当然，在长期以来尼罗河水量充沛的情况下，这种传统的做法对当地农民也没有什么伤害，仅仅是发展缓慢而已。但是随着周边国家的崛起，对尼罗河水资源更大份额占有的呼声也越来越大，埃及自身的缓慢发展导致在抗衡周边的挑战与威胁方面显得越来越力不从心。当然，埃及在对水资源的占有方面也难以达到以往强盛时期的绝对优势地位。特别是随着埃塞俄比亚的复兴大坝建成并注水的既成事实，埃及空前感受到水资源可能枯竭所带来的深深焦虑。对此，埃及政府近年采取了一系列针对水资源节约的措施，其中一项就是彻底改变埃及农民传统的灌溉模式。埃及农业部门已经在农村大力推广滴灌，或将用水量减少多达40%。埃及开罗郊区的一位农民阿里·马哈茂德（Ali Mahmoud）在其尼罗河三角洲Belbeis地区所属的田间铺设了滴灌管线，准备用于种植草莓。他说："现在浇灌土地变得容易了，我需要雇用更少的工人，使用的肥料也更少。"马哈茂德是越来越多使用滴灌的埃及小农之一，他们放弃了传统且费水的漫灌方式。

图1-7　埃及农村传统灌溉方式

随着埃及经济的不断发展，每年将近2%的人口快速增长对资源的需求将变得更加强烈，未来作为最为关键的民生部门，埃及农业生产总值预计将占该国国内生产总值的25%，但是其将面临更加严峻的缺水问题，将对未来的发展产生更大的掣肘作用。另外，预计全球气候变化将使尼罗河源头的降雨发生剧烈的变化，催生地区环境也将发生一系列改变，加之已经在埃塞俄比亚兴建并即将投入使用的复兴大坝也将加剧该地区相关国家对水资源分配的争夺，并导致该地区的紧张局势升级。

对此埃及政府一直在急切地寻求减少水资源浪费的方法，并希望在更多的农民中进行推广。埃及约90%的淡水来自尼罗河，数百万农民依靠它灌溉土地。甚至在邻国埃塞俄比亚复兴大坝设想出来之前，该国就已经开始受到水资源匮乏越来越严重的困扰。随着担忧不断加剧，埃及也不得不更多地考虑采取一系列节水措施，例如加快水渠的大规模改造计划，用混凝土衬砌数千千米的运河，以减少渗漏和蒸发，并限制水稻等耗水量大的作物种植等。但是要在节水领域产生更大的效果，就必须在埃及数百万农民中尽可能地推广和使用节水灌溉技术。埃及国会上议院议员、灌溉专家穆罕默德·萨瓦（Mohamed al-Sabaie）提出对灌溉用水进行两次甚至三次再循环利用，若未来全面采用现代灌溉技术，将节省30%～40%的用水量。

此外，为了进一步鼓励埃及最贫困的传统农业生产者购买节水灌溉设备，埃及政府和国有银行为他们提供了低息贷款。前文所提及的马哈茂德的草莓种植园铺设滴灌系统的成本为每费丹1 500美元，如果得到政府的贷款支持，则有可能获得价格更低的设备，以及获得更好的购买和安装服务。

埃及目前正在鼓励参与开垦的农民安装现代灌溉系统，同时也鼓励那些在三角洲和尼罗河谷等水资源稀缺的“老土地”的小农，例如在贝尔拜斯（Belbeis）[①]进行灌溉改造。但是，现在面临的主要问题是，上述地区的土地面积很小，而大多数农民却很贫穷。对此，埃及农业部提出可以对现行的土地所有权分散的现状进行调整，例如采取农民合作社等形式对土地进行集约化使用和开发，以此为贫穷农民分担成本、提高生产效率。贝尔拜斯地区的另一位农民艾哈迈德·萨伯（Ahmed Saber）对滴灌依然持怀疑态度，认为滴灌的方式过于昂贵，不适合规模化农场种植。农民塔哈·阿布·拉谢恩（Taha Abou Lasheen）于2019年在其土地上铺设了滴灌系统，但是一直未推广使用，而是

① 埃及尼罗河三角洲东部边缘的沙盖亚省（Sharqeya）的一座古老城市，是埃及重要的历史名城，在公元641年阿拉伯人征服埃及的过程中发挥了重要作用。贝尔拜斯还拥有在埃及和整个非洲大陆建造的第一座清真寺，曾是菲尔伯斯主教区和拉丁天主教徒区。

在看到三角洲以及其他地方广泛使用后才效仿。他认为吸引他的不仅仅是节省水和成本，而是由此带来的农产品质量和产量的提升。例如种植的水果大小和产量通过滴灌发生了改变，产量由原来的每费丹20吨增加到30吨以上。

2. 新型灌溉节水技术的应用

根据联合国的标准，如果一个国家的人均年供水量不足1 000立方米，则该国处于“水资源匮乏”的国家行列。面对人口的不断增长、气候变化以及干旱问题，埃及水资源短缺问题已经变得越来越紧迫。根据1959年埃及与苏丹的协议，埃及每年占有尼罗河的水量份额为555亿立方米。而埃及每年农业用水消耗占其在尼罗河全部份额的85%以上，埃及目前人均每年消耗大约570立方米的水。按照上述标准，埃及属于严重缺水国家。对此，埃及政府2017年着手实施了一项为期20年的战略规划以应对其未来将面对的水资源危机挑战。此外还通过不断推广滴灌等灌溉形式，力图最大限度地节约用水。2021年2月，埃及水资源与灌溉部宣布，将在全国范围推广一项国家节水战略项目，该技术项目处于试点阶段，主要内容是鼓励埃及的农民普遍使用现代灌溉技术。该系统由水资源与灌溉部和开罗MSA大学①开发，使用埋在土壤中的传感器测量土壤水分含量，并使用无线传输设备将土壤的实时数据通过手机发送给用户，用户可以通过手机上的应用程序来查看。该项技术能够准确了解土壤的即时含水情况，以及何时需要补充多少水量。采用该系统将使土地的用水量减少20%，同时人工成本将下降近1/3。

目前在上埃及的明亚省和西南部的新谷省将陆续开始使用该新型灌溉技术以提高农作物生产率，并降低成本。然而一些专家对此系统的有效性表示怀疑，认为成本以及技术推广等原因将成为该项目有效推广的障碍。开罗大学经济学教授阿巴斯·沙拉基（Abbas Sharaky）认为，该系统可以使从事大规模经营的农民受益，但对小农户的效果却微乎其微。对此，埃及的很多农业公司认为，如果想在埃及推广普及此项目，埃及的农民必须接受水资源的可持续发展理念，定期接受培训，以改善新型灌溉技术实施效果和提高管理水平。

① 开罗MSA大学全称：October University for Modern Sciences & Arts。

（三）农村发展与人才技术缺乏的矛盾

1. 人力资源的缺乏

埃及当前正在大力推进乡村振兴和农村综合治理战略，除了巨大的资金投入以外，人才的投入也是确保农村改革顺利进行的主要因素。人才是实现埃及乡村振兴的关键要素。在埃及的农村振兴事业中，专业人才资源的缺乏将成为其农村可持续发展的主要软肋。

目前埃及农村的现代化发展普遍面临着人才匮乏的窘境。一是高素质人才短缺。广阔的农村大地上缺乏现代农业发展的管理经营专业人才，难以适应现代化农业发展要求。二是对人才吸引力不足。受历史发展影响，农村相对于城市，不管是优势资源、发展机会还是晋升空间上都难以匹敌，以致长期以来农村城市人才流向逆差大。三是人才机制体制不健全。地方政府虽然出台了相应的人才政策，但是依然存在人才引入机制不规范、激励机制不到位、流动机制不灵活等问题，导致人才在引入、培养和持续供给上后劲不足。

2. 现代科学技术的缺乏

纵观埃及农村，现代农业科技的普及仍然还不普遍，很多偏远地区农村特别是上埃及的偏远地区仍然还普遍使用传统的农业生产技术，更不用提什么规模化的创新技术推广。埃及农村的农业机械化水平整体也处于偏低程度，农机装备主要来自意大利等欧洲国家，农村缺乏对先进农业机械设备熟练使用的现代农民。

近年来，由于埃及大规模通过土地改造等计划开发大量的沙漠、荒滩、盐碱地以及洼地和盆地，现有的技术能力难以支撑如此大规模的开发势态，对此埃及农业部门已开始为埃及的作物品种改良提供更多的科技支撑并重点扶持。2021年10月，埃及农业研究中心在埃及卡夫谢赫省（Kafr El-Sheikh）的Sakha实验站开展了埃及稻米和棉花新品种的大规模田间实验。

此外，农业数字化对农村发展和农村居民福祉的重要性也越来越显著。近年来，埃及农村社区数字化的发展趋势逐渐显现，农村利用技术变革所产生的经济效益也更加显著。特别是一些颠覆性技术如无人机技术和滴灌技术的广泛应用，为埃及广袤的农村地区带来了更多的好处。毫无疑问，埃及的大学和科研机构也将为埃及落后的农业科技水平的转变发挥巨大的作用。特别是在当今农业跨学科发展和跨学科推广的时代，埃及的农业发展问题已经不仅仅是农业部门一个部门能够独立解决的问题。未来，埃及的跨学科工程项目将为埃及的农业可持续发展提供更多切实可行的解决方案①。

随着未来埃及对农业特别是基于水资源综合利用的农业科技依赖越来越强烈，埃及正在推动的新跨学科工程项目将更加专注于农业领域发展。对此，一些大学和高等院校正在加大培养力度，目前已有四所知名大学开设了跨学科工程专业。为更好地将课程应用于实践，这些新课程还将面向市场需求，开展研究与实践推广的互动，帮助学生更好地与农村实践相结合，同时也帮助农民从大学建立的各类知识中心获得更多知识与技能（图1-8）。特别是这些项目能够帮助当地农民和小农企业进入市场，减少农村人口城市化流动趋势。这种做法能够有效帮助埃及的农村实现劳动力有序流动，给大城市不断增加的人口压力以及埃及越来越突出的移民问题提供更多的解决方案。

图1-8　埃及艾孜哈尔大学的学生制作的农机零部件3D打印设备
（摄影：丁麟）

考虑到埃及很多农业大学的相关课程已经过时，特别是农业实践领域的教学技术很多还与50年前的差不多，对此埃及赫利奥波利斯大学可持续发展学院（Heliopolis University for Sustainable Development）提出将农业跨学科领域的课程与开罗美国大学、亚历山大和阿斯旺大学等大学联合，以扩大农业跨学科领域的影响力和未来实施效果。

另外，考虑到气候变化也是埃及农村未来必须要面对的一项重要挑战，气候变化领域将是新课程的一个重要方面。在大学开展的这些新的研究计划将推动和鼓励埃及的学生和科研人员更加关注埃及的生态与环境对于农业可持续发展的重要意义，同时也着眼于积极研究和解决在埃及因气候变化而引起的各类问题，例如新作物病害、水资源短缺以及如何高产丰收等问题。

（四）农村发展与移民的矛盾问题

1. 埃及的移民历史

众所周知，埃及人以偏爱自己的土地而闻名。除了学习或旅行外，传统的

① Eman Kamel，2021.

埃及人很少长期远离故土，这种情况一直持续到20世纪中叶才有了改变，埃及逐渐成为集移民（难民）的输送国、接收国和过境国于一体的国家，但更多体现出来的是作为一个移民和难民的地区概念而不是作为一个国家的概念，即国际移民[①]汇集和中转的地区。从20世纪70年代至今，埃及出现了大规模的国内从农村向城市的农民迁移以及国际移民的输出，主要是向石油丰富的海湾国家和其他阿拉伯国家（如约旦）迁移，也有向欧洲、北美和澳大利亚迁移的永久、临时和非正常移民。埃及不仅输出移民，还大量接受来自利比亚、巴勒斯坦、苏丹、埃塞俄比亚、厄立特里亚、索马里以及伊拉克的移民，他们占埃及新移民的大多数。由于埃及自身环境特点，其尼罗河流域及三角洲稠密人口形成的狭窄农业带，使得埃及新移民向大城市进一步压迫，并带来了复杂的社会问题[②]。

国际移民移徙一直被认为是一种受内部和外部因素共同影响的人口和社会经济现象。埃及的移民经历了不同的阶段。在早期阶段（1974年之前）主要由政治移民构成，系统性移民始于20世纪30年代向伊拉克的移民，此后由于政治、人口和经济压力，政府通过鼓励措施推动向周边国家移民。20世纪50年代开始加速扩展到其他国家。由于1967年战争后国内经济低迷，埃及政府开始加大国家促进移民计划，对技术工人的移民放宽了限制，甚至出现了永久移民，许多埃及知识青年选择留在国外，导致了“人才流失”现象。1971年，埃及根据宪法第52条对永久和临时移民进行授权，规定“所有埃及人都被授予移民和返回家园的权利”。同样在1971年，政府颁布了第73号法律，赋予公共部门雇员在辞职后1～2年内重返工作岗位的权利。此后大量的临时移民开始在阿拉伯海湾国家工作。在扩张阶段（1974—1984年），即1973年战争、石油禁运以及阿拉伯产油国增产等原因，埃及劳动力的需求出现“井喷”。到了1976年移民增加到约140万人，这种通过各种公共私营投资项目流出的埃及移民为阿拉伯国家提供了大量急需的劳动力，同时也有效地缓解了国内的政治和经济压力。到1983年，有330万埃及人在国外就业。1988年由于两伊战争结束、油价下跌、阿拉伯国家对建筑工人的需求下降以及以本国国民替代境外劳动力的政策，埃及的境外移民数量减少并出现从海湾地区返回埃及的移民潮。海湾战争后，埃及移民很快恢复到战前的状态。在这个时期埃及劳工移民多数是受过高等教育的医生、工程师和教师等专业人才。另外，伊拉克等战后百废待兴的国

① 指自地中海东部和东北部的国家来埃及的移民。

② Ayman Zohry，2003.

家对拥有灌溉等农业技术的农民需求量很大，因此也吸引了大批埃及农民临时长期在这些国家往来流动。埃及移民因此拥有了一个“永久性临时移民”（the permanence of temporary migration）的称号。这类移民总数一度达到190万人，占埃及移民总数的87.6%①，有点类似于中国在某个时期曾出现的“农民工潮”。

2006年居住在国外的埃及人总数约为650万人，74.1%在周边阿拉伯国家，12.2%在北美，12.1%在欧洲，1.6%在澳大利亚。沙特阿拉伯是埃及劳动力的主要目的地（占总数的一半左右），其次是约旦、利比亚、科威特和阿拉伯联合酋长国。至2017年，埃及海外移民数量增加至900万人以上，地区分布依然和10年前一样，这体现出了埃及的移民倾向和移民地偏好，尽管埃及没有全面的移民战略，但近年也已制定了许多法律和政策措施，包括国际、区域和国家对移民（包括强迫移民）的监管规定（图1–9）。

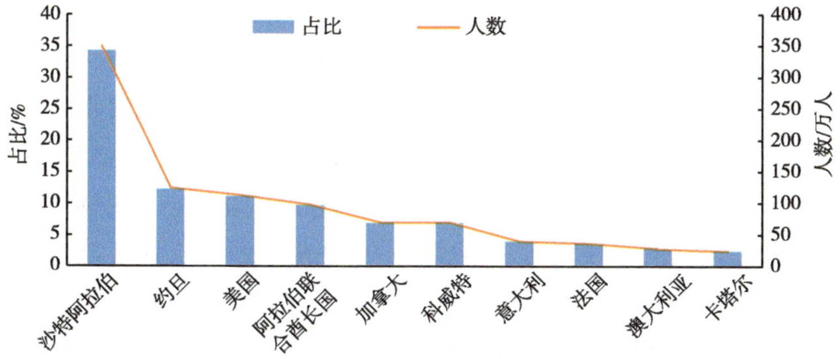

图1–9　埃及移民在最主要的十个国家分布的数量和百分比

来源：CAPMAS，“Aggregate study on migration ststistic 2013–2017”，2019.5.

由于“阿拉伯之春”及其地区连锁政治动荡，同时受埃及自身的社会问题影响，越来越多的埃及年轻人特别是在农村地区的青年妄图移民去欧洲，他们因失业等各种原因纷纷冒险穿越地中海前往意大利等国家，但是路途的艰险和目的地的不确定性给他们带来了巨大的挑战。

2. 埃及的农村移民现象

以移居开罗的上埃及农村人口的城乡流动情况为例探讨埃及的农民在农村—城市间的迁移现状。埃及的城乡居民流动现象是埃及政府和社会研究人员近年较为关注的社会问题。通过分析可以看出埃及社会的整体经济状况变化，

① 埃及中央公共动员和统计局（CAPMAS），2001年。

特别是下埃及与上埃及之间的社会经济差异，以及这种差异导致的埃及农业可持续发展和城市化的快速发展之间的不平衡。

埃及首都开罗是一个拥有2 400万居民的巨型城市，开罗已经不只是一个城市，而指的是大开罗地区，也就是开罗老城区及其周边新开发的系列卫星城所构成的大开罗行政省。随着埃及经济的高速增长和人口的剧增，加之新开罗行政首都的建成投入使用，开罗将成为世界上首屈一指的特大型新旧功能分区规划的首都城市。在这种情况下，开罗是埃及偏远地区特别是经济落后的上埃及地区的失地、失业农民流入的最佳选择，由此也将带来一系列复杂的社会与经济问题。

埃及农村农民移民的动机主要是经济方面，移民的愿望强烈程度和不同地区农村家庭的生活水平和生存条件有直接关系。导致移民的主要因素是农村失业和失地、极端贫困、农村就业矛盾、农村的恶劣生活条件、健康和教育保障缺失，以及近年全球气候变化导致的农业生产面临的挑战加剧等。而大开罗地区由于产业兴旺，基础设施建设集中，对劳动力需求巨大，就业机会相对较高，对急于脱贫的农民来说是一个极大的诱惑。但是事实上，他们中的大多数由于自身技能和市场饱和等原因，很难找到理想的就业机会，更别提移民了。由此在开罗和埃及的乡村之间，形成了一股往复不断的迁移潮与返乡回潮现象。这种现象滋生了很多社会问题，例如跨境非法移民和难民问题①。

近年来，由于埃及的农村城市化步伐也随着国家工业化的步伐加快而逐渐提速，农村地区的人员流动越来越频繁，除了前文提到的埃及移民输出问题外，埃及也出现了越来越多的移民内部无序流动现象，特别是一些非法移民在埃及的农村越来越普遍，导致了埃及的农村结构呈现出复杂化的势态，对埃及大力推进的新农村建设带来了负面影响。对此，埃及政府加大了对社会各界的动员力量，通过“体面生活”等倡议的支持和引导，扶助埃及众多最贫困村庄尽快解决移民等带来的负面问题。

2021年1月，埃及移民和外侨事务部提出在埃及各地的移民应积极参与塞西总统的“体面生活”倡议，加快对埃及最贫困农村的扶助。埃及海外侨民成立的总部位于美国的新埃及集团，在为实现埃及农村和移民的可持续发展中提供了大量的技术和资金支持。为了整合更多的海内外资源，解决埃及的移民问

① Ayman Gaafar Zohry，2002.

题，埃及政府已加大在广大农村地区的投入，例如从2020—2021财政年度[①]预算中拨出2.5亿埃镑，打击已经在全国很多村庄出现的长期非法移民现象。此外，还从各个方面帮助埃及最贫困村庄的青年提高对非法移民危险的认识。

埃及还通过近年大力推动的“体面生活”倡议，积极改善埃及农民的无序流动和移民现象。近年来埃及出台了其乡村发展国家配套计划，以积极改善埃及农村普遍存在的移民乱象。“体面生活”倡议由塞西总统于2019年初发起，旨在为埃及最贫困的乡村提供更好的生活条件。2020年12月，塞西启动了“体面生活”倡议的第二阶段，进一步推动更大范围的埃及最贫困的村庄改善生活条件。该计划的第二阶段于12月启动，目标是覆盖埃及的1 500个村庄，预计将有1 800万农民受益。埃及社会团结部提出在3年内对埃及所有的村庄进行综合治理，全面提升埃及农村的村容村貌，以及基础设施和基本服务[②]。预计通过上述大规模的整治措施，埃及农村的人员流动将变得更加有序，非法移民现象将得到进一步遏制。

3. 埃及的移民国际化问题

由于埃及所处的重要地理位置，加之周边复杂的政治环境，埃及的移民问题以及周边的难民问题已经成为影响地区安全和稳定的一个重要因素。尤其是欧洲国家由于毗邻埃及，受到北非特别是埃及移民的渗透影响最为显著。大量移民的流动是否正常对维护埃及与欧洲国家之间的双边关系变得越来越重要。

从当前埃及青年特别是来自农村的青年涌入欧洲的现状看，主要推动因素是低收入和失业等原因。为了降低失业率，埃及政府应吸引外国直接投资，使私营部门在当地市场创造新的就业机会，并推行与移民需求相适应的政策和为埃及劳动力开辟更多的新市场。而当前的非洲区域一体化正是一个可利用的重要方面，积极推动非洲一体化对埃及劳动力的吸纳不仅将有助于埃及就业率的提升，更有助于该区域国家之间的关系发展。

基于以上原因，埃及应在自身经济改革中创造更多的新就业机会，以减少流入欧洲的非正常移民流。如果不能做到这点，过剩的很大一部分劳动力将定期或不定期流向国外劳动力市场。在阿拉伯海湾国家劳动力市场饱和以及由于东

① 埃及的一个财政年度为当年7月至翌年6月。

② Ahram Online，2021.1.27.

南亚移民涌入而导致埃及劳动力在海湾地区竞争力减弱的情况下，埃及移民最可行的目的地将是欧洲。因此规范向欧洲移民应是埃及政府的优先事项之一[①]。

距离埃及最近且对于偷渡难民来说较容易抵达的国家是南欧国家意大利，部分在埃及停留的难民一般先通过意大利再转移至欧洲其他国家。因此意大利在与埃及开展国际合作时，将反恐与打击非法移民问题列为合作的重点领域。作为交换，意大利等欧洲发达国家在其金融、贸易、基建、交通、农业、教育与文化等优势领域与埃及开展了相当广泛的合作。

而对于中欧、北欧乃至部分东欧国家而言，非法移民的压力主要是来自南欧国家的移民传导压力，而埃及保护其陆地和海上边界的能力对匈牙利和欧洲来说“至关重要”[②]。虽然埃及自2016年以来在打击非法移民方面取得了显著的成效，对匈牙利和整个欧洲的安全做出了巨大的贡献，但是埃及依然面临较为巨大的挑战。而上述国家因多数经济实力远逊于西欧国家，因此对于来自中东、北非地区的难民和移民的接收能力非常有限，因种种原因造成的过量外来移民的涌入有可能影响这些国家的社会和经济的正常秩序。

埃及在2020年新冠疫情暴发之后，不仅继续加强了与德、法、意等欧盟主要国家在打击非法移民问题上的合作，与中欧国家同样也开展了对打击非法移民的合作。2021年10月，埃及与欧洲维谢格拉德集团（Visegrad group）[③]召开了部长级会议，埃及时任外交部长萨迈赫·舒克里（Sameh Hassan Shoukry）提出了埃及加强与维谢格拉德集团之间的合作，共同应对恐怖势力和非法移民等挑战的愿望。维谢格拉德集团亦支持埃及与集团成员之间建立更加紧密的关系纽带，并就开展政治对话、加强地区治理制定共同愿景。为从根本上治理和解决埃及国内的移民压力以及对欧洲国家造成的冲击，埃及总统塞西甚至提出“欧洲国家应该推动将欧洲的产业在埃及进行本地化生产，为埃及超过65%的年轻人和数百万移民及难民提供更多的就业机会，应该将欧洲的教育与埃及的教育进行有机结合，为埃及的众多年轻人提供更多的教育机会。”[④]

---

① Françoise De Bel-Air，*Migration Profile*：*Egypt*，2016.

② 维克多·奥尔班（Viktor Orbán），匈牙利总理，《今日匈牙利》，2021年10月13日。

③ 也称“维谢格拉德四国”或简称“V4”，成立于1991年，是中欧地区国家在欧洲一体化进程中自发形成的区域间利益共同体，主要由捷克、匈牙利、波兰和斯洛伐克等宗教、文化理念接近的国家构成。埃及是继日本和德国之后第一个受邀参加维谢格拉德集团峰会的中东国家和第三个非成员国。

④《今日埃及》，2021年10月12日。

自2016年以来，埃及采取了大量措施，在较大程度上减轻了国内非法移民对周边国家的影响。目前埃及收容了来自周边国家多达900万移民及难民，其中来自苏丹400万，叙利亚150万，也门100万，利比亚100万。这些移民及难民中的60%已在埃及生活了10年以上，大多数已经基本融入当地的社会，其平均年龄为35岁，男女比例大致各半[①]。埃及收容移民及难民的总数位居世界第四位，但同时也是世界第四大以欧洲为目的地的难民输出国[②]。埃及这些外来人口的比例与构成在一定程度上也给埃及带来了一些年轻的劳动力资源。埃及政府为他们提供了相应的教育、卫生等服务，但是为确保埃及的自身长远利益，特别是考虑到与欧盟的长期合作，埃及政府已宣布不会在其境内建立任何类型的难民营，而是通过各种途径尽可能帮助他们融入埃及的社会中。而埃及广大的农村地区则肯定将是这些大多来自他国农村和不发达地区的农民落户的“新农村”。在这种情况下，埃及未来的新农村综合治理以及“体面生活”倡议将会被赋予更多特殊的含义。

同时也给一些国际政治势力和利益集团带来了丰富的想象空间。特别是2025年2月美国新任总统唐纳德·特朗普（Donald Trump）提出的“接管和清空加沙”（take over and cleaning out Gaza）提议或将对埃及的移民政策底线带来严峻考验。埃及的移民问题不仅将是新农村发展面临的问题，更将成为世界性的焦点问题。

第二节　新冠疫情下的埃及农业经济

一、新冠疫情之下的埃及经济盘点

（一）埃及经济总体形势

1. 经济总体表现

通过对2020年埃及经济表现回顾，可以看出埃及的经济较好地抵御了新冠

① 国际移民组织，2022年8月7日。
② Euronews，2023.7.15.

疫情的冲击。2021年初，国际货币基金组织（IMF）仍将埃及2020—2021财政年度的经济增长预期提高至2.8%。世界银行（WB）预测2020—2021财政年度埃及经济将增长2.7%①。至12月，国际货币基金组织认为埃及经济在多轮疫情冲击下仍不断取得了进步，预期埃及在2022年将成为阿拉伯和非洲第二大经济体，埃及经济总值（Eeconomy value）在阿拉伯国家将以4 383亿美元位居第二，沙特阿拉伯经济以8 761亿美元位居第一，阿拉伯联合酋长国经济以4 279亿美元位列第三②。

2022年，埃及《金字塔报》梳理了埃及2021全年经济表现认为，埃及经济承受住了疫情暴发所造成的冲击。疫情发生前的2019—2020财政年度上半年，埃及经济增长率为5.6%。但埃及计划和经济发展部认为2021年总体经济增长将收缩至2%。至8月，埃及财政部宣布，埃及各项经济指标良好，反驳了有关对埃及经济唱衰的言论。埃及取得了自2008年以来的最高增长率，增长率达6.6%，而同期全球新兴经济体的平均增长率仅为3.2%。埃及失业率在2022年6月降至7.2%，当年共创造新增就业82.6万个，预算赤字从占GDP的13%减少到6.1%，预算赤字率多年来首次低于新兴国家平均水平。埃及连续第五年实现基本盈余1 000亿埃镑，占GDP的1.3%，埃及当年成为全球少数几个实现基本盈余的新兴经济体之一③。2024年11月，埃及赤字减少至4 532亿埃镑，占GDP的2.6%，盈余达到1 302亿埃镑。

在疫情持续3年之后，加之2022年2月爆发的俄乌冲突导致出现了全球性通胀，埃及也难以避免，自2022年中以来出现了持续高通胀，一度高于15%以上，食品通胀率更高达20%以上。埃及的通货膨胀主要由三部分组成，一是进口；二是生产成本，两者占总通货膨胀率的50%～60%，且不受埃及货币政策控制；三是货币流动性④。

考虑到疫情、粮食安全危机等多重影响，埃及计划和经济发展部还提出了更多的投资与融资计划。例如在疫情最为严重的2020—2021财政年度第一季度公共投资即达400亿埃镑，增长率为60%。疫情持续的两年间，埃及仅旅游、制造业和天然气等部门收缩较明显。这些从埃及的采购经理人指数

① 《今日埃及》，2021年2月13日。
② 国际货币基金组织（IMF），2021年。
③ 《埃及金字塔在线》，2022年8月29日。
④ 《今日埃及》，2022年8月22日.

（Purchasing Managers' Index，简称PMI）①一直稳定在50就可以看出，商业部门对埃及经济气候稳健性的信心在不断增强。但是2022年以来，埃及的采购经理人指数开始下跌，到了6月已经跌至45.2。这是由于全球经济紧缩导致埃及经济受到波及，半年内埃及的通货膨胀率接近15%，食品通胀更是高达22.3%。

2. 经贸出口形势

2021年12月，埃及贸易与工业部宣布，2021年埃及出口在新冠疫情下经受住了考验，外贸领域成绩斐然，取得积极成果，年底埃及出口有望突破310亿美元。前11个月，埃及商品出口增长27%，出口额达到了290亿美元。2021年支付的出口补助总额约为69亿埃镑，1 355家公司从中受益。埃及橙子出口还成功开辟了巴西市场，此外还成功作为东道主主持了东部和南部共同市场（COMESA）②峰会，进一步加强了与非洲市场贸易关系。

3. 国际环境形势

在2022年的全球性经济危机的风暴中，埃及经受了一轮又一轮的严峻考验。与许多粮食不能自给的国家一样，埃及长时间处于小麦等基本农产品难以足量进口的窘境。埃及能做的就是通过多方面努力，采取多样化战略，并辅以吸引更多的外国投资和达成新的交易以克服当前的挑战和危机。在对内改善民生和生计方面，埃及在2022年7月拨出110亿埃镑作为特殊全民补贴，帮助900万困难家庭应对全球经济危机。在开展国际协作方面，埃及、阿拉伯联合酋长国、约旦工业合作委员会同期共同推动价值100亿美元的12个发展项目，旨在刺激国内就业机会、保护供应链，以进一步盘活国内经济。这些项目将包括食品和农业、化肥和制药行业，以及其他包括化工、纺织、服装、塑料和金属制造等重点领域。特别在俄乌冲突引发的全球粮食危机中，埃及还争取到欧盟1亿欧元粮食安全援助立即拨款计划支持。

为确保国内经济健康运转，埃及的目标是每年至少获得100亿美元外国直接投资，以刺激经济增长、创造就业机会和改善国际收支平衡，同时确保

---

① 是衡量一个国家制造业的“体检表”，是衡量制造业在生产、新订单、商品价格、存货、雇员、订单交货、新出口订单和进口等八个方面状况的指数。”——百度百科，2021年。

② 英文全称Common Market for Eastern and Southern Africa，是由包括利比亚、斯威士兰等20个东非、南非国家组成的自由贸易区域。该市场形成于1994年12月，取代此前自1981年起存在的优惠贸易区（Preferential Trade Area）。

2022—2023财政年度GDP达到5.5%。埃及的GDP在2021—2022财政年度曾一度增长至创纪录的6.2%。为了确保埃及的经济可持续发展，塞西总统在彼得斯堡气候对话（Petersberg Climate Dialogue）①中呼吁欧洲增加对埃及的投资，作为回报，埃及将向德国以及欧洲出口天然气，这是埃及从传统能源经济向清洁能源经济转型的重大举措，通过转型，埃及将成为地区首屈一指的绿色氢能、太阳能和风能的生产和出口中心。

埃及与欧洲的关系自俄乌冲突以及全球粮食安全危机以来变得越来越紧密。在埃及看来，无论欧洲国家对乌克兰危机持何种立场以及如何转变，埃及都将与欧洲国家保持一种适当平衡的关系。这就是塞西总统强调的埃及在管理国际冲突中的“政治中立”姿态。

尽管埃及在国际地缘政治经济关系中的姿态“实用主义”至上，但是仍然无法改变随着其外汇储备下降和进口费用不断上升而带来的国家财政与外债压力的不利局面。至2022年6月底，埃及的国际储备为330亿美元，而2021年5月为400亿美元，外汇储备缩水严重。此外，自3月以来，埃及被迫一直与国际货币基金组织（IMF）就新的贷款协议进行谈判，以减缓其到期债务的偿债压力。埃及2022年也将进入对其巨额国际债务的偿债期，预计未来2年埃及将有160亿美元的债务到期，仅2022年就将有90亿美元的债务到期。

对此，开罗美国大学专家甚至发出警告，在斯里兰卡发生国家债务违约导致国家破产之后，国际金融机构在发放更多贷款时要格外小心，此外更提出了受惠国应采取更为激进的改革措施的要求。这些外部金融环境的迅速变化显然对埃及的金融环境及其治理能力带来了严峻的考验。

与许多其他新兴市场一样，埃及这次正处于全球经济与金融风暴的中心，俄乌冲突影响了埃及的支柱产业旅游业，导致了埃及急需的硬通货收入锐减，更糟糕的是埃及的粮食市场被严重扰乱，小麦供应出现了巨大的不确定性，这些给埃及带来了焦虑。埃及是世界上最大的小麦进口国之一，近年来平均每年进口1 200万吨小麦，好在2022年国内粮食作物丰收，该年度的小麦计划进口量降至1 000万吨，2024年又增至创纪录的1 440万吨。埃及对粮食安全的焦虑，就像他们对大饼深深的心理依赖一样，是一种触及心灵的“焦虑”。“埃及是等待乌克兰下半年发货的最期待的国家，他们一直在耐心地等待乌克兰

① 由德国在2022年7月主办。

660万吨小麦出口承诺的如期兑现”①，然而，到本书接近终稿为止，俄乌冲突已经僵持了近3年，埃及对乌克兰能够长期供应质优价廉小麦的殷切期待恐怕已经成了泡影。

（二）埃及农业总体形势

1. 农业产业形势

根据国际货币基金组织在2020年10月发布的报告，埃及预计将成为2020年中东和北非地区唯一实现GDP正增长的国家，预计增长率可达3.5%。惠誉（Fitch Solution）预测埃及有望在未来4年（2020—2024年）中以每年平均4%的速度增长，这将是此期间中东、北非地区最高的实际GDP增长率②。此外，埃及只开发了主要农产品出口潜力的30%～40%，大约100亿美元的粮食出口潜力尚待开发。

埃及也是中东和非洲地区唯一被三大全球信用评级机构（惠誉评级、穆迪和标准普尔）在信用方面高度评价的国家。惠誉预测，埃及食品支出（以当地货币计）的增长率将保持强劲，但在2022年略有放缓至9.5%，低于2021年的11.3%和2020年的12%。该机构还预计2022年期间，面包、大米和谷物类以及肉类和家禽类的支出将占埃及食品市场总支出的52%左右。从中期来看，食品支出预计将在2022—2025财政年度以10.3%的年增长率增长，这将导致名义支出从2022年的7 795亿埃镑（相当于478亿美元）增加到2025年的10 279亿埃镑（相当于607亿美元）。

此外，在多年高通胀后埃及出现了经济增长趋势，埃及表现相对良好的经济对食品领域的本地和外国投资者来说是一个积极的信号，国际食品和饮料公司在进入埃及市场拓展业务方面出现机遇，对此外国投资者对在埃及进行兼并和收购表示出越来越大的兴趣。近期埃及的外国投资已显著增加，凯洛格、嘉吉、百事可乐、可口可乐、卡夫和亨氏等主要食品和饮料公司均宣布了在埃及雄心勃勃的投资计划。

2. 农业生产

埃及通过多种方式提高埃及的农业生产，通过产量的显著提升加快实现埃

---

① 于尔根·沃格勒（Juergen Voegele），世界银行负责可持续发展的副行长，2022年4月5日。
② 中国驻阿拉伯埃及共和国大使馆经济商务处，2020年11月9日。

及的粮食安全。主要在以下领域采取新的措施，例如，加大对水资源的综合利用，加快对新开发耕地的拓展和横向开发，推广高产作物品种的种植和使用现代农业技术进行垂直扩张，强化实行农业保护政策，并扩大保护范围，大幅增加对农业生产活动的投资水平，加快对禽畜和鱼类生产的扶持力度，进一步改变公民传统的消费方式，减少粮食浪费与损耗。

从近两年看，埃及的主粮生产保持在相对高位稳定。2023年小麦产量为887万吨，水稻378万吨，玉米720万吨，高粱78万吨，花生20.5万吨，棉花35万吨①。

3. 农业出口

2020年是新冠疫情对全球贸易造成负面影响最严重的年份，埃及也曾深受其害。但2020年埃及农产品出口形势良好，充分证实埃及在疫情期间所采取的农业政策是成功且可持续的。该年埃及农产品出口增加到520万吨，价值22亿美元。在疫情背景下埃及的农业部门成功将农产品推介至全球11个新市场进行销售。埃及产柑橘、马铃薯和洋葱以及许多农作物销往日本市场和一些海湾阿拉伯国家②。此外，埃及红肉及其制品的自足率也增加至60%以上，并且增长势头迅猛。纯奶油制品、鸡蛋和乳制品方面的自足率已经达到100%。

2021年1—11月，埃及出口农产品达到528.64万吨，柑橘类水果出口排名仍位居世界第一。上述期间的重要农产品出口清单包括柑橘、马铃薯、洋葱、草莓、石榴、番石榴、西瓜、葡萄、杧果、蒜、辣椒、甜菜和豆角等。其中，柑橘出口总量达到了188.23万吨；马铃薯排名第二，出口总量达到了62.076 9万吨；饲料出口60.724 7万吨；洋葱25.625 5万吨，葡萄14.320 1万吨，甘薯9.431 2万吨，石榴7.959 3万吨，杧果3.644 1万吨，豆角2.521 0万吨，草莓2.094 2万吨，蒜1.878 4万吨，番石榴1.413 3万吨③。同期食品出口额为38亿美元，已经超过2020年全年出口额（34.57亿美元），实现了9.9%的增长④。2021年，阿拉伯国家仍然是埃及加工食品最重要的出口地区，占埃及食品出口总额的55%，价值10.9亿美元，其次是欧盟、美国，占比与上年相差不大。当年埃及食品主要出口目的地国还包括俄罗斯、沙特阿拉伯、荷兰、英国、北爱尔

① USDA/IPAD. Egypt Production（usda.gov），PS&D Online updated on May 10，2024.
② 《埃及金字塔报》，2021年7月26日。
③ 埃及《第七日报》网站，2021年11月27日。
④ 埃及食品工业出口委员会，2021年12月30日。

兰、阿尔及利亚、摩洛哥和利比亚等。埃及农产品和加工食品具有巨大出口潜力，特别是与上述很多国家和国际组织签署了自由和优惠贸易协定，在阿拉伯国家、非洲和欧洲市场方面具有独特优势。此外，埃及拥有国际认可的高等级实验与检测设施，对埃及提高食品和农产品竞争力提供了支撑。

2022年，埃及农产品出口总量超过630万吨，占其全部出口商品的17%，出口总值占其GDP的12%。其中马铃薯、橄榄、冻干草莓、椰枣、晒干番茄等作为埃及的特色农产品，行销周边国家以及欧盟，甚至亚洲和拉美国家。例如对亚洲、阿拉伯国家和欧盟市场马铃薯出口总量超过87.5万吨，对俄罗斯出口达35万吨。2023年埃及农产品出口额为88亿美元，达到750万吨，向160个国家出口了400种农产品，农业部门占该国国内生产总值的15%①。其中新鲜农产品出口达到37亿美元，加工食品51亿美元。特别是对欧盟的橙子出口量超过了50万吨②。

4. 农业进口

小麦是埃及每年进口量最大的农产品，这几年都在1 000万吨以上，2022年在全球粮食安全危机以及俄乌冲突的压力下，埃及小麦进口总量超过了1 200万吨。此外，玉米、大豆、食用油以及饲料等也是埃及重要的进口农产品，其中玉米进口1 300万吨、大豆400万吨。埃及的食用油有90%都依赖进口。

除上述大宗农产品进口外，埃及每年还根据需求进口规模不等的豆类、肉类及糖类等生活必需品以满足斋月等食品消费旺盛季节的需求。2021年，沙特阿拉伯成为埃及最大的农产品出口国，有价值1.57亿美元的农产品及食品出口至埃及，其次是美国，为1.1亿美元。

二、农业投入对埃及经济的支持作用

埃及目前有一半以上的人口生活在农村地区，由于农村广阔的地理区域，农业是埃及收入和就业的主要来源，有超过55%的埃及人口生活在农村地区，生活主要依赖农业生产活动，以及相关的农业生产、运输、储存和营销服务。埃及的农业与制造业、通信和信息技术一起也是国家结构性改革计划所涉及的

① Al-ahramonline，2024.5.14.

② Egypt Today，2024.5.21.

3个行业之一，其产值约占GDP的11%，占非石油商品出口的15%，并吸收约25%的劳动力。

农业部门是埃及非常重要的部门，一方面是国家粮食安全的主要支柱，另一方面是支持国家工业生产能力以及相关运输、贸易和物流活动的主要支柱。对于农业部门的未来发展趋势，埃及为改善农业部门的经济能力，将采取5个方面的措施，稳步增加对农业活动的投资和业务扩展，提升发展农业部门与农业活动服务的效率，并启动一系列旨在发展农业的国家计划，扩大现代灌溉项目的实施，对运河进行衬砌和修复，发展水利灌溉系统以最大限度地利用水资源。

在投资方面，2022年7月，埃及计划部宣布在2022—2023财政年度将向农业部门投资829亿埃镑，而上年度投资为629亿埃镑。该部还计划将农业产值从2021—2022财政年度的1.2万亿埃镑增加到2022—2023财政年度的1.37万亿埃镑，相当于国内生产总值的10%，埃及年度国内生产总值为12.7万亿埃镑。

在推动农业综合发展计划方面，埃及的2022—2023财政年度计划将包括一套综合农业发展计划，这是一项横向拓展计划，其中包括新三角洲项目（New delta project）、南部河谷开发项目（Toshka project）、埃及农村开发项目以及西奈北部和中部开发项目。计划还包括一项纵向拓展计划，旨在将1费丹土地的生产力提高15%～20%，另外包含一项粮食安全计划和一项合同农业计划。除此之外，还有种子生产计划、畜牧生产发展计划、鱼类养殖计划、水资源开发和合理化计划，以及运河修复和衬砌工程、农田灌溉发展工程、国家温室大棚工程、国家湖泊开发工程等。

在农产品出口发展计划方面，2022—2023财政年度将重点提升埃及农产品的竞争优势，推动更多的埃及农产品进入更广泛的国际市场。埃及计划在该年度出口发展计划框架内，将农产品出口增加到600万吨以上，这将使埃及的农业出口收入超过36亿美元。实现上述这些目标需要埃及的农业部门首先能够生产具有全球竞争优势的出口农作物，其次要进一步争取扩大进入国外市场的机会①。

三、农业服务贸易对埃及经济的支持作用

埃及作为一个地区性贸易协定大国，与很多国家签订或加入了双边和多边贸易协定，包括与美国的双边和多边贸易协定。截至2022年8月，埃及加入

---

① Hanan Mohamed，2022.7.26。

的多边贸易协定条约主要包括：非洲大陆自由贸易区（AfCFTA）、关税与贸易总协定（关贸总协定）、服务贸易总协定（GATS）、欧盟-埃及自由贸易协定（联合协定）、与欧洲自由贸易联盟国家的自由贸易协定、土耳其-埃及自由贸易协定、大阿拉伯自由贸易区协定、埃及-摩洛哥-突尼斯-约旦间阿加迪尔自由贸易协定、埃及-欧洲地中海伙伴关系协定、东部和南部非洲共同市场（COMESA）、泛阿拉伯自由贸易区（PAFTA）、埃及-南方共同市场自由贸易协定。此外，埃及还与阿拉伯国家签署了多项双边协议：约旦（1999年12月）、黎巴嫩（1999年3月）、利比亚（1991年1月）、摩洛哥（1999年4月）、叙利亚（1991年12月）和突尼斯（1999年3月）。1995年埃及还与中国签订了贸易协定，同时与俄罗斯签署了经济合作条约。2001年6月与欧盟（EU）签署了合作协议，该协议规定埃及产品可立即免税进入欧盟市场。上述多边贸易协定为埃及的农业服务贸易的便利化创造了良好条件。2010年，埃及和欧盟完成了自由贸易协定的农业附件，实现了90%以上的农产品贸易自由化[①]。至此埃及的农业服务贸易进入“快车道”，为埃及与周边国家特别是欧盟的农业产品与服务的交流与合作打下了良好的基础。

“服务贸易”（Trade in services）[②]指国与国之间互相提供服务的经济交换活动。来源于关贸总协定乌拉圭回合多边贸易谈判达成的《服务贸易总协定》（General Agreement Trade in Services，GATS）对服务贸易的解释，即指跨境提供、境外消费、商业存在、自然人流动4种方式进行的服务交易活动。农业服务贸易是向国（境）外提供或购买农业相关服务的贸易形式，是在农业领域和范畴进行的国与国之间的产品及服务的交换活动，国际农业服务贸易同时也是解决全球粮食安全问题的有效途径。当前，在俄乌冲突所引发的全球粮食及经济危机的背景下，全球粮食安全问题越来越严峻，在这种情况下，一些对进口粮食依赖程度较高的国家要想避免出现粮食断供和产业链受阻，就必须积极发展和做强其农业服务贸易。一个成熟的和能够有效应对外部风险的农业服务贸易将是“硬产品+软服务”相结合的有特色的进出口模式。这种现代的综合发展模式可以促进全球粮食增产和供应链增效，从而有效保障粮食安全。

当前全球粮食安全面临高风险的挑战，促进农业全要素生产力提高、保障

① International Trade Administration U.S. Department of Commerce，2022.8.8.

② 概念最早出现在1972年9月经济合作与发展组织（OECD）的《高级专家对贸易和有关问题的报告》中。这份报告后来成为关贸总协定东京回合共识的关键性文件之一。

供应链畅通高效、实现全球零饥饿目标，既需要农业跨境投资和农产品贸易的稳定增长，也要大力发展农业服务贸易，提升效率、凝聚要素、重构产业，赋能农业和农民，加快国际粮食农业系统转型[①]。埃及近年在贸易改革方面采取了重大举措，承诺与欧盟达成合作协议，还加入了世贸组织，并正在参与多哈回合关于开放商品和服务贸易非关税壁垒的讨论。这些不仅可以促进货物贸易的改革，还可以推动服务贸易自由化，埃及从服务业外国直接投资的自由化中获益良多[②]。2020年，埃及服务贸易占GDP百分比为9.1%。尽管服务贸易占比近年来大幅波动，但在2010—2020年总体呈下降趋势（图1-10）。

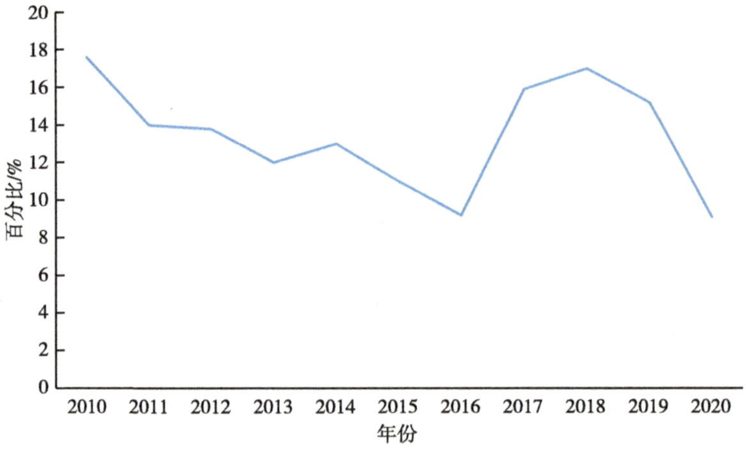

图1-10　2010—2020年埃及的服务贸易占GDP的百分比变化

来源：https://data.worldbank.org/indicator/BG.GSR.NFSV.GD.ZS? end=2020&locations=EG&start=2010，2022.

由于服务贸易“天生就是绿色的”，因此现今国际上一些流行的“绿色基金”“绿色债券”能够充分体现当今服务贸易的特点和成效，并且能够为粮食安全做出更大的贡献[③]。在2020年全球27.3万亿美元的债券发行中，绿色、社会、可持续性和可持续性相关（GSSS）债券仅占2.2%。但随着投资者对支持气候行动的兴趣不断增加，它们一直处于上升轨道。

在“埃及2030年愿景”中，埃及的目标是将绿色项目在政府投资预算中的

① 马有祥，首届国际农业服务贸易大会，2022年9月2日。

② KONAN Denise Eby & KIM Karl E.，2010. *Beyond Border Barriers*：*The Liberalization of Services Trade in Tunisia and Egypt*，EcoMod2003 330700083，EcoMod.

③ 赵瑾，首届国际农业服务贸易大会，2022年9月2日。

比例从2020年的14%提高到2022年的30%。为此埃及财政部开始探索更好的融资选择，其中就包括绿色债券，以吸引更多的投资者。埃及在近年来大力推动了各类“绿色基金”以及“绿色债券”项目，2020年9月埃及成为中东和北非第一个发行主权绿色债券的国家，在当年债券成功发行后，“GDRM”项目①通过世界银行的可持续金融咨询服务获得了进一步的推动。2021年，埃及宣布将绿色债券作为一种金融解决方案获得成功，并成为北非及中东地区以及更广泛新兴市场的标杆与榜样国家。

绿色债券在埃及的成功发行被认为是一种有效的金融解决方案，可以满足埃及对环境可持续投资的迫切需求。其金融收益可专门用于资助清洁交通、可再生能源、污染防治、可持续水和废水管理、能源效率和气候变化适应②。在2022年，埃及的绿色债券由穆迪公司③进行了评估，并获得了“稳健”的评分。

埃及发行绿色债券对埃及的好处显而易见，对于那些将从埃及主权绿色债券资助的项目中受益的人来说，这种融资解决方案带来了深刻变化，例如通过海水淡化更多地获得饮用水，通过废水再利用灌溉更多农作物，通过更清洁的轨道交通获得更安全和实惠的通勤方式等。通过发行绿色债券，政府对环境项目的支出也变得更加透明。

① 由埃及财政部获得的政府债务和风险管理（GDRM）计划。

② 世界银行，2022年3月15日。

③ Moody’s Corporation，简称Moody’s，是美国著名的三大信贷评级机构之一。

第二章

埃及的国际发展合作

第一节　埃及的国际投资

一、埃及的可持续发展与投资环境

多样化经济是埃及的主要动力源，传统和非传统行业是发展的推动力，能增强抵御国内外震荡的经济能力，并给予各行业投资者大量投资机会①。但同时埃及也是一个靠不断地境内外投资以获得经济持续稳定状态的发展中国家。2022年，埃及的GDP总量约为4 400亿美元，其中投资约占GDP的16.5%，而在俄乌冲突之前为18%，投资已经成了埃及经济的引擎。埃及实现经济可持续发展的一个关键因素是来自相关国家及国际金融机构的高额投融资项目，为获得这些持续的资金支持，埃及政府在不断地进行经济政策调整和实施相关经济改革，并不断改善投资环境以适应投资方要求。

埃及国际合作部（MIIC）是埃及接受、实施国际援助与投资合作项目的主要承担部门。根据其2020年发布的题为"国际可持续发展伙伴关系"的年度报告，该部在2020年共获得了价值98亿美元的发展融资协议。其中67亿美元用于主权项目的融资，31亿美元用于支持私营部门。在2020年12月，埃及国际合作部还获得了价值1亿美元的追加发展融资，以促进粮食安全和可持续农业。其中在可持续发展目标2："消除饥饿"方面的融资占埃及目前17个官方发展

① 埃及国家信息服务中心，2022年。

援助项目（ODA）资金的1.89%，总额为4.86亿美元。

在吸引投资的外部环境构建方面，埃及坐拥重要的战略区位优势，不但为其进入世界市场提供了便利，使其无论到欧洲、阿拉伯国家，还是非洲和南亚都一样非常便利，更重要的是能够吸引来自世界各地的投资。埃及通过与周边的国际跨区域经济体缔结双边协定来与其建立坚实可靠的投资关系；通过与欧盟签署欧洲伙伴协定，建立与欧盟自由贸易投资关系；通过与美国建立"认证工业区（QIZ）协定"，吸引了大量来自美国的稳定投资；通过阿拉伯自由贸易协定，建立起与中东国家的可持续投资关系；与非洲国家则通过共同构建东部和南部共同市场（COMESA），不断释放非洲国家在埃及的投资潜能①。

在构建自身可持续发展投资战略领域，埃及政府也投入资金支持相关领域的发展计划，目前推出的《2018—2023年战略》将投资5.86亿美元。《2018—2023年战略》基于埃及的社会保护计划以及为最脆弱群体提供粮食安全。另外，还着重于女性的能力提升，尤其是农村地区的妇女在其农业社区中的危机抗御能力提升。

在平衡进出口改善投资环境方面，到2024年，乌克兰危机可能使全球经济损失12.5万亿美元，当前全球债务处于50年来的最高水平，通货膨胀达到前所未有的水平，这些将抵消过去15年全球在经济可持续发展方面取得的进展。为了帮助埃及克服经济不利条件，埃及政府将支持出口行业在5年内将海外销售额增加1 000亿美元。考虑到2020年埃及的进口总额为750亿美元，埃及提出了200亿美元的进口投入替代计划，以减少对进口的依赖。

在吸引国际融资与贷款方面，埃及不断通过多种渠道与周边国家、国际组织和国际金融机构开展广泛投资合作，利用自身政治与地理优势和优惠投资环境吸引更多国际投资者。例如与国际货币基金组织一直保持着长期贷款合作，国际货币基金组织在帮助埃及及时走出由"阿拉伯之春"导致的经济持续低迷方面也做出了重要的贡献。为了获得更多的融资贷款，埃及也在持续对自身的经济进行改革与调整，特别是私营部门的经济占比以及社会高额福利补贴的改进等。在2022年11月，埃及与国际货币基金组织又达成了30亿美元的新贷款协议，考虑到埃及作为发展中国家在俄乌冲突、新冠疫情等挑战下的巨大压力以及国内投资环境的持续改善，埃及此次获得了长达10年的还贷期限，另外还将

① 详见《法老终结者和她的终极之河——埃及农业概论》投资部分。

获得一个大规模多年融资计划。同期，埃及国际合作部还宣布与世界银行等机构签署22.4亿美元的优惠发展资金。这是埃及推动多边合作支持国家的可持续发展愿景的重要举措，该一揽子项目将推动实施埃及的基础设施建设，并刺激私营部门与一些发展伙伴在交通、住房、电力、可再生能源、COP27及粮食安全和环境合作等方面展开合作。

在2022年11月COP27大会上，全球持续面临俄乌冲突、高通胀、能源短缺和新冠疫情等众多危机，面对这些叠加影响，埃及在粮食安全领域与多个国家、机构签署了4项发展融资协议。第一项是与世界银行集团签署了价值5亿美元的粮食安全和应对紧急项目，用以支持埃及扩大国家小麦仓储的计划。第二项是与非洲开发银行集团签署了价值2.71亿美元粮食安全支持项目。第三项是欧盟根据粮食基金倡议向埃及提供1.11亿美元的发展资金。第四项是与美国国际开发署（USAID）签署了农业企业公约，美国国际开发署为埃及提供4 700万美元的发展资金用于农村发展项目和增加收入。另外，根据气候倡议公约，埃及还与美国国际开发署签署了1 500万美元的气候变化应对赠款协议，以提高埃及的农业气候应对能力①。

此外值得一提的是，埃及还通过广泛与各类民间金融组织、商会及团体等开展在各个领域内的投资合作。例如在COP27期间，为了吸引更多的国际民间投资，增强埃及在气候变化领域的应对能力，埃及与美国商会积极开展合作，吸引美国绿色科技领域的企业投资家前来投资。埃及总理马德布里对此曾公开表示强调埃及对绿色能源领域的投资兴趣极大。根据政府的新投资计划，此类绿色项目将获得所谓的“黄金许可证”，以规避烦琐的审批程序。这是埃及积极推行经济改革政策、加大吸引外资的一个重要手段。

二、国际资本在埃及的投资情况

（一）欧盟在埃及的投资

虽然新冠疫情对全球贸易和供应链产生了严重影响，但埃及仍然保持了较高的经济增长，鉴于埃及在2021年较为强劲的经济反弹和良好的经济发展前景，欧洲企业对在埃持续投资表现出强烈的兴趣。欧盟也明确表示虽然当前疫情走向仍然不明朗，但是埃及却表现出更具弹性的经济。另外，在应对气候变

① Egypt Today，2022.11.9.

化方面，埃及也表现出更为积极的参与姿态。欧盟对埃及的经济发展趋势非常看好，对此欧洲复兴开发银行以及欧洲绿色气候基金已决定向埃及提供5 000万美元贷款，以支持埃及中小企业的能力建设。

欧盟是埃及最大的贸易伙伴，2020年双边货物贸易额达245亿欧元，欧盟占埃及贸易规模的24.5%，欧盟自埃及的进口及对其出口分别占埃及出口、进口总量的25.8%和21.8%。欧盟从埃及进口64亿欧元的燃料、矿产品、化学制品、农产品及纺织品等；对埃及出口181亿欧元，主要是机械和运输设备、化学制品、农产品、原材料及燃料和矿产品等。欧盟还计划将其与埃及2004年签署的联合协议升级为更广泛的全面自由贸易安排，以进一步改善埃及与欧盟国家之间的贸易流通，增加贸易额并避免出现任何形式的供应链中断。埃及是欧盟在全球第二十九大贸易伙伴，2020年贸易额占欧盟与世界货物贸易总额的0.7%。至2021年10月，埃及已成为欧盟在非洲的最大投资国、地中海地区的第二大投资国。双方的双边服务贸易2019年达到109亿欧元。

欧盟积极支持埃及经济增长的主要原因是在埃及国际贸易不断增长的同时，给欧盟带来了更多发展机会。但由于2020年疫情流行造成的全球冲击及对旅游业和贸易的影响，欧盟认识到与其开展贸易的伙伴应该尽可能在地理方面更接近欧盟。而埃及由于拥有非常发达的基础设施、交通和年轻的熟练劳动力，未来也被欧洲的各类投资者所青睐。欧盟目前在埃及开展的投资项目有很多，有很大一部分是欧盟的欧洲开发银行等金融机构联合世界银行以及联合国等机构在埃及开展的多边投资合作项目。2021年世界银行提供5亿美元用于货币补贴计划——“回教保险”（Takaful）和“卡拉玛”（Karama）计划，以加强埃及的社会网络安全。其中4.77亿美元将用于在该国推行全民健康保险制度。

自俄乌冲突爆发以来，埃及一直在努力寻找可行的进口替代品来确保战略粮食的安全。欧盟国家由于有稳定的小麦来源，因此也成为埃及在粮食安全领域重点考虑的对象。埃及非常重视双方在应对当前与粮食安全和实现农业发展项目可持续发展挑战的合作。2022年6月，欧盟驻埃及使团宣布向埃及提供1亿欧元的粮食安全紧急援助，并提供30亿欧元的农业可持续发展一篮子合作方案。为了帮助埃及提升粮食储备能力，更好地应对俄乌冲突带来的粮食安全的高度不确定性，意大利代表欧盟还在2022年6月在埃及投资3.67亿埃镑建立6个大型谷物筒仓，此外还投资5 200万埃镑建立小麦物流项目。目前意大利已向埃及拨款1亿欧元以减缓俄乌冲突引发的埃及食品和原材料价格上涨导致的经济波动。

双方下一步将为埃及农村地区年轻农民提供培训和能力建设计划，并在开发农业和交流技术专长方面进行合作，旨在改善埃及最贫困村庄的灌溉和农业生产、健康、教育和基础设施条件。

（二）欧洲复兴开发银行在埃及的投资情况

埃及是欧洲复兴开发银行（European Bank for Reconstruction and Development，EBRD）①的创始成员国，欧洲复兴开发银行自成立以来在埃及为政府和私营部门的总投资超过77亿欧元，支持实施项目143个，其中75%以上针对私营部门②。2012年该行进入埃及实施项目和开展大规模投资③，这些项目包括农业、金融业、制造业和服务业以及电力和供水等基础建设项目。截至2024年11月，在埃及的投资增至186个项目，投资超过125亿欧元④。

在欧洲复兴开发银行业务支持的国家中，埃及在2020年成为该行在地中海南部和东部地区最大的资金落地国。2021年1月，埃及正式作为欧洲复兴开发银行2020年在地中海南部和东部国家（包括埃及、黎巴嫩、摩洛哥、突尼斯和加沙地带等）的投资首选。该地区总共48个项目，投资总额21.3亿欧元，埃及吸引投资超10亿欧元。埃及与欧洲复兴开发银行之间的独特关系主要体现在双方中小企业发展合作方面，合作重点包括创造就业机会以及赋予女性更多权利等。对此欧洲复兴开发银行向埃及金融机构和银行提供融资7.84亿欧元，为在埃的中小型企业贷款提供便利，使其资金流动更为灵活⑤。2021年10月，该行审查了埃及的宏观经济指标，尽管受到新冠疫情影响，埃及经济仍然在上个年度成功实现3.6%的正增长。2022年，欧洲复兴开发银行向埃及的25个项目投资超过13亿欧元，用于促进绿色和包容性经济发展⑥。特别是在2022年的COP27期间，为支持巴黎气候会议成果和脱碳计划（Decarbonization），该行

① 欧洲复兴开发银行是一家成立于1991年的国际金融机构，由法国总统密特朗于1989年10月首先提出，总部设在伦敦，由美国、日本及欧洲一些国家发起。最初主要任务是帮助欧洲战后重建和复兴，并帮助和支持东欧、中欧国家向市场经济转化。作为多边开发性投资银行，欧洲复兴开发银行以投资为主要金融工具推动市场经济的建设——维基百科、百度百科。

② 拉尼亚·马沙特（Rania Al-Mashat），埃及国际合作部长，2021年10月25日。

③ Dailynewsegypt，2022.11.17.

④ Ahram Online，2024.11.20.

⑤ 拉尼亚·马沙特（Rania Al-Mashat），埃及国际合作部长，2021年。

⑥ 《埃及金字塔报》，2023年2月2日。

还向埃及提供8 000万美元贷款开发该国首个绿色氢设施。该行还成为COP27的“水、能源、食品关系”倡议的主要合作伙伴。

顺便提及一下，除了欧洲复兴开发银行外，欧洲的另外一家金融机构——欧洲投资银行（EIB）在埃及开展了粮食安全项目等投资业务。2022年6月，埃及农业部与欧洲投资银行高级贷款部门就双方未来在相关农业领域的投资项目达成了一致。预计该投资项目将由农业部在COP27期间启动，以增强埃及的农业体系面对全球气候危机的灵活性和复原力。作者在参加2022年9月埃及举办的“撒哈拉”——第34届非洲和中东国际农业博览会期间注意到，欧洲投资银行还提出了针对埃及的欧洲投资银行贸易和竞争力出口支持解决方案（Trade and Competitiveness Export Support Facility）。该解决方案包括提供专家咨询、信贷便利、风险分担等一篮子解决方案。在提供专家咨询服务方面，主要在价值链融资合作银行的选择、企业融资和市场准入等方面为埃及的农业经营者提供专业的指导。在提供信贷便利方面，欧洲投资银行将向埃及的合作银行提供低息长期信贷便利，给予园艺和其他优先价值链产业企业转贷项目。在风险分担工具提供方面，将为埃及的小型企业提供更多的低风险投资组合担保并支持埃及利用其园艺潜力向欧盟和其他地区出口。在埃及的农产品优先价值链领域，将重点帮助埃及发展柑橘类（包括橙子、柠檬、酸橙、柑橘、葡萄柚）和各种加工制品（包括果汁、浓缩果汁、精油和薯片、维生素）等埃及大宗的园艺产品的出口①。

（三）埃及与国际货币基金组织

国际货币基金组织（International Monetary Fund，IMF）是根据1944年7月在布雷顿森林会议签订的《国际货币基金组织协定》，于1945年12月27日在华盛顿成立的（图2-1）。与世界银行同时成立，并列为世界两大金融机构，其职责是稳定国际汇兑，消除妨碍世界贸易的外汇管制，在货币问题上促进国际合作，并通过提供短期贷款，解决成员国国际收支不平衡时产生的外汇资金需求。目前共

图2-1　国际货币基金组织标志

① European Investment Bank, *Trade and Competitiveness Export Support Facility*, MF Strategy, 2022.

190个成员国。

1. 国际货币基金组织的主要融资工具和手段

从新冠疫情暴发到2021年4月底，国际货币基金组织总共向成员国分配了2 042亿特别提款权（SDR）[①]（约合2 932亿美元），共批准了86个国家总额超过1 100亿美元的贷款，这一数字创下了历史纪录。2021年8月通过的新一轮SDR分配是另一项前所未有的举措。2021年本轮分配规模高达6 500亿美元，是国际货币基金组织历史上规模最大的一次SDR分配，它将显著增加成员国的储备和流动性，同时不增加其债务负担[②]。

在国际货币基金组织的2021财政年度批准的资金援助贷款中，中东和中亚地区共获得了74.69亿特别提款权（7 469 M SDR），其中埃及获得了58亿特别提款权（5 800.7 M SDR），占国际货币基金组织在中东和中亚地区全部贷款金额的77.65%，在各援助款分项（截至2021年4月30日，M SDR=百万特别提款权）[③]中，快速融资工具（RFI）为2 037.1 M SDR，备用安排（SBA）为3 763.6 M SDR。

在上述贷款分类中，备用安排（SBA）长期以来一直是国际货币基金组织的核心贷款工具。2007—2009年全球金融危机之后，国际货币基金组织加强了其贷款工具。主要目标是通过设立灵活信贷额度（FCL）以及预防性和流动性额度（PLL）来增强危机防范工具。此外，通过设立快速融资工具（RFI）取代了国际货币基金组织的紧急援助政策，该工具可以在广泛情况下使用。为应对新冠疫情，国际货币基金组织暂时提高了紧急融资工具（RFI）下的年度和累计贷款限额以及国际货币基金组织普通资金账户的年度贷款限额（超过这一限额则启用特别限额框架）。国际货币基金组织还设立了短期流动性额度（SLL），向政策和经济基本面非常强劲的成员国提供后备支持。

国际货币基金组织还高度关注对受援国的能力培养，特别是对这些国家的

---

① 特别提款权（Special Drawing Right，SDR），亦称“纸黄金”（Paper Gold），是IMF于1969年创设的国际储备资产，IMF根据会员国认缴的份额分配，可用于偿还国际货币基金组织债务、弥补会员国政府之间国际收支逆差的一种账面资产，即对IMF成员国可自由使用货币的潜在求偿权。其价值由美元、欧元、人民币、日元和英镑组成的一篮子储备货币决定。截至2021年4月30日，IMF总共向成员国分配了2 042亿特别提款权（约合2 932亿美元）（百度百科、IMF2021年报）。

② 国际货币基金组织2021年年报。

③ 1特别提款权=1.435 99美元。

机构能力建设，尤其是中央银行、财政部、税收征管机构、统计机构和金融部门监管机构。培训的重点是在直接现金转移支付以及税收合规和征管领域采用数字解决方案，保障医疗卫生支出和其他社会支出，以及应对气候变化带来的挑战等。埃及是国际货币基金组织的重要受援国家，是国际货币基金组织在2021年全球融资培训参与人数最多的10个国家之一[①]。

2. 国际货币基金组织对埃及的金融支持

国际货币基金组织对埃及的贷款在恢复埃及国内经济、应对金融危机方面发挥了重要的作用。埃及自2016—2021年以来已从国际货币基金组织获得了总价值约200亿美元的贷款。2016年，国际货币基金组织宣布向埃及提供120美元贷款，以支持埃及国内经济改革计划，改革措施包括削减补贴、增加税收和埃镑汇率浮动等。此前，埃及已通过国际货币基金组织 3 次审查，共获得80亿美元贷款。2018年，埃及财政部与国际货币基金组织就该国经济改革计划第 4 次审查达成协议，埃及将获得国际货币基金组织提供的20亿美元贷款。在2020年，埃及通过快速融资机制获得了27.7亿美元的贷款，随后在信贷准备计划中获得了52亿美元贷款。2021年8月，埃及还从国际货币基金组织分配给成员国的特别提款拨款中获得28亿美元的支持。

国际货币基金组织经过评估，认可埃及严格执行了经济改革计划。同时，埃及继续减少能源补贴，不断增加财政收入和社会福利支出。此外，埃及持续增强国有企业透明度，打击腐败，为私营经济发展创造有利条件。

2021年，国际货币基金组织发表声明，由于埃及应对新冠疫情有力，维护了经济稳定、债务可持续性，增强了投资者信心，预计埃及经济将在2021—2022财政年度“强劲反弹”，国内生产总值将增长5.2%。对此国际货币基金组织将继续提供贷款支持。2022年7月，为了进一步推动埃及的经济体制改革进程，并考虑到因俄乌冲突对埃及经济的打击，响应埃及3月向国际货币基金组织的援助请求，国际货币基金组织宣布将与埃及合作通过扩展基金贷款（EFF）[②]等贷款工具支持埃及加快经济体制改革的步伐。

---

① 这10个国家分别是：印度、中国、尼日利亚、印度尼西亚、柬埔寨、乌干达、津巴布韦、埃及、菲律宾、加纳。

② 指当一个国家经济出现结构性问题而导致出现严重的中期国际收支问题时，由国际货币基金组织提供一个涵盖更长时期的贷款计划。设立该便利扩展基金的目的是帮助因结构性障碍而遭受严重国际收支失衡、经济增长缓慢和国际收支严重失衡的成员国尽快脱困。融资的期限通常为3～4年，偿还期为4.5～10年。

3. 国际货币基金组织与埃及的金融合作关系

由于国际货币基金组织的贷款一般都带有较为复杂的附带条款，并严格限定了成员国的权利和义务，义务包括每项协议附带的具体条款。该组织对与埃及的金融合作同样附带了较为复杂的附加条款，重点关注埃及如何实施解决自身体制或经济弱点的结构性改革，以及旨在维持宏观经济稳定的经济改革政策。值得关注的是将私营部门占更多的国民经济总量占比作为了重要的合作内容。埃及的一些党派及知名人士对此也提出过不同的看法，2021年8月，埃及最大的左翼政党集团党（Tagammu）针对塞西总统提出的埃及补贴大饼改革计划提出，埃及政府似乎忘记了，曾在2016—2019年，其对国际货币基金组织发起的经济改革计划做出了承诺，而埃及的穷人和低收入者却对其承担了太多的责任，已经超出了他们能够承受的范围，特别是在新冠疫情期间显得更加突出。

虽然多年的巨额贷款缓解了埃及紧张的金融环境，但是烦琐的附带条件却给埃及普通民众增添了沉重的生活负担。这也为未来埃及作为一个高负债国家如何应对其债务负担埋下了一个巨大的隐患。

2022年7月发生在斯里兰卡的政府破产事件对于同样债台高筑的埃及来说是一个警示。国际货币基金组织在斯里兰卡政府的破产中扮演了重要角色，作为斯里兰卡四大主要债权人[①]之一，多年来对其的金融援助附带了很多严苛的附加条件，包括加快经济体制改革、增加私营部门占比等，导致斯里兰卡政府不得不大幅削减民生补贴填补经济缺口，加之俄乌冲突等导致的全球金融危机而引发的粮食、能源以及生活物资的价格飙升，成了压倒政府的“最后一根稻草”。

而埃及在一些方面和斯里兰卡有一些相似之处，埃及的外债在2021年12月已达1 455.29亿美元，外债占GDP的比例在2020年达68.6%，最高曾在2017年达到108%的历史最高点，此后每年均在90%以上。自2022年以来，埃及通货膨胀加剧，6月总体通货膨胀率达14.6%，食品通货膨胀率更是高达22.3%，一年之后总体通货膨胀超过30%，食品通货膨胀更高。埃镑的国际汇率在内外多重挑战打压中连续暴跌，前文已有介绍。

特别是在按照国际货币基金组织重点关照的推动私营部门经济的要求下，同时为了加快对国际货币基金组织的承诺，埃及政府有关部门在2022年7月提出希望在3年内扩大私营部门在经济中的占比，并在4年内向本地和国际投资

① 分别是国际货币基金组织、亚洲基础设施投资银行、日本、印度。

者出售价值400亿美元的国有资产。尤其是在全球粮食安全面临挑战的情况下，政府应该退出除了小麦以外的农业产业领域，专注于解决国家的粮食安全问题，并增加私营部门的参与度。此外，进一步加快与经济合作与发展组织（OECD）等更多国际组织有关标准方面的对接，以便未来能够更为快速有效地接受国际组织的帮助，更好地应对各种突发性的全球危机①。

尽管如此，摩根史坦利在2021年通过对埃及的评估认为，埃及属于重债国家，但是政府的债务管理能力一流，债务状况处于可控水平，国际货币基金组织等国际金融机构具备进入该国债务市场的条件，埃及的现有国际资金来源预计不会存在太大问题。

但是，埃及总统塞西却在2022年7月敦促欧盟向国际货币基金组织和世界银行传达了一个信息，即埃及与国际货币基金组织等的贷款有可能延迟还款。埃及正处于与国际货币基金组织谈判以获得应对债务危机的补救性扩展基金贷款（EFF）的局面，目前陷入了僵局，双方的贷款谈判主要僵持在汇率灵活性、总体补贴和燃料补贴3个双方都非常关注的地方。在汇率方面，国际货币基金组织希望埃及实现更大的汇率波动性，避免外部失衡加剧，并需要提高跟单信用证便利化，以满足进口商的美元需求。埃及政府则坚持，如果这样做将会导致过多开立跟单信用证引发过度进口。在燃料价格补贴方面，国际货币基金组织希望进一步放开燃料价格，但埃及政府担心会出现燃料价格飙升的情况，导致物价上涨，威胁社会稳定②。根据以上情况分析表明，埃及当前的偿债能力有可能出现一定的困难。埃及希望国际货币基金组织等能充分理解埃及当前的国情特点和实际情况。国际货币基金组织对埃及追加的巨额贷款附带着一系列条件（如更加深入的改革和更大的汇率波动性），埃及会更加难以接受。

为应对俄乌冲突引发的全球经济危机对埃及可能造成的冲击，保证该国第一波经济改革的成果并满足本国的金融需求，同时尽快打破与国际货币基金组织的谈判僵局，埃及在8月末加紧与其就新贷款协议进行谈判。埃及早在3月就提交了新年度贷款申请却一直未果，双方僵持一年之后，在2024年3月，才达成一份贷款规模达80亿美元的融资协议。世界银行等同期也宣布向埃及提供低息贷款，帮助埃及渡过金融难关。同年11月，国际货币基金组织宣布对埃及的扩展基金贷款计划进行第4次审查，之后将提供13亿美元融资，同时同意附带

---

① Gouda Abdel-Khale，埃及前供应部长，2022年7月1日。

② 《埃及金字塔在线》，2022年8月1日。

的埃及改革步伐延缓的条件，以避免经济动荡①。通过以上相当曲折的交涉经历可以看出，国际货币基金组织已对埃及的贷款信用持怀疑态度。在这种情况下，国际货币基金组织曾一度要求埃及中央银行（CBE）取消所有对中小企业、旅游业和房地产融资的贷款低息举措，并强调了在埃及实行统一利率的必要性。当然这并不是国际货币基金组织第一次提出这样的要求，早在1990—1991年的利率协商中就提出过统一利率的理念。而埃及在20世纪80年代起就开始实施3种利率，分别针对农业部门、工业部门和服务业，其中农业部门利率最低。在过去6年中，埃及曾推出了多项低息融资举措，例如以最高8%的补贴利率为旅游业融资，以5%的利率为小型项目、中型项目融资，而工业和农业部门项目利率为8%，房地产融资活动的利率为3%～8%。

对于国际货币基金组织在埃及的做法，埃及业界存在不同的看法。一种认为，此番要求的背后深意是，埃及当前实施的多重利率，特别是补贴利率，已经严重破坏了埃及现行货币政策的有效性。国际货币基金组织一向对埃及在利率和汇率方面采取的货币政策非常关注，因此对于其一直实施的多种利率共存的模式颇有微词，认为埃及中央银行长期在有意实施控制通货膨胀和贷款利率的机制，违反了金融市场的国际规则。此外，还认为埃及政府对市场的补贴应该由埃及财政部统一实施，并且补贴金额应该列在国家总预算中的项目下，以便国际货币基金组织能够清楚地看到补贴与否或者补偿造成损失的金额②。另一种认为，埃及目前采取的这些低利率举措不应被视为补贴，这是由于埃及一般预算中的利息没有直接补贴，且国家的一般预算不会承担低利率的成本，因此没有理由取消埃及现行的利率措施③。国际货币基金组织是出于自身的利益而要求埃及政府取消诸多利率措施并实施统一利率④。预计未来双方还将进行更多艰巨的谈判，或将就逐步取消低息举措达成某种协议。

国际货币基金组织作为一个国际性金融投资与协调机构，有其自身的经营特点和明确的投资目的，受援国家应该清楚地认识到这一点。该组织的基本准则是长期坚持宏观经济政策，确保经济增长和稳定，在通货膨胀低于目标水平的情况下，货币政策应保持宽松，并有效锚定预期，根据需要运用汇率的灵活

① 《今日埃及》，2024年11月4日。
② Hany Genena，开罗美国大学教授、经济学家，2022年。
③ SherifAl-Diwany，世界经济论坛中东和北非地区前高级主任兼负责人，2022年。
④ Dailynews Egypt，2022.8.23.

性，以帮助吸收冲击，通过保持监管改革以加强金融部门管理能力和降低风险。该组织特别主张应加强政府与私营部门之间的合作，促进经济增长，增加就业机会。国际货币基金组织曾参与并支持了90多个国家的经济规划，向各国提供建议开放市场和鼓励投资。特别是对埃及、突尼斯、约旦以及乌克兰和阿根廷等国家的经济改革计划提供了支持[①]。

4. 埃及的债务问题

埃及是一个长期持有国际债务的“重债”国家，基于其极其重要的地缘政治和经济地位，“埃及是否面临破产危机？”一直是国际社会非常关注的问题。自2011年“阿拉伯之春”以来，埃及经济快速发展，城市化步幅加速，加之水库、大坝、运河、灌溉、开垦、港口、城市等基础设施建设大规模开展，埃及的举债式国家建设热潮一轮高过一轮，也吸引了大量国际资本和融资的进入，2021年12月累计外债已高达1 455.29亿美元，而国际外汇储备仅333亿美元。至2022年3月末，外债余额为1 578亿美元，占其国内生产总值（GDP）的34.6%[②]。另有机构认为，2022年埃及总债务将占GDP比例接近95%，且是当年国际资金外流规模最大的国家之一，外流资金为110亿美元[③]。埃及、阿根廷等17个发展中国家甚至一度还被国际货币基金组织等金融机构认定已陷入“美元债务陷阱”。鉴于其债务严峻形势，埃及海外反对派甚至公开称由于高额债务刺激和压迫，埃及当前30%的贫困率将很快能变成饥饿率，从而对社会稳定造成威胁。

埃及当前负债率为91.2%，且大部分是3年以上的中长期债务，只有8.8%是短期债务，预计2023年前集中还债的压力还不至于过大。对此埃及政府提出到2026年将公共债务总额占GDP比重从目前85.8%降至75%[④]。另据基金公司FIM Partners[⑤]估计，埃及未来5年（到2027年）有1 000亿美元硬通货债务需要偿还，其中约一半是向国际货币基金组织或双边渠道支付，主要是沙特阿拉伯和阿拉伯联合酋长国等海湾国家。2022年3月，因货币贬值过快（超过20%），埃及向国际货币基金组织提出了新一轮贷款请求但未果，这是由于当

① 克里斯蒂娜·拉加德，时任国际货币基金组织总裁，2019年4月2日，美国商会，华盛顿特区。

② MASRAWY，2022.8.15.

③ 摩根大通，2022年7月26日。

④ 《埃及金字塔报》，2022年2月12日。

⑤ FIM Partners是一家专注于新兴市场和前沿市场的金融投资机构。

前埃及债券息差（Credit spread）①已超过1 200个基点，且在国际评级机构评估下，埃及债务违约的概率为55%。

2022年7月，埃及中央银行宣布2021年支付了217亿美元外债（包括分期付款和利息）。为了更好应对即将到期的巨额债务，埃及提出了3个解决方案，第一是与国际货币基金等组织保持持续稳定的贷款合作关系并进一步加大贷款力度；第二是推动海湾国家在更大范围为埃及提供贷款，塞西总统还呼吁沙特阿拉伯和阿拉伯联合酋长国将其在埃及的“存款”转化为投资，埃及财政部也在与国际货币基金组织等金融机构进行谈判，考虑到埃及的偿债能力及经济韧性，预计会达成一系列新的融资补充、替代或延缓支付协议；第三是寻求多种途径降低当前的债务水平，消化高额债务，包括寻求在二级市场出售相关债务，积极推动债转股或者将债务转化为合作项目等形式。

（四）埃及与世界银行

世界银行（The World Bank，WB；以下简称世行）是为发展中国家资本项目提供贷款的联合国系统国际金融机构（图2-2）。它是世行集团的组成机构之一，同时也是联合国发展集团（UNDG）的成员。世行由两个机构组成：国际复兴开发银行（IBRD）②与国际开发协会（IDA）③。

The World Bank

图2-2　世界银行标志

早在新冠疫情流行之前，世行就已经与东非、西非、北非、中东和其他几个地区的国家开展了上述合作。随着疫情的蔓延和俄乌冲突以及引发的全球粮食及经济危机的叠加影响，这些国家越来越渴望寻求世行等国际金融机构的支持。对此

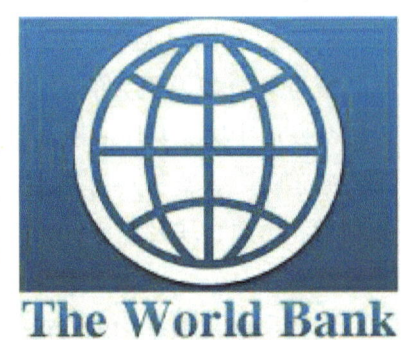

① 国家（企业）的债券和无风险债券回报率之差，即债券息差，如对象违约概率上升，则会随其信用评级降低而增加。息差是体现经营主体资产负债运营效率的重要指标，危险区即150个基点的息差，垃圾债券市场风险最高的债券息差能接近1 000个基点。

② 国际复兴开发银行（IBRD）是一个由189个成员国组成的全球发展金融机构，是世界上最大的开发银行，代表世界银行集团向中等收入和信誉良好的低收入国家提供贷款、担保、风险管理产品和咨询服务，并协调应对区域和全球挑战。IBRD成立于1944年，最初旨在帮助第二次世界大战后的欧洲重建。

③ 国际开发协会（IDA）是世界银行的一个分支。成立于1960年，旨在通过促进最贫困国家的经济增长、减少不平等和改善人民生活条件，而提供低息贷款（“信贷”）和赠款项目。

世行给予了积极回应并提供了一整套紧急融资和新的金融合作项目。仅世行在过去的2020—2021年就向上述国家提供了大量融资支持，每年提供的贷款项目总额高达170亿美元，这些投资主要用于农业领域和社会保护措施。在过去的几年里，世行从该机构的危机应对窗口（Crisis Response Window）专项中为上述11个国家分配了大约50亿美元融资①。在支持北非及中东地区的可持续发展方面，受新冠疫情和油价暴跌影响，2020年北非及中东地区经济产出收缩3.8%。到2021年底，本地区GDP蒙受的损失将超过2 200亿美元。2021年世行批准了对上述地区23项业务共计46亿美元贷款，其中包括40亿美元国际复兴开发银行和6.58亿美元国际开发协会承诺（图2-3）。

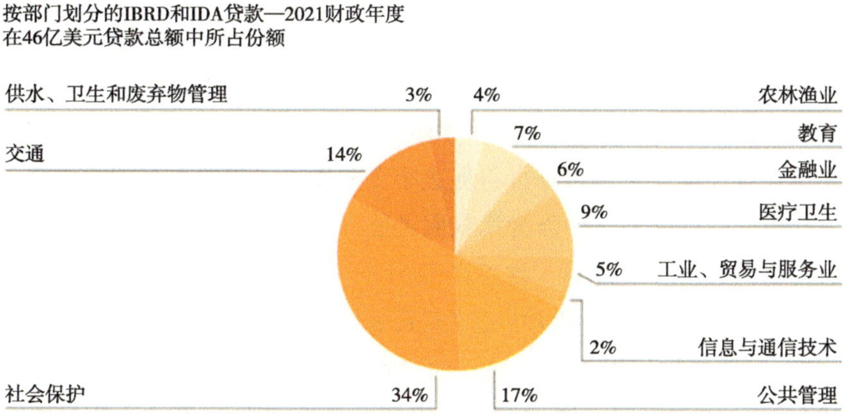

图2-3 世界银行在北非及中东地区按行业分布的投资占比

来源：世界银行2021年年报。

在农业投资领域，世行2021年在北非及中东地区的投入占全部投入46亿美元的4%，大约1.84亿美元，水资源综合利用领域占3%，大约1.38亿美元。

世行集团非常重视在埃及的投资项目。2018年，世行在埃及有16个项目，总承诺融资额66.9亿美元②。至2021年，埃及和世行合作实施项目总额约为60亿美元，涉及住房、卫生、社会团结、交通、教育、地方发展、石油、小型企业和环境等方面，共有15个在执行的主要项目。

2014年以来，为稳定经济和创造就业，埃及开始实施系列改革措施，包括

---

① 于尔根·沃格勒（Juergen Voegele），世界银行负责可持续发展的副行长，2022年4月5日。
② 商务部，2018年。

取消部分能源补贴、实施新的增值税等。为保证弱势群体不受改革措施带来的短期负面影响，2014—2019年，埃及有超过17万企业主获得了世行小微贷款，创造了逾30万个就业岗位①。2015年埃及政府开始实施“团结与尊严”社会福利项目，为贫困家庭每月提供325埃镑现金补贴，世行当年还宣布为该项目提供4亿美元贷款。2018年10月，世行宣布向埃及提供30亿美元贷款，以此表明对埃及经济改革措施充满信心，愿继续为其经济与社会改革提供资金支持。埃及此前已获得世行31.5亿美元贷款，从2015年发放至2017年。世行首席执行官克里斯塔利娜·格奥尔基耶娃（Kristalina Georgieva）甚至还提出了优先支持埃及西奈半岛发展，并支持埃及发展基础设施、交通和农业等领域的深入合作计划。同年12月，世行宣布了一项10亿美元的新贷款项目计划——“私营部门发展包容性增长”发展政策融资（Private Sector Development for Inclusive Growth Development Policy Financing），支持埃及第二阶段改革。新项目计划以2017年结束的多年期银行发展政策融资计划为基础，将侧重于发展私营部门，实现包容性增长。项目基金将促进小企业发展、创造更多就业机会，提高地方政府机构治理能力，增强为民众服务能力和指导国内经济社会发展能力，为政府自身的经济发展计划“埃及腾飞”（Egypt Takes Off）提供融资支持。2019年7月，世行宣布额外提供5亿美元贷款以支持和改善埃及社会福利体系，该笔为期3年的贷款将用于支持埃及的“团结与尊严”社会福利项目，为贫困家庭成员提供就业培训，增加妇女和青年的就业机会。目前该项目覆盖埃及27个省约200万个家庭900万人口，其中88%的受益人为女性。世行驻埃及、也门和吉布提代表玛丽娜·韦斯（Marina Weiss）认为通过该项目，埃及人力资本开发和就业方面将得到改善，这对埃及改革计划的成功至关重要。2020年11月，世行高度评价了埃及在2016—2020年进行的经济改革并准备与埃及建立5年合作伙伴战略关系。2021年10月，世行宣布向埃及提供3.6亿美元贷款支持埃及经济改革，这笔贷款是根据世行发起的“埃及经济包容性增长促进可持续性复苏”计划获得批准的，该计划重点是通过创造就业机会和为私营部门提供包容性营商环境，支持埃及的经济结构性改革，为经济可持续性复苏打下基础。2022年6月，世行再次对埃及提供5亿美元发展融资，以提升埃及小麦库存

① World Bank.2021.*World Bank Annual Report 2021*. Washington，DC：World Bank. doi:10.1596/978-1-4648-1788-5.

能力，增强埃及粮食安全。对此埃及国际合作部认为，埃及与世行之间建立应急响应项目计划将有助于支持埃及的粮食安全，并减轻俄乌冲突的影响。

世行同样也积极参与了2022年COP27有关气候议题上与埃及的合作，双方联合发起了埃及可持续城市倡议，将制定有关战略计划及实施33个总值为18亿美元的项目，以提高埃及城市在应对气候变化方面的能力。该倡议将与埃及总统塞西提出的“体面生活”倡议结合并推动埃及的农村绿色转型。此外世行还积极参与了埃及的“NWFE”项目①中的水资源、食品和能源领域合作。

埃及的经济结构性改革是实现其经济可持续性复苏不可或缺的一部分，已取得的阶段性成果帮助埃及抵御了新冠疫情的冲击。世行的最新行动将帮助埃及保持改革势头，实现包容性增长②。世行支持埃及的经济改革计划，多年对埃及开展的融资和贷款行动充分体现了这一点，这些持续不断的金融支持将帮助埃及提高经济增长的包容性和增强抵御未来冲击的韧性③。

（五）埃及与阿拉伯银行

阿拉伯银行（Arab Bank）是中东地区最大的金融机构和最有实力的财团之一，是阿拉伯世界第一家私营金融机构（图2-4）。1930年成立于巴勒斯坦托管地耶路撒冷（Jerusalem），现总部位于约旦安曼（Amman），为五大洲600多家分支机构的客户提供服务，其业务范围辐射整个阿拉伯世界及欧美主要国家。目前阿拉伯银行集团已经成为全球最大的银行之一，资产达260亿美元。该银行是约旦以及整个中东和北非地区的主要经济引擎，提供银行服务和资本，并促进整个地区的发展和贸易。阿拉伯银行与埃及的经济关系密切，埃及近年的很多发展资金都由该银行提供贷款，由于埃及近年城市化和工业化进程加快，特别是新行政首都等重大基建工程需要巨额资金投入，而从国际货币基金组织等国际金融机构获取贷款的难度随着贷款的附带条件更为苛刻而日益增大，因此埃及近年转向

图2-4　阿拉伯银行标志

① 指在“COP27”框架下的气候项目融资和投资的一项计划。该计划重点推动缔约方建立在水、食品和能源等重要部门实施绿色发展项目的机制，以实现可持续发展、绿色转型和粮食安全。

② 埃及国际合作部长拉尼娅·马沙特，2021年。

③ 《埃及金字塔在线》，2021年11月28日。

阿拉伯银行等地区性金融机构寻求资金支持的愿望更加强烈。

（六）埃及与非洲开发银行

非洲开发银行（African Development Bank，AfDB），正式成立于1964年，总部设于科特迪瓦（Côte d'Ivoire）阿比让（Abidjan）（图2-5）。非洲开发银行是非洲开发银行集团（African Development Bank Group）的一部分，是该集团的母机构，是根据23个创始成员国于1963年8月14日在苏丹喀土穆（Khartoum）签署的协议（此协议于1964年9月10日生效）成立。该集团还包含两个特许融资窗口：一个是非洲开发基金（ADF），由非洲开发银行和13个非洲以外的国家于1972年成立，另一个是尼日利亚信托基金（NTF），由尼日利亚联邦政府于1976年成立[①]。非洲开发银行集团为非洲最大区域型国际合作开发机构，其成立之初仅吸收非洲独立国家为成员国，1979年起美、日、西德、加、法等21个国家加入，至1985年成员国发展为75个，其中非洲国家54个。非洲开发银行集团自1974年起为基础设施发展（交通、电力、供水和卫生）、农业、通信、金融、工业和社会部门以及经济和体制改革与能力等领域的业务提供资金。其资金主要来自成员国认捐，主要向非洲地区提供贷款。其宗旨是"帮助非洲大陆制定总体战略"，"协调各国的发展计划"，以推进非洲经济的一体化进程。目前与非洲发展基金等金融机构组成"非洲发展银行集团"。1980年至今已为非洲提供贷款达25亿美元。

图2-5　非洲开发银行标志

非洲开发银行集团2021年批准的贷款融资额为45.1亿UA[②]，高于2020年的41.7亿UA。当年共发放了31亿UA，较2020年的51.3亿UA有大幅下降。截至2021年底，集团的投资组合项目价值422.3亿UA，与2020年的425亿UA基本持平。在其发放的1 584笔贷款和赠款投资组合中，有56%被评为优质贷款[③]。2021年，非洲开发银行集团连续6年被全球主要信用评级机构评为最高的AAA级。美国著名杂志《全球金融》将非洲开发银行集团提名为2021年"全球最佳

① African Development Bank Group，2022.
② UA是非洲开发银行项目的官方货币。1 UA=1 SDR（国际货币基金组织特别提款权）。
③ 非洲开发银行集团2021年年报。

多边金融机构”。

非洲开发银行的目标是促进其区域成员国（RMCs）的经济可持续性发展和社会进步，从而为减贫做出贡献，该行目前是3A级金融机构，除了在基础设施、农业现代化、社会保护和企业发展方面进行大规模社会经济干预外，还为非洲在全球提升竞争力提供更多的影响和支持。在农业投资领域，迄今为止该银行已在非洲投资15亿美元用于改善非洲的粮食安全与相关研究项目[①]，特别是在小麦、大米、玉米、大豆等作物种植领域，向超过1 200万非洲农民提供了金融支持以实现他们的自给自足能力[②]。

随着2022年全球经济危机、新冠疫情及俄乌冲突等诸多不确定因素影响，非洲开发银行在推动非洲经济的复苏和可持续发展方面面临着严峻的挑战。非洲普遍存在的通货膨胀上升、增长受抑、不平等加剧和宏观财政不稳定，正严重影响着非洲大陆的基本民生。对此非洲开发银行提出了支持非洲未来十年（2023—2032年）的战略发展框架，力图在推动非洲的包容性增长和可持续发展方面提供更多的支持，确保非洲大陆成为一个持续繁荣的非洲[③]。

埃及是非洲开发银行的创始成员国之一，埃及中央银行行长同时也是非洲开发银行集团的核心领导层成员。埃及自成为非洲开发银行成员国伊始，就与该组织形成了强有力的战略伙伴关系，这种合作不仅基于共同合作与发展的理念，更有利于实现埃及可持续发展战略的目标。埃及长期借助非洲开发银行的资源优势，不断推动埃及的可持续发展进程，不断深化非洲的一体化进程。这是基于埃及的强烈政治意愿和对“非洲一体化”这一趋势支持的既定政策。

2020年新冠疫情以来，全球经济持续不振，加之2022年因俄乌冲突引发的全球经济危机和粮食危机，埃及不可避免地深陷其中，经济的不景气伴随着内外矛盾凸显。自俄乌冲突爆发以来，埃及直接和间接损失已达到4 650亿埃镑[④]。此外，外债违约风险随着对外经济的依存度增加而不断上升，这种经济风险往往与政治风险紧密相关。埃及政府认识到要想彻底摆脱经济危机，确保国家安全，必须依靠推动非洲的经济一体化进程，必须通过非洲内部的资源整合和再利用，才能充分发掘自身经济潜力，有效应对外来风险。而非洲建立一

① The Egyptian Gazette，2022.11.15.

② Dailynewsegypt，2022.11.15.

③ Frank Ebo Sagoe，2022.

④ Dailynewsegypt，2022.8.22.

个统一的、高效的金融秩序，有助于埃及更加安全地获得金融支持，最大化规避经济风险。非洲开发银行对于埃及来说是一个非常重要的金融平台，对非洲开发银行的支持也就是对埃及自身经济的支持。

在这种情况下，埃及逐步意识到将非洲开发银行这一区域性组织逐步推向全球，有助于埃及在更广范围内实现自己的各项经济、政治主张。对此，埃及提出充分借助主办全球气候大会（COP27）之际，在2023年5月在沙姆沙伊赫（Sharm Sheikh）主办非洲开发银行集团年度会议。此前埃及已经于2019年9月在沙姆沙伊赫成功主办了非洲开发银行理事会咨询委员会会议，会上完成了非洲开发银行第七次增资125%（从930亿美元增至2 080亿美元）的谈判，埃及中央银行在其中发挥了重要作用。

至2021年，埃及与非洲开发银行的资金合作总额已达67亿美元，合作领域涉及能源、水资源、卫生、交通、人力资源、农业和金融等领域①，用于资助跨经济和社会发展部门的107个项目，其中11亿美元用于资助私营部门。2021年双方实施的合作资金总额为3.646亿美元，用于资助15个项目，涉及水和卫生、创业、可再生能源、工业废物管理以及支持议会工作人员的能力和贫民窟改造等领域。

在埃及与非洲开发银行的融资项目合作方面，2021年3月，埃及国际合作部宣布与非洲开发银行之间的合作组合项目总金额达到6.408亿美元。投资组合涵盖电力、研究、创业、预算支持以及水利和卫生等各个发展领域。此外埃及还与非洲开发银行签署了一项价值1.09亿欧元②的发展融资协议，用于在卢克索（Luxor）农村地区的卫生设施建设和改善。这是另一项价值1.45亿欧元发展融资协议的补充项目，用于提高埃及铁路运输效率，保证安全③。2022年7月，非洲开发银行批准了一项价值2.71亿美元的贷款，用于资助埃及的粮食安全和经济弹性支持计划，该计划旨在支持该国减轻全球冲击对国内经济影响的努力。埃及政府于2022年3月向该银行提出申请，由非洲开发银行和其他联合出资方提供此项贷款，包括多方独立预算支持（9 730万美元）以及非洲紧急粮食生产基金（1.737亿美元）。该笔贷款是2022年非洲开发银行向埃及提供的10亿美元贷款融资的一部分。此外，为促进埃及农村现代化治理，特别是

① The Egyptian Gazette，2022.11.15.
② 不同的货币融资代表资金的来源和结算方式不同。
③ 《今日埃及》（Egypt Today），2021年10月10日。

农村小微企业可持续发展，非洲开发银行还向埃及银行（Bank of Egypt）提供了1.6亿美元，用于建立集成化农业产业园区，整合埃及农业产业链，推动埃及农业产业进入高效集成化发展模式并将其打造为非洲样板①。

第二节　国际组织与埃及可持续发展建设

未来埃及将加强与联合国粮食及农业组织（FAO）、世界粮食计划署（WFP）②、世界卫生组织（WHO）、国际应用生物科学中心（CABI）等在内的国际机构及重要非政府组织（NGO）在数据共享方面的合作。例如将埃及农业和农村综合治理计划与世界粮食计划署长期救济和恢复项目（PRRO）等成熟项目配套；利用世界粮食计划署卓越中心（Center of Excellence）的国际职能，拓展应对粮食安全危机的能力；充分利用权威国际机构、组织多年积累的权威数据库资源和高效成熟的运行平台，吸收一些国家成功的公共危机应对策略，提升自身公共危机应对标准等。所有上述与国际组织之间的合作不仅可以显著提升对全球突发灾害、灾难的预警能力和防范水平，还能够充分借助信息资源消弭“信息疫情”。

一、联合国粮食及农业组织

联合国粮食及农业组织（Food and Agriculture Organization of the United Nations，FAO）简称粮农组织，是联合国系统各成员国间讨论粮食和农业问题的国际组织，通过加强成员国的能力来提供相关支持，以实现各成员国在粮食安全、营养和农业发展方面的目标（图2-6）。粮农组织作为联合国粮食和农业领域的领导和专门机构，在提高人类营养水平和生活标准、改进农产品生产和分配、改善农村和农民经济状况、促进世界经

图2-6　联合国粮食及农业组织标志

① Dailynews Egypt，2022.11.15.

② 本章有关世界粮食计划署在埃及的合作部分内容，请见本书作者的农业外交专著系列——《饥饿终结者和她的努特之翼——世界粮食计划署综述篇》。

济发展并保证人类免于饥饿等领域发挥着不可替代的作用。

粮农组织作为联合国可持续发展目标的主要倡议机构，将在实现17个可持续发展目标（SDGs）的14个中起到关键作用（图2–7）。粮农组织以其独特优势，还可以为促进“一带一路”国家合作搭建独特的中立平台。粮农组织在粮食安全和农业发展领域与埃及保持着长期密切的合作，在埃及设有东地中海区域办事处，为埃及的农业可持续发展提供了广泛的技术支持。目前在实施的多个项目已经惠及埃及全国数百万人。粮农组织高度重视与埃及在联合国可持续发展目标下的合作，特别是持续推进与埃及在农业可持续领域的合作及对埃及人营养与健康的可持续发展方面的指导。

图2–7　粮农组织与可持续发展目标

粮农组织与埃及近年来已广泛开展合作，改善埃及贫困地区妇女儿童的饮食，提高其健康水平。根据埃及的农业特点，粮农组织在埃及的重点放在粮农组织的专业知识与埃及的发展重点相匹配方面。对此，粮农组织通过其2018—2022年国别规划框架（CPF）进一步明确了与埃及开展农业领域合作的优先和重点领域。国别规划框架是由各国政府及相关发展伙伴共同制定的，能够集中反映这些国家在发展中的优先事项，对于埃及来说，更好地反映了埃及的“2030年愿景”、农业可持续发展战略和国家水资源计划[①]。

在构建战略合作伙伴方面，埃及与粮农组织通过签署技术合作协议以及《粮农组织与埃及伙伴关系发展机构协定》等，更新了其2030年可持续农业发展

① FAO/Egypt，2022.

战略，并在粮农组织2018—2022年国家计划的框架内，重点关注3个政府优先事项，即提高农业生产力，提高粮食安全水平，以及可持续利用自然农业资源。在具体合作项目及开展的行动方面，2022年粮农组织与埃及和相关国家、组织等在推动地中海水产资源及生态环境保护、埃及内陆及沿海水产及养殖、上埃及地区的小农智慧农业、埃及国家农业数字化转型战略、水资源的可持续化利用、气候适应行动、小农能力建设等方面开展了多项合作，不仅使粮农组织在北非地区的合作更加具有多样性的特色，还更好地促进了埃及的“体面生活”国家倡议中对埃及农业和农村可持续发展的有关承诺落实。2024年2月，粮农组织还与埃及签署了全新的《2023—2027年联合国粮农组织埃及国别规划框架》。

在埃及国别规划框架项目推动下，双方已在埃及5个省合作实施营养改善项目，重点是粮食多样性和改进农业生产方法等。在2020年新冠疫情期间，由于埃及农业部门采取了有效应对措施，粮农组织认同埃及为缓解疫情而采取的各项经济措施，这些措施已成功减轻了疫情对埃及相关部门特别是农业部门的影响。粮农组织还与埃及农民合作社开展了广泛合作，共同探讨如何用更科学的方法减轻疫情对农业生产带来的损失，以及由于生产过剩和低效生产造成的粮食损失。

在与埃及共同应对全球气候挑战的合作中，双方也开展了一系列有成效的合作。虽然埃及仅占全球温室气体排放量的0.61%，但是却遭受了更多的气候变化影响，农业生产持续受到冲击，水资源短缺加剧，农业产业链变得更加脆弱。所有这些使得埃及的农业发展在全球气候变化的冲击下显得更加弱势，更需要来自国际社会的扶持与支持。对此埃及对与粮农组织在实现埃及农业可持续发展项目合作寄予了厚望。2022年5月，埃及农业部和粮农组织共同启动了“扩大土地利用和农业气候计划”（SCALA）。另外，在埃及推动的土地利用和农业气候计划则针对埃及当前的气候变化，共同制定行动策略以应对气候变化对埃及农业的影响。该计划是一项涵盖非洲、亚洲和拉丁美洲12个国家的气候适应能力及温室气体排放控制计划，该计划的目标与联合国气候变化框架公约（UNFCCC）下的国家适应计划（NAP）和国家自主贡献（NDC）中规定的目标以及可持续发展目标（SDGs）相一致。另外，粮农组织还制订了一项为期3年包括埃及的全球秋黏虫（Fall Armyworm）防治行动计划。

由于当前全球的气候变化并不是等比例的影响世界各地的脆弱国家和地区，埃及作为高度依赖河流的低地沙漠国家，是受气候变化影响非常敏感的国家，因此气候变化挑战也许是埃及当前面临的最大生存挑战之一，为了解决这种状况，埃及急迫需要国际社会特别是粮农组织这样的机构为其发展可持续的农业和粮食系统提供完整的解决方案。2022年11月，在COP27有关增加国际社会对全球粮食和农业系统的金融支持的倡议下，作为COP27主席国的埃及和粮农组织共同启动了一项旨在筹措资金到2030年实现农业粮食体系转型的“粮食与农业可持续转型”倡议，该项目面向大多数易受气候变化影响粮食安全的国家，将侧重于帮助埃及实现3个主要目标，包括通过资金支持提高其能力建设、开展相应的知识与培训、根据气候变化政策提供相应的政策支持和对话，特别是充分利用联合国的国家自主贡献（NDC）①、国家适应计划（NAP）②及长期低排放和发展战略（LT-LEDS）③等政策框架。

无论是现在还是未来，前沿科技将永远不断重新定义粮食和农业，当今时代是前沿科技时代，是城市垂直农场和沙漠无土栽培兴旺发展的时代，是同一作物既可果腹又可用于建筑材料或是入药拯救生命的时代，特别是随着数字农业的逐步兴起，这些都将成就人类的未来④。特别是在与埃及的合作中，粮农组织还将积极发挥科技创新作用，为农业发展保驾护航，普及高产种子和先进灌溉技术，支持落实国家农业发展重点工程⑤。粮农组织未来将在更大领域和国际舞台继续改变农民的生计并推动实现全球农业粮食体系的升级发展，为包括埃及在内的广大发展中国家的可持续发展以及“体面的生活”带来更大的福音。

二、国际农业发展基金

（一）农发基金在埃及的主要援助项目

国际农业发展基金（International Fund for Agricultural Development，IFAD），简称农发基金，是在埃及主要的国际农业援助与发展力量之一（图

---

① 是一个旨在减少排放、适应气候影响的气候行动计划。《巴黎协定》各缔约国都必须设定国家自主贡献方案，每5年更新1次。

② 粮农组织与联合国开发计划署（UNDP）联合推出的支持各国家整合农业部门的计划，全称《整合农业进入国家适应计划》（NAPs）。该计划的主要目标是支持各伙伴国家为其农业部门识别和整合适应气候变化的相关措施并将其纳入相关的国家计划及预算进程中。

③ 该计划由长期低排放与发展战略全球会议（LT-LEDS）制定，根据《巴黎协定》和第4条第19款，缔约方应努力制定和传达长期低温室气体排放发展战略（LT-LEDS）。

④ 屈冬玉，2020年。

⑤ 屈冬玉，2024年。

2–8）。埃及是农发基金在近东和北非地区最大的财政援助接受国，也是最早获得该基金资助的国家之一。农发基金涉足埃及已有40多年，与埃及政府之间的伙伴关系自农发基金1977年成立以来就开始了。双方合作项目涵盖了农民金融贷款、小农能力建设、妇女培训、儿童营养等多种短期和长期搭配的计划项目。其中最重要的项目是西努比亚（West Nubaria）农村发展项目、苏哈格（Sohag）农村发展项目、上埃及农村发展和生产项目与集约化项目、法尤姆（Foyoum）农村发展项目、明亚（Minya）农村发展项目和西贝赫拉（West Beheira）定居项目。1980年以来，农发基金向埃及的14个项目提供了5.2亿美元捐款，其利用来自发展伙伴的等额资金（leveraging an equal amount of financing）惠及超过700万农民。农发基金在埃及的投资已覆盖5万费丹土地，创造了10万个就业机会，帮助埃及恢复及改进了灌溉基础设施，并修建了100多项基础设施，包括农村卫生机构、学校、青年中心、饮用水设施和妇女中心等。此外，农发基金通过参与埃及的农村发展项目为当地提供了总价值为11.2亿美元的农村金融贷款等项目，覆盖近150万埃及农民。

图2–8　国际农业发展基金标志

埃及与农发基金间的合作黄金期是在农发基金于开罗设立准区域办事处之后。农发基金将埃及视为其在远东、近东和北非的最大业务国。区域办事处的成立更进一步加快了其对埃及政府优先发展包容性农业，特别是在最脆弱地区的项目实施步伐，这也对埃及发展更多的农业项目产生了积极的影响。这些项目将对埃及最终成为非洲地区农业发展管理区域中心发挥积极的促进作用。

在具体实施的项目方面，农发基金在埃及重点实施的一些投资组合较为活跃，其中涉及价值2亿美元的大型项目有3个[①]，项目直接受益农民达到61.6万人[②]。农发基金的这3个正在进行的项目组合分别为在马萨马特鲁省（Marsa Matrouh）开展的促进沙漠环境复原力（PRIDE）项目，在明亚（Minya）、贝尼斯维夫（Beni Suef）、阿斯旺（Aswan）和卡夫谢赫（Kafr El-Sheikh）等省实施的可持续农业投资和生计（SAIL）项目，以及在下埃及的基纳

① 农发基金还在2024年12月批准了一项价值1.14亿美元（农发基金供资6 300万美元）的尼罗河流域气候适应性农场水资源管理（CROWN）项目。

② Luis Jiménez-McInnis，国际农业发展基金秘书长，2021年。

（Qena）、苏哈格（Sohag）、阿斯尤特（Assiut）、明亚（Minya）、贝尼斯维夫（Beni Suef）、贝赫拉（Beheira）和卡夫谢赫（Kafr El-Sheikh）等省开展的通过市场增强促进农村收入（PRIME）项目。农发基金正在为这些农村发展项目投资2.034 7亿美元，总成本为2.844 9亿美元。这些项目预计将使农村地区超过61.6万人受益。项目旨在减少农村贫困，增强农村贫困家庭的抵御能力，并提高他们的粮食和营养安全，将通过发展机构、修复基础设施和影响土地使用权及土地安置系统的公共政策来增强农民的能力建设，帮助他们提高收入，改善生活条件。

此外值得一提的是，农发基金在埃及还有一个大项目——“上埃及农业复原力的可持续转型（STAR）”，这是2021年将实施的一个新项目，有很多创新之处。农发基金董事会于2019年12月批准了该项目，项目金额超过2亿美元，涉及的多个合作伙伴对此产生了浓厚兴趣。STAR项目将通过投资2.696 4亿美元并惠及20万名农民受益人。项目将加强农村机构、企业和市场之间的联系，提高小农的生产力和复原力，从而提高小农和无地家庭的收入。

农发基金主要通过提供贷款在埃及不发达地区、荒漠和沙漠中开垦土地，并在尼罗河谷和上埃及的旧有农业用地上开展合作，引进国际先进管理经验，以提高埃及的农业生产力。农发基金同时参与促进埃及的气候智能战略实施，并推动私营部门扩大参与范围。

在未来埃及与农发基金合作重点与方向方面，通过定向的金融贷款提升埃及的小农能力是一个非常有潜力的发展方向。2020年4月，农发基金在埃及组织了一场高级别专家组视频会议，埃及国际合作部长拉尼亚·马沙特（Rania Al-Mashat）提出，埃及为应对COVID-19，拨出的1 000亿埃镑有效地确保了社会经济的全面稳定，同时也有力地支持了埃及的小农生计与发展。埃及也高度期待农发基金在未来不仅着眼于筹资等领域，还加大在专门技术支持等方面的投入与合作，这将有效减轻中等收入国家的债务负担问题。此外，与农发基金的合作可在应对COVID-19的同时，不断提升埃及农业部门的管理能力和粮食安全水平。

为了实现双方合作的可持续性，农发基金还制定了长远的合作规划。2019年，农发基金针对与埃及的合作重点制定了一个新的五年战略，该战略将持续到2024年，目前双方处于该战略的中间阶段。农发基金与埃及共同制定的新战略有两个战略目标，一是通过提高生产力和农业盈利能力来提高农民收入，二是与政府合作制定促进埃及农村发展的新政策。

特别是针对当下疫情在包括埃及在内的国家的长期化持续势态，对于致力于未来更好地联合抗击COVID-19蔓延，并推动联合国的可持续发展目标，农发基金还倡议提出了一个新的国际发展伙伴关系建议，即基于核心人物、行动中的项目和以目标为驱动力（People at the Core，Projects in Action and Purpose as the Drive）3个基本要素，将力求实现可持续发展作为所有机构的重点目标。

为积极配合与农发基金的合作，埃及制订了特殊的计划，例如为农民分配资金，通过数字化确保对农作物的合理管理，这将促使农民不断了解食品安全标准，以确保埃及新鲜农产品的顺利出口。埃及对农发基金的区域一体化合作理念亦非常感兴趣，特别是考虑到埃及在农业和商品市场领域的优良资产，以及埃及上年作为非洲联盟主席期间在整个非洲取得的进展以及成为该区域农业发展活动管理区域中心的巨大优势，都为埃及加强区域合作提供了有利条件。

农发基金时任总裁吉尔伯特·洪博（Gilbert Houngbo）还在2021年特别强调了埃及实现上述目标要解决的4个主要问题，即农业领域的数字化、农村融资、确保市场准入以及对青年失业率（特别是农村青年）的控制。对此，农发基金为在埃及投资的1 000多个项目重新分配了资金，并提供了设施和技术支持，以满足农民包括应对COVID-19在内的各类挑战的资金需求。

为减轻疫情对全球农村地区影响，维持农业可持续生产和粮食安全，农发基金采取了四级应对策略。第一，根据全球70个高风险国家特点，重新审查正在进行的项目。第二，为一些国家优先提供农发基金的预备拨款，用于疫情控制。第三，启动农村贫困刺激基金，并提供4 000万美元作为小农额外扶持资金。第四，农发基金将对相关贷款实施延期，同时与其他金融机构合作推动债务延期。

农发基金应对疫情的另一项经验是数字化和信息技术（IT）在疫情中发挥的作用。为此，农发基金启动了数字倡议，并与电信公司合作开展农村社区服务。2022年5月，农发基金在开罗举办了“AgriTech数字农业技术转移大会”。大会充分展示了农发基金在利用数字技术推动农业基础设施改良等方面的能力。对农发基金而言，今后的投资和服务必须更加脚踏实地，加速推动组织权力下放，更好服务农村和农民，同时坚持不断地创新，才能推动在埃及的扶贫与发展工作。

（二）疫情下农发基金在埃及的主要援助项目

2021年2月，农发基金埃及区域办公室宣布，农发基金在埃及的国家农业投资项目未受新冠疫情的实质影响。考虑到2020年疫情对农发基金在埃及业务的威胁，农发基金制订了业务连续性计划，以最大程度地减轻疫情对埃及农村的影响。例如，停止人群聚集的各种培训活动，并将项目人员减少20%～50%。此外，农发基金专家组还开展了一些具有针对性的项目，例如，开发了“SHARI”的电子营销平台，该平台可使小农户在线销售其产品，以减少接触风险，并为他们积极扩大市场。此外，通过其“SAIL”项目加快了向上埃及贫困小农的实物赠款（牲畜）的力度，以最大程度地减少COVID-19的负面影响，并提高当地小农户对粮食危机的应对能力。

在国家一级，农发基金与粮农组织（FAO）、国际食物政策研究所（IFPRI）、联合国工业发展组织（UNIDO）和世界粮食计划署（WFP）合作，开展疫情下埃及农业恢复和农户的应对能力建设研究。该研究为埃及的农民制订了短期到中期的干预措施，以减轻疫情对农村居民的生计和当地经济的冲击，并提供了一系列政策建议，以帮助农户在疫情的持续冲击下做出正确的选择。此外，农发基金还与粮农组织、世界粮食计划署等一起与埃及农业与土地复垦部（MALR）合作，在埃及的农村开展了“健康是资本，庄稼是希望”（Our health is our capital and our crop is our hope）倡议活动。针对农村居民开展针对COVID-19的健康管理和预防措施，强调营养在农村地区以及在食品生产和食品处理过程中安全措施的重要性。

三、联合国工业发展组织

联合国工业发展组织（United Nations Industrial Development Organization, UNIDO，简称工发组织）是联合国大会的多边技术援助机构，成立于1966年，任务是“帮助促进和加速发展中国家的工业化和协调联合国系统在工业发展方面的活动”（图2-9）。城市发展是经济发展的推动力，城市发展与工业之间的积极互动，催生出强大的持续发展动力。当前不少国家和地区，在城市化过程中出现收

图2-9　联合国工业发展组织标志

入差距扩大、社会两极分化、缺少就业机会等挑战，面对这些挑战，工发组织在其中发挥了重要的作用，特别是在埃及的城市化进展推动和农村的市场经济推进方面，也发挥了很有特色的作用。

2020年6月，工发组织与埃及棉花研究所、现代尼罗河棉花机构和埃及Almatex棉花公司共同发起了一项旨在推动埃及棉花生产进步的倡议——“更好棉花倡议”（The Better Cotton Initiative，BCI）。该倡议的目的是支持埃及棉花品牌化战略，并通过技术创新，提高埃及棉花发展的可持续性，同时进一步改善棉产品的供应链条件，提高相关机构的管理能力，促使棉花种植者不断改进技术水平。该项倡议于2020—2021年度实施，通过一系列技术措施与手段改善埃及棉花质量拓宽销售渠道。项目首先在达米埃塔省（Damietta）和谢赫省（Sheikh）实施。意大利国际合作署（Italian Agency for Cooperation，AICS）是主要资助方，工发组织与埃及贸易和工业部、农业和土地复垦部及埃及本地和国际纺织私营部门合作实施。BCI倡议目前已经成为一项国际倡议，吸引了中国、美国、土耳其、巴基斯坦和莫桑比克等21国参与，覆盖200万农民及其生产的510万吨棉花，占世界棉花产量的19%。该倡议对埃及进一步提升棉花的出口能力、在国际市场提升品牌价值具有非常重要的意义。

四、联合国开发计划署

联合国开发计划署（The United Nations Development Programme，UNDP，简称开发计划署），作为世界上最大的技术援助多边机构，为广大发展中国家特别是最不发达国家在提供技术建议、人员培训等方面具有显著的优势和丰富资源，也是联合国系统中较为专业的技术援助机构（图2-10）。该署遍及全球的网络能够非常高效地协调各国共享挑战的应对经验和方法，特别是在民生治理、减少贫穷、危机预防与恢复、环境与能源、艾滋病防治等领域开展卓有成效的合作。

图2-10　联合国开发计划署标志

开发计划署在4个主要领域帮助阿拉伯地区的国家寻找并分享解决发展过程中所面临的问题的方法。这4个领域包括：减贫和实现千年发展目标、民生治理、危机预防与恢复、环境与可持续发展[①]。开发计划署的工作除了上述几个方面，还强调了优先关注艾滋病毒/艾滋病、两性平等以及人权保护。开发计划署在纽约的阿拉伯国家区域局为开发计划署在本区域的项目方案、17个国别办事处以及设在巴勒斯坦被占领土上的该区域的第18个办事处提供支持。

在近年来与埃及开展的具体合作方面，开发计划署参与了埃及在各个方面特别是能源等领域的合作。2015年与埃及环境部共同启动了农村生物能源项目，计划于2019年和2020年在全国农村地区安装3 000个沼气装置，并在农村房屋中引入2 000个沼气装置。2017年与埃及国际合作部设立首个社会发展项目投资基金协议。该基金由埃及创业公司（Misr Company for Entrepreneurship）与开发计划署提供资金。该基金目前主要支持创业项目，并对推动减贫、创造就业和促进再生能源开发的项目进行投资[②]。2022年，为支持埃及推动在可再生能源、气候变化适应和气候安全等多个优先领域的举措，开发计划署还联合欧盟（EU）、丹麦、瑞士以及非洲气候基金会共同与埃及签署了620万美元的气候变化应对合作[③]。

第三节　主要国家参与的埃及可持续发展合作

一、美国[④]

（一）美国与埃及之间的贸易[⑤]

美国与埃及之间的贸易额多年来一直保持在较为稳定的水平。埃及是美国在中东和北非地区最重要的贸易合作伙伴之一，埃及不仅是除了以色列以外美国第二大海外援助国，还是美国特别定位的“共同的经济和安全”的战略合作伙伴。埃及是美国在全球最重要的农业援助与合作项目实施国之一，双方在农业可持续发展领域的合作历史悠久，合作重点突出，民生惠及广泛，在埃及农

① UNDP，2020.
② 埃及《每日新闻报》（Daily News），2017年。
③ Alessandro.Fracassetti，*UNDP resident representative in Egypt*. Egyptian Gazette，2022.11.17.
④ 该节内容为《法老终结者和她的终极之河——埃及农业概论》美国研究部分的更新。
⑤ Jonathan S. Fischer，美国大使馆经济事务公使衔参赞，2021年7月4日。

村地区影响深远，美埃之间的合作甚至在整个非洲大陆都是令人瞩目的。

美国对埃及合作与援助的重点包括水资源开发与利用、畜牧业生产、渔业养殖与饲料加工，特别在大豆产业领域已形成较为稳固的合作关系。美国对埃及农业和农村地区的援助与合作则侧重于农村生计和民生相结合的务实方式，这种方式对美国强化在中东及北非地区的战略布局意义重大，加之埃及作为“非洲门户”，上述合作对于美国“重返非洲”战略实施具有重要的辅助意义。在具体的合作项目方面，美国在埃及的农村特别是上埃及农村开展了多年的小农能力建设与农村可持续发展合作，通过在农村地区广泛开展基础领域合作，紧密结合联合国相关机构及国际基金的组合项目，并与埃及的国际合作部、社会团结部及内部贸易部等部门形成了紧密的合作关系，这些灵活的双边、三边以及多边合作项目不仅为埃及带来了充足金融支持与技术经验，更为两国的贸易健康与可持续发展打下了坚实基础。近年来，美埃贸易增长显著，合作项目呈现多元化趋势。目前埃及是美国在非洲的最大出口市场，在近10年的美埃贸易中，双方贸易额已累计达到658亿美元。埃及2010—2019年对美国出口总值158亿美元，进口额500亿美元，美国在埃及的投资总额169亿美元①。

在2020—2021年度，美国在埃及投资达92亿美元，而上年度为77亿美元，增长19.5%。双方之间的贸易往来在2022年前10个月增长了11.1%，达到80亿美元，高于2021年同期的72亿美元。埃及对美国的出口在2022年前10个月下降了4.8%，为20亿美元，而2021年同期为21亿美元。埃及从美国的进口增长了17.6%，在2022年前10个月达到60亿美元，而2021年同期为51亿美元②。埃及从美国进口的最重要农产品主要包括种子、谷物、饲料及肉类等。2022年前10个月埃及从美国进口了约10亿美元的种子及相关果实类产品。

为进一步强化美埃之间的贸易关系，推动美国国内产品要素的流动，特别是为美前拜登政府以国内经济纾困为目的的大规模海外投资以及基础设施投资寻找理想的投资与合作目的地，美国预计未来几年将进一步加大对埃及的贸易投入特别是农业农村领域的援助与合作势态。美埃之间的贸易量将会随着疫情影响的逐步消退而显著增大。埃及作为美国在非洲的最大出口市场，也是美国在中东的第四大出口市场，毫无疑问将成为美国进入非洲市场的重要门户。美

① 埃及中央公共动员和统计局（CAPMAS），2021年。
② 埃及中央公共动员和统计局（CAPMAS），2023年1月30日。

国对埃及的主要出口商品包括飞机制造及零部件、农产品、矿物燃料和机械等，而美国是埃及的第二大贸易伙伴。埃及在对美国的主要出口贸易中，矿物、燃料、纺织品和服装占据了重要地位。为进一步加大美埃之间的贸易额，两国还在2021年举行了贸易和投资谈判，此后美国还向埃及派遣了更多的商业代表团，推动两国之间的各项合作。

埃及一些学者和媒体认为，尽管新型冠状病毒（COVID-19）仍在世界各地流行，但埃及2020年的经济增长非常令人鼓舞，这也证明了埃及在2016—2019年进行宏观经济改革的正确性。美国支持国际货币基金组织在疫情期间对埃及提出的经济应对建议，埃及采取的及时而审慎的财政政策和为应对COVID-19而采取的货币政策有效维护了埃及的经济稳定、债务可持续性和投资者信心。预计2022年之后埃及的经济将继续呈现强劲增长势头。

美埃历经的45年战略伙伴关系对两国来说都至关重要，美国自1978年开始通过美国国际发展署（USAID）对埃及实施系统的援助并开展国际合作项目，农业领域合作广泛且占重要组成。美国公司在埃及市场非常活跃，两国的商业协会在各个领域开展密切的合作，美国在埃及的重要贸易协调机构——“埃及美国商会”（AmCham）在推动美国公司参与埃及国际发展合作方面发挥了重要作用，也促成了埃及公司参与美国在能源、信息和通信技术、医疗保健以及农业领域的合作。2019年美国是埃及第三大海外直接投资国（foreign direct investments，FDIs），至2020年美国公司已投资15亿美元。目前大额投资集中在石油和天然气领域，近年正在增加对房地产、电信、制造和金融服务等多个领域的投资，在其他领域还有1 400多家埃及公司获得了美国直接投资，并解决了数万个工作岗位。

美国公司高度关注潜力巨大的埃及市场，并将其作为出口到非洲、欧洲和中东的战略门户，也在进一步关注埃及的其他行业，包括能源、运输、制造、通信和信息技术以及金融服务。埃及也注意到了可以充分利用自身的优势在埃美贸易中获取更多的利益，例如通过从传统的纺织品制造转向多元化的高增值、高科技产品领域，从而进一步从美埃贸易合作协议（QIZ）中更多受益。

（二）美国在埃及的国际发展合作

美埃之间的国际发展合作主要是通过美国国际开发署（USAID）推动的，美国重视通过该署巩固两国的合作关系。特别是借助埃及近年大力推动的农村改革和新农村建设倡议，利用该署独特的资源优势，推动了埃及的农村综合治理与农民脱贫。

埃及与美国国际开发署之间的农业领域伙伴关系也可以追溯到1978年，当时埃及利用美国的卫星遥感技术开展大田测量与管理。目前双方的发展合作总投资额超过300亿美元，涵盖了埃及政府的多个部门，包括农业、灌溉、卫生、人口、教育和就业等。在美国国际开发署参与的合作项目中，自2014年以来各种合作组合金额已达到9亿美元，用于实施基础教育、高等教育、治理、中小企业（SME）、旅游、农业和私营部门的优先项目①。其中通过该署实施的农业投资已达14亿美元，另外还有一部分投资来自美国农业部（USDA）和美国贸易发展署（USTDA），用于扶持小农的能力建设、农场管理、种子改良、饲料化肥等领域。近年来，在农村领域的合作范围进一步涵盖了农村综合治理、水资源综合利用、运河与灌溉设施、农村卫生健康、小农能力建设、农村教育与就业等。

最近，根据埃及着力发展设施农业、畜牧、乳业、渔业等并力图通过高附加值产业为农业提质增效的思路，美国还通过该署与埃及国家银行（ENB）等开展合作，加大在乳品制造业、渔业等领域对农业小微企业长期的金融扶持力度。

埃及与美国国际开发署扩大合作，不断为其现代农村发展的实施注入新的技术与理念。2020年6月，埃及国际合作部与美国国际开发署达成一项440万美元的协议，用于农村的可持续发展，以增加上埃及、大开罗和尼罗河三角洲农业部门工作人员的就业机会。另外还与美国国际开发署合作，通过“人、项目与目的”项目开展STEM学校支持项目。2021年5月，埃及国际合作部长拉尼亚·马沙特（Rania Al-Mashat）与美国国际开发署埃及执行主任莱斯利·里德（Leslie Reed）②就双方联合项目以及跨部门项目的推进达成一致，并签订了埃及和美国的五年（2021—2025年）发展合作战略。双方还就该年度待开展的伙伴关系，包括基础教育、高等教育、贸易、投资和卫生部门达成了合作意向，重点是在埃及优先事项和可持续发展目标（SDGs）框架内促进实现发展的合作。埃及国际合作部认为，未来的合作将有助于加快埃及经济的发展步

① 乔纳森·科恩（Jonathan Cohen），美国驻埃及大使，2021年。
② 美国资深国际发展合作领域专家，拥有多年在非洲的农业领域可持续发展合作与推广经验。

伐，并实现当前疫情下的经济弹性和可持续的复苏。2021年11月，美国国际开发署与埃及国际合作部签署了7项发展融资赠款协议，价值1.25亿美元，合作内容涵盖基础教育、高等教育、科技、农业、卫生、经济治理、贸易和投资等，此外还拨款500万美元用于新冠疫情的应对。上述签署的协议中，用于基础教育部门拨款1 700万美元，用于美国–埃及高等教育计划（HEI）项目3 100万美元，用于科技领域的合作400万美元，用于经济治理2 700万美元，用于农业和农村发展500万美元，用于促进在埃及的贸易和投资2 800万美元[①]。

在美国民间组织和机构参与合作方面，美国的很多民间组织和团体也深度参与了与埃及的农业合作，发挥出了团体协作优势。美国的很多非政府部门和私营企业多年来积极参与对埃及的农业援助与投资，对关乎埃及民生基础领域特别是粮食安全能力领域建设发挥了重要作用，也较大程度地推动了美国对埃及农业等核心部门的影响力。

美国在埃及目前约有1 700家公司和私营团体从事能源、电信、信息技术、农业等领域开发与合作。特别是美国大豆协会及大豆出口委员会等深入参与了埃及国内豆粕产业及其渔业等饲料行业的升级与扩大，为埃及近年实施“渔业复兴”战略提供了重要抓手。

美国非政府部门和私营企业也积极参与埃及农村的扶贫和新农村建设，全面涉足埃及的农业现代化改造。百事可乐全球公司（PepsiCo Global）在埃及广泛参与了马铃薯产业的开发与合作（图2–11），在近年还推出了支持埃及农业的全球计划。例如在2021年，宣布启动一项新农业合作倡议，在700万费丹土地上推广可再生农业技术实践，该倡议亦对标联合国可持续发展目标（SDG），特别是埃及的可持续发展目标。预计在10年内，通过该倡议计划将消除至少300万吨温室气体排放量（GHG）。百事可乐埃及公司还制订了其在埃及的全球第二大农业发展项目计划，每年帮助埃及农民生产40万吨马铃薯，全部由埃及农民自己种植。此外百事可乐埃及公司还开展了高级种子计划，目标是确保当地生产的种子达到65%，并计划到2024年达到80%。上述农业发展项目计划主要由两个农业计划组成，即“供养世界”和“美国国际开发署”计划，实施目的是实现埃及的马铃薯种植业的可持续增长，并帮助小农提高农作物质量和单产，实现自给自足。百事可乐埃及公司与美国国际开发署还将在接

① 乔纳森·科恩（Jonathan Cohen），美国驻埃及大使，2021年。

下来的3年中，把该计划扩展到3个省。

图2-11　百事可乐全球公司在埃及的马铃薯产业基地

（三）美国在埃及的农业投资与合作①

在双方农业贸易往来方面，2020年，埃及是美国农产品出口的第十三大目的地国，出口贸易总额为19亿美元，较2019年增长了24%。美国是埃及的第二大农产品进口国，美国出口至埃及的农产品数量占埃及农产品进口市场份额的14%，仅次于欧盟27国及英国（占埃及进口市场份额16%）。美国对埃及出口增长最大的农产品是大豆，2020年为14.7亿美元，比2019年增加4.8亿美元，增长48.5%。在农业投资方面，美国对埃及农业投资已累计达15亿美元，根据美国驻埃及使馆农业专员估算，自美国对埃及农业合作以来，对埃及的农业投资已帮助埃及推动农产品出口增长15倍。目前美国对埃农业投资的15亿美元主要用于对50万埃及小农的市场营销能力提升和技术援助，另外，还投资2.4亿美元用于改善埃及各地的灌溉系统，并对当地高级农业专员进行培训。

美国在开展对埃及的农业金融支持与合作领域方面，通过社区信贷公司提供信用担保计划，使埃及农业企业能够获得融资和信贷支持，使他们能够更便捷地进口美国食品，从而增加埃及消费者对农产品多样性的需求。为进一步提升投资的系统性，增加收益，美国还通过信贷公司为埃及在风险抗御和进入市场能力较弱的小农及微小企业提供信贷担保，帮助他们更加便利地进口美国的农产品。

在双方开展的面向埃及农村地区的农业技术交流以及共同实施的农业合作

① 伊丽莎白·梅洛（Elizabeth Mello），2020年7月4日。

项目方面，美国对埃及的农业援助与合作主要涉及埃及的粮食安全问题。鉴于两国在农业领域有着长期的合作基础，美国和埃及之间开展了大量的农业技术交流计划、合作研究和能力建设活动。这些计划有的已经持续了几十年，未来预计将继续扩大这种伙伴关系。特别是在近期，美国农业部（USDA）的外国农业服务局（FAS）正在支持埃及的粮食促进计划。截至2019年的五年内，已为埃及提供了1 280万美元的专项资金支持。由于这些投资时效性好，埃及从公司到小农户都普遍受益。此外，美国政府还通过美国国际开发署与埃及国家银行合作，加大对乳制品制造、渔业等领域的微型、小型和中型企业的融资渠道进行拓展，从而进一步完善了上述领域的产业链。对此，埃及国家银行向在全国范围建立了各类牛奶采集中心的中小微企业发放了大量的优惠贷款，对渔业的贷款发放也在加快进行。

美国国际开发署在埃及的各类项目主要侧重于完善从农场到餐桌的整条农业价值链，提升埃及农业各领域的生产力并实现相互补充。该署与埃及当地农业协会及农业合作社展开广泛合作，帮助埃及小农更高效地对接全球的市场需求。此外，还通过对农民的系统培训，推进埃及农民生产的农产品尽快获得国际质量标准认证，这有助于增强出口商对埃及农产品的信心。这一系列的合作也有效帮助埃及农产品尽快打开美国和其他更多国际市场，特别是帮助种植新品种的埃及农民获得更高的利润。此外，还在冷藏设施和灌溉方面采用了创新技术，并在生产、收获后的各个流程以及营销渠道中与埃及农民开展进一步合作，帮助农民能够以更高的价格销售高质量的农产品。

美国国际开发署还通过一个被称为“滋养未来（Feed the Future）”的埃及农村农业综合企业新项目（ERAS），全面拓展双方的农产品市场合作。该项目通过应用市场驱动、系统强化等方法，着重于对埃及农业企业的现代化农产品加工设施、冷藏储运工具和现代化节水灌溉系统升级改造，推动埃及蔬菜园艺等行业对国内外市场的更快响应，从而显著提高了埃及上述行业的竞争力。预计该项目将通过不断增强埃及蔬菜园艺等部门的生产能力，为埃及农业经济增长和国际竞争力的增强特别是包容性的提升提供有力支持，提高埃及小农的就业水平并增加收入。该项目还与埃及的各类私营部门开展合作，向埃及的各类农业企业提供不同的金融支持手段，对供应链体系进行现代化改造。项目还帮助埃及农民和企业进一步增强了其在食品安全领域的能力，并显著改善了埃及农村妇女和儿童的营养状况。美国还积极推动与WFP、IFPRI、WB、IMF等机构共同合作开展对埃及小农的扶持，这种有效的“三方”“多方”合作，使美国在埃及的农业合作呈现“多点开花”“众人拾柴”的局面。

目前两国的农业合作开展较为顺畅，下一步将继续深化全方位的农业合作。考虑到双边农业贸易是美埃关系的重要组成部分，美国农业部未来将继续与埃及扩大合作范围，推动埃及和美国的农业生产者彼此市场准入，特别是通过以下在能力建设等领域的投资带动两国产学研领域间的全面合作，以惠及更多的特定群体。

美国近年倡议开展了一些针对埃及农业机构的能力建设合作，例如美国通过开罗大学等一批在美国和埃及的研究机构和与美国联系紧密的国际权威学术机构、国际组织等借助“滋养未来：美国的全球饥饿与粮食安全倡议”等多个倡议联合各高校设立“卓越中心”，甚至“农业卓越中心”，配合埃及的灌溉、教育、科技、卫生、国际合作等部门实施了大批与埃及民生紧密相连的项目，在埃及的民间形成了自上而下的体系化的合作势态。

此外，美国农业部在埃及赞助了两项年度能力建设计划，即科克伦奖学金计划（Cochran Fellowship Program）和博洛格奖学金计划（the Borlaug Fellowship Program）。专业涉及农业贸易、企业管理、奶业及畜牧业、牧场管理、食品安全等领域。科克伦奖学金计划主要为埃及的农业专业人士提供短期培训机会。该计划的主要内容包括帮助埃及农业机构改善必要的农业生产与管理系统，以满足埃及人对食物和膳食纤维的需求。获得科克伦奖学金计划支持的埃及农业研究人员在美国接受通常为期2～3周的培训，其间将与美国大学、政府机构和私营公司进行交流合作。在培训期间将接受技能与实践培训，包括农业贸易、农业企业发展、管理、政策和营销相关领域。2021年，有6名埃及农业研究人员参加奶业和畜牧业经营管理实践培训计划，培训内容主要包括牛遗传学、畜牧场管理实践和牲畜营养等方面。而博洛格奖学金计划为埃及的农业研究人员和政策制定者提供针对性的指导，以帮助埃及提高粮食安全保障能力和促进农业经济增长。博洛格奖学金计划主要针对埃及的中青年科学家、研究人员或政策制定者。他们将与美国大学、研究中心或政府机构的导师开展一对一交流，培训周期为8～12周。同年还有2名埃及科学家在埃及开发与食品接触材料相关的基于风险的系统以及评估某些食品添加剂混合物（常见于儿童食品中）对健康的影响两个研究领域开展合作。

美国政府还高度重视埃及的水安全问题，并通过与埃及积极开展农业技术领域的合作特别是水资源的综合利用与开发等合作为埃及的水资源保护提供解决之道。对此，美国政府积极推动美国的大学与埃及科研机构开展在作物育种和遗传学方面的合作研究，推动在早熟、高产、耐旱和高温条件件的气候适应性作物研究领域的新品种研发并投入生产。此外，美国政府还特别通过美国国际开发署利用现代化灌溉技术，在埃及引入低成本、高效率的灌溉技术以提高小农改善灌溉方法和减少水损失的能力。

美国政府还通过美国大学参与埃及研究机构的合作，提高埃及农业特别是水资源领域的综合开发能力。美国农业部科学家参与了埃及国家基因库的建设，美国国际开发署与上埃及小农特别是从事园艺的农民开展合作，推动美国大学与埃及同行合作，培育能够适应非生物胁迫和生物胁迫的改良大田作物品种。

针对埃及在应对气候变化对农业生产影响方面，美国也提供了专业技术指导，利用科技手段缓解气候变化对农业的影响，采用合作研究、交流计划和技术转让等方式以迎接气候变化挑战。例如，协助制订更多气候变化干预措施，包括生产早熟作物品种和开发耐旱耐热作物等。

美国在埃及推动的上述各类农业专业领域的技术合作大多数直达埃及农村地区特别是上埃及等较为贫困的农村地区，针对的是占埃及总人口60%左右的农民阶层，所开展的项目系统性强，且多在国际组织的协调下或配合下开展，因此每项合作倡议的国际影响都较为深远，也更易获得国际社会的广泛认可。

（四）美国在非洲其他国家的国际发展合作

美国对非洲合作的优先领域包括：通过“滋养未来”倡议提高非洲的农业生产力水平，解决长期饥饿和贫困，推动非洲实现经济增长；加强非洲卫生系统能力建设，支持各国在儿童生存与发展、艾滋病和疟疾等疾病防控、母婴健康等领域的发展；支持非洲国家享有民主和人权，共同打击腐败，改善公民社会生存空间，帮助公民参与治理，加快民主化进程；提高非洲国家对气候变化的适应能力，提升对持续干旱和洪涝等极端天气的应对能力；提升应对人道主义危机的能力和地区的粮食安全水平。

“滋养未来”倡议是美国国际开发署牵头在非洲开展的一项重要合作倡议。该倡议的核心是通过促进非洲农业与世界市场的对接，推动非洲农业经济的快速增长，同时提升非洲国家应对灾害的能力以及改善人民的营养水平。倡议的实施重点对象为在西非国家的农村妇女，通过提升当地农村妇女的生存与发展能力，为她们搭建一条通向市场的道路。该倡议实际也是美国在应对全球饥饿问题中提出的共同倡议。倡议目前已经在非洲推广，在改善非洲国家的农业生产和市场、增强农业社区抵御力、减少饥饿并改善营养方面取得了进展。为了更广泛地发动更多资源共同解决全球饥饿问题，美国国际开发署还提出了“全员参与”理念。该理念提出了联合各国际及民间组织、公司和个人资源，例如政府、各大企业、伙伴政府机构、研究机构和大学、非营利组织和非政府组织甚至包括农民组织及其志愿者等。

倡议特别在一些对粮食安全和营养领域有着强烈需求的国家进行了推动。这些国家包括：孟加拉国、埃塞俄比亚、加纳、危地马拉、洪都拉斯、肯尼亚、马里、尼泊尔、尼日尔、尼日利亚、塞内加尔、乌干达等。此外，还在亚洲、拉丁美洲和加勒比地区、中东以及东非、南非和西非的国家和区域层面开展了粮食安全、复原力和营养方面的合作。

此外考虑到东非地区的经济增长是世界上最快的，这个地区的国家由于近年来对“非洲一体化”的理念认同越来越强烈，特别是在近年来该地区的动荡不断加剧的情况下对相互依存发展的认识更加趋于一致。美国国际开发署也认识到这一点，近年来加强了对该地区区域机构的支持力度，包括东非共同体（EAC）、东部和南部非洲共同市场（COMESA）、政府间发展管理局（IGAD）等。

（五）美国在埃及参与国际发展合作的特点

尽管美国与埃及之间的合作特点突出、效果显著，但是当前由于埃及市场的知识产权保护体系、政府部门的管理、协调和审批水平、海关清关效率等方面还存在一定的互信不够、效率不高等问题①。美国与埃及未来的合作特点以及发展势态将主要体现在以下几个方面。

1. 美埃的农业领域合作正在成为美埃“共生”合作关系的典范和样板

美埃的农业领域合作已经渗透埃及的各个部门和层面。“共同的经济和安全利益”——这是美国政府对美埃战略合作的核心定位。美国对埃及的政策侧重长期以来都是安全优先，但是随着埃及经济的快速发展和在地区的影响力越来越大，美国在埃及的投入政策已经从援助转变为鼓励双方建立更广泛和密切

① 科恩，美国驻埃及大使，2021年。

的多领域商业合作关系。埃及美国商会在2021年5月的公报中称，美国在埃及的优先投资领域中，农业已经位居教育培训、电力系统、医疗设备、石油和天然气以及安全领域之首。未来随着再投资的增速，加之埃及在农业、科技、环保、气候变化等领域的改革力度加大，美国对埃及政府决策层影响的加深，或将进一步影响埃及未来经济、社会改革进程。

2. 政府层面的推动及部门间有效联动是两国农业合作项目在埃及顺利落地的保障

美国高度重视政府层面对两国农业领域的合作引导和系统规划。美国农业部海外服务局（USDA/FAS）负责指导美国在世界各地的农业合作。美国驻埃及使馆目前专门设有该局的常设部门，有3位农业专员的编制，现任农业参赞库特·塞法斯（Kurt Seifarth）及农业高级专员伊丽莎白·梅洛（Elizabeth Mello）均来自该局①，具有丰富的农业合作与技术推广经验。美国农业部海外服务局目前在全球76个国家设有94个代表处，在非洲设有19个代表处，而埃及代表处是其在非洲的一个重要的区域办公室。美国的海外农业合作项目的具体实施部门主要是美国国际发展署，其驻埃及代表莱斯利·里德（Leslie Reed）也多年在中东地区从事国际发展合作工作，之前曾先后作为驻埃塞俄比亚、乌干达及南苏丹的代表。美国在一些联合国机构特别是联合国粮农三机构（RBAs/UN）的高官同样具有丰富的农业政策、能力建设、农业金融等领域的经验，这些官员或专家能够为美国在埃及的农业投资及参与埃及农业可持续发展的项目规划与实施提供系统的人力资源支持。

3. 美国在埃及当前的农业合作工作推进迅速，预计未来将进一步深化双方的全方位合作

对于美国一些传统优势产业来说，如食品加工、大豆、畜牧等，未来优先考虑与埃及合作，特别是美国的传统优势领域畜牧业。2021年1—4月，美国对埃及的牲畜及肉类出口为1.604万吨，总价值2 100万美元。而埃及对美国出口的优势产业之一食品工业也呈现增长趋势。2021年一季度出口增长23%，达4 800万美元，而2020年全年其对美出口为1.81亿美元，占埃及全部食品出口的5%。

此外，美国基于“复兴大坝”争端与埃及在水资源综合开发利用、现代灌

① 现任指任职至2021年。

溉技术、气候变化等领域开展了深入的合作，未来或将能够从技术角度对美国参与“复兴大坝”争端的调解提供有力支持。另外，美国政府已推动一些美国大学与埃及在作物育种和遗传学领域开展合作，帮助埃及开发早熟、高产、耐旱的优质作物，与埃及农业科研机构积极开展水资源综合利用、国家种质资源基因库建设、大田作物品种改良、农业气候等领域的合作研究。

2022年正值美埃建交100周年，2021年美国在埃及贸易额已达69亿美元，仅次于中国在埃及的贸易投资。美国时任国务卿安东尼·布林肯（Antony Blinken）对与埃及进一步巩固全方位合作关系寄予厚望，他在与埃及时任外长舒克里的对话中强调“要与埃及共同创造历史”。美国一些政要也公开表示“希望埃及继续在世界舞台上处于领先地位，美埃将充分享受新世纪形成的伙伴关系和进步，以实现两国的互惠互利”“美埃在区域安全的共同利益基础上已形成牢固的伙伴关系”。埃及媒体也借此机会放出信号，即埃美关系始终将是“承认分歧（求同存异）”①。

为推动包括埃及在内的非洲国家更有效应对气候变化，美国在COP27期间还推动了“推进非洲适应力”的倡议并宣布了超过1.5亿美元的气候融资援助计划。其中支持在埃及启动一个新的气候适应中心即“开罗气候适应和复原力卓越中心”，以及推动粮食安全加速器计划，加快和扩大私营部门在气候适应项目下对非洲粮食安全的投资，以推动整个非洲的气候适应能力建设。

二、英国②

英国作为埃及旧时代曾经的“宗主国”，对埃及的影响经过数百年沉淀和积累，给埃及历史留下了深深的“刻痕”，也在社会和生活各方面产生了深刻影响。在英国工业化加速和全盛时期，埃及为英国的发展提供了源源不断的资源和巨大战略便利。随着英国近现代在北非及中东地区的战略退却及势力范围的不断缩小，英国一度忽略了埃及的战略地位。然而随着英国脱欧给其带来的不确定性，其在欧洲的原有贸易伙伴或将因新产生的贸易摩擦乃至壁垒而不断受到影响，2021年11月英国与法国爆发的渔业捕捞权益冲突即可窥见一斑。此外，加之英国国内重新恢复“大英帝国”并找回“英国自信”的呼声不断高

① 原文为：Egyptian-American relations：100 years of “we agree to disagree”.
② 该节内容为《法老终结者和她的终极之河——埃及农业概论》英国研究部分的更新。

涨，英国近年来再次将目光投向埃及。而埃及地处全球贸易枢纽，经济多样性特征显著，拥有多个区域性自由贸易区成员资格，特别是非洲大陆自由贸易区（AfCFTA）成员的独特优势，受到了英国高度青睐。2020年以来，英国政府不断释放信号，希望将英埃贸易合作视为其打开非洲门户、重振英国经济的关键一步。

尽管Covid-19给全球带来了多重挑战，但英国于2020年1月在伦敦隆重举办的“英国-非洲投资峰会（UK-AIS）”将英国对埃及的投资提升到了前所未有的高度。会上达成的所有协议在疫情两年来都取得了不同的进展。英国在峰会上共宣布了27项高达65亿英镑的一篮子投资计划。此外，还提出了89亿英镑的额外投资计划，内容涉及金融投资、教育培训、能源与交通等领域。不论是合作规模还是范围，在非洲近年来均较少见。2021年第一季度，英国对非洲的投资已超过9.8亿英镑。英国出口金融局（UKEF）还推出了超过20亿英镑的“英国出口融资”新投资计划，这是英国有史以来最大的海外基础设施融资计划。英国出口金融局作为世界一流的出口信贷机构，优先考虑在埃及开发高价值融资产品。另外，英国发展金融集团（The UK’s Development Finance Institute）还宣布了在非洲投资9亿英镑。目前英国在埃及的总投资额为430亿美元，有1 500家在埃英国企业①。

2020年以来，英国在非洲基础设施建设和可再生能源领域展开了大规模的投资活动。在农业生产领域，由于英国40%的食品需要进口，而埃及农产品也得到了英国消费者的高度认可，考虑到英埃之间的农业互补性，双方合作将重点支持农业企业的分销和物流合作，提升价值链的附加值，减少损耗与浪费，提高能源效率，促进当地就业和粮食安全。可以预见，随着英国-埃及联合协议的生效，英国企业可更加便利地在埃及设厂，并将其业务范围扩展到整个非洲，非洲市场将成为英国企业最有前途的市场之一。

三、法国②

埃及和法国之间的合作可追溯到1974年，目前的总投资额为75亿欧元，涵盖交通、电力、住房、卫生、农业、中小企业、环境、基础和技术教育等42个

① 加雷斯·贝利（Gareth Bayley），英国驻埃及大使，2023年8月2日。

② 该节内容为《法老终结者和她的终极之河——埃及农业概论》欧盟研究部分的拓展更新。

合作领域。在双方总体贸易和相互投资方面，2020年，埃及和法国之间的贸易额为22亿美元，法国在埃及的投资增长17.9%，达到3.49亿美元。埃及对法国的出口额在2020年达到5.305亿美元，2019年为6.543亿美元。埃及从法国进口额为17亿美元，而2019年为17.5亿美元。2021年11月，埃及中央公共动员与统计局的数据显示，上半年埃及和法国的贸易额增至12.4亿美元，相比上年同期的11.6亿美元，增长了6.9%。2021年，法国还与埃及共同商定了一项新的一篮子供资计划，预计投资额为17.6亿欧元，其中法国财政部投资7.76亿欧元，法国国际开发署投资9.9亿欧元[①]。

化肥在2020年埃及向法国出口的十大商品类别中排名第二，出口额为1.345亿美元。埃及对法国的主要农产品出口额为：精油1 450万美元，蔬菜和植物1 340万美元，水果1 020万美元。谷物以2.075亿美元位居2020年埃及从法国进口的十大最重要的商品第二名。牛奶及制品、鸡蛋和蜂蜜为5 430万美元[②]。2021年，埃及食品工业部门对法国的出口增长了16.3%，达5 000万美元，高于2020年的4 300万美元。法国在埃及加工食品进口国家中排名第23位。2020年有135家埃及公司向法国出口加工食品[③]。

针对埃及和法国之间越来越密切的经贸合作往来，埃及总统塞西在2020年12月专访法国，就加强双边关系、深化战略伙伴关系方面，推出了特别是包括推动埃及新农村建设在内的一系列合作举措。埃及国际合作部还与法国开发署合作发行了《埃及与法国全球伙伴关系叙事》，回顾了双方46年的伙伴关系及其对埃及发展的影响。埃及国际合作部和法国开发署还在2021年签署了价值7.156亿欧元的全面发展融资协议，旨在加速疫情下埃及的经济复苏并向绿色发展过渡。

在一些特色农业合作项目上，埃及与法国还通过棉花发展项目，联合联合国工发组织（UNIDO）等在增加农村妇女就业机会方面开展了广泛的合作。另外，法国开发署（AFD）还通过资金支持“发展埃及食品市场”项目，帮助加速埃及的优质食品生产。为进一步强化与埃及在多个领域的全面合作，2021年10月，法国进一步表达了与埃及在农村发展合作和渔业等发展等领域深入合作的强烈愿望。

---

① 埃及国际合作部脸书，2021年12月7日。

② 埃及中央公共动员和统计局（CAPMAS），2021年。

③ Tamim El-Dawy，埃及食品出口委员会（FEC）副主任，2022年9月14日。

法国贸易部门认为与埃及在渔业发展和水产养殖领域的合作，可以充分发挥法国在渔业养殖领域的成功经验，从而有效提升埃及渔民的养殖技术和对接市场的能力。此外，推动埃及的大多数农民加入农村专业化合作社，将有效提高埃及的渔民参与市场议价以及市场流通的能力。法国政府还将积极考虑推动消除欧盟进口清真肉类和乳制品的管制障碍。

2021年12月，随着法国驻埃及大使马克·巴雷特（Marc Barreti）的到任，埃及与法国之间的合作在两国元首的亲自推动下进一步得到拓展。巴雷特在与埃及国际合作部长拉尼亚·马沙特（Rania Al-Mashat）的商谈中认为，埃及和法国之间的牢固关系反映了政治和经济合作的深度，法国一直在积极巩固和维护上述关系，并根据埃及改革计划的进展和调整灵活参与到埃及的各项发展项目的融资行动中去。

四、德国[①]

长期以来，埃及与德国有着紧密的关系，两国之间的合作关系以及未来的发展走向，对于埃及在非洲和中东的政策取向具有重要意义。德国是埃及最重要的欧洲伙伴之一，其多年来一直积极参与埃及的城市和乡村现代化建设，特别是清洁能源设施的建设，并通过提升埃及的基础设施水平以改善埃及商业与社会环境。德国长期以来将埃及看作“德国的主要贸易伙伴，中东稳定和发展的基石”，特别是在打击非法移民、恐怖主义、非法贩运文物等方面。可以说，埃及是欧洲稳定的“后院”[②]。对此双方高层近期不断往来，塞西总统自2015—2022年曾6次出访德国。2019年11月，塞西总统在柏林与德国总统弗兰克-瓦尔特·施泰因迈尔（Frank-Walter Steinmeier）共同决定深化两国战略合作关系，德国将加速在埃及的投资项目，提升双方的经贸关系。

在贸易方面，2021年两国贸易额由上年度的46亿美元增至48亿美元。2021年埃及对德国的出口额由上年度的6.461亿美元增至8.482亿美元。埃及自德国进口额由上年度的39亿美元增至40亿美元。2021年德国在埃及的投资额由上年度的2.679亿美元增至3.002亿美元。根据埃及商会（the General Federation of Egyptian Chambers of Commerce）在2022年7月的统计，2021年埃德双边贸易

① 该节内容为《法老终结者和她的终极之河——埃及农业概论》欧盟研究部分的拓展更新。
② 2022年7月，埃及驻柏林大使哈立德·加拉尔（Khaled Galal）在塞西访德之际作上述表示。

额又由2020年同期的55.73亿美元增至60.5亿美元。

在投资方面，目前德国在埃及在建项目总额为29亿欧元①，涵盖工业、农业、服务和建筑等领域。德国在埃及的重点投资方向是能源、氢能等绿色能源、铁路等。约3 000家德国公司与埃及有业务往来或在埃及设有办事处。在埃及经营的德国公司有1 180家，在能源、铁路、工业和旅游领域累计总投资达71亿美元②。埃及占德国在海外科技投入预算的40%，埃及的投资环境对德国公司吸引力巨大③。

在具体项目合作方面，目前主要包括可再生能源、卫生、水资源和固体废物管理、移民、劳动力市场、私营部门创新、技术教育、职业培训、城市发展、行政改革、妇女、青年和地方发展。2021年，德国通过资金和技术援助赠款与埃及推动的一篮子合作项目组合为30个项目，总额达17亿欧元。

在可持续发展融资合作领域，2021年5月，埃及与德国签署了5 770万欧元的发展融资协议。该协议在双方签署的2019年金融和技术合作协议的框架内，旨在实施能效、可再生能源、技术教育和职业培训、私营部门支持、行政改革等领域的项目以及水资源综合利用与开发和卫生设施。项目将由埃及和德国国有KfW投资开发银行以及德国国际合作机构（GIZ）共同实施。

在金融和贷款领域，2020年11月，德国政府批准向埃及提供价值8 000万欧元的债务互换计划。2021年7月，埃及与德国债务互换计划的第一阶段完成，资金总额为7 000万欧元，服务于多个项目：通过供餐计划发展学校和提高教育质量、修复水电站、建设阿苏尔特（Assiut）拦河坝和改善饮用水及卫生。第二阶段投资用于不同部门的多个项目，包括与世界粮食计划署、埃及教育和技术教育部合作，在上埃及农村地区开展能力建设，以及在基纳（Qena）、阿苏尔特（Assiut）、明亚（Minya）和苏哈格（Sohag）省实施改善水和废水服务计划（IWSP）、综合技术教育改革计划（TCTI）。

在农业合作领域，2019年12月，埃及和德国签署了一项3 600万埃镑的农业生产质量保证协议，旨在改善与农产品质量保证有关的监管体系，推动双方农产品质量专家之间交流，这是埃及农业部和德国联邦食品及农业部之间双边

① 截至2022年4月，The Egyptian Gazette，2022年11月15日。

② Ibrahim El-Araby, President of the General Federation of Egyptian Chambers of Commerce.2022.7.18.Source:Al-Sharq Al-Awsat Newspaper.

③ 西里尔·纳恩（Cyrill Nunn），德国前任驻埃及大使，2019年12月。

合作的一部分。2021年6月，埃及农业部和德国国际合作机构在埃及农业大省明亚（Minya）实施农业创新计划。计划通过农产品价值链升级推动本地和国际市场的有效接轨以实现农业产业创新。此外，还开展了农村培训合作项目，培养农业实践推广专家，为当地有机农业发展和生产安全、优质农产品提供技术支持服务。德国在农业技术创新等方面具有明显的技术专长和合作意愿。2022年5月，德国国际合作机构与埃及农业作物出口委员会和食品工业出口委员会合作，为埃及农业和食品行业的中小型公司组织培训和交流计划，以促进这些企业顺利进入德国和欧盟市场。

在数字农业合作领域，2021年9月，德国国际合作机构与艾因夏姆斯大学的创新、创业和创意中心（IHub）就农业数字创业领域达成了战略伙伴合作关系。该合作伙伴计划由埃及农业创新项目（AIP）和阿拉伯妇女企业基金（AWEF）支持。AIP项目还与埃及电子金融附属公司AgriMisr平台达成协议，为埃及小农企业提供能力建设支持并将其与商业市场和投资者联系起来①。

顺便提及，作为非营利性德意志联邦直属机构，德国国际合作机构受德国联邦政府7个部委的委托实施项目，活跃于全球130多个国家，为委托方提供政治、经济及社会领域可行、可持续和高效的解决方案并从事专业培训工作，具有丰富的区域合作经验、成熟的专业技术和管理知识。拥有约2万名雇员，其中70%是当地雇员。

五、日本②

日本是埃及的第三大融资国。埃及独特的资源优势以及巨大的国内市场、丰富的本地人才、横跨中东和非洲的地理位置，特别是政治和社会的持续稳定，吸引了日本企业的投资。2020—2021年度，日本对埃及的外国直接投资（FDI）比上一年度增长了60%。埃及对日本的出口方面，在同期达到3.27亿美元，比上年度年增长7%③。

在金融合作方面，2022年3月，埃及首次在日本市场发行了价值600亿日元（5亿美元）的武士债券（Samurai bonds），日本出口投资保险（NEXI）首次为武士债券提供担保。在充满挑战的全球资本市场形势下，成功发行武士债券

① 西里尔·纳恩（Cyrill Nunn），德国前驻埃及大使，2021年3月。
② 该节内容为《法老终结者和她的终极之河——埃及农业概论》日本研究部分的更新。
③ 哈拉·赛义德（Hala el Saeed），埃及计划和经济发展部长，2022年7月27日。

显示了日本投资者对埃及经济的信心，这将为日本未来对埃及进一步投资创造条件，日本政府也多次表达了与埃及在投资方面开展合作的强烈意愿[①]。

日本国际协力机构（JICA）是日本对埃及合作项目的最主要实施机构，双方在2021年进行的合作投资总额约为27亿美元，该机构计划2022年在埃及投资10亿美元。至2022年7月，两国之间的经济合作项目总值增至28亿美元，涵盖了健康、电力、运输、航空、教育和高等教育等领域的14个项目。

日本国际协力机构（JICA）与埃及之间具有长期的合作关系，合作重点主要涉及人类安全与可持续发展有关的领域，例如卫生和教育。该机构有几种支持埃及的发展计划，包括赠款、技术合作、优惠贷款以及日本志愿者计划和第三国培训计划（TCTP）。该投资组合包括2.87亿美元，通过埃及-日本伙伴关系促进教育发展，用于人力资本投资；11.2亿美元的电力合作；5.52亿美元的交通运输合作；4.5亿美元旅游业和文物合作；2.4亿美元用于发展政策融资；5 700万美元用于灌溉等农业部门。日本的私营机构也广泛参与到在埃及的投资活动。日本三井住友银行（SMBC）和埃及国家银行（Banque Misr）在2022年签署了价值1亿美元的贷款协议，以支持埃及的微型、中小型企业（MSMEs），这是双方第一笔私营部门投资融资（PSIF）。

在粮食安全合作领域，由于俄乌冲突导致全球粮食安全问题更加突出，日本提出将帮助埃及加强小麦等重要农作物的供水系统改造和升级。2022年4月，日本启动了新的官方发展援助（ODA）项目，通过建设新的设施及管理监管机构，进一步改善阿斯尤特省（Asyut governorate）的尼罗河水质。预计将使尼罗河的灌溉水能够覆盖埃及15%以上的农田。

总体来说，日本在非洲的影响力正在减弱。日本对非洲的直接投资自2013年起趋于下降，2021年降至57亿美元，不到两国相互投资规模峰值的一半。为了重振在非洲的影响力，彰显在非洲的存在感，2022年8月，日本在第八届东京非洲发展国际会议上宣布3年内将在非洲投资300亿美元，此外将加大向非洲的粮食援助，并将与非洲开发银行合作，提供多种小额粮食保障援助项目。日本私营部门也将重点向埃及投资，未来将在苏伊士运河经济区与埃及合作单独设立日本经济区，将其作为日本产品出口非洲的门户。

---

① Oka Hiroshi，日本驻埃及大使，2022年6月26日。

第三章

埃及的新农村综合治理

第一节　埃及新农村综合治理进展

一、“体面生活”倡议

（一）“体面生活”倡议的实施背景

中国在推进乡村振兴建设领域的成效举世瞩目，特别是在2021年宣布全面消除绝对贫困，这对于同样拥有绝对数量优势农民群体的埃及来说，是一个最佳的样板。为了尽快改善埃及农村普遍的落后局面，为未来的经济发展提供坚实基础，埃及也开始筹划自己的乡村振兴计划，并且进行了系统规划，“体面生活”倡议（Decent Life initiative）由此诞生。“体面生活”倡议（Hayah Karima[1]）是塞西总统（图3–1）于2019年正式发起的一项旨在关注最贫困的村庄，提高埃及最弱势群体的生活水平和生活质量的全

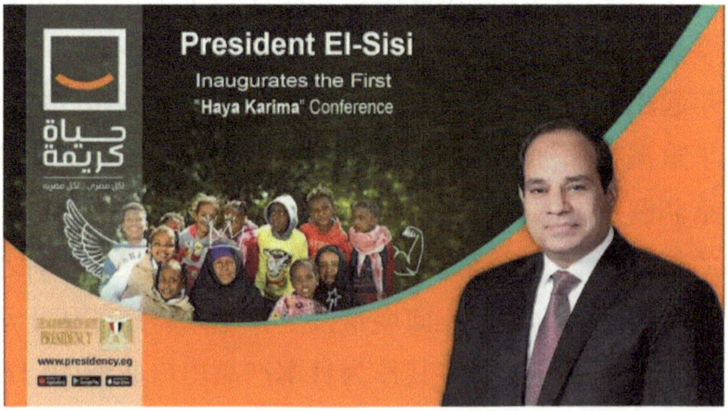

图3–1　塞西总统

① 是其阿拉伯语译音。

国性举措。倡议最重要特点是坚持发展第一的核心原则，是埃及历史上的第一个国家发展倡议，是整个埃及历史上第一个农村发展综合方案。该倡议计划有4个重要的实施方面：提高人民特别是农民的生活水平并加大对人力资本的投资力度、建设和改善基础设施条件、提高社会发展服务的质量和水平、进一步拉动经济发展。

具体而言，就是针对埃及的农村基础设施建设，包括清洁饮用水、污水处理、天然气和通信网络等设施，以及住房、学校和卫生服务设施等进行全面改造。此外，加大对农民的能力建设，全面普及对埃及农民的技能培训，增强就业技能，创造就业机会，扶持农村小微项目，提升农民经营者进入市场的能力等。

“体面生活”倡议作为一个“三年行动计划”实施，全面覆盖占埃及人口57%的农村，近6 000万人。预计该计划将把4 500个村分成3批，每年推进1 500个村庄的改建工作，投入7 000亿埃镑（约450亿美元）。“体面生活”倡议的第一个阶段的工作任务是解决农村人口的住房等基本民生问题。第二个阶段的工作任务是解决农村经济发展中的就业问题。第三个阶段的工作任务是实现农村的社会保障和社会发展。最初是倡议的试点阶段，原计划2019年7月至2020年底，涉及11个省46个社区的143个村庄，受益人数将达180万人。

埃及农村的生活目前普遍处于较低发展水准。埃及目前有超过4 700个村庄及近3万个散居点（图3–2）。2015年统计显示，这些村庄超过八成没有高中，超过七成没有卫生设施，仅两成通污水管道。虽然97.5%的村庄都通了电，但有超过两成的村庄每天都会断电，近四成的村庄则隔天断电。至于居住生活环境，到过埃及农村的人都会印象深刻，到处都是土坯房甚至茅草房，人和牲畜混居，污水和垃圾随意排放，更别提道路硬化、自来水管入户了。为准确了解农村在扶贫方面的需求，埃及中央动员和统计中央机构进行了一

图3–2 埃及农村

项统计：目前全埃及有68.8%的村庄需要重新铺设道路和桥梁，63.1%的村庄需要建立新的污水网络系统，53.1%的村庄需要新建能提供基础教育的学校，30.5%需要建立乡村社区服务中心。此外，22.3%的村庄急需开设扫盲班为埃及为数众多的文盲进行扫盲，还有21.9%的村庄需要建立面包生产设施，以确保解决低收入农民的基本生存问题，最后还有27.9%的村庄需要建立相应的文化娱乐设施。

也正是因为农村目前的普遍落后现状严重影响了埃及工业化进程，埃及在2015年就启动了一项类似乡村振兴战略的“乡村生活发展规划”项目，在全国范围内选定了78个村庄进行基础设施建设，并开展了摸索性的农村综合治理改造实验。这就是“体面生活”倡议的雏形。2019年，随着农村试点推进并取得了一些进展，“乡村生活发展规划”被证明在埃及切实可行。塞西总统多次参与规划的实施和改进，在不断地改进过程中，产生了“体面生活”倡议的初步设想，并亲自参与了新农村沙盘设计方案（图3–3）。经过不断酝酿，塞西总统在2019年底正式提出了“体面生活”概念，并在倡议中提出，要在埃及全面推进“体面生活”倡议，并指示埃及社会团结部牵头首先对全国最贫困的1 000个村庄进行综合治理与开发，尽快改善农村的生活环境和农民的生活状况。

图3–3　埃及新农村沙盘

对此埃及社会团结部先在埃及11个省选了143个村庄进行进一步拓展试验，以便积累更多的实践经验。这些村庄村民数量庞大。该阶段计划投入40亿埃镑。2020年12月，根据取得的进展，塞西总统决定进一步扩大这一倡议计划的覆盖范围，即把埃及全部4 500个村庄都纳入倡议计划，并将其放在埃及的国家发展远景规划——《可持续发展战略：埃及2030远景》的框架之内进行整体规划。此外，还扩大部门参与范围，除了埃及社会团结部以外，共有15个国家部委共同参与实施，推进这项宏大的“体面生活”倡议。

（二）“体面生活”倡议第一阶段及其成就

埃及启动“体面生活”倡议第一阶段期间，计划改造埃及1 500个村庄，全国所有村庄也都不同程度地得到整修。为确保“体面生活”倡议顺利实施，自第一阶段起即向埃及农村注入大规模资金以刺激农村加快新农村改造和综合治理的速度。埃及计划和经济发展部在发布的“体面生活”倡议中期报告显示，“体面生活”倡议第一阶段向埃及的农村地区拨款总额为55亿埃镑，涉及1 901项具体实施措施，其中2019—2020财政年度为33亿埃镑，2020—2021财政年度为22亿埃镑①。

该倡议第一阶段的实验阶段于2019年7月开始，优先选择了在全国数十个不同省份的数百个最贫困的村庄。埃及社会团结部对这些村庄的卫生、教育、饮用水和废水网络、电力和天然气、道路和交通以及体育和环境服务进行了全面改造。该第一阶段的主要目标包括实现经济赋权、促进社会干预和人类发展计划，以及改善卫生部门（医院、卫生单位和救护站）、电力、教育、通信、青年和体育以及农业相关设施（图3-4）。

图3-4 “体面生活”倡议第一阶段改造

① 《今日埃及》，2021年1月17日。

此外，还向农村的弱势群体提供额外的医疗保健、医疗服务、手术设备，重点支持发展埃及最贫困的村庄，提供就业机会并帮助女性提升生活水平和组建家庭。

至2021年上半年，该倡议的第一阶段已成功覆盖埃及11个省的143个村庄。根据埃及计划和经济发展部的中期报告《监测和评估“体面生活”倡议的影响》，“体面生活”倡议第一阶段在农村的投资总额已经超过55亿埃镑，此前提及的1 901项具体的行动计划已多数得到实施。

“体面生活”倡议第一阶段的举措为埃及农民生活的改善发挥了积极作用（图3-5）。以上埃及基纳省（Qena）法尔绍尔（Farshut）附近的哈吉萨兰村（Nagaa Sallam）为例，在2021年2月，该村的35岁家庭主妇萨马·曼苏尔（Samah Mansour）在倡议的支持下，获得了一套独立住房，村社区组织还帮助她对住房进行了装修，使她几乎不用额外支付更多的费用就可以在村中享受包括装修在内的各种福利，这在以前是难以想象的。曼苏尔还参加了村里的5年职业培训，这为她获得更高的收入和更好的生活打下了基础。曼苏尔的丈夫，44岁的阿卜杜勒·拉希姆·艾哈迈德（Abdel Rahim Ahmed）也从当地政府的“回教保险”（Takaful）和“卡拉玛”（Karama）现金补贴计划中受益，每月将收到430埃镑生活补贴。艾哈迈德曾在利比亚从事建筑工作，受伤回国后，村社区机构帮助他支付了医疗费用，还在他治疗结束后提供了就业培训，帮助他重新返回社会。

倡议在实施过程中也不可避免遇到了一些问题，第一阶段最主要的困难是遍布埃及偏远地区的贫困村庄，这些村庄大多数集中在上埃及地区的城市边缘地带及沙漠腹地的大大小小的绿洲中。此外，考虑到妇女在农村的占比较高且处于较为明显的弱势地位，第一阶段扶贫效果评价指标中的一项重要标准就是农村中妇女脱贫数量及占家庭比率，还有极端贫困率、贫困人口规模和扶贫服务覆盖率、农村基础服务设施的装备率，特别是清洁水和污水排放设备的普及率等。当

图3-5　“体面生活”倡议第一阶段改善埃及农民生活

然，考虑到埃及近年来反恐问题、宗教问题等矛盾日趋突出，埃及农村普遍存在的宗派问题和非法移民等社会问题也逐渐成为埃及的“体面生活”倡议所应该更加关注的方面。

（三）“体面生活”倡议第二阶段及其成就

随着第一阶段的工作顺利开展，第二阶段也在紧锣密鼓地准备启动，它将再涵盖埃及1 500个村庄，惠及1 800万人继续推动“体面生活”倡议为更广泛的埃及人所接受。尽管埃及农村也不可避免地受到新型冠状病毒（COVID-19）的影响，但由于国家的总体经济指标在疫情期间仍取得了显著改善，埃及作为非洲主要的新兴经济体，经济的快速恢复也带动了农村经济的复苏。在这种情况下，塞西总统在2021年1月提出在埃及实施第二阶段“体面生活”倡议，该阶段将重点关注发展农村的能力建设和综合治理水平①。对此埃及政府根据已设定的经济发展指标优先选择了51个农村社区，覆盖1 500个村庄②。

埃及非政府组织及主要私营机构也参与了倡议相关项目的实施，非政府组织“Misr Al-Kheir基金会”提出了惠及5 500万人的宏伟计划。基金会曾在第一阶段参与开发了明亚（Minya）、苏哈格（Sohag）、阿斯尤特省（Asyut）和基纳（Qena）4个省37个村庄。

在对这些农村的扶持发展计划中，农村劳动力的能力提升也是埃及诸多非政府组织和私营机构可以发挥更大作用的领域。事实上，埃及政府也考虑到了这一点，但是由于资金所限，这些能力发展项目大部分由私营机构通过市场化的方式进行了开发。特别是通过向农村年轻人提供“劳动购买服务”③等方式使他们获得更多的劳动与就业机会，并通过上述市场化行为，激励更多农村剩余劳动力以更大热情参与更多的农村社区活动，甚至包括卫生和植树等项目。此外，埃及还发起了“埃及农村发展计划”等系列行动，并与上述农村劳动力能力提升等项目一起被列入“体面生活”倡议，这些多方努力正在使埃及的农村悄悄地发生巨大的改变。开罗沙漠研究中心前主席伊斯梅尔·阿卜杜勒·加

① Dailynews Egypt，2021.1.25.

② 该倡议全部阶段共涵盖174个农村社区中心，从2023—2024年将视情追加到189个中心。这些重点社区中心多为有特殊发展需要的边境省份农村。

③ 即“以工代赈”。

利尔（Ismail Abdel Galil）对此给予了高度评价，他认为过去在埃及村庄的各种树木多数沿着运河两岸种植，树木的绿化和对水土的涵养作用有限，目前农村居民开始根据农村的发展需要广泛种植更多品种的树木，显著地改善了农村的环境，将更加有助于减少水分在运河中的蒸发量。

埃及环境部、全国妇女理事会（the National Council for Women，NCW）、开罗银行（Banque du Caire）、埃及农业银行（Agricultural Bank of Egypt，ABE）及非政府组织AYADY、Al Tamweely小额信贷机构（Al Tamweely Microfinance）等也参与了倡议第二阶段的实施工作。他们主要在埃及农村地区推动小微及创业项目方面的融资工作，以推动倡议的社会化和增强可持续发展能力。埃及中央动员和统计机构（the Central Agency for Public Mobilization and Statistic，CAPMAS）则主要负责对倡议的进展进行调查并提供数据支持，帮助埃及政府的决策和非政府部门的投资确定最优先的领域。

2021年3月，埃及计划部长哈拉·赛义德（Hala El-Said）宣布，“体面生活”倡议已成为埃及农村发展的转折点，该倡议目前在提高埃及人在乡村中的生活水平及改善公共服务等领域发挥了重要的作用。该倡议目前通过一系列措施显著提高了农村居民生活水平和公共服务水平。此外，村庄的卫生、饮用水和道路、排水管网、教育服务、医疗保健等方面都获得了显著提升[①]。埃及总统塞西也在同期发表电视讲话，宣布埃及政府将在3～4年内完成该项计划，实现最终覆盖4 500个村庄、5 500万农民的目标。

随着“体面生活”倡议启动，相关重点工作已经在埃及的375个村庄全面铺开，覆盖率达到了农村人口的17%。预计到2022年，该计划的覆盖面将达到35%，在2023年将达到57%以上。

由于该倡议宏大的规模和对实现埃及“2030愿景”的重要性，且已被纳入联合国可持续发展目标计划和最佳案例。2022年7月，埃及计划和经济发展部发布了“体面生活”倡议实施进展的报告摘要。该报告采用的评估方法使用了与联合国相同的评估参数，报告认为埃及在农村的可持续发展工作中显著的成效获得了北非及近东地区和国际社会的高度评价，成为世界上目前最大的发展项目之一。报告指出，在2021年“体面生活”倡议启动之前的初步预算为1 000亿埃镑，主要用于埃及广大农村地区的饮用水和卫生服务、电力、教育

① Dailynews Egypt，2021.3.10.

和住宅服务、道路和桥梁修复及运河修筑等方面。

自2021年以来，居住在1 500个农村的埃及农民中，有17%受益于“体面生活”倡议。截至2022年底，该阶段倡议还在农村再就业、经济赋权、女性赋权、慈善活动等领域开展了大量富有成效的活动。埃及战略研究中心（ECSS）期间还发布了题为《10年后的埃及村庄：从边缘化到体面生活》的报告①。

（四）“体面生活”倡议与埃及的“新共和时代”

在埃及当前特殊的政治经济环境下，在国家面临水资源等重大挑战下诞生的“体面生活”倡议注定将是埃及现代史上规模最大的国家发展项目。如果说苏伊士运河是埃及在19世纪的超级项目，阿斯旺大坝是埃及在20世纪的超级项目，那么“体面生活”倡议则很有可能是埃及在21世纪的超级项目。2021年7月，塞西总统在“体面生活”国家动员大会上宣布，埃及此次推出的有史以来最大的减贫计划开启了“埃及新共和国”时代伟大序幕，埃及乡村将由此获得新生（图3–6）。由此可见，这个超级项目将代表着埃及农村迎来了新时代（A new era for rural Egypt），也代表着埃及步入了新共和时代（New public era）。

在2021—2022财政年度，埃及政府的可持续发展计划为“体面生活”倡议拨款2 000亿埃镑，投资分配重点在健康（275亿埃镑）、教育（44亿埃镑）、电力（200亿埃镑）、卫生和饮用水（1 020亿埃镑）以及道路（122亿埃镑）。此外，该倡议还将专门拨款320亿埃镑用于在全国范围内改造贫民窟。

塞西的“体面生活”倡议也获得了国际的广泛肯定和支持，联合国公开表示，“体面生活”倡议按照国家人力资源建设目标以及实现2030年可持续发展的目标，重点提高农村人口的社会、健康、教育和经济水平，将联合国可持续发展战略同埃及2030愿景进行了有效融合，将对减少埃及的贫困率和失业率发挥重要作用。该项目在三年实施期

图3–6　“体面生活”项目中的民生保障住房项目

① Egypt Today，2024.6.4.

间超过7 000亿埃镑（约合446亿美元）的巨大投资将惠及埃及4 500个村庄的5 500万人。倡议所涉及的政府、私营部门和民间社会之间协作的多样性得到了充分体现。这是埃及的一个前所未有的发展项目，将彻底改变埃及乡村的生活，并将有力帮助工业和商业实现重大飞跃。倡议已被列入联合国项目平台，并成为世界上实现可持续发展目标的成功案例之一，倡议通过提高最需要帮助的贫困群体的生活条件，同时通过支持农村中小企业提供更多的就业机会，将有助于减轻Covid-19的负面影响。国际货币基金组织（IMF）执行董事Mahmoud Mohieldi指出，联合国将“体面生活”倡议国家项目视为本地化可持续发展目标的一个很好的例子，它将有助于为贫困地区的埃及人提供必要的就业机会。该倡议全面实现了联合国17项可持续发展目标。其第一阶段成功地降低了埃及大约一半省份的贫困率。该计划总共将覆盖分布在20个省的175个农村中心和4 500个村庄，届时全国将有57%的人口得到受益。而如果没有这项倡议，埃及有可能在15～20年内农村都不会得到显著的发展和改善。

二、农村一体化

除了实施“体面生活”等国家级倡议外，埃及还结合实际需要加快了在新农村建设中推动农村社区的一体化步伐。2021年1月，埃及地方发展部宣布，埃及将进一步在加快建设新农村步伐，将以可持续发展为目标，推动埃及农村的经济进一步繁荣和民生的进一步改善，并将推出一批一体化现代化农村社区的典范。埃及地方发展部的上述规划是基于配合埃及的重要国家发展规划项目而制定的，该规划将重点开发埃及位于绿洲盆地和沙漠腹地的新开垦土地，并将采取积极手段防止不断出现侵占农业用地的行为。规划将主要涉及吉萨（Giza）、法尤姆（Fayoum）、贝尼·斯韦夫（Beni Sweif）、明亚（Minya）、阿斯尤特（Asyut）、苏哈格省（Sohag）、基纳（Qena）、卢克索（Luxor）和阿斯旺（Aswan）等省份。

三、农村就业扶助

埃及目前在边远地区还广泛地存在着贫困以及最贫困的村庄，特别是在上埃及地区的新河谷省等被沙漠荒涂占据的地区。这些村庄的贫困率超过55%，极端贫困率也远远高于联合国平均标准。此外，这些地区的农村文盲率和妇女失业率也远远高于其他相对较为发达地区的村庄。这些村庄大多缺乏基本的饮用水条件，卫生设施严重不足和落后，普遍缺乏天然气网络设施甚至最基本的道路条件。这些地区在埃及未来的新农村建设与开发中将成为重点整治地区。对此，塞西总统在积极倡导“体面生活”倡议的同时，也提出了雄心勃勃的埃及新农村发展与综合治理计划。该计划包含了很多重大的国家级农村援助与可持续发展项目。2021年2月，埃及政府宣布在第一阶段启动旨在改善埃及农村基本生活条件和为全国5 000多个贫困村创造更多就业机会的国家项目。同时在第一阶段将全面对1 500个村庄实施综合治理工程。该计划项目的名称为“埃及村庄发展国家方案”，预计项目将持续到2021年底，目标是改善占埃及57%人口的农村的生活质量。

该国家民生项目旨在补充埃及的“体面生活”倡议，通过确保改善生活条件、减少贫困、升级基础设施和改善公共服务，特别是教育、住房、医疗保健、电力、卫生、饮用水和天然气服务，改善埃及普遍存在的农村社区能力低下等问题。为丰富项目的内容，提升其持续推广能力，该项目还侧重支持重点村庄的中小企业，改善医疗设施，更新农村灌溉网络效率，提升农业生产技术和兽医服务，建立先进的农村乳品收集与加工技术中心。该计划甚至考虑与埃及正在建设的新行政首都的网络连接，埃及各省的重点发展村庄还设立了网络公共服务办公室，并通过多种方式将农村公共服务设施与新行政首都相关部委的职能部门进行连接。

在埃及目前日趋严重的农村流动问题上，上述计划也将进行有效引导。目前埃及从农村到城市的流动率已经达到55%，大量的流动人口给农村的可持续发展带来了很多的不确定性。积极提升埃及农村现代化水平和农村综合治理水平，将有助于减少埃及农民向城市甚至其他国家的无序流动。

四、“尊重生活”发展倡议

“尊重生活”发展倡议也是埃及的一项重要国家倡议，该倡议也是对“体面生活”倡议的有益补充。2020年12月，“尊重生活”发展倡议的中央机构负责人宣布，埃及将有20个省1 000个村庄参与到“尊重生活”发展倡议中，该倡议将于2021年开始，为期一年，预计将惠及23个省的1 850万农民。该倡议于2019年启动，已覆盖375个村庄。该倡议重点关注3个方面，第一个方面是农村基础设施建设，例如将低收入和贫困发生率较高的村庄的生活用水和废水网络及电网和天然气管道接通，彻底摆脱农村普遍存在的对丁烷气瓶的依赖；第二个方面是提供更优质的公共服务，例如建立学校和医疗设施；第三个方面是通过为农村微小项目和各类技术培训提供农村金融信贷创造更多就业机会，解决农村青年的待业问题。

五、贫民窟改造

贫民窟问题是埃及的一个独特社会现象，由于开罗等埃及的大城市长期以来未遭受战争的破坏，大批历史古迹和建筑得以保存下来，形成了现在的老城区和历史文化中心。然而这些地区由于长期以来传统的生活方式，也导致了大量的城市街区功能退化并沦落为发展滞后的地区，很多传统的历史建筑区最终化身为贫民窟。这里街道狭窄阴暗，排水设施老化，甚至由于没有下水道而污水横流，另外垃圾清运、消防等基本社会公共化服务缺失，居民之间的私搭乱建现象非常普遍，甚至无人过问。这些贫民窟陷入了拆不动又难以改建的僵局，著名的“开罗死人城”就是个例子（图3-7）。

图3-7　埃及“贫民窟”

另外，随着近年埃及城市化的步伐加剧，城乡差距进一步拉大，城市对劳动力的大量需求导致农村居民向大城市迁移的速度变快，然而城市却在短时间内难以容纳如此多的劳动力，这就导致了埃及的城市特别是大开罗省周边的贫民窟现象尤为严重。然而这些现象反过来也严重阻碍了城市的进一步发展。随着埃及参与国际治理的步伐加快，埃及越来越重视在国际上的形象，在大城市边缘的众多贫民窟成为埃及政府下决心铲除的对象。

为改变贫民窟给埃及国际形象带来的负面影响，塞西总统亲自出面领导贫民窟改造工作，并在2021年2月视察开罗东部埃兹贝特·哈加纳（Ezbet Haggana）棚户区，提出改善基本生活服务，为贫困家庭提供体面生活的目标。随着塞西总统的“体面生活”等旨在改善埃及民生国家倡议的实施，埃及对贫民窟及贫困农村地区的改造力度空前加大，无论是城市贫民还是农村贫困农民，都得到了国家相关扶助政策的支持，惠及数千万人口。特别是最近几年，位于埃及大开罗省城市边缘和老城区的面貌发生了巨大变化，大批城市贫民搬出了破败不堪的贫民窟，搬进了埃及政府在城市新区兴建的大型现代化社区。2021年7月，埃及政府宣布将6个位于开罗大区的著名贫民窟改造成为具有特色的人文景点。原来的大型垃圾填埋场被改造成人文景点和足球场等，为邻近地区的居民服务，一些历史建筑和景点得到适当修缮之后成了旅游观光景点（图3-8）。埃及的贫民窟由此走上了一条“人文化”的道路，这有点类似近年在中国北京实施的“老城区改造”以及城市“棚户区”改造工程。

图3-8　埃及“贫民窟”改造工程前后对比

埃及政府上述对主要平民窟特别是对著名的“开罗死人城”周边平民窟进行的集中改造，旨在彻底改变开罗老城区给外国游客留下的不良印象，还开罗一个历史名城的本来面貌。但是很多人并未关注到埃及上述特有的“贫民窟”现象背后深层次和复杂的历史、社会、经济、文化乃至政治方面的多重因素。

从历史上看，埃及始终是一个大而穷的国家，“贫民窟”的概念在埃及更准确的说法应该是“非正式定居点”或“临时定居点”。其历史可以追溯到20世纪初，我们今天理解的“贫民窟”的概念在埃及的城市群中大约出现在20世纪60年代后期。最初并不是从农村迁移到城市，而是从城市迁移到城市的一种现象。在20世纪80年代以后，埃及的人口从农村到城市的迁移率已经下降，反而在下埃及的三角洲和上埃及各个省份农村地区的“非正式定居点”不断出现并大量增加。因此埃及近年出现的城市“贫民窟”多是中下等、贫困人口的自然扩张而出现的现象[①]。

从文化方面看，埃及的“贫民窟”还具有复杂的文化渊源。埃及农村偏远地区、上埃及农村和游牧阿拉伯人族群构成了埃及贫民窟人口的主要来源。这些人群在遍布埃及的临时定居点中经过长期演变形成了特定的社会关系和较为固定的生存形态。特别是一些城市中的部分贫民窟由游牧阿拉伯族群组成，这些人的社会生活状态是“khulu”或“tashmis”[②]。这类人群在今天的一个典型例子就是吉普赛人，又或罗姆人[③]。

从社会和经济角度看，埃及的“贫民窟”长期存在有其“合理性”。这种分布在城市和乡村大量的“非正式定居点”为当地和一些小团体的合法与非法混杂的经济模式创造了良好的“温床”，其地方势力之间的长期利益纠葛在这些地区形成了较为稳定的社会网络，而这种破败的“贫民窟”反过来也为这些行为和关系提供了“保护伞”。由于埃及的非正规（不受监管）经济占经济活动总量的40%，因此在埃及众多的“非正式定居点”中存在着惊人的经济利益[④]。

总之，结合埃及社会多层面的因素分析埃及的“贫民窟”现象，可以看到，这不仅是基于农村多年贫困蔓延而带来的一种自然现象，更是埃及特有的社会和文化现象。今天，遍布埃及村镇的非正式定居点已经演变成了高达数百万人居住的“城市”形态。埃及的贫困群体在那里已经创造出了一个个“一体化”和“一站式”的固化生活模式，因此仅仅通过对农村地区单纯的治理并不能从根本上解决埃及特有的“贫民窟”现象。

六、“埃及的未来”倡议

“埃及的未来”倡议（Mostaqbal Misr）是埃及于2021年起正式实施的一项综合性大型土地开发国家项目。这个项目的第一个阶段主要由位于尼罗河新三角洲地区的“新三角洲土地复垦项目”构成，占地150万费丹，投资超过

① Ali Al-Raggal，2022.

② 这两个词来自阿拉伯语，意为“流放”和“排斥”，即表示这类族群由于历史的原因被长期赋予了“社会排斥族群”的身份。并在其最初属于的部落中被剥夺了他们受到保护、安全和血统的权利。

③ 指定居在一些城市郊区的游牧部落，其起源来自印度、伊朗、亚洲和中欧一些地区等不同地区。

④ Ali Al-Raggal，2022.

3 000亿埃镑，项目范围涵盖从吉萨（Giza）以西的拉德·法拉格（Rawd El Farag western Giza）一直延伸到新达巴（New Dabaa）（图3-9）。新三角洲项目同时也靠近斯芬尼克斯机场（Sphinx）及达卡利亚省（Dakahlia）和亚历山大（Alexandria）海港，这种布局将有利于农作物的转运，方便物流运输。埃及建设这样重大的项目目的在于吸引投资者对埃及北部、西部沿海地区的投资，并通过先进的管理系统对收获的农产品进行分类、包装和加工，最终将该项目所在的工业园区建设成为同时具备农业和城市功能的现代化社区。另外，还将有效减缓埃及的农地流失问题①。该片土地每费丹的开垦费用为20万埃镑。新三角洲由于邻近地中海，典型的“地中海气候”适合大部分农作物生长。考虑到该优势，埃及一直尝试在这个古三角洲地区通过人工开垦的手段再造一个新三角洲，这是一个史无前例的巨大农业项目，埃及时任农业和土地复垦部部长库赛尔（Al Sayed Al Qusair）②对该项目充满信心，期待该项目能够在两年内执行，届时这个覆盖了上百万费丹土地面积的超大型国家项目将种植小麦、玉米和蔬菜等战略作物，甚至还将包括种类繁多的经济类作物。该项目与贝尼斯韦夫（Beni Sweif）、明亚（Minya）、西奈（Sinai）和西部沙漠的其他

图3-9　埃及西部沙漠的新三角洲国家项目

来源：Facebook by Presidency Spokesperson Bassam Rady on April 6，2021.

① 纳伊姆·穆瑟里（Naeem Moselhy），埃及农业部长顾问，2021年3月30日。

② 2024年6月埃及内阁改组，不再担任农业部长。新任农业部长为阿拉·法鲁克（Alaa Farouk），下同。

农业项目一起构成了“埃及的未来”国家项目，目前项目已经为埃及的耕地面积增加了80多万费丹，计划到2027年将增加450万费丹（占埃及总耕地面积的40%）。2024年6月，塞西总统考察了位于萨达特区的一个项目农场，该农场种植了甜菜、洋葱、马铃薯、豆类、草莓、番茄和甘蔗等多种埃及特色经济作物，该农场的投入使用标志着“埃及的未来”项目进入了实质性运营阶段①。

面对人口和对土地需求的双重增长，埃及迫切需要实现农业飞跃式发展，对此埃及政府还需要对农业升级改造寻求一揽子综合解决方案，首先是严格控制对土地的侵占和农业用地的侵蚀，其次是通过启动大型土地开垦计划，并在新旧土地上开发新型设施农业，实施新型灌溉系统，这一系列措施将有效确保埃及的农业升级并加速实现埃及有关可持续发展愿景。埃及目前对所有省份的数十个适合农业升级改造的地区进行了恢复和重新规划，并扩大了上述区域的农业投资力度，特别是提升了上述地区的农业灌溉系统。

在为农业生产提质增效的重要配套项目农业废水处理方面，埃及在其新三角洲项目中进行了充分的考虑并将其广泛应用。目前已有数十万费丹新开垦土地利用改进的水处理系统种植了各种作物，包括谷物、蔬菜、水果、甜菜等15种大田作物。埃及正在推动的上述项目代表了埃及新推行的国家农业发展战略的主要方向和优先领域。新三角洲和“埃及的未来”等项目已经成为埃及的世纪项目，这意味着埃及未来的农业可持续发展和粮食安全迈出了极其重要的一步。

第二节　埃及新农村产业化治理

一、埃及农村的产业化支持因素

（一）埃及农村的农业合作社组织

埃及的农业合作社组织是埃及历史最悠久同时也是在埃及人民的生活中发挥了重要作用的基层合作组织之一，该组织的雏形最早出现在20世纪初。到

① Al-ahramonline，2024.5.14.

了20世纪60年代，在国家政策和农业改革的框架内，农业合作社在埃及的农业可持续发展中再次发挥了重要作用，不仅有效地发挥了政府与基层农民之间的沟通桥梁作用，更为农民抗御灾害和确保粮食安全提供了重要的支持和服务功能。

到了1960年以后，农业成为埃及各类政策改革和发展的关键领域，埃及的农民和工人也成为埃及独立后最能够获得民族认同感的两个群体①。此后，埃及的农村治理政策也发生了相应调整，政策的重点是通过更公平的收入分配从城郊和农村地区向城市地区提供埃及普通居民能够负担得起的食物，同时在政策上更加强化了农村和城市地区之间的联系，以促进农村广大农民的公平竞争②。

随着农业合作社在埃及农业农村现代化发展历程的不断转型和演变，现如今已成为埃及农业与农村发展领域中不可忽视的力量，同时在埃及的未来农业政策制定方面也成为关键参与者。2017年，埃及各省农业合作社组织与埃及农业部农业合作社中央管理局、联合国粮食及农业组织（FAO）共同支持埃及实施“埃及农业合作社改革”项目，以推进埃及农业合作社更好地适应埃及的经济改革进程，为埃及的农业可持续发展与粮食安全提供更加有力的基层支持力量。

埃及现行的农业合作社主要是指埃及中央农业合作社联盟（CACU）。埃及农业合作社法规定，中央农业合作社联盟由综合农业合作总社、专业合作总社和省级综合合作社组成。联盟设有总董事会，由上述各合作社的董事会成员组成。董事会成员主要负责参加埃及农业合作社活动的计划与实施。在农业合作总社确定的范围内，协调贯彻合作社计划，宣传农业发展合作运动，吸收扩充人员，促进可持续发展以及与报纸、杂志和其他合作社的合作。与省级综合合作社配合，监督农业合作社的合作工作。协调农业部门，保持合作关系。参加国际性、地区性阿拉伯国家合作组织。参加国际会议并与国际组织交流经验，接受外国合作组织援助。改进农业合作社规章制度，维护农业合作社和整个合作联盟利益。中央农业合作社联盟每4年召开1次农业合作总社会议，监督会议决议和建议实施。

---

① El-Kouny，2018.

② Yumna Kassim，Mai Mahmoud，Sikandra Kurdi，and Clemens Breisinger，*An Agricultural Policy Review of Egypt*，*First Steps Towards a New Strategy*，IFPRI，2018.

埃及中央农业合作社联盟不仅在埃及广泛参与和指导了农村地区治理及经济改革，还积极参与了埃及周边国家和地区的农业与农村的综合治理及经济开发。2013年2月，埃及中央农业合作联盟和苏丹签署了具有里程碑意义的两国农业合作开发协议。两国同意成立联合公司耕种土地，并在尼罗河流域国家发起第一个区域性的农民工会组织，并承诺未来在该地区扩大到其他9个国家。在协议中，双方将在农业和畜牧业生产领域合作，包括共同开发10万费丹土地，显著改善苏丹农村落后的面貌[①]。埃及中央农业合作社联盟在与周边国家的合作交流中展现出了较强的农业技术与管理的推广能力。

埃及目前的农业合作社组织除了国家和省一级的综合性农业合作社以外，在地方一级有5 435个农业合作社，这些在村庄一级的合作社被称为“Marakez”，由埃及农业部农业合作社中央管理局对其进行日常财务和管理监督，并为合作社制定相应的规划和政策等。在农业合作社的规模上，根据埃及有关法律，埃及农业合作社主要可分为信用合作社（Credit cooperatives）、农改合作社（Agricultural reform cooperatives）和垦殖合作社（Reclaimed land cooperatives）三大类。这三类不同类型的合作社由两个不同部门进行监管，信用合作社和农改合作社受埃及农民协会监管，垦殖合作社则受埃及农垦部门监管。此外，埃及还对小型合作社进行了明确，限定其至少拥有750费丹（约300公顷）土地。但埃及的现实状况是很多现有农村土地较分散，农场规模偏小，导致农业合作社也规模偏小。由于农地“碎片化”，大量小型和边缘化农场不仅对合作社的进一步发展形成障碍，也使有效管理更加困难。另外，对于埃及农业合作社成员的标准划分也存在一定的不合理性。埃及法律对“小农”的定义是拥有少于10费丹（4公顷）土地，但是事实上埃及小农的土地正在被大量集中在“富农”手中，他们所拥有的土地越来越少，这直接导致埃及出现了农民成分细分的现象，特别是很普遍的“佃农”现象。这就给农业合作社的成员资格以及土地所有权分配上带来了一系列问题，可能会在合作社成员资格认证和农业投入品的流通与经营方面留下不公正和不当行为的隐患，而这些都会对埃及农业合作社的发展产生不良影响，甚至会影响农村社会和经济的稳定发展。

为了进一步强化系统管理，2014年，埃及对1980年出台的农业合作法进行

① https://www.egyptindependent.com/egypt-and-sudan-sign-landmark-agriculture-agreements/.

了修订，给予了埃及农业合作社独立实施项目的权力，合作社相关法人可以为合作社发起的农业合作项目提供资金。这在一定程度上给予了埃及农业合作社更大的经营权，也能更有效盘活农村地区的经济与金融。

尽管埃及在历史上不断对农业合作社进行调整和改革，目前依然在一些方面存在问题或者说不适应现代农业和农村的可持续发展要求。第一，其融资能力特别是对国际融资的经营管理能力有限，很难在农村投资和能力建设发展方面有所建树，埃及很多地方的农村融资项目直接依赖国际农发基金、世界银行等专业国际组织的牵头实施。第二，目前有相当数量的合作社基础设施薄弱，不仅缺乏为本地农民提供生产经营所需的现代化硬件设施与设备，更缺乏相应的管理服务、产业信息、基础数据等软件支持能力。第三，没有形成适应现实需求的核心业务，当然也难以与农民建立起相互依存的“共生关系”，例如根据市场需求，无法通过合作社的金融核心业务为农民提供及时的农业信贷服务指导，帮助农民根据市场变化及时调整农作物的种植、收获和销售，并帮助农民积极拓宽销售渠道。第四，埃及各级农业合作社之间缺乏密切的协调与合作，合作社之间没有形成“一条链”的资源共享，更无法实现“区块链”所带来的规模经济效益。第五，行政机关对农业合作社活动的过度干预也阻碍了其灵活经营和适应市场变化的能力，导致不断僵化，难以向基层农民主动和随时提供其所需的信息和经营服务。农业合作社的“行政化”和“国家政策的工具化”会极大地削弱这个应以市场为灵魂、以农民利益为追求的农民组织（自主生产组织）的活力和信誉。

数十年来埃及虽然在确保农民及其土地权益等方面制定或修订了一系列政策与法规，但总体上仍缺乏“与时俱进”的农民组织法律和立法框架，也未能根据埃及的经济发展现状和最新变化对农业和农村政策如何向市场经济过渡提出更加有效的具体举措。另外，合作社长期以来所被赋予的职责与其作为基层农民利益代表的组织存在显著的不一致甚至矛盾，这种职责不清晰所导致的管理混乱与职责滥用导致的僵化使得本应为农民所依赖的合作社组织变成了一种“负担”。农业合作社组织应该作为埃及自由经济政策的一部分，并在职责和功能上进行明确定义，应加快对农业合作社的现代化改造和能力建设，以国际通用的先进管理理念替代以传统观念。

埃及作为一个拥有较多特色农产品的地区农业生产和销售大国，如果能够充分借助农业合作社的“纽带”作用，帮助埃及农民充分挖掘本地优质产品，努力推广和营销，同时鼓励农民投资更具价值的农产品，并帮助埃及基层农民提高与行业和贸易商等价值链重要节点的沟通与谈判能力，指导他们精准对接市场需求并顺利进入市场，将非常有助于埃及的农业特别是农村的产业从整体上提高产业链的效率。当然在国家层面，如果农业合作社能够灵活利用其“行政化”职能，避免滑入僵化管理这个“极端”，将会成为促进农村地区可持续发展的“加速器”。例如在执行国家指定的任务并为农业部门制定发展战略时，积极提出适应本地特点和需求的改良建议，在推广和传播先进农业规范与专业知识、保护环境和资源免受污染和浪费等方面与专业研究机构合作提供专业指导，发挥出农民合作社应有的权威机构的作用。总之，农业合作社未来的发展应该是一个多维度发展的过程，需要进行长期战略规划和科学运营，只有这样，埃及的农业合作社才能真正实现健康与可持续发展。

（二）农村数字产业化措施

1. 埃及的数字农业

埃及的数字农业在近几年取得了快速的发展。随着数字技术在农业各个领域全面渗透，农业数字技术在推动埃及农业的可持续发展和更有效地应对粮食安全挑战方面发挥着越来越重要的作用。埃及政府认为，数字技术的实施有助于农民获取信息来管理作物和牲畜，从而帮助他们做出更好的农业决策。数字技术还有助于通过降低生产成本、避免浪费来保障粮食安全。它还可以利用准确的数据来计算生产活动，例如估计灌溉和施肥的日常需求，从而提高作物生产力。

在埃及多个部门的共同努力下，埃及的数字技术在农业领域得到了广泛的应用，取得了良好的效果。特别是信息通信技术（ICT）应用显著促进了信息流向农民，为农民提供服务并扩大市场准入。在埃及农业研究中心等研究机构的帮助下，信息通信技术将农业信息技术内容转换为可以通过移动应用程序访问的数字内容，埃及的农民在资源获取能力方面得到了很大提升。埃及农业和土地复垦部（MALR）还组织了“埃及2020—2023年农业创新项目（AIP）”项目，该项目通过促进技术创新，改善了农业实践中存在的信息技术实际应用效果的问题，如低效农业技术、阻碍作物加工因素、基础设施不全等问题。该项目还创造性地通过实施创新解决方案增加了上埃及小农的收入。

该项目支持将数字接入作为一项技术创新，使农民能够更好地了解和获取有关市场和投入供应的信息。此外，通过改善小农的市场准入和改善制度支持，密切合作支持小农。

根据埃及政府的工作计划和国家的“2030年愿景”，埃及国际合作部通过与发展伙伴和国际组织联合实施战略行动计划，鼓励所有发展领域的创新技术，其中农业数字化转型已成为埃及实现可持续发展的主要任务。埃及政府、专家和利益相关者正在大力推动埃及的数字化农业进程。2022年5月，国际农业发展基金（IFAD）还在开罗首次举办了AgriTech数字农业技术转移大会。埃及农业部、国合部、灌溉部、信息技术部以及粮农组织（FAO）、世界粮食计划署（WFP）、联合国开发计划署（UNDP）和埃及的私营部门，包括一些农业和通信领域的知名公司和初创公司积极参会。埃及政府部门在会上强调了农业数字化转型在埃及“体面生活”倡议（Haya Karima）和COP27气候行动的作用。农发基金战略与知识部（SKD）助理副总裁Jyotsna Puri强调了数字农业在可持续经济政策制定中的重要性，埃及加快推动数字农业转型将促进私营部门和技术部门充分参与埃及的数字农业发展进程。IFAD正在埃及加大项目投资，帮助埃及应对当前的全球气候变化，并在2030年前消除贫困，实现可持续发展目标（SDG）。埃及最近在生态系统监管方面做出了许多改进，不仅简化了初创企业的设立，改善了融资渠道，还为初创企业打开了大门，让他们可以提出数字化转型的想法。FAO也在埃及开展了有特色的农业数字化合作和行动，2019年和埃及政府启动了一项通过数字技术提高农业生产力的计划。总体而言，随着时间推移和埃及农业的发展，通过技术创新特别是数字技术的应用，埃及的粮食安全和贫困问题能够大幅减少①。

2. 埃及的农业科技初创产业

近年来，传统农业实践面临着气候变化、粮食短缺、浪费、消费价格上涨以及相应供应链所带来的越来越多的挑战。尽管挑战日益严重，但在新一波农业创新创业浪潮推动下，埃及的农业部门也一直在进行着技术变革，一批新兴的农业科创公司随之诞生。他们积极参与其中并提出解决方案，从为小农提供金融服务到利用卫星技术应对气候变化，正在彻底改变埃及的农业。以下是埃及最知名的6家处于创新前沿的农业科技初创公司，他们在推动埃及的农业走

① Simone Riggins，The Borgen Project，2021.

向更具可持续性、更高效率和韧性方面发挥了引领作用。

（1）Mozare3

Mozare3是一家2020年创立的开创性农业金融科技企业，其主要目标是向埃及各地经济边缘化的小农及其家庭提供急需的金融解决方案。通过提供各类灵活的金融产品、市场准入和农学专业知识为农民提供多方面的支持。其提供的服务弥合了种植者和消费者之间的差距，建立了农业交易的信任和稳定性。

（2）Zr3i

Zr3i是一个智能农业创新平台，在埃及提供开创性的农业解决方案，利用卫星技术应对日益严重的气候变化威胁。Zr3i是一个基于移动和网络的平台，可以无缝地为农民提供实时技术咨询服务，包括帮助农民做好应对天气周期波动加剧的准备。该初创公司还扩展了数据库驱动的农作物保险政策。在发生不可预见的灾难时，这些政策提供了必要的保障，保护农民免受重大损失。

（3）FreshSource

FreshSource是一家2018年创立并服务于粮食损失解决方案的农业初创公司。通过创新促进农民和企业之间的直接联系，降低对中介机构或第三方的依赖。特别是在收获季节，FreshSource直接从农民那里购买生鲜农产品，并高效运送到各企业，包括餐厅、酒店和数字杂货平台。为简化物流并增强存储服务，还扩展了端到端的最后一英里连接。这种农民与企业的直接对接使粮食损失率降低了20%。

（4）Cropsa

Cropsa是一个突破性的农业生产综合平台。主要目标是最大限度地减少农业生产损失，同时促进现有产量的保护、发展和提高。作为埃及开创性的农业服务贸易平台之一，Cropsa为众多供应商和贸易商提供无缝在线交易，无须与运输公司沟通或处理收款问题。

（5）Plug'n'Grow

Plug'n'Grow成立于2019年，通过创新使用水培技术，应对气候变化造成的粮食不安全和水资源短缺的紧迫挑战。通过水培和垂直农业技术，Plug'n'Grow已涉足生菜和番茄等基本蔬菜主食的种植，其全面服务涵盖从评估特定运营的可行性和先决条件到优化农场管理的方方面面。该公司还提供苗木、营养解决方案和有机害虫防治产品等运营必需品，并提供全面的维护服务。

（6）Askova

Askova通过开发一系列风力涡轮机实现农业清洁能源应用。埃及有超过400万农民依靠柴油发电机将水从水井引至地表，以便在远离尼罗河的地区进行耕种。近年由于柴油价格上涨和高昂的运输成本使埃及农民无法扩大生产。在这种情况下，使用风力涡轮机等清洁可再生能源可以帮助农民获得可持续、负担得起的绿色能源。

3. 埃及农民智能卡服务

2021年11月，埃及农业部宣布推出农民智能卡（图3-10），针对埃及农民的实际需求和未来的农业数字化趋势，提供农业生产与消费服务方面的数字化集成解决方案。目前埃及农业部计划先在几个省试点引入智能卡，再逐步在全国范围内推广使用，埃及农业部预计此举将改变埃及传统的农业生产体系并有效提升农业生产效率。目前阶段的智能卡服务主要针对埃及农民的生产领域，特别是农资的服务数字化，包括通过数字手段帮助农民销售农作物和购买肥料。埃及农业部将与土地有关的各种数据（包括土地种植面积和土壤类型等）加载到智能卡片上。获得智能卡的注册农民将能够较为便利地根据实际需要自主选择购买杀虫剂和种子，以及科学施肥。该系统将有效促进埃及的农资特别是肥料市场的进一步开放和高效运作，并打击黑市现象。埃及农民组织辛迪加（Egyptian Farmers'Syndicate）[①]对此新系统持欢迎态度，认为此举将为埃及农民带来更多的利益。埃及议会农业委员会也认为这种智能卡的使用将有效打击在化肥等农资分配中的各种腐败行为，特别是新的智能卡还具备贷款和政府资助的管理功能以及农民养老金和保险的功能，具有很强的集成功能。

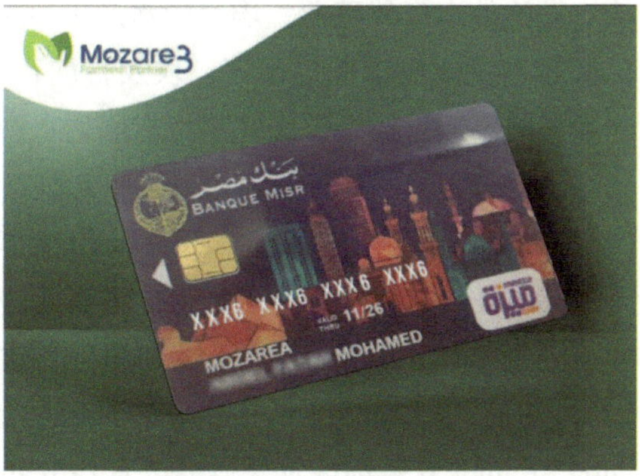

图3-10　农民智能卡

① 原指行业间形成的垄断性联合体，是垄断组织的重要形式之一，后演变为由个人、公司或实体组成的临时协会。此处是指埃及民间自发成立的民间组织，于2011年4月成立，其宗旨是改善农民的生计并提高产品质量，并为农民会员建立健康保险制度，职能是代表农民与农业部门谈判。会员的入会条件是至少拥有5费丹土地，其机构位于贝赫拉省的努巴里亚。

埃及建立智能卡项目的想法由来已久，但直到2016年11月才通过农业部和军事生产部达成联合启动意向。为确保该系统顺利运行，埃及政府通过农业部、农业协会和埃及农业银行3个主要机构进行共同实施和监督。截至目前，计划发放的500万张卡中已有350万张完成制作，有180万农民已收到智能卡。对那些因不熟悉智能卡使用而产生抵触情绪的农民，埃及农业部门将通过遍布全国的5 701个农业协会及其他组织加大对农民的培训力度。

二、埃及渔业

（一）海洋渔业及海洋战略

对于埃及人来说，鱼一直是廉价但非常重要的蛋白质来源，对于保障埃及的食物安全非常重要。埃及养殖渔业在非洲排名第一，在全球排名第六。罗非鱼作为埃及养殖最多的鱼类，产量全球排名第三，占埃及所有渔获产品的70%～75%。

2021年，埃及水产年产量为200万吨，其中80%通过养殖获得，价值超过500亿埃镑，自给率超过85%，人均年消费量达到20千克。埃及每年的水产品中有160万吨是鱼类，产地主要来自地中海、红海、尼罗河和内陆各大湖泊。这些水产品有170万吨来自捕捞渔业，其余部分产自地中海、红海、尼罗河及淡水湖泊的水产养殖业。埃及的水产出口量不大，仅为3.555 2万吨，价值8.83亿埃镑，主要供应周边国家。埃及目前正在按照2030年海洋渔业战略开展工作，该战略的目标是到2030年将本国的水产产量提高到300万吨①。

埃及渔业主要包括三大产业支柱。第一大支柱主要是位于曼萨拉（Manzala）、博洛罗斯（Borolos）、玛丽奥（Maryout）和巴尔达维尔（Bardawil）等湖泊的设施渔业养殖项目，上述近海潟湖和内陆湖泊鱼类总产量达到每年18.3万吨。目前上述湖泊已经建成多个大型鱼类养殖项目，例如谢赫省（Kafr El Sheikh）的Berket Gelioun养殖场、塞得港（Port Said）西部的El Diba Triangle养殖场以及塞得港以东Tafreah养殖场和苏伊士运河水产公司。第二大支柱是苏伊士运河及附属港口的渔业工程项目。第三大支柱是利用地下水系统发展的水产养殖生产设施及循环水孵化设施。另外，埃及还有一批较

① 萨拉赫·穆瑟里，埃及鱼类资源开发总局局长（Salah Moselhi），2021年。

大规模的军队和民营渔业综合养殖企业，如埃及武装部队与埃及渔业发展总局合作建立的埃及国家渔业和水产养殖公司（National Company for Fishery & Aquaculture）及Ghalioun Delta Production Sector大型渔业养殖与加工集团。这些大型渔业综合项目对于吸纳当地农民、渔民就业，减少非法移民和打击恐怖主义具有重要的作用。

埃及在建的法伊鲁兹（Al-Fayrouz）鱼类养殖项目作为埃及渔业战略规划的第一期工程，目标是成为中东最大的养鱼场。该项目位于开罗东北196千米处的塞得港以东。项目占地15 886费丹，年产量为1.3万吨，该项目能够有效增加对阿拉伯和欧洲国家的鱼类出口。此外，在西部沙漠利用地下水开采开发了9个鱼类养殖项目，另外还扩大了对近海捕捞业的扩建，目前有9个捕捞企业位于红海，12个位于地中海，这些产业均通过公开招标向各类投资者开放。为进一步增强渔业可持续发展，埃及又同时加快了鱼类孵化场的建设，为上述养殖场提供各类鱼苗①。

埃及大力发展上述大型渔业养殖项目还产生了一个很重要的社会效应，即有效解决了移民问题，特别是减轻了对欧洲国家的移民压力。近年来，埃及三角洲的卡夫·谢赫（Kafr el-Sheikh）省大量当地年轻人试图非法渡过地中海并在欧洲谋生，成为欧洲的非法移民，并给当地带来的了很多社会问题。为了解决这些非法移民问题，埃及政府在该省建设实施了中东和北非地区最大的鱼类项目，即上文提及的“Ghalioun项目”。该项目是一个超大规模的鱼类养殖场及综合生产设施，为埃及年轻人提供了大量的就业机会。

考虑到近年不断增长的来自全球粮食安全的威胁，特别是俄乌冲突以来给全球的粮食安全带来的高度不确定性，埃及开始高度重视渔业，将其作为粮食安全的重要补充，并结合周边丰富的渔业资源，制定了埃及海洋渔业发展规划。在2022年5月召开的“联合国海洋科学促进可持续发展十年优先事项确定和伙伴关系发展非洲大会”（2022年非洲海洋大会），埃及国家海洋与渔民研究所（NIOF）②宣布了埃及国家海洋和渔民研究所（NIOF）关于埃及海洋研究战略及面向非洲国家的未来计划。埃及的未来渔业发展将重点体现在以下方面。

① 萨拉赫·莫斯里希（Salah Moslehi），埃及农业和土地复垦部渔业局局长，2021年3月。

② NIOF隶属于埃及国家科学研究部的11个国家研究机构之一。该机构的任务是对海洋和淡水资源进行开发、利用和保护，通过海洋渔业资源的拓展减少贫困，实现海洋和淡水资源的可持续发展。

1. 海洋渔业领域

埃及有一个明确的战略优先方向，就是地中海和红海的渔业资源。因此与海洋和环境有关的人类活动的可持续管理，特别是在应用海洋地球物理学、海洋自然灾害等领域的研究与合作并培养高水平的科学家将是埃及未来渔业发展的重点。

2. 现代渔业技术转让与渔业培训项目，特别是海洋牧场项目

近期埃及在刚果建立了一个渔业养殖合作项目。此举将有效帮助埃及在非洲国家开展水产领域的深度合作。埃及目前已经将建立世界上最大的罗非鱼生产基地作为目标，并向周边非洲国家开展技术转让，以实现渔业生产领域的共同进步。

3. 渔业资源开发

渔业资源开发将成为埃及乃至非洲粮食安全战略中的重要环节，对于非洲实现粮食自给自足，并将其掌握在自己手中意义重大。

4. 保护水生态环境，建立产业链

开展地理信息系统、遥感等相关领域的研究，并推动海洋资源的勘探和管理。在保护和促进埃及的水生态环境方面，埃及将重点与欧洲国家和美国等开展合作，目前已经与美国南加州、纽约州和佛罗里达州的科研机构以及与沙特阿拉伯、德国、意大利和法国等开展了交流。特别是在与美国加强渔业养殖技术及产业链的合作方面，2021年5月，埃及鱼类资源开发总局（GAFRD）与美国大豆出口委员会在渔业养殖合作方面建立伙伴关系。未来双方将通过美国大豆协会（ASA）、世界鱼类中心（WorldFish）和GAFRD之间开展三方合作建立鱼类加工、保鲜等产业链。

（二）亚历山大的渔业文化遗产[①]

亚历山大被称为“地中海新娘”，也被称为“埃及新娘”，是公认的埃及最美丽的城市和最著名的休闲度假胜地之一，因此也有埃及“夏都”的称号。亚历山大位于开罗北偏西方向208千米，是埃及第二大城市、第一大港口。特别是紧靠地中海最著名的滨海大道全长26千米，是一座古老与现代相结合，传

① 法拉赫·阿卡（Farah El-Akkad），2021年。

统的伊斯兰习俗与西方文明交织在一起的城市。城市建筑虽然感觉杂乱但还算有序，走在其中有一种似曾相识的慵懒的地中海风情。

亚历山大始建于公元前332年，以其奠基人亚历山大大帝（Alexander the Great）名字命名，并作为当时马其顿帝国（Macedonian Empire）埃及行省的总督所在地。亚历山大大帝死后，埃及总督托勒密（Satrap Ptolemaic）在这里建立了托勒密王朝（Ptolemaic Dynasty）。亚历山大成为埃及王国的首都，并很快成为古希腊文化中最大的城市，在西方古代史中其规模和财富仅次于罗马。但埃及的伊斯兰教统治者在确定了开罗为埃及的新首都后，亚历山大的地位不断下降，在奥斯曼帝国（Ottoman Empire）末期它几乎已沦为一个小渔村。

亚历山大曾是古代欧洲与东方贸易的中心和文化交流枢纽，历史上曾被马可波罗称为与中国泉州刺桐港齐名的世界第一大港。亚历山大在经历了衰落期后，特别是第二次世界大战后，发展迅速并成为著名的棉花市场和埃及重要的纺织工业基地。此外，造船、化肥、炼油等工业亦很发达。这里还有世界最大规模的图书馆，亚里士多德等著名人物都曾将这个图书馆作为其传播学术的讲台。该港还有古代世界七大奇迹之一的法罗斯灯塔（Pharos of Alexandria）①。这个著名的灯塔是专门为埃及的海上贸易建造的，在倒塌之前，埃及渔民深信在古埃及女神伊希斯·法里亚（Isis Pharia）的保护下，他们无论遇到什么样的暴风雨都能够安全返航。

现今，亚历山大有约334万居民。其港口性质为湾颈河口，设有自由工业区，与其他沿海城市一样以捕鱼业和造船业而闻名，并成为埃及渔业中心，也是一直生活在地中海沿岸的埃及渔民通往世界的最主要门户。在亚历山大，大大小小的渔村遍布周边，由于这里地处战略要地，在数千年悠久历史中遭受过无数战争破坏，因此其渔业产业结构也因历史的考验而显得与众不同。特别是1798年法国对埃及的远征给亚历山大的城市结构和社会政治、经济带来了巨大影响。到了埃及现代创始人穆罕默德·阿里（Mohamed Ali，1805—1848年）时代，亚历山大更发展成为在欧洲都具有影响力的国际都市，并成为埃及金融和文化之都。由于贸易和建筑业的繁荣使财富空前积累，亚历山大还创造了19世纪中叶埃及的棉花黄金时代，随后欧洲和地中海区域的革命浪潮引发的种族

① 即著名的亚历山大灯塔。

和宗教冲突，使得亚历山大成为外国人理想的避风港和庇护所。随着来到这里定居的外国巨贾名流越来越多，亚历山大的政治和经济逐渐被他们掌控，尽管这里的大多数居民仍还是埃及人，但市议会及财政金融业都被来自欧洲和黎凡特（Levant）①的商人组成的小团体所控制。

亚历山大市成为自治市始于1890年，随着大规模的改造和升级，建设了希腊罗马博物馆（Graeco-Roman）及亚历山大公共图书馆等。从亚历山大富人区巴哈里（Bahari）到市中心的拉姆勒（Ramleh）地区，到处是极具意大利风格的各式漂亮酒店，不远处海上漂荡的小渔船将这里衬托得美轮美奂，似乎就是另一个那不勒斯的渔村。

作为具有悠久传统风俗的渔村聚居地，这里还有很多神社（Maqam）。当地渔民至今仍在讲述有关这些神社的故事，甚至以酋长的名字吟唱歌曲，以此作为出海前获得祝福的一种方式。据当地渔民相传，居住在巴哈里的许多当地人起源于摩洛哥或突尼斯。这些人早年就来到亚历山大并与当地渔民通婚，亚历山大逐渐成为一座移民渔村，之后逐渐发展成为一座大型城市。巴哈里的居民通常是安达卢西亚人、犹太人、黎凡特人或土耳其人后裔。其中安达卢西亚和土耳其文化在这里的影响力非常独特，巴哈里渔民的传统阔腿长裤（或称萨拉）就受到土耳其文化的影响。此外，亚历山大美食与安达卢西亚的美食非常相似，例如当地的著名海鲜菜肴tagines、al-sayadia和al-kamoniya，这些菜大量使用了大蒜、醋和芹菜这些摩洛哥菜的特色。另外，在巴哈里著名的糕点店（Azza和Al-Sheikh Wafik）可以吃到最地道的摩洛哥蒸粗麦粉甜点。

Al-Hagary、Al-Sayala、Ras Al-Tin和That Al-Soor是巴哈里著名街道的名字，所有这些街道以前都是渔民的家。现在巴哈里的港口到处充斥着小渔船、大船和游艇。当地的渔民常常用针和线制作各种渔网，每种渔网视其大小而定，它们通常由棉或亚麻制成，现在仍然是巴哈里的传统手工艺品之一。此外由于当地渔民观念中的“海洋与木材密不可分”，当地由木材制成的房屋和各类建筑也成了亚历山大的一种特色文化，例如在Al-Max区有大量形态各异的木头制成的房屋。沿着Al-Fanar（灯塔）街，还能看到被称为渔民房屋的各种色彩鲜艳的三层木结构房屋。

① 黎凡特是历史上一个模糊的地理名称，广义上它指的是中东托鲁斯山脉以南、地中海东岸、阿拉伯沙漠以北和上美索不达米亚以西的一大片地区。

亚历山大独特的渔民文化弥漫着浓郁的大海味道，这在其他地方是无法感受到的。因此埃及的历届王朝统治者也多钟情于此地，埃及的阿里王朝统治者穆罕默德·阿里（Mohamed Ali）就选择在亚历山大的拉斯·阿丁（Ras Al-Tin）建造了一座宫殿，直到今天仍金碧辉煌。另一座宫殿则是在赛义德·帕夏（Said Pasha）统治期间在阿尔·麦克斯（Al-Max）建造的，但是后来被拆除了。然而这里独特的渔民文化随着城市化的发展也变得岌岌可危。这就促使当地人更加意识到特色渔民文化遗产的重要性。几年前，当地的非政府组织和亚历山大省都提出将亚历山大捕鱼业纳入该市非物质文化遗产的一部分，并申请了联合国教科文组织的非物质文化遗产保护。

（三）湖泊渔业

由于埃及的远洋渔业不发达，湖泊渔业是埃及目前渔业最主要的产出来源。前文已提及，埃及的内陆湖泊主要分布在上埃及的阿斯旺大坝形成的世界第二大内陆湖纳赛尔湖（Lake Nasser）、埃尼罗河三角洲地带的一些大中型湖泊，以及塞得港附近的一些大中型潟湖，这些湖泊主要养殖一些淡水鱼类。

1. 纳赛尔湖渔业

纳赛尔湖湖面面积超过125万费丹，湖岸总长7 000千米，2022年在休渔前的产量达到28 000吨。纳赛尔湖渔民共使用4个港口进行捕鱼活动，分别是High Dam、Garf Hussein、Abou Simbel和Toshki港。为进一步增加未来的渔获，埃及在Sahari、Garf Hussein和Toshki地区实施了3个鱼种孵化项目。

埃及2022年的鱼种产量为9 200万尾，并改良了罗非鱼的品种。此外还引进了新技术以提高渔业产量，目前每费丹湖泊面积的产量为5 ~ 15吨。埃及鱼类资源开发总局计划在2021—2022财政年度将引入到尼罗河和湖泊的鱼种数量增加到4 700万尾，引入的品种主要是尼罗罗非鱼、草鱼和鲢鱼。

为了保护埃及的湖泊渔业资源免遭枯竭，维护湖泊渔业生态系统，实现淡水渔业的可持续发展，埃及也在内河湖泊实施了大规模休渔政策。埃及自2019年起实施一年一度的休渔政策，其中阿斯旺省对其境内的纳赛尔湖实施了季节性休渔政策，2022年的休渔季节一直持续至5月15日。目前埃及在该湖泊拥有捕鱼许可证的渔民人数超过9 000人，渔船3 082艘。

2. 三角洲地带湖泊渔业

埃及将渔业作为确保粮食安全和蛋白质替代战略的重要保障，近年来不断大力扩展其渔业养殖能力，在地中海和红海沿岸以及内陆湖兴建了一大批近海和淡水渔业养殖项目，埃及的鱼类养殖产业在过去几年中得到了快速增长。目前埃及在建的最大鱼类养殖项目于2017年建设，位于开罗以北134千米三角洲的谢赫省（Kafr Al-Sheikh）的Berket Ghalioun（Lake Ghalioun）鱼养殖项目，项目占地12 000费丹，拥有1 359个用于淡水和咸水鱼虾养殖的水池，年生产能力为0.5万吨鱼虾和6万吨虾饲料。这个项目是在塞西总统的亲自主持下建设的，他还主持了多项国家渔业养殖重大发展工程。2021年1月，埃及重大国家农业发展项目赛义德港Al-Fairouz水产养殖项目正式启动，塞西出席并宣布该项目是中东同类项目中规模最大的项目之一，占地15 000费丹，有望提供10 000个就业机会，并最终实现埃及鱼类自给自足和出口。该重大国家项目实施成本高，且已达到全面工业化标准。埃及当前已经或正在实施许多超大型国家发展项目，特别是在农业生产、土地开垦和渔业养殖领域，例如塞得港附近曼扎拉湖（Manzala）的渔业养殖项目。占地25万费丹的曼扎拉湖能够提供多达7万～8万吨渔业产能，埃及还将进一步加大对该湖的开发力度。

图3–11　位于谢赫省的Berket Ghalioun水产中心生产的鱼类产品

该项目的建设旨在进一步缩小埃及水产的生产与消费之间的差距，实现埃及鱼类生产的自给自足并强化对鱼类进口控制能力，此外还将增加对阿拉伯和欧洲国家的鱼类出口[①]。埃及目前快速增长的人口正在阻碍埃及的经济发展，埃及丰富的内陆湖和近海渔业资源将为埃及因人口膨胀而导致的经济发展滞后提供一种便捷的解决之道。

3. 海岸地带湖泊渔业

2021年5月，埃及社会团结部与埃及鱼类资源开发总局（GAFRD）合作启动了一项名为“安全海岸”的倡议项目，主要针对埃及小渔民的能力与可持续发展建设，项目由埃及万岁基金（Long Live Egypt Fund）资助。项目将为埃及小渔民资助捕鱼设备和潜水服等渔业装备，同时为他们购买渔船及渔业设备提供软贷款，另外还将渔民及其家庭分阶段纳入各省的全民健康保险计划。“安全海岸”倡议总投资1.5亿埃镑，分为4个阶段，将有4.2万渔民受益。第一阶段主要将覆盖位于贝哈拉省（Beheira）的拉扬湖（Lake Rayan）和伊德库湖（Lake Idku）、亚历山大市（Alexandria）的马里乌特湖（Lake Maryout）和曼扎拉湖（Lake Manzala）的1.5万名渔民。第二阶段覆盖卡夫·谢赫省（Kafr El Sheikh）的博罗洛斯湖（Lake Borolos）、伊斯玛利亚省（Ismailiya）的苦湖（Bitter Lakes）和淡萨湖（Lake Temsah）的近万渔民。第三阶段包括尼罗河河口的所有湖泊。而第四阶段则包括阿斯旺（Aswan）的纳赛尔湖（Lake Nasser）和北西奈（North Sinai）的巴尔达维尔湖（Lake Bardawil）。

2022年8月，埃及社会团结部宣布，为确保埃及渔民的权益，提升埃及的渔业可持续发展能力，配合“安全海岸”倡议实施，埃及社会团结部将启动三项针对埃及渔民的新举措。第一个举措是对埃及渔民的渔船进行大规模更新换代，将更换2万艘小型和老旧渔船，埃及社会团结部将承担其中50%的更新费用，其余的将由渔民自付。更换的船只长度不超过6米，仅限于在尼罗河和埃及内陆湖泊中作业。第二个举措是通过纳赛尔社会银行向渔民合作社提供贷款，为埃及渔民提供鱼类冷藏车。同时采取措施将小渔民与分销商和销售点联系起来，提高小渔民进入市场的能力。第三项举措是在渔业资源开发总局（GAFRD）指导下开展对扩大埃及渔业产能的可行性研究。

2023年7月，埃及政府宣布将耗资6亿埃镑在位于地中海沿岸贝赫拉省（Beheira）的罗塞塔市（Rosetta）建设该国第一个综合性渔港，这个渔港将为埃及渔民提供全方位的渔船维护保养和水产储运。

---

① 巴萨姆·拉迪（Bassam Radi），埃及总统发言人，2021年。

三、埃及棉纺织业

（一）埃及棉花产业的复苏

棉花产业对埃及十分重要，棉花作为一种重要的战略作物，是埃及纺纱、织布、染色、加工和服装业赖以生存的原材料，几十年来一直被埃及作为主导产业之一，特别是在一些特定时期曾引领了埃及的经济发展（图3-12）。埃及在取消棉花的合作销售制度之后，由国家负责统一指导棉花的收购、加工和出口，但是出现了许多问题，其中最重要的是棉花产量下降，种植面积也从20世纪60年代中期的190万费丹减少到1994年的88.4万费丹。此外，由于国家作为其营销的主体和担保者，在棉花的采收过程中出现了以前不曾存在的混棉问题，加之地方棉花加工产业设备的陈旧使埃及的棉农参与市场竞争的能力较弱，无法从棉花的种植中获得理想的收益。埃及棉花的种植自20世纪60年代一直处于一蹶不振的局面，出口受到严重打击，曾一度辉煌的埃及“白黄金”在全球失去了声誉并沉寂了几十年。在埃及棉花种植面积锐减的高峰时期，埃及失去了其重要的全球市场。但庆幸的是，埃及棉由于沙漠气候独特的炎热、光照和湿度等天气条件能够为棉花生长创造最佳条件，这种生长环境的独特性而形成的较高品质始终没有发生变化，此外，新品种的保存条件较好，育种和生产体系较为完整和成熟，埃及棉的潜力始终掌握在埃及人手中[①]。

图3-12　埃及棉农

为推动棉花产业加速发展，埃及在1994年发布了第210号法令，推动了棉花产业的销售和贸易完全自由化。塞西总统执政以来，其务实的执政作风和民族产业优先发展的理念给埃及的棉花产业带来了生机。塞西高度重视埃及棉的复兴，上任不久即提出推进埃及棉花产业体系升级并恢复全球领先地位的目标，并力图通过整合农业、商业和工业相关领域的协调发展，不断增加棉花的种植面积，寻求国际产业与技术合作，提升棉花加工链的附加值，最终建立以

① 希沙姆·马萨德（Hisham Massad），埃及农业与土地复垦部棉花研究所所长，2021年。

埃及棉为重要基础的民族产业，为埃及人提供物美价廉的棉花产品。

为了尽快将埃及棉重新打入国际市场，埃及开始从种植、工业和贸易方面全面考虑建立棉花产业发展体系。随着2015年第4号法令出台，埃及农业与土地复垦部对所有棉花栽培品种进行了更新换代，推广了一批更加适合推广的新品种。同时为了提升产能，塞西总统还提出了埃及纺织业产业复兴计划。埃及总理内阁专门成立了一个棉花产业指导委员会，包括农业与土地复垦部、贸易和工业部和商业部门，采用新的营销体系，以促进棉花种植。

埃及农业部棉花研究所在埃及的棉花品质改良种方面发挥了重要的作用。棉花研究所与在埃及棉花领域的合作伙伴合作，对每费丹低于10坎塔尔（1坎塔尔=50千克）的棉花品种进行更新换代，同时不断改进种子的品质和菌株以防止出现混合。埃及棉花研究所除了与埃及的科研机构例如棉花、纤维和油料作物委员会合作开展全国推广活动外，还与联合国工业发展组织（UNIDO）合作开展棉花的产业体系建设，积极开发适合埃及的棉花机械化采收与加工技术，并帮助提升埃及的棉花产业价值链（图3-13）。这种合作旨在推动埃及建立完整的纺纱和织布工业体系，推动埃及棉花产业的制造能力并提升相应的产业附加值，最终实现对国民经济的有效促进。2020年，联合国工业发展组织（UNIDO）与埃及棉花研究所（Egyptian Cotton Research Institute）、现代尼罗棉花（Modern Nile Cotton）和Almatex合作实施了“更优良棉花倡议”（BCI）。该倡议旨在提高埃及对棉花的品牌质量和营销的控制与管理水平。

图3-13　埃及棉花品质检验

埃及政府还积极鼓励农民通过种植棉花盈利。2020年埃及种植了大约18万费丹的棉花，为了鼓励农民扩大棉花种植，埃及政府在2021年将1坎塔尔棉花的价格从2 050埃镑抬升至3 000埃镑[①]。2021年下半年通过建立棉花种植

① 艾哈迈德·阿亚德（Ahmed Ayad），埃及商会棉花部负责人，2021年。

新制度，种植面积达到23.7万费丹，至2022年，种植面积增加至37万费丹[①]。埃及棉花仲裁和检验总局（the General Organization for Arbitration and Cotton Testing）董事会主席Mohamed Khader认为，埃及棉花在规格和特性方面仍处于世界领先地位，2021年埃及出口了约8.8万吨棉花，与往年相比，是一个很大的进步，这证明埃及棉花正在受到世界的关注，价格也在全球范围内大幅上涨，从2020年每磅105美分的平均价值涨到每磅197美分的现在价值，埃及棉与最主要的竞争对手美国皮马棉（Pima）[②]之间的差异已经减弱，两者的价格差曾经达到每磅20美分，但是目前差距已经缩小至每磅5美分左右。在埃及棉花研究机构的努力下，随着埃及棉品质的不断提升，埃及棉的国际信誉也在不断提升。

为进一步确保埃及棉纺织品质量，减少劣质加工机械生产的纺织产品对埃及棉信誉的破坏，埃及棉花仲裁和检验总局还对埃及棉花生产相关法律进行了修正，即埃及1973年第106号关于棉花加工与储藏修正案，并获得批准，该修正案明确了对违反棉花生产数量、品种和等级管理规定的纺纱厂的处罚，有效保护了埃及棉花品种的纯度，避免了品种混合带来的品质下降，并有效遏制了棉花交易方面的权力滥用行为，给予了埃及棉花仲裁和检测委员会对无资质和违规轧花厂更大的处罚权力，防止一些厂家为降低成本而使用劣质轧花机生产棉花，有效保护了当地民族纺织业。该项法律还规定了对违规者处以10万～100万埃镑的罚款，或6个月监禁的处罚[③]。

为了进一步提高埃及农民种植棉花的积极性，埃及政府在棉花收购价格上给予了棉农更多优惠，并在埃及棉推向国际市场的过程中，给予了棉农更多的帮助，使他们更直接和清楚地掌握国际棉花的价格，从而有助于埃及棉农及时调整棉花种植面积。由于采取了多种措施，埃及棉种植面积在2021年有了较大提高。埃及棉花仲裁和检验总局在此期间加大了对埃及棉的种植监测和国有棉花轧花厂以及全国棉花交易场所的指导和监督，以最大限度地保护棉花免受品种混合和污染的风险，确保埃及棉的品质。上述这些措施对于维护埃及棉

① Egypt Today，2022.9.10.

② 是极品特长绒棉的统称，被称为“棉中贵族”，生长在美国西部和西南部、秘鲁、埃及、以色列、澳大利亚等地区，仅占全球棉产量的3%左右，属于细绒纤维中的超长纤维棉，长度超过40毫米。

③ 穆罕默德·内格姆（Mohamed Negm），埃及国际棉花研究联盟主席，2021年。

在生产加工过程中保持特有的纤维长度、柔软度、耐用度等特性有重要影响，也最大程度地降低了埃及棉的杂质率。埃及棉花仲裁和检验总局还授权埃及相关权威实验室对埃及不同品质的棉花品种颁发了分类和等级的证书，此外成立了棉花种植和产业国际培训中心，可在本地和全球范围内培训棉花领域的产业工人。

基于上述措施带来的成效，埃及政府随之制订了一项雄心勃勃的计划，建立和发展适应全球棉花产业竞争的埃及棉轧花厂和纺纱厂，通过产业的本地化，最大程度地利用埃及本地棉花，并增加棉花产业链的附加值，使埃及的棉农、经销商和制造出口商最大程度的获益。然而由于历史原因，埃及的棉花法律非常烦琐和复杂，严重影响了埃及棉的可持续发展，对此塞西总统非常重视，多次公开表示要对埃及的棉花生产进行改革。2015年，塞西颁布了第4号法令，强制埃及农业和土地复垦部采用“统购统销”的方式保护埃及棉产业的健康与可持续发展，同时严格限定最低收购价格标准，加大对棉农利益的保护。此外，考虑到埃及棉花产业与埃及其他相关部门的密切联系，塞西还要求埃及的农业和土地复垦部、贸易和工业部门以及商业和金融等部门加强横向联系和协作，通过升级埃及棉花品种、改进种植模式、提升加工能力、提速产业化程度和扩大国际贸易等措施加快对埃及的棉花产业系统的改造。对此埃及政府不仅显著增加了埃及棉的种植面积，还投资210亿埃镑，在国有企业中优先推广使用最新的轧花、纺纱和织造技术，力求尽快建立埃及的棉花现代民族工业，使埃及棉花回归到埃及棉的黄金时代①。

在推动埃及棉重新进入国际市场的努力中，埃及政府还采用了一种新的营销体系，即通过建立“拍卖”的形式推动埃及棉市场化。具体操作由埃及商业部门承担，于2019年在法尤姆省（Fayoum）和贝尼·斯韦夫省（Beni Suef）试点实施，此后于2020年在埃及东部省（Eastern）和贝赫拉省（Beheira）拓展实施，在2021年埃及棉花季节在埃及全国各省统一推广实施。此外，为稳定埃及的棉花市场价格，埃及政府还牵头推动建立了“棉花价格稳定基金”，由上述4个相关部委联合组成的部长委员会建立并管理。埃及财政部提供主要的资金来源，其他资金来源来自相关部委和民间社团机构，该基金能够有效保护埃及棉农免受全球价格波动的影响。

---

① 穆罕默德·内格姆（Mohamed Negm），埃及国际棉花研究联盟主席，2021年。

（二）埃及现代棉纺织业的产业化

在产业化运作方面，埃及植棉业曾经随着棉花种植面积大幅度减少、国际竞争力日益减弱以及参与国际市场经验的不足，一度告别“黄金年代”，但是埃及棉以其难以比拟的优异特性仍然被各国青睐并成为埃及一项重要的支柱型产业。在发达国家“再工业化”方针和新兴发展国家“低加工成本”优势的双重挤压下，埃及棉花产业亟待创新。

在埃及政府的努力下，埃及棉已经开始复苏并与国际市场接轨，参与国际棉花市场竞争。埃及棉由于其特有的品质，不仅普遍被国内的相关机构看好，更被国际市场的买家看好，因此埃及棉的未来产业潜力巨大。预计埃及棉的国际需求将远远大于其产量，对此埃及政府将在未来积极鼓励埃及农民扩大种植面积[①]。

美国农业部的一份报告称，埃及的棉花产量将每年增长30%以上，达到28万包。预计随着产量的增长，分配的种植面积也将增加20%，达到8.5万公顷。需求的增加及价格的上涨，将刺激农民在本季结束后继续种植棉花。此外埃及为了合理利用水资源，减少了水稻种植面积，这样一来，使得农民又增加了棉花种植面积。

此外，埃及的棉花研究机构也在不断提高棉花种子质量，增加棉花产量。埃及的棉花开垦土地也正在不断扩展，不仅在尼罗河谷和三角洲，在托什卡（Toshka）、沙克·艾尔·奥维纳特（East Owainat）[②]、新三角洲（New delta），以及位于西奈（Sinai）、塞得港（Said Port）和伊斯梅利亚（Ismailia）等沙漠地区也开始广为种植。埃及棉花研究所主席希沙姆·摩萨德认为，埃及已能够生产出纤维强度为40级的彩色棉，超过了20级的世界平均水平（图3-14）。埃及有色棉花的颜色

图3-14　埃及著名的吉萨97超级长绒棉
（摄影：丁麟）

① 哈桑·伊萨（Hassan Issa），众议院议员、农业和灌溉委员会副部长，2021年。
② 位于新谷省（New Valley Governorate），埃及西南部，尼罗河和利比亚之间。

是绿色和金色，彩色棉的纤维通常比白棉弱，然而埃及成功地增强了其彩色棉花的遗传特性，使埃及彩色棉纤维达到了最大强度。埃及用于出口的大部分棉花，尤其是种植在下埃及的棉花，大约66%出口印度，17%出口巴基斯坦及孟加拉国。埃及出口大部分长绒棉，进口300万坎塔尔短绒棉，主要用于当地纺织生产。该国目前正努力种植更多短绒棉花以减少进口①。

埃及是历史悠久的棉花产地和世界明星品牌——“长绒棉”的产地。2021年6月埃及在其西部省开始建设世界最大规模的纺织基地（图3-15）。届时埃及作为全球第八大棉花生产国，有望重振“埃及棉”的昔日荣光，再次跻身世界棉纺产业高端俱乐部。

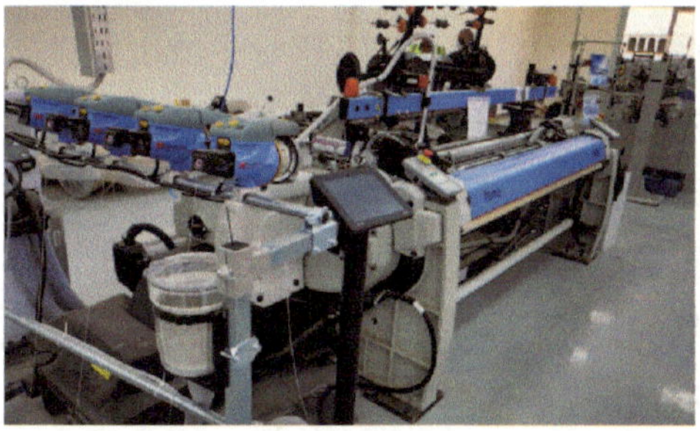

图3-15　埃及西部省马哈拉建设的世界最大规模的纺织基地

非洲纺织产业市场潜力极大，本地工业基础薄弱，纺织及服装产能低下，埃及在此方面更具代表性，特别是埃及的不同社会阶层对不同品质的棉纺织产品均有巨大的需求量。因此埃及非常具备作为中国棉纺织产业“走出去”、开辟海外市场的“第一站”和门户。

（三）埃及现代棉纺织业对世界和中国的影响

2021年9月，全球棉花价格上涨68%，对此埃及国家棉花仲裁和测试委员会主席卡德尔称，目前全球棉花平均价格约为每磅185美分，而上一季的平均价格为每磅110美分。由于“水涨船高”，埃及国内长绒棉价格暴涨75%，这给当地棉农带来希望。埃及这次长绒棉价格攀升，主要原因是由于在新冠疫情持续影响下，世界工厂的逐步重新启动所致，全球棉花需求显著增加，但供应无法跟上需求，从而导致价格被推高。埃及长绒棉虽然有“白色黄金”的美

① 《埃及金字塔报》，2021年9月3日。

誉，但种植面积不大，前些年由于世界棉花价格走跌，埃及棉农损失惨重，不少人放弃了继续种植。预计随着价格和需求的改善，埃及新一季的棉花种植面积或将增加20%。

棉花是纺织领域最基础的原材料，尤其在内衣、家用纺织品等领域，棉纤维几乎占了企业制造成本的2/3。得益于上乘的质量和良好口碑，埃及长绒棉也向中国出口。埃及棉花专家认为，由于总产量有限，埃及出口到中国的长绒棉份额并不大，对中国并不会构成大的冲击和负面影响。

中国是世界上最大的纺织品生产国，进入21世纪，更成为最主要的棉花生产、消费、纺织品服装出口国。中国棉花品质优，色泽好、杂质少，纤维长。在优质原料的支持下，伴随着纺织工艺不断进步，中国纺织品服装再也不是廉价、低端的代名词，而是以其稳定的供应、过硬的质量，逐步打开国际主流市场。

纵观30年来中国、土耳其、越南的发展史，都是由纺织业创造出的第一桶金。从埃及近期在纺织业领域的重要动态特别是塞西总统多次亲自参与可以看出，埃及当前也在认真思考和借鉴上述国家的成功经验，改变过去一味生产长绒棉的产业结构，根据国际市场对纺织品的需求，对本国纺织产业进行积极改革，发展全产业链的纺织业，最终形成高端成品服装产业，从阿拉伯国家入手，逐步进入国际服装市场，最终形成埃及纺织业发展路线。

总体来说，考虑到国际棉花产业大的格局不会变，以及中国棉纺织产业已经成为全球棉纺织产业链的核心，更加凸显了中国棉花产业对埃及完善和壮大其棉纺织产业的推动作用。

四、埃及畜禽及乳业

埃及畜牧业在中东及北非地区较为发达，埃及目前存栏的所有品种牛的规模总量约1 000万头，肉用牛大约490万头，目前已建立了13个大型肉牛产业基地。在其他牲畜方面，在2019年，埃及绵羊存栏量为513万头，猪和骡分别为825万头和307万头。虽然埃及政府一直在持续制定相关鼓励政策以增加牲畜产量，但由于投入一直不能持续得到保证，埃及的畜牧业发展目标并未得到很好地贯彻。

在畜牧业的进口方面，埃及供应和国内贸易部、农业和土地复垦部等政府部门是埃及最大的活牛、冷冻牛肉和各种肉类（即肝脏、心脏和肾脏）的进口部门。这些政府部门是活牛和牛肉市场的最大参与者，降低了进口牛肉的成本[①]。2022年埃及的牛肉进口总量为27万吨，比美国农业部2021年25万吨的官方估计值增长8%[②]。在2016年11月埃镑实行自由兑换并出现大幅贬值后，埃及的一些私营部门进口商撤离了埃及畜禽产业市场。

在加快构建乳制品生产体系方面，埃及农业和土地复垦部在2021年1月宣布将进一步加快构建乳制品产业化机制。目前该部及附属机构正在完善有关乳制品产业质量标准，加快乳品中心的建设和认证工作，这将有助于埃及维持高质量的乳产品，并帮助埃及的特色乳制品打开国际市场。

在家禽养殖业方面，埃及已将其作为粮食安全的支柱产业之一，目前已建立了9个主要的禽类产业基地，占地1.9万费丹，分布在4个省。2021年11月，埃及时任农业和土地复垦部部长库赛尔（Al Sayed Al Qusair）宣布，埃及禽类产业已实现自给自足，埃及每年生产14亿只家禽和140亿只禽蛋，禽类行业目前有300万从业工人，总投资价值超过1 000亿埃镑（62.5亿美元）[③]。

为保持本地家禽业生产的可持续性，埃及家禽养殖者联盟还在2021年与粮农组织（FAO）签署了合作谅解备忘录，粮农组织将通过转让先进的技术与创新服务和埃及在家禽产业开展合作，同时加强生物技术和安全方面的合作。埃及农业部门同时将继续维持禽类价格并实施减少进口的措施，扩大大豆和黄玉米的种植以生产更多的饲料，并增加兽医血清和疫苗的生产。此外，埃及还将进一步减少产业中间环节，以便最大程度满足生产者和消费者的利益。

五、埃及棕榈及椰枣产业

在埃及近年大规模推动的农村地区沙漠土地改造和农村综合治理项目中，以椰枣等为代表的特色产业成了埃及进一步提振农村地区经济和确保粮食安全的重要手段。目前在埃及重新受到关注的“托什卡”（Toshika）水资源开发和灌溉项目及其相关的农村发展项目成为埃及农村该项特色产业的重要支撑。2021年初，埃及水资源和灌溉部还将该项目列为埃及发展战略项目。特别是该项目的农垦部分项目是由塞西总统亲自发起，目标是将建设中东最大的棕榈农场国家项目“Toshka El Khair”。这些新建设的农场将种植和生产世界上品质最好的椰枣。该地区预计将成为世界椰枣产量最大的地区，可种植1 500万株

① USDA/FAS，*Livestock and Products Annual*，2021.9.21.
② FAS Cairo，2022.
③ Egypt Today，2021.11.16.

棕榈树，年产量70万～100万吨。

埃及在椰枣生产方面走在世界前列，特别是近年大力扩展各种棕榈树的种植，尤其是在托什卡、新河谷绿洲和北部海岸地区，广泛种植了大量高品质、高产量的品种，这些都显著提升了埃及椰枣的国际知名度并促进了出口。埃及国家研究中心农业经济学教授叶希亚·梅特沃利博士认为，作为世界上最早生产椰枣的国家，埃及近期计划种植500万株棕榈树，每株棕榈树能够生产40～50千克椰枣。自1997年以来，“托什卡”项目已耗资近400亿埃镑，在国家的直接干预和指导下，取得了重要的进展，提供了大量就业机会，特别是南部河谷地区的可持续发展取得了显著进展。

阿斯旺是埃及最大的椰枣生产省之一，由于该地区常年温度非常高，因此生产的干枣因其品质和营养突出在世界闻名。该省种植了超过220万株棕榈树，椰枣年产量达到12万吨，该地区还建设了很多专业生产蜜粉、糖蜜和枣蜜的工厂。特别是在每年10月举办的埃及最重要的经济和投资活动之一“阿斯旺国际椰枣节”已经成为该省的“名片”。国际椰枣节成为埃及面向全球的最大椰枣专业营销和投资平台，也是埃及农民增收和致富的重要途径。

除了阿斯旺椰枣节外，埃及近年还在马特鲁（Matrouh）等地连续举办了大型国际椰枣节。埃及的历届椰枣节各地生产者及国际商家大量参与，反映了埃及在该产业中所取得的巨大成功。埃及目前在全国有约150家椰枣大型生产加工企业，分布在新河谷（New valley）、巴哈里亚绿洲（Bahariya Oasis）、锡瓦绿洲（Siwa Oasis）、阿斯旺（Aswan）、卢克索（Luxor）、法尤姆（Fayoum），以及位于三角洲地区的达米埃塔（Damietta）和沙奇亚（Charqiya）[①]等主要产区。埃及的椰枣产量目前已经占到全球产量的18%，位居第一，在阿拉伯国家中排名也是第一，占比约为23%[②]。

六、埃及杧果产业

埃及的杧果有200多年的种植历史，1825年穆罕默德·阿里（Muhammad' Ali）[③]统治时期，杧果首次被引入埃及，此后被迅速推广，埃及很快就成为中

① 即东部省（Ash Sharqîyah）。

② 埃及金字塔在线网站，2024年11月21日。

③ 穆罕默德·阿里（Muhammad' Ali，1769—1849年），奥斯曼帝国的埃及省督，阿里王朝（1805—1952年）的奠基者。

东地区杧果的主要生产国。150多年以来，在埃及种植的杧果品种高达100多种。埃及的杧果主要种植在伊斯梅利亚（Ismailia）、沙奇亚（Charqiya）、努巴里亚（Nubia）和吉萨（Giza）。特别是伊斯梅利亚是埃及最重要的杧果产地之一，该省25%的耕地都用于种植杧果，近年种植面积达到11.8万费丹。该省过去5年（2018—2022年）出口杧果近135万吨，年均出口产值约550万美元，年均产量26.976 7万吨。

伊斯梅利亚是一座古色古香的苏伊士运河城市，160多年前伴随着国际航运和贸易水道的繁荣而诞生并快速发展。伊斯梅利亚最著名的杧果品种有Ewais、Keitt、Nouemi、Kent、Yasmina、Fagr Kalat、Sadeeq、Galok、Hindi、Fons、Misk、Kubaniyah等。近年由于埃及气候变化显著，特别是极端天气的愈发频繁，当地品种因高温受到越来越严重的影响，考虑到气候变化对本地品种的不利影响，埃及农民开始种植更多的外国品种。

考虑到杧果给埃及带来的巨大经济效益和国际社会影响，埃及在2019年开始举办伊斯梅利亚杧果节，并计划将每年8月举办的杧果节打造成为集娱乐、休闲、商务、贸易、旅游等功能于一体的综合性国际盛会。埃及的主流媒体将该节日描绘成为“埃及最丰富多彩的节日”①。埃及的杧果因其品质优异、营养丰富，深受国内外消费者喜爱，为了使更多的中国消费者品尝到触动味蕾的埃及杧果，中国农业农村部与埃及农业和土地复垦部还在2023年8月签署了埃及杧果输华合作协议。

第三节　埃及新农村在产业化进程中的演变

一、埃及农村地区的特色生计

埃及农村存在着较为复杂的社会问题，一些是由于时间原因长期积累的，并不是哪一任总统能够在其任期内短期解决的。埃及前总统穆尔西在其上任时就曾向社会保证，埃及将有一个更美好的未来。但是随着时间的推移，埃及农村几乎没有发生任何显著的变化，农村的就业机会越来越少，埃及农村的年轻

① Al-ahram online，2023.8.16.

人几乎看不到在农村的任何发展机会，很多人甚至已经不再抱任何幻想了。一些从农村走出来的大学生毕业后即面临失业的问题，回到农村更难找到合适的工作。然而尽管埃及的农村多年来整体发展迟缓，但是由于一些特殊的地方资源禀赋，使得一些农村经过长期的积累形成了特殊的产业。

（一）纸莎草种植产业

埃及的纸莎草是世界上最古老的纸张原材料，其使用可以追溯到法老时代。纸莎草曾是古埃及的“瑰宝”，曾被赋予了今天“埃及大饼”一样的精神内涵。而使用纸莎草写作甚至曾是古埃及最体面的职业之一，纸莎草纸在古埃及专门用来保存官方以及贵族的账务和财产记录、法律文书和文件等。纸莎草在古埃及的普通百姓中也享有盛誉，精美的纸莎草叶和花朵图案被用于装饰寺庙（图3-16）。在过去很长一段时间里，纸莎草是埃及仅次于亚麻的第二大出口商品。但是纸莎草植物在19世纪初叶在埃及已经基本枯竭。到20世纪70年代才有一些优质的纸莎草种子从非洲其他国家引入埃及种植。

图3-16　埃及纸莎草装饰

近年来，在埃及总统塞西所倡导的“体面生活”等国家民生项目的支持下，埃及农村的综合治理成效日渐显著，埃及的很多村庄逐渐发展起了以当地特色产品为主要原料的乡村产业，特别是享誉世界的陶艺、西部绿洲的棕榈编织工艺品、皮革制品、野生动物制品，当然最著名还是埃及农村传统的特色纸莎草制品。而埃及的纸莎草纸画更是埃及的文化瑰宝，由于其传统的制作工艺复杂精致，制成品的质地坚固耐用，可被古埃及人长期使用，即便经过几千年的岁月沉淀，制作纸莎草纸画的每个步骤仍基本不变。而只有以尼罗河两岸采摘的纸莎草为原料，并且严格按照最传统的制作程序手工制成的纸莎草纸，并由埃及传统的画师用纸莎草笔进行创作，生成的纸莎草纸画才是最值得收藏的艺术品。

在埃及的农村有不少专门种植和制作纸莎草纸及纸画的村落，有一些知名度并不是很高，但是却能够制作出非常精致的纸莎草纸工艺品，例如甚至连很多埃及人都没有听说的尼罗河三角洲省沙尔恰（Sharqia）的卡拉穆斯（al-Qaramous）村。这个村庄现在正在努力争取成为世界上独一无二的纸莎草专业种植和加工中心，并且计划在不久的将来申报联合国教科文组织的世界遗产名录。卡拉穆斯村所使用的就是从非洲其他国家引入的纸莎草种子。当时该村的居民阿纳斯·穆斯塔法（Anas Moustafa）在50年前将第一株纸莎草幼苗带到了这里。从那个时候起，这个村子就开始了纸莎草的种植，随着从事纸莎草产业的人越来越多，纸莎草产业也迅速得到壮大，最后该村的经济完全依赖于纸莎草的种植和生产。最多的时候有25个规模化的农场生产纸莎草。为了将纸莎草种植产业形成规模，该村还专门发起“卡拉穆斯纸莎草种植”项目。现在村里种植纸莎草的方式仍然与数千年前古埃及人种植纸莎草的方式非常相似（图3-17）。

图3-17　埃及农村纸莎草加工

（二）陶艺产业

陶器是地球上最古老的手工艺品之一，埃及的制陶业可以追溯到法老时代，自那时一直到近现代，埃及陶艺的创作灵感都源于生活，亦超越生活，其构思精妙的陶艺工艺品深刻地反映着埃及源远流长、博大精深的农业文明和不同时期的农业文化遗产特征（图3-18）。古埃及人的惊人创造力和想象力不仅体现在世人所熟知的壁画中，也体现在了丰富的陶艺作品中。埃及发达的陶器产业在保护埃及原生态的文化遗产并防止其灭绝方面起到了重要作用。埃及

图3–18　埃及陶器

陶器因其卓越的品质而出口到世界许多国家，由于这些陶器工艺品反映了真正的埃及身份和文化特征，因此受到众多世界收藏者的喜爱。随着埃及数千年的王朝更迭和文明融合，陶文化形成了风格迥异、百花齐放的特征，同时制陶行业经过自然整合逐渐形成了几个中心，特别是下埃及的法尤姆（Fayoum）及贝赫拉（Beheira）等地，直到今天，仍然是最能代表埃及文化传承的制陶产业中心之一。

法尤姆是位于开罗南部的埃及西部沙漠中的一块广阔而肥沃的洼地，以巨大的盐湖、丰饶的沃土田野以及独特的法老、古希腊与罗马风格混搭的遗迹而闻名，也是多种风格的埃及传统陶器生产中心的所在地（图3–19）。位于法尤姆突尼斯村（Tunis village）的农村家庭制陶作坊以泥砖房（mud-brick houses）和陶器制作工艺而闻名，这些当地所特有的陶艺技艺是居住在湖村的大多数农村家庭数代乃至数十代所传承和不断实践的非物质文化遗产。对于不少埃及艺术家来说，突尼斯村甚至是一个理想的艺术村庄，有着陶艺历史文化积淀和发展潜力，同时这里的居民有着对艺术强烈的热爱和浓厚的文化氛围。埃及贝赫拉省（Beheira governorate）的达曼胡尔中心（Damanhur Center）的卡拉卡斯村（Qaraqas village）则被认为是下埃及最著名的陶器制作区之一。达曼胡尔·德苏克路（Damanhur-Desouq Road）就有一条著名的拥有各式精美手工陶器的街边集市。

图3–19　埃及传统陶器

在埃及的新谷（New Valley governorate）省，制陶业是当地数千年来的传统产业，特别是由于埃及西部新谷当地的特有土壤质地及彩色沙子，赋予了新谷陶器独特的颜色和纹理，使得埃及新谷陶器成了埃及时尚陶器的代名词。

如今当地人通过对其进行现代化改造，并融入了新的烤黏土制作工艺，创造出了花样繁多的现代陶艺工艺品，并畅销全球。当地传统的瓦哈蒂（Wahati items）工艺品主要包括Tajins①、Olla②、Zeer③、花盆以及鸽子塔，由于制作材料都是使用的天然矿物颜料，因此烧制出来的陶器质地和色泽均与众不同，特别是作为建筑装饰物更能显示出建筑的宏伟和主人身份的尊贵。而如今瓦哈蒂风格被广泛地移植到现代装饰品如家庭喷泉、壁灯、照明装置、花瓶、雕像和别墅的巨型装饰中。

另外，埃及政府为了大力开发制陶产业，对位于开罗南郊的福萨特（Fustat）的Al-Fawakher村庄也进行深度的产业开发。Al Fawakher村的陶艺开发重点是展示和传承古埃及最原汁原味的陶器手工艺。除了上述传统的工艺品外，埃及的陶器行业还产出其他很多不同种类的产品，例如各种家用器皿包括平底锅、鼓以及各种装饰品。制陶行业的生产也因季节而异。

当然，对于如此耀眼夺目的埃及陶手工艺品来说，制作并非易事。这个反复将黏土转化为艺术品的漫长历程经历了数千年，惊人的创造力和艺术价值就是在这绵绵数千年里不断熔炼和孕育出来的。埃及陶器的生产过程，第一阶段首先是根据用途从选定的黏土中“筛选”出不需要的杂质，然后将黏土体揉捏和脱气，之后将其放入形状已经设计好的盆中风干，下一个阶段包括添加各种需要的装饰，最后进行烧制。

（三）野生动物产业

埃及农村地区特别是上埃及地区已经形成了一条成熟的野生动物产业链，例如埃及的蛇及相关的蛇毒制取产业，特别是蛇毒可以用作药品的制作原料，在国际市场一度非常紧俏。埃及目前已知有36种蛇类，其中有9种属于毒蛇。在埃及一些地区的农村，有不少多年从事捕蛇和贩卖的家族，例如在吉萨（Giza）地区，有一个祖辈从事此项行业的家族，他们白天徒步进入沙漠以及荒漠地带，捕捉各类毒蛇。埃及一条蛇的平均价格是50埃镑，但是经过转手通过国际渠道进入国际市场则价格高达200美元以上。另外，一条埃及鳄鱼的本

① 或作Tagine，是北非地区的一种独特的菜肴，以烹制它的陶罐命名，有点类似中国的砂锅烹饪菜。

② 一种用于过滤液体和冷却液体的陶制水容器。

③ 体量更为巨大的陶制水容器。

地售价平均为100埃镑，但是一旦进入国际市场，价格往往变得令人咋舌。

（四）茉莉花产业

在本书的姊妹篇《法老终结者和她的终极之河——埃及农业概论》中，曾介绍了埃及闻名世界的玫瑰精油产业。同样，埃及有悠久的茉莉花种植历史。埃及独特的地理和气候条件使得种植的茉莉花香味独特，在这里出产的茉莉花在很久以前就被制作成香水并通过丝绸之路远销世界各地，从古至今，无论王公贵族还是平民百姓，都或多或少地在使用埃及出产的茉莉香水。

茉莉花主要用于香水的提纯生产，目前世界多个知名品牌的香水原料均产自埃及。尽管茉莉花在各种全球知名品牌的香水生产中占据着重要作用，但其原料价格却非常低，造成了埃及茉莉花产业一直处于香水这个高利润产业链的低端部分，另外还有一个原因是来自印度茉莉花产业的激烈竞争。埃及目前有75%的茉莉花产自加尔比亚省（Gharbia Governorate）库图尔区（Qutur district）的“Shibra Belula Al-Sakhawia”村，该村以种植茉莉花而闻名全球，年产量约4吨（图3–20）。2023年7月，埃及内阁信息和决策支持中心（IDSC）发布报告称，埃及茉莉花产量已占世界茉莉花产量的50%。目前全球产量约为14吨，其中埃及产量约7吨[①]。

图3–20　埃及农村茉莉花采摘

二、农村市场问题

埃及是一个农业大国，农民也一直被视为国家经济的脊梁。虽然农业产值占国内生产总值接近20%，但是由于农产品的流通渠道仍然不畅通，再加上商人的囤积居奇行为，导致埃及许多农民不得不在黑市高价购买化肥等农资，从而导致生产成本的大幅增长，也造成了埃及农村市场的无序和混乱。上埃及的

① Egypt Today，2023.7.17.

一位农民埃及穆哈迈德说："现在所有的农民都得在黑市上买化肥，就算能买到农业部提供的化肥，对埃及农民来说，价格也太高了。"

早在20世纪60年代，埃及政府经常派农业技术人员下乡，向农民普及科学种植、育种、除虫、施肥等方面的知识，并为小型农场提供农业机械。然而随着时间的推移，加之埃及政局的一度波动，这种"贴心"的政府服务措施早就不复存在了。不仅如此，埃及农民甚至还慢慢发现，就连他们的基本劳动所得，都变得很难满足。面对这种情况，穆哈迈德的看法代表了埃及绝大多数基层农村农民的观点："埃及农民的收入应当来自田里的各种收成，按照常理，我们卖出了粮食，就应该能够有收入，可是到现在，我们今年收获的粮食却还仍然没有卖出去，还在家里堆放。"

埃及的不少农民也感慨，埃及曾经作为古罗马帝国的粮仓，富庶一方，尼罗河流域以及三角洲上的农民们祖祖辈辈都在种植棉花、玉米、柑橘以及各种蔬菜，年景好的时候大部分作物还可以出口，然而现在，随着土地的不断减少和退化，加之城市化步伐加剧带来的人口不断增长，埃及已经成为世界最大的小麦进口国。由此导致的生产成本和销售价格之间巨大的差距使得近年来埃及农民种植经济作物的意愿远远没有以前强烈，传统的农耕种植方式在高速发展的埃及的今天，似乎已经成了一种"没落"的职业。

三、农村污染问题

近年来，埃及空气污染问题越来越严重，特别是近期受到埃及社会各界广泛关注的"黑云现象"（Black Cloud），成了影响埃及社会形象，甚至阻碍经济正常发展的越来越重要的因素。黑云是燃烧稻草产生的一层厚厚的烟雾，这种具备高度稳定性的悬浮物质对大气和地区的气候都能够产生影响（图3-21）。事实证明，埃及近年的天气发生了剧烈的变化，从极冷、暴雨到沙尘暴和高温等极端天气频繁出现。黑云现象于1997年首次出现在尼罗河三角洲和开罗上空，引起了公众的关注，其原因主要是周边农村地区在收割季末对秸秆的焚烧造成的。事实上，导致开罗等大城市空气质量恶化的因素还有很多，包括车辆尾气、发电厂、露天垃圾焚烧以及水泥制造等工业排放。这种"黑云"对人体健康影响巨大，尤其是儿童和肺功能受损的人，对此埃及政府进行了多方调查来确定"黑云"最可能的来源和传播方式，既分布于三角洲地区，大部分又是农业用地，因此污染很可能是由生物质燃烧引起的，特别是在水稻等作物收获季节农民焚烧秸秆的行为。埃及1990—2007年水稻作物面积和产量的显著增加，也从另一个方面解释了开罗和尼罗河三角洲的一些城市在这段时期突然出现严重空气污染的原因[①]。

图3-21　黑云笼罩下的金字塔

在埃及，每费丹稻田每年会产生两吨左右的稻草，也就是说，每年开罗周边的农田会产生200万吨以上的稻草。随着秋冬季节最后一茬庄稼收割完毕，埃及农民一般在农田里焚烧秸秆的行为随之开始。对农民而言，焚烧秸秆是快速处理农作物废弃物的简便易行的方法，有利于冬季作物的快速耕作。但是由于地方政府的管理能力有限，埃及农民对秸秆的焚烧从以往偷偷零星焚烧演变到了“肆无忌惮”的地步，尤其是夜晚及休息日，农民在田间进行大规模焚烧。近年越来越普遍的焚烧现象产生的大量黑烟以及污染物，对首都开罗和邻近地区的空气造成了严重的污染。埃及农民以焚烧来处理庄稼秸秆的方式已引起政府和百姓的不安。虽然一些省份采取了更为严厉的措施，还出台了禁止焚烧秸秆的法令，一些法令甚至还对水稻种植进行了严格的限制，例如采取经济措施重罚那些违反法令焚烧稻草的农民，罚款金额从数千埃镑至上万埃镑不等。尽管如此，也只能减少部分农民的违法行为，而农民自身则并未意识到污染引发的环境问题。目前，埃及农村各地因燃烧秸秆产生的一氧化碳和有害微粒飘浮在人口稠密的城市上空，导致埃及近年患哮喘和支气管炎等病的人数已经超过百万，而空气污染造成的直接经济损失则数以百万美元计（图3-22）。

① Heba S. Marey，*Journal of geophysical research*，2010.

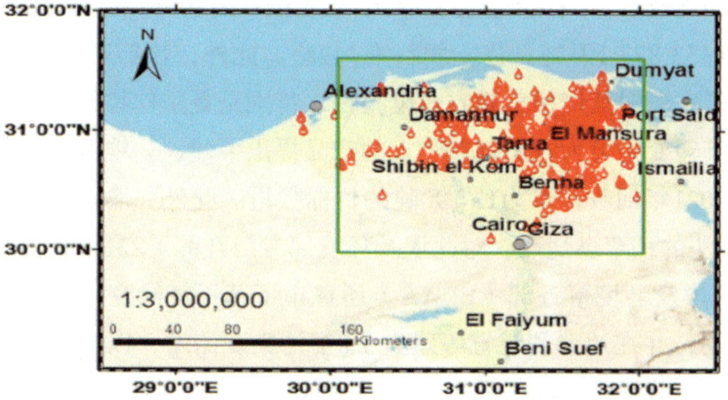

图3–22 使用中分辨率成像光谱仪（MODIS）和多角度成像光谱仪（MISR）获得的2006年9—10月尼罗河三角洲农业废弃物焚烧点的空间分布（绿色方块代表尼罗河三角洲地区）

数据与气象数据和轨迹分析来源：Heba S. Marey et al.，*Journal of geophysical research*，2010.

对此，埃及农业部门意识到必须从根源上找到治理农村污染的途径，只有帮助农民从根本上认识到保护环境与自己的切身利益紧密相连，才能够有效地治理农村的污染现象。埃及的空气污染也引起了埃及高层的关注，埃及总理穆斯塔法·马德布利（Mostafa Madbouly）在2021年10月专门对埃及政府治理大开罗和三角洲地区严重的空气污染（黑云）现象的措施进行了审查。埃及议会也在2018年5月曾提出，埃及当前由于空气污染所导致的气候改变已经显著影响了埃及的作物生产，并加剧了害虫传播危害风险，必须采取新的策略应对埃及持续的气候变化问题。埃及政府应该更加关注对高耗水作物和更容易产生农田废弃物的作物种植规模，应当帮助农民选择使用低水耗的替代型农作物，以减少对土地和空气环境的破坏。另外还应该进一步改进现代灌溉系统，提高农业的集约化程度[①]。近年，埃及农业部门在各个省份都成立了农业技术指导中心，帮助并引导农民对作物秸秆进行循环利用。埃及农业部的目标是通过对农民农田废弃物科学利用的指导，使农村1/3的稻草和麦草等变成饲料和有机肥料，余下不能再利用的部分进行无害化处理，最大程度减轻对环境的危害。2002年全国农民对稻草的再循环利用已达到120万吨，比2001年增加了将近一倍。2020年11月，埃及农业和土地复垦部宣布已在全国回收204.672 1万

① Egypt Today，2018.8.24.

吨稻草。该部已在6个省份建立了731个堆放稻草的仓库，已压缩处理85.179 6万吨，粉碎53.873 1万吨；建立肥料堆749座。此外，该部还举办了1 827场培训，提高了农民对焚烧稻草和农业废弃物（特别是夏季作物的危害）的认识，就如何将其转变为可为农民创造收入的产品提出了建议。埃及农业和土地复垦部制定了2021年回收稻草为13 190吨的目标数量。此外，埃及环境部还监测到了614个非法的稻草燃烧点，对此埃及环境部专门开辟了221个收集和压榨稻草的场地①。埃及环境事务部（EEAA）还宣布了基于气候变化对农业用地影响的应对计划，并在达卡利亚省等建立了8个污染观测站，以这些观测站为中心不断扩大监测范围，目前已经将监测区域增加到50个以上。该部还向农民提供稻草研磨机使其可以用作天然肥料和动物饲料，同时还将使用卫星和预警系统来监测秸秆焚烧区域。另外，在经济上鼓励农民收集稻草，并以每吨50埃镑进行补贴。为进一步提高埃及农民对环境污染的认识，还在埃及一些农村举办了农民培训班。此外，埃及政府联合多个部门采取协同行动，如埃及石油部提出将投资2.1亿埃镑建立稻草回收循环设施，将农村秸秆等废弃物通过加工变为木材。2020年，埃及木材技术公司（WOTECH）在贝哈拉省（Beheira）建立了一个生产中密度纤维板（MDF）的工厂，该工厂使用稻草秆生产中密度纤维板（MDF），年产能为20.5万平方米（欧洲最新标准），质量可靠，可在许多行业和领域（如家具、建筑材料和装饰等）使用。

四、农村土地侵占问题

埃及农村土地侵占现象非常严重，原因非常复杂，长期以来埃及历届政府均对此问题较为重视，并采取了很多措施，但是由于历史的原因导致埃及的土地遗留问题积累较为严重，治理难度很大。上述问题随着时间在埃及社会积累的矛盾越来越严重，甚至受到了埃及高层的关注。塞西总统多次公开发表讲话，提到了埃及农业耕地普遍受到侵占的问题，他认为这个问题与埃及的人口快速增长有密切的关系，埃及人口的过快增长刺激了人民对住房的需求，土地因此遭到过度开发。埃及人口在10年内增长了2 000万人，这种增长速度对于埃及来说“非常危险”。这将给埃及不仅在农业耕种面积上，还将在医疗和教育资源等更多领域带来问题。埃及如果放任这种趋势发展，快速增加的人口将

① Egypt Today，2020.11.2.

吞噬已取得的任何成就。

塞西在2021年甚至将农田土地流失这一现象称为“国家问题”。塞西执政以来曾多次敦促社会各界尽快就土地的未来达成一个全面的愿景，以便从社会基础层面入手来解决埃及的土地问题。2021年10月，塞西发表公开讲话，由于埃及普遍存在农田违规用地，埃及目前正在流失大量的农田；埃及各相关部门必须联合起来保护农业用地，并严格禁止对农田的非法占用和违规建设；埃及应该全面利用占埃及总面积90%以上的沙漠土地，公众对埃及的沙漠土地利用必须达成共识；政府及各省必须充分利用现有土地并积极开展相关农业土地的服务项目，为埃及公民提供更多就业机会。

塞西高度关注埃及的土地开发与综合利用，要求埃及的农业部门以及相关部门积极探索有效的土地开发手段。埃及时任农业与土地复垦部部长库赛尔甚至提出了一项在未来几年增加350万费丹（150万公顷）土地的庞大沙漠土地开发计划。该计划一旦实施成功，埃及的全部农业用地面积将增至1 380万费丹（580万公顷）。此外，为了配合这项庞大的土地开发计划，埃及农业部门还将全面改进和提升埃及现有的排水和灌溉系统。目前经过不断努力，埃及已经有30%的农业用地实现了现代化灌溉设施。据埃及农业部门测算，使用现代排水灌溉系统将节约50%肥料的施用。对此，埃及农业部门已经广泛地在埃及的农民当中普及现代化灌溉技术的应用。库赛尔甚至认为，考虑到埃及不断增长的人口和越来越严峻的水资源现状，上述问题在埃及已经是“涉及国家安全的问题”。

埃及当前的大部分农田是在沿海几个省份，大约占埃及全部农田的60.3%。还有30.6%的农田位于沿着尼罗河流域的埃及南部省份。尽管如此，埃及农田近年来越来越显著地受到各种形式的破坏和侵占，土地被非法占用和转卖的现象越来越普遍。

为了确保埃及如此珍贵的有限土地不再被各类非法行为侵占和破坏，塞西甚至公开表示将动用军队打击埃及各地的农地占用和破坏行为。2021年10月，埃及农业和土地复垦部重拳打击对农业用地的侵占行为，土地保护部门提出依据埃及2018年第7号法律将侵犯农业用地定为刑事犯罪，违者将移交军事检察院，触犯刑法者刑期最高可判5年监禁，罚款从5 000埃镑到500万埃镑不等。埃及已下定决心最大程度保护耕地，将农田保护提高到全民关注的程度。

通过法律手段打击土地非法占用和保护土地流失只是一种被动手段，对土地开展深入研究并加大对土地综合利用是确保土地数量和质量的主动措施。对此，埃及的农业研究机构在其中发挥了重要作用，他们最近几年将埃及农业用地保护与土地科学利用进行了有机结合，并在此基础上就进一步挖掘土地的更多潜在价值开展了深入研究。

为了将土地的科学化与可持续利用提升到更高层面，以获得更多的社会关注甚至国际关注，也为埃及现政府的执政能力和在埃及全社会的号召力的提升提供更加有力的支持，近年来，塞西政府甚至将强化农业产量与数量提升作为确保粮食安全和基本人权的保障。

考虑到埃及目前人口的剧增与土地有限的粮食产出矛盾越来越大，耕地非法占用和流失现象越来越严重，由此带来的粮食安全风险越来越大，目前已经到了非常紧迫的程度。仅仅通过上述常规手段难以对土地的流失情况和耕地的破坏程度进行有效跟踪，更难以对当前的耕地进行有效估产，在这种情况下，埃及开始考虑利用卫星遥感等技术，对耕地进行动态跟踪和测产，以减缓土地流失速度，并最大限度地确保埃及有限的耕地用于种植更多的战略作物，将埃及的粮食安全危险程度降低到可控程度。

第四节　埃及政府对促进乡村产业发展的举措

一、金融项目支持

埃及农业银行（Agricultural Bank of Egypt，ABE）作为埃及农业领域的专业银行，在提供对埃及农民的金融支持、债务管理、产业推动等领域，在维护埃及农村金融稳定、推动埃及农业的可持续发展等方面，发挥了不可替代的作用。2021年2月，埃及农业银行（ABE）主席法鲁克（Alaa Farouk）在众议院农业、灌溉和粮食安全委员会上宣布，埃及农业银行2020年对农村的贷款组合大幅增加至445亿埃镑，其中310亿埃镑用于中小型企业，此举有助于埃及近期大力推动的农村综合治理和新农村建设。此外，埃及农业银行还着力解决部分因疫情等原因陷入困境的农民所欠的坏账，并通过丰富贷款组合方式积极促进埃及农村的可持续发展。埃及农业银行在2020年在农村信贷方面取得了显著业绩，贷款业务呈现显著增长。到2020年12月，在农村地区的贷款总额达445亿埃镑。特别是农村小微企业（MSME）2019年获得约310亿埃镑贷款。2020年12月，该银行的存款总额约为735亿埃镑。上述一篮子金融支持计划旨在刺激整个农业领域的投资，埃及农业部门计划在未来一段时期内将农业贷款的受益人数扩大到150万人以上。受到金融支持的埃及农民可以成为食品工业出口商或工厂的直接供应商，同时更加方便农民通过专业银行开展与农产品出口经销商之间的三方合作。

该金融支持计划目前已在卡拉比亚省（Gharbia）草莓种植户以及上埃及的甜菜和蔗糖种植户中获得了巨大的成功。此外，埃及农业银行与农业和灌溉部门共同合作，投入30亿埃镑，升级农村地区的现代灌溉系统。另外，埃及正在大力推动的150万费丹国家农业开发项目，以及图什卡、新河谷、马特鲁和锡瓦的奶业中心等农业项目也获得了资金支持。作为埃及的“国家小牛肉项目”的最大捐助者埃及中央银行（CBE），与农业部合作投入了20亿埃镑的资金。世界银行在2020年9月也为埃及的农业牛肉发展项目提供了26亿埃镑资金，已惠及1.5万农户，育肥18.1万头牛。

2020年，埃及农业银行等金融机构对所有农作物生产的信贷投资已增加70%，并将很快再次增加。未来将继续支持埃及的农民进一步提升其能力建设水平。将通过提供适合埃及农民和新农村建设需求的作物、畜牧业、家禽业和渔业等多种融资计划，为埃及农村发展做出更多贡献①。

在推动农村金融普惠方面，2021年9月，为进一步增加埃及金融机构对埃及农民的金融扶持力度，促进农民的金融包容性，埃及农业银行（ABE）宣布将在现有的“Bab Rizq”②小额信贷计划中为埃及的农民全面提供新的金融服务项目，埃及银行同时将在5年内将其分行网络在全国扩展至2 000家。

对于已获得“Bab Rizq”小额信贷计划的埃及农民受益人，在9月10—30日获得小额信贷的个人，银行将免除最高500埃镑的第一次还款分期付款。“Bab Rizq”提供高达1万埃镑的融资，且年利率较低，无须另外缴纳额外的管理费用。埃及农业银行作为一家专门为农业部门提供各类金融和银行服务的金融机

---

① Dailynews Egypt，2021.2.18.

② Bab Rizq，是ABE最重要的小额信贷计划之一，其对象是埃及村庄的妇女、小商贩和手工业者。它还针对低收入群体，以增强他们的经济能力。

构，在推动埃及政府开展对埃及农民的普惠金融倡议①，提高农民对金融普惠重要性的认识，以及有效宣传埃及的金融银行服务领域方面，发挥了非常重要的作用（图3-23）。该银行目前专门针对埃及农民开展的服务业务方面包括为现有客户和新客户推出一系列专享的银行服务和福利，包括允许新客户免费开立账户，无须任何管理费用或最低费用，此外还帮助客户发行Meeza卡②。

此外，埃及农业银行还在全国的所有分支机构中开展了大量针对提高农民对金融认知水平的推广活动。这些活动旨在提高埃及农村地区居民，尤其是妇女和青年的金融意识，帮助他们能够安全地管理自己的资金和储蓄。这个计划还从世界银行提供的相关融资计划中受益，以帮助埃及的广大农民建立自己的中小型和微型企业。

图3-23　埃及农业银行宣传单

埃及农业银行正在按照其战略计划和方案加快推广实施其普惠金融倡议的理念，并凭借其作为埃及最重要银行的影响力，成为埃及银行业最快实现普惠金融的银行之一。埃及农业银行依托其遍布全国农村的庞大分支机构网络，在针对农村开展定制的金融服务领域优势巨大。该银行计划在未来五年内在埃及的农村地区再增加800家分行，将其在农村地区的分行数量从1 200家扩大到2 000家。此外，该银行目前还致力于对其所有分行进行现代化改造，推动埃及农村银行尽快与国际接轨。

随着埃及农村金融环境的一进步发展和现代化，无论是在提高银行服务质量还是在产品多样化和推出新产品方面，埃及农业银行都扮演了极其重要的角色。在埃及中央银行（CBE）的支持下，该银行在2021年中期在埃及的乡村完成了800多台ATM的安装，另有1 150台于10月底安装完成。这将进一步提升埃及普通农民在偏远的农村地区与世界接轨的能力，真正实现埃及农民的金融包

① 普惠金融的概念由联合国2005年提出，是指以可负担的成本为有金融服务需求的社会各阶层和群体提供适当、有效的金融服务，小微企业、农民、城镇低收入人群等弱势群体是其重点服务对象——百度百科。

② 埃及政府专门为农民及弱势群体发行的一种生活补贴卡，是埃及政府“体面生活”倡议的一部分。

容性[①]。

2022年9月，埃及农业银行为埃及小农提供了一系列融资贷款项目，包括土地、农机、养老等贷款组合项目，其中“养老金转移贷款”项目可以获得50万埃镑的贷款，还款期长达10年。“太阳能灌溉系统融资计划”项目可以帮助埃及农民以更优惠的价格购买现代化的清洁能源灌溉系统，该项目既可以帮助农民提高收益，又能够显著减少传统能源的消耗，有利于完成国家的减排目标。“农机贷款”项目提供高达40万埃镑的农机购买贷款，偿还期达5年。“牲畜育肥及乳业贷款融资”项目支持埃及的农户以零利率获得长期的贷款。“Bab Rizk”小农饲养及手工业者创业项目提供给埃及从事家禽、绵羊及街头手工业者2 000～10 000埃镑的创业贷款融资，还贷期为1年。在金融理财方面，埃及农业银行还推出了美元及欧元的高额储蓄回报及优惠贷款业务，方便埃及农民开展国际汇款投资及贸易业务。另外，埃及国家银行也推出了一系列针对埃及农业农村可持续发展及农民能力建设等领域的融资产品，例如“中小企业创业项目”，埃及国家银行对农民提供专门的项目咨询、指导和技术培训。此外，也提供农村清洁能源、畜牧及乳业、温室农业、渔业养殖等多种小农产业项目的融资。埃及农业银行（ABE）同期还宣布该银行面向埃及农民的总信贷组合总额已达到602.04亿埃镑，埃及农业银行对农业部门的融资总额已达43.535亿埃镑，占所有投资组合规模的72%。上述投资组合包括77.52亿埃镑拨款，用于资助作物的种植；对畜牧业的生产性融资达160.82亿埃镑。此外，用于资助与农业相关的服务性活动的资金量达到183.53亿埃镑。

由于目前埃及正在实施经济改革发展计划，因此埃及农业银行的业务量大幅增长。该行与埃及农业和土地复垦部宣布将加强金融合作以实现埃及农业可持续发展，并支持该国最大限度地扩大农业生产，特别是对小农和畜牧业从业者的生产进行金融支持，扩大农作物和畜牧生产领域的贷款以增加农业和畜牧业规模。强化对从传统灌溉转向现代灌溉的投资，以刺激有关省份在建立和发展牛奶收集中心的投资。提高对2022—2023年度埃及小麦种植的投资以及对农民提高战略作物生产的激励措施。此前，埃及内阁已为下一季的小麦设定了更高的指导收购价格，确保埃及农民的种植积极性。埃及农业部将通过提供种子、扩大推广领域和持续发布技术建议来提供支持。为此，埃及农业银行将向

① Dailynews Egypt，2021.9.12.

农民提供的小麦信贷金额在传统灌溉领域将增加至每费丹12 000埃镑，在现代灌溉领域将增至每费丹15 000埃镑。

在畜牧业领域，埃及的“国家小牛肉项目”获得的融资金额已超过70亿埃镑，项目涵盖埃及养殖省份的156个养殖场的46.3万头牲畜，将使41 000名埃及养殖户受益。埃及银行还将提供5%优惠融资举措以扩大类似项目的融资，支持埃及小型养殖户的生产积极性。

二、收购价格保障体系

埃及通过建立粮食收购价格保护体系确保埃及的小麦等战略主粮的产量，进而确保埃及的国家粮食体系。埃及目前大约有350万费丹土地用于种植小麦，每费丹可生产18～24阿德布（Ardab）小麦[①]。上述耕地每年能够生产900万吨小麦，这些生产的小麦能够占国内消费总量的55%。埃及政府对农民收购小麦的通常做法是小麦价格将根据每年的收成不同进行动态的价格调整，以激发埃及农民耕种土地的积极性。在2021年，为鼓励农民增加小麦种植面积，埃及政府宣布将在2022年的小麦收获季节从农民那里购买的小麦价格提高13%。具体新价格由埃及供应部、农业部和财政部在种植季节之前决定。2021年埃及上述三部委联合宣布，埃及在2021年的小麦收购价格为800～820埃镑/阿德布，2020年的小麦收购价格是705～725埃镑/阿德布。

由于疫情、气候变化以及全球供应链受阻导致的化肥等农资价格上涨和进口成本增加，全球小麦价格不断上涨，2021年以来，国际小麦价格已经上涨到十年来的最高水平。埃及作为世界上最大的小麦进口国，人口增加导致粮食需求剧增，而越来越多地购入大量小麦使埃及的财政负担更为严重。特别是在2021年，埃及在国际招标创下了5年来的最高的购买价格。为了确保埃及的国内小麦消费处于正常水平，埃及供应和内部贸易部支付给农民的小麦价格将根据收获季节前3个月的国际价格决定。

2021年，埃及工业联合会谷物工业商会宣布，埃及农民向私营部门出售了10万吨小麦，向政府出售了350万吨小麦，而在2022年将从农民手中收购400万吨以上的小麦。埃及农民组织辛迪加（Egyptian Farmers’Syndicate）认为，埃及农民实际上没有义务向政府出售小麦，农民可以自由地将小麦卖给政府或私

① 1阿德布=150千克。

营部门，如果埃及政府给予较为合适的收购价格，埃及农民还是较为倾向将粮食销售给政府。总体上来说，埃及农民每销售1费丹小麦，能够赚取1.1万埃镑的利润。这个利润是埃及农民普遍能够接受的标准，也和小麦的国际价格较为匹配。但是一旦国际小麦价格上涨，埃及政府只有继续提高收购价格，才能确保完成每年的小麦收购目标。

为了未来更好地保护埃及农民的种粮积极性，埃及工业联合会谷物工业商会在评估了埃及2021年小麦收获情况之后提出，埃及政府在本季节的小麦收购中，应大幅提高从农民手中购买小麦的价格，即提高到每吨5 500 ~ 6 000埃镑，才能较好地匹配当前高企的小麦国际价格。

2020年3月埃及发布了一项法令，要求小麦种植者在每费丹土地中至少要出售给国家12阿德布小麦，违反者将被取消肥料补贴和埃及农业银行提供的金融支持。该法令还禁止跨地域转移小麦。埃及地方当局在法令发布仅仅数月就在全国范围没收了数量不等的小麦，由此可见埃及农村的小麦跨省非法转移现象较为普遍。此外考虑当年的气候、政策以及环境等因素，埃及还将2022年小麦收获季节从4月15日提前至4月1日。

在俄乌冲突引发全球粮食危机的情况下，埃及制定了新的小麦指导价并在不断进行调整。埃及过去80%的小麦进口依赖俄罗斯和乌克兰，自危机爆发以来，埃及一直致力于使其小麦进口来源多样化，并鼓励当地农民将小麦出售给政府。埃及还继续采取了向国内农民强力征收小麦的政策，要求农民将60%的收成出售给政府。但截至2022年5月底，埃及的农民实际上交给政府的小麦只有350万吨，而埃及国内的小麦产量已经接近1 000万吨。为防止粮食落入出价更高的私人贸易商手中，埃及政府已经宣布在8月底前禁止向政府以外的私人买家出售小麦，同时将本地小麦的采购价格提高了22%，达到约320美元，但是这个价格仍明显低于国际市场价格。

2022年8月31日，埃及将该年度新收获季节当地小麦采购指导价提高13.6%，至1 000埃镑/阿德布，这一激励农民种植和上缴小麦的举措反映了埃及政府对本地产小麦进一步加强了控制。在当前小麦季节之前，政府已经将小麦价格从710埃镑/阿德布提高到了810埃镑/阿德布，并为农民额外奖励65埃镑/阿德布。在从4月延长至8月的当前当地供应季节中，埃及全国当地小麦采购价格平均为880埃镑/阿德布，其中包括额外的激励措施。早在7月，埃及就宣布了一项新政策，鼓励农民在10月开始的小麦种植季节加大种植力度，并要求农民不要将小麦留作个人使用或出售给私营部门①。到9月初，埃及已从农民购买了420万吨当地小麦，约占农业部600万吨当地小麦目标的70%。

在价格补贴方面，随着世界粮食市场的不确定性加大及俄乌危机导致的粮食危机延宕不断，埃及政府也在不断加大对农民的粮食价格补贴。2022年5月，埃及供应部宣布将向农民提供按每阿德布标准收购的小麦进行补贴，大约每吨小麦可以获得3 800埃镑的补贴用以购买麸皮。而通常情况下，埃及的农民一般会把一半的自产小麦卖给政府，剩下的一半会磨成牲畜饲料，在这个过程中产生的麸皮会给农民带来额外收益，大约每吨麸皮可以为他们带来5 750埃镑的收入。埃及农民会根据牲畜的年龄，调整麸皮占饲料成分的比例从12%到24%不等②。2018年农业部农业服务部门的一份报告称，由于当年麸皮价格上涨，农民向埃及供应部上缴的小麦减少了60万吨，因此农民决定保留更多的小麦并将其转化为饲料，以避免以高价从市场上购买麸皮。

三、免除农民债务

2021年1月，埃及农业银行（ABE）宣布了一项举措，将解决该银行约32.8万农民的63亿埃镑到期未偿还债务。该计划将使该银行的不良贷款资产完全清算，总计约63亿埃镑。其中包括农民欠下的本金总额约为39亿埃镑，累计收益总额约为24亿埃镑。该计划着重于惠及埃及的小农户，同时也是对埃及农业部门支持措施的一部分。对于原始债务不超过2.5万埃镑的客户，将执行全部债务的最终清算，以及违约后的所有累积回报。除此之外，客户将从埃及中央银行（CBE）和埃及信用查询公司I-Score的黑名单中删除。根据该举措，对于个人和公司的债务总额超过2.5万埃镑和1 000万埃镑的违约客户，若客户支付了原始债务的50%，同时放弃所有对债务的权益主张，将减少其50%的债务。

四、能力建设

埃及政府意识到仅仅改善农村人居环境和提高生产力对真正实现埃及农民的“体面生活”是远远不够的，必须高度重视在新农村建设过程中加大对农民

① 《埃及金字塔报（Al-ahram）》，2022年8月31日。
② 《埃及金字塔在线》，2022年6月15日。

能力建设的支持力度，只有这样，才能真正实现埃及农民向现代农业跨越和埃及农业的可持续发展的目标。

为全面提升埃及农民对埃及当前积极推动的“百万费丹”及其大规模的沙漠改造计划的理解和广泛支持，2021年8月，塞西总统专门提出在埃及南部托什卡（Toshka）地区建立和开发“农业研究村”的倡议，该倡议的目标是在当地建成一座针对农民的大规模、高水平的农业推广培训和研究中心，特别是培养有能力操作和管理大型机械化农场与现代灌溉技术及作物种植的职业农民。埃及南部沙漠中的托什卡地区已经成为埃及最大的种植农场，在建多个农业开发项目，已开发了大约6万费丹的沙漠土地。同时埃及北部的锡瓦绿洲（Siwa Oasis）也已经开始实施了较大规模的综合农业开发项目及自然资源开发项目。

塞西总统还特别重视推动埃及的农民意识提升，在2021年9月还专门提出计划开展增强埃及的农民意识运动，通过上述运动，进一步加强农民对在农业技术推广过程中的最佳农业方法和机制的认识及领会能力，特别是提高广大农民在大田耕作过程中对种子优选和现代智能灌溉系统优势的认识，从而有助于埃及未来在土地开发过程中用水更加合理，产量翻倍提升，可开辟农业的工业化模式，最终实现提高埃及的就业率以及经济的快速恢复与增长。

第四章

埃及的非洲一体化发展战略

第一节　非洲的“一体化之旅”——共同市场的作用

非洲已从“黑暗大陆”和“黑暗之心”[①]转变为“黄金大陆”和“新兴市场”。非洲人此时更加需要创建一个属于自身的市场才能依仗其丰富的资源在全球贸易中受益。这样的市场必须是一个综合性的统一大市场或区域经济共同体，能够为来自全球的商品和服务贸易吸引投资机会，这是自第四次工业革命[②]以来能够惠及非洲的关键。非洲统一组织［Organisation of African Unity，简称非统（OAU）］[③]，就是在这样的背景下成立的。作为非洲一体化的伟大创始者，该组织的构想促成了非洲区域经济共同体的形成，特别是现在发挥重要作用的非洲东部和南部共同市场（Common Market for Eastern and Southern Africa）[④]。

一、非洲东部和南部共同市场的成立背景

东部和南部共同市场在非洲的战略可以概括为“通过区域一体化实现经济繁荣”。该组织成立于1994年，秘书处设在赞比亚（Zambia）首都卢萨卡（Lusaka），成员国涵盖的人口目前超过5.6亿，几乎占非洲总人口的一半，

① 引自康拉德（Joseph Conrad，1857—1926）1899年出版的描写非洲殖民地生活的小说《黑暗的心》（Heart of Darkness）。

② 第四次工业革命，是以人工智能、机器人技术、虚拟现实、量子信息技术、可控核聚变、清洁能源以及生物技术为技术突破口的工业革命。

③ 2002年7月，正式改组为非洲联盟（African Union），简称非盟（AU）。

④ 简称COMESA。

其起源甚至可以追溯到20世纪60年代中期。在非洲大部分地区独立后，区域经济合作和一体化的想法在很大程度上得到了非洲国家的广泛支持。在非洲尽早建立一个共同市场的强烈诉求与这些非洲国家业已存在的根深蒂固的泛非愿景是一致的，其核心思想即“非洲应该团结、自由并掌握自己的命运”。事实上，非洲东部和南部优惠贸易区从1981年就已经开始存在，东部和南部共同市场于1994年12月正式成立并取而代之，使其成为最大的区域经济共同体，并拥有进入非洲最大贸易和投资市场的机会。埃及于2020年主办了26届东部和南部共同市场国家元首和政府首脑峰会。

东部和南部共同市场是非盟承认的8个区域经济共同体（RECs）之一。RECs还包括阿拉伯马格里布联盟（UMA）、萨赫勒-撒哈拉国家共同体（CEN-SAD）、东非共同体（EAC）、中非国家经济共同体（ECCAS）、西非经济共同体（ECOWAS）、政府间发展管理局（IGAD）和南部非洲发展共同体（SADC）。RECs与非盟的工作紧密结合，是非盟和非洲大陆自由贸易区（AfCFTA）的基石，其协议于2019年生效。成员国包括21个成员国：布隆迪、科摩罗、吉布提、刚果民主共和国、埃及、厄立特里亚、埃塞俄比亚、埃斯瓦蒂尼①、肯尼亚、利比亚、马达加斯加、马拉维、毛里求斯、卢旺达、塞舌尔、苏丹、索马里、突尼斯、乌干达、赞比亚和津巴布韦。目前担任非盟轮值主席的埃及于1998年加入。

2022年，非洲的区域内贸易仅占非洲贸易总量的15%，占全球贸易总量的0.52‰，而同期美国占全球贸易总量15.3%，亚洲为20.3%，欧洲为20.79%②。预计到2030年，东部和南部共同市场的内部贸易和在全球贸易中的份额都将增加至少8%，该增幅将有效刺激东部和南部共同市场地区的经济发展、加速创造就业机会、创造财富并迅速减少贫困。

东部和南部共同市场的特点之一是通过建立自由贸易区（FTA）具体推动贸易自由化。该贸易区成立于2000年，贸易自由化始于1984年东部和南部非洲优惠贸易区的关税削减计划，1994年又通过启动新关税削减计划以便加速推动，在2000年实现完全自由贸易区（FTA）。2000年10月，FTA在9个创始成员国支持下建立，即吉布提、埃及、肯尼亚、马达加斯加、马拉维、毛里求

① 即斯威士兰（The Kingdom of Eswatini）。

② African trade report 2024，www.afreximbank.com；DeepSeek，2025.2.5.

斯、苏丹、赞比亚和津巴布韦，其他成员国则加入了另外的自由贸易协定①。根据达成的协议，东部和南部共同市场其他所有成员国将在2～3年内全部加入自由贸易协定。

东部和南部共同市场另一个特点是采用数字自由贸易区（DFTA）推动区域内贸易商使用信息和通信技术（ICT）最大化克服物理障碍，从而实现便捷和快速跨境贸易。DFTA将为贸易商提供必要的数字工具和基础设施，该方式有3个特点，即电子贸易、电子物流和电子立法，这是东部和南部共同市场未来能够获得持续发展的重要技术支撑。特别是数字物流可以帮助推动差异化的客户充分体验高度优化和高效的运营。未来大量的数字贸易将通过东部和南部共同市场地区贸易商提供的在线交易平台运行，加之税收优惠等吸引措施，将极大促进非洲的电子商务发展。

尽管存在以上优势，但东部和南部共同市场作为新兴事物，仍然面临很多挑战。首先是本地制造的产品贸易量低。这违背了区域一体化的精神，影响就业并对经济增长产生了负面影响。解决东部和南部共同市场产业战略发展面临的上述问题的一个关键干预措施就是加强贸易的投入量，特别加大对半成品和制成品的在区域间的贸易流动量。其次是当前其本身的结构和运营限制了东部和南部共同市场地区微型、中小型企业（MSME）的增长和扩张。如何对MSME提质，提高其竞争力和增值产出成为改善其内部贸易的必由之路。对此东部和南部共同市场提出了中小企业（SME）政策，并根据马达加斯加、科摩罗和吉布提等多个成员国的要求在国内试点实施。此外在2020年实施的区域企业竞争力和市场准入计划（RECAMP）推动下，更加重视了产业价值链中的中小企业发展，即园艺、皮革和皮革产品以及农业加工产业的可持续发展能力。例如木薯产业价值链在赞比亚、马拉维、卢旺达和肯尼亚等成员国实施并在增值方面获得进展。最后是非洲国家目前主要依靠的相互之间原材料进出口的模式不利于建立一个成熟的内部贸易自由流通体系。一个可持续的区域自由贸易模式必须实现工业化和相关产品的多样化，特别是原料、半成品、成品的多种模式共存和相互补充。东部和南部共同市场成员国于2017年通过了工业战略和行动计划，更进一步强调了成员国之间除政治经济稳定之外的资源合理利用和动态相互作用的重要性，意图通过改革促进区域的上述经济转型。从这个

① 布隆迪和卢旺达于2004年加入，利比亚和科摩罗于2006年加入，塞舌尔于2009年加入，乌干达于2014年加入。

角度来看，非洲未来或将有两种工业化模式可以选择，即以自然资源为基础的工业化和以人力资源为基础的工业化。

二、埃及与非洲东部和南部共同市场的关系

埃及不仅是非洲东部和南部共同市场的创始成员国，还是第21届的东部和南部共同市场峰会主席国，在与加强和非洲国家开发共同市场、发展非洲的地区经济方面做出了巨大努力，构建非洲统一市场同样也是埃及出口目标翻番的主要目标市场。此外，东部和南部共同市场区域投资局（RIA）位于开罗，在促进外国直接投资（FDI）流入以及该地区的跨境投资方面发挥着关键作用。当然东部和南部共同市场也在不断关注埃及的经济发展，甚至还参与监督埃及总统选举，这说明他们之间相互依存的趋势也越来越明显。目前来看，东部和南部共同市场的存在与发展能够有效促进成员国之间的和平、安全与稳定，最终促进该区域的经济共同健康发展。

2021年在埃及举行的东部和南部共同市场峰会产生的一个亮点就是推动成员国达成了共识，即该自由贸易协议将成员国凝聚成为一个完全一体化的、具有国际竞争力的区域经济共同体，提高所有人民的生活水平，最终融入非洲经济共同体（AEC）。其在2020年的重点是促进区域内更多贸易机会，利用市场整合解决供应链的短板，特别是在能源领域。在工业化和农业发展战略的基础上加强进一步的区域内生产能力的整合①。在2023年第22届东部和南部共同市场峰会召开之际，其内部贸易在2022年增至130亿美元，这是2000年东部和南部共同市场建立自贸区以来的最高纪录②。

2020年1—7月，东部和南部共同市场区域内建立了约100个外商直接投资项目③，埃及在东部和南部共同市场国家实施的投资项目数量最多，总共实施了32个项目，占项目实施总数的32%。在投资资本方面，当年东部和南部共同市场已建项目的总投入为42.3亿美元，比上年同期的124亿美元减少了65.89%。2021年12月，埃及贸易和工业部宣布，2021年底埃及出口突破310亿美元大关，这显示了疫情之下埃及的强劲出口能力。对此塞西总统决定重组

---

① Chileshe Kapwepwe，非洲东部和南部非洲共同市场（COMESA）秘书长，2021年。

② Al-aharm，2023.6.8.

③ 2019年同期为228个项目，减少了56.14%，其原因是2020年初以来暴发的新冠病毒疫情以及随之而来的贸易禁运等措施。

埃及最高出口委员会，并提出埃及年出口额1 000亿美元的目标。在这种情况下，埃及政府更加看重东部和南部共同市场峰会主席国位置以及未来的连任。获得主席国将有助于增加和深化埃及与成员国之间在多个领域的合作，更有利于加快实现非洲大陆经济一体化，也有利于埃及在整个非洲大陆的战略定位。

三、非洲东部和南部共同市场未来发展趋势

由于全球新冠疫情对非洲本来就较为脆弱的贸易体系一度产生了显著的影响，考虑到未来更多不确定突发公共事件再次爆发的可能性，非洲各国对东部和南部共同市场在未来抵御上述挑战方面所能发挥的重要作用寄予了厚望。埃及在其主办的第21届峰会上就深化该地区国家之间的商业整合，以加快经济从新冠疫情中复苏的步伐方面制定了明确的发展愿景。未来该共同市场将通过制定一系列政策和紧急行动计划以促进商业，鼓励私营部门整合，并结合一系列倡议，制定中短期目标，以加快促进成员国在一些优先经济领域深化融合。特别是在区域贸易一体化和消除关税壁垒、产业整合、基础设施领域的整合、卫生部门的整合、在共同市场刺激商业社区等方面，有望逐步形成一系列共同行动和举措。

埃及还一直在实施自贸区框架内商定的关税豁免并根据互惠原则，寻求与成员国间消除提供必要豁免的任何障碍，建立定期审查成员国贸易政策的机制。此外还提出区域工业一体化倡议，推动基础设施领域的一体化，鼓励大陆国家之间的陆路连接项目。制定明确的投资机会清单并提交给商业界和金融机构。倡导区域一体化和采取联合行动应对公共突发事件，鼓励中小企业服务的数字化转型和金融包容性举措，以及加大私营部门内部投资在各个生产部门的流动。

展望未来，在包括埃及在内的非洲国家的积极倡导下，东部和南部共同市场有可能成为非洲一体化目标的最佳实践样板。

第二节　埃及与非洲经济自由贸易区

一、非洲大陆自由贸易区成立背景

非洲大陆自由贸易区（AfCFTA，简称自贸区）是成员国之间成立的人

员、资本、货物和服务自由流动的贸易区，以促进成员国间的农业、工业发展，维护粮食安全，推动工业化和结构性经济转型，从而实现非洲经济一体化目标。自贸区于2019年5月30日宣告成立，非盟轮值主席、埃及总统塞西与尼日尔总统伊素福（Mahamadou Issoufou）为非洲大陆自贸区揭牌（图4-1）。但由于疫情等原因，该协定未能按原计划于2020年7月1日正式实施。截至目前，非盟55个成员中，54个成员已签署该协定，34个成员已完成本国相关法律程序，成为自贸区正式成员。

图4-1　非洲大陆自由贸易区揭牌

2021年1月1日，非洲大陆自由贸易区（AfCFTA）自由贸易正式启动，非洲国家将以统一大市场的新面貌参与到全球经济活动中，对于国际投资者来说，更具规模效应的非洲大陆自贸区无疑更有吸引力，自贸区将加强非洲在国际贸易谈判中的议价能力，促进建立更具包容性和更公平的国际贸易环境。随着非洲大陆自由贸易协定全面履行，世界银行和联合国贸发会议等机构预测，到2035年，非洲地区总出口量将增加近29%，其中区域内出口增长逾81%。非洲将增加近4 500亿美元实际收益，3 000万人有望摆脱极端贫困。非洲将作为一个整体，加速工业化进程，提升全球竞争力和吸引力，更好地融入世界经济。联合国常务副秘书长阿明娜·穆罕默德（Amina Mohammed）认为非洲大陆自贸区将为非洲实现可持续发展目标创造更多的契机。南非总统、非盟时任轮值主席拉马福萨（Matamela Cyril Ramaphosa）也认为非洲大陆自贸区正式启动将成为非洲一体化进程中最重要的里程碑之一。加纳总统阿库福-阿多（Nana Akufo-Addo）甚至认为非洲大陆自贸区的建立，将成为新非洲崛起的标志①。

2020年以来，尽管受到疫情影响，非洲大陆自贸区建设仍取得进展，国际货币基金组织在2021年做出预测认为非洲经济增长率有望回升至3.1%左右，

① 人民日报，2021年1月4日。

高于全球主要经济体平均水平。此外由于疫情的原因还催生了大批基于电子商务平台的网络交易模式，特别是一批专业商务网络服务平台的建立，促进了非洲地区经济快速恢复。例如非盟联合非洲电子贸易集团推出的电子商务平台“Sokokuu”，带动了非洲的电子商务发展。自2020年1月上线以来，其监测和消除非关税壁垒的自贸区在线申诉平台已受理数十起申诉，并通过互联网向当事方反馈了处理意见，较好地通过在线方式解决了非洲自贸区运行初期遇到的各种技术问题并运用手机端软件等实时技术大幅提升了自贸区的物流效率。据“非洲商业洞察”网站（Africa Business Insights）报道，非洲大陆自贸区建设的重点之一是提升物流效率，例如一些初创企业适时推出避免卡车司机回程空驶的手机软件，一定程度上也解决了非洲物流效率低的问题①。

图4–2　肯尼亚蒙巴萨（Mombasa）的东非第一大港蒙巴萨港

非洲大陆自贸区正式启动后，后续建设仍面临不少挑战，如各成员经济发展水平差距较大、专业人才缺乏、基础设施不足、疫情冲击、政治动荡和安全问题等。目前，非洲大陆自由贸易协定谈判还未最终完成，特别是受疫情影响，涉及投资、竞争政策和知识产权等事宜的第二阶段谈判可能会持续更长时间。随着自贸区建设推进，非洲国家将重新配置资源，把数字经济纳入第二阶段谈判内容，完善协议框架，并更好地应对公共卫生、气候变化和外部经济冲击。

二、埃及与非洲大陆自由贸易区的关系

埃及在全球的主要出口仍然还集中在非洲和阿拉伯国家。埃及当前正在努力加强与非洲各国在各个领域，特别是经济和发展领域的密切合作，这表明埃及渴望在地区环境中发挥更加积极的作用。埃及的这种做法也旨在加速推

① 人民日报，2021年1月4日。

进实现非洲一体化，并振兴非洲大陆国家之间的贸易，将非洲的贸易更好地融入全球贸易体系。埃及正在积极寻求成为这一目标的推动者和协调者。当前埃及对非洲出口的1/3主要流向位于非洲东部的肯尼亚、苏丹和埃塞俄比亚。这主要还是由于地理位置的优越性，当然东部和南部共同市场（Common Market for Eastern and Southern Africa，COMESA）的贸易便利化也是其中一个重要原因[①]。

埃及对非洲出口的优势领域是化学品和化肥。上述领域在2015—2019年以每年14%的速度增长，达到55亿美元。此外，埃及还在着眼于向34个非洲国家出口建筑服务、基础设施、医疗设备、能源、电信服务和农业设备。2019年对利比亚和突尼斯的出口分别达到7.49亿美元和6.87亿美元，对摩洛哥和苏丹分别达到了5.25亿美元和4.135亿美元。在非阿拉伯的非洲国家，肯尼亚是埃及最大的进口国，2019年自埃及进口3.48亿美元，其次是埃塞俄比亚，为1.39亿美元，尼日利亚和南非分别为1.367亿美元和8 500万美元。阿尔及利亚和赞比亚是埃及最大的出口国，2019年分别向埃及出口了4.95亿美元和2.35亿美元[②]。

埃及在可再生能源、制造、纺织和旅游业等领域具备领先的技术和成熟的经验，埃及有众多的公司在许多非洲国家开展了相关的项目实施，具有较强的竞争优势。埃及企业家很清楚只有扩大在非洲本地的投资不断开辟新投资领域，才有可能进一步推动非洲的一体化进程。然而目前埃及对非洲国家出口面临的主要问题是由于缺乏必要的基础设施而导致的高运输成本，这些成为埃及在“非洲一体化”背景下扩大开发非洲国家市场的主要障碍。

当前埃及与大多数非洲国家之间缺乏定期的海上航线和航班，特别是由于此前非洲一体化的进程缓慢，加之缺乏必要的交通基础设施，特别是铁路和公路，而导致非洲内部贸易成本高昂[③]。未来如果埃及扩大出口规模，航运和运输价格将变得更低。对此埃及应该大力支持其中小企业进入非洲市场，而不仅仅局限于其大型企业。此外，埃及还应该与国际海运系统进行更好的整合，以确保埃及的产品高效快捷地进入更多的非洲国家[④]。

当然埃及的出口贸易仍然面临着一系列障碍，例如非洲市场还没有成熟的

---

① Samar al-Bagoury，非洲事务高等学院经济学教授，2021年。

② 埃及内阁信息和决策支持中心（IDSC），2021年。

③ Howaida Abdel Azim，非洲事务高等学院经济学教授、政治学和经济学系前任主席，2021年。

④ Yosry al-Sharqaw，埃及非洲商业协会主席，2021年。

进口产品准入技术规范，以及由此带来的较高的商业和非商业风险。除此之外，还有法律障碍、人力资源匮乏、官僚主义、政治冲突、安全不稳定、资金短缺和能源价格高企等因素。

与埃及的出口贸易形成竞争的外部力量主要来自东南亚国家，尤其是在纺织服装领域。埃及的竞争优势在于其多样化的经济结构，这与其他多数专注于原材料出口经济结构类型的非洲国家不同。只有埃及和其他少数非洲国家可以提供相对较高质量的制成品。此外，埃及还是非洲大陆许多贸易协定的重要成员国，特别是非洲大陆自由贸易协定（AfCFTA），埃及在其中扮演着重要角色。在埃及参与的大多数非洲贸易协定中，都规定来自非洲贸易协定成员国以外国家进口的最终产品不能超过进口总量的60%。而埃及的出口仅占非洲进口贸易总额的0.8%，尽管埃及的工业化步伐走在非洲各国前列，但是这一比例与其当前的地位严重不符。埃及对非洲国家的出口在2019年为43亿美元，在同年11月下降了10.7%，下降价值近4.04亿美元。考虑到与非洲的一些国家仍然还没有相关优惠贸易协定，埃及正在优先考虑扩大同西非的贸易规模，以增强在该地区的影响力。对此，埃及制定了一个远期目标，即选择通过西非最大的港口——达喀尔港（Port of Dakar），进入非洲中部和西部22个国家，同时实现对非洲出口价值300亿美元的目标。

埃及积极倡导非洲一体化的最根本原因在于成为非洲经济的杠杆，这主要体现在两个方面，一是积极推动埃及基础产业的本地化发展，二是进一步扩展国际市场，提升埃及产品的国际营销能力。对此，埃及正在加大寻求通过应用一揽子物流设施和运输程序将其出口产品打入非洲市场。对此，塞西总统在其任期内一直在推动埃及实现与非洲大陆国家的经济一体化，例如将埃及的道路和能源等基础设施建设置于重中之重的地位，并从国际成功经验中受益，通过多种手段提升埃及获得国际投资的能力。他还持续与非洲领导人就促进大陆经济一体化进行磋商并加快落实非洲发展议程，落实非洲大陆自由贸易区（AfCFTA）协定，调动基础设施、能源、通信和粮食安全资源，解决非洲当前的债务危机①。另外，埃及也同时加大了支持和参与一些非洲内部的跨地区重大交通项目的力度。例如，开罗—开普敦铁路和维多利亚湖—地中

① 塞西在印度举行的第18届二十国集团（G20）国家元首和政府首脑会议上的讲话，2023年9月9日。

海（VIC-MED）内陆水运运输线。此外埃及还支持非洲单一的航空运输市场（SAATM）协议的签署。该协议给予了非洲航空公司更多的便利。

随着非洲大陆自由贸易区（AfCFTA）协议的实施，非洲国家间的贸易将进一步推进，非洲本地的生产能力也将显著得到增强。这对于非洲每个国家来说，都将是一个很好的机会，非洲国家只有抓住机会并充分利用这个机会，才能够实现非洲国家的共同进步。未来无论来自非洲还是全球的投资者和企业家都应该摒弃地方狭隘利益，着眼于拥有超过10亿人口的非洲市场所带来的巨大机遇[①]。

① Hatem Sadek，埃及赫勒万大学，2021年。

第五章

埃及新农村发展战略

第一节　埃及扶贫减贫战略分析

埃及的贫困问题由来已久，特别是近代以来，随着埃及的政权频繁更迭、国内外挑战和冲突加剧，以及资源日益匮乏和环境污染的加剧，埃及的贫困问题越来越严重，特别是农村地区的贫困问题越来越突出。

埃及贫困问题产生的重要原因是较高的失业率。在2018年，埃及失业率达到了11.4%，而青年失业率从2010年的24.4%增加到了32.5%。虽然贫困率从2004年的40.5%下降到2015年的28%，但是由于较高的失业率等原因，2019年之后又很快上升到了32.5%。埃及的贫困问题面临着巨大挑战，特别是在上埃及的农村偏远地区，那里的贫困率甚至超过了60%。

埃及中央公共与动员统计局（CAPMAS）在2019年的抽样调查显示，2017—2018财政年度约有32.5%的埃及人生活在贫困线以下，比2015年的27.8%有所上升。埃及国家贫困线的标准是每人每月收入低于735.7埃镑。埃及普通居民每户年均支出在2019年为5.14万埃镑，而2015年为3.67万埃镑。居民每户年均收入在2019年为5.8万埃镑，2015年为4.42万埃镑。埃及有88.5%的家庭享受食品配给补贴，2018年食品配给补贴增至每人2 000埃镑，比2015年的880埃镑大幅增加。在家庭总支出中，食品和饮料支出占37.1%，比2015年的34.4%略有增加；住房支出上升至18.6%；医疗保健支出下降至9.9%；教育支出下降至4.5%。

除埃及上埃及农村地区外，埃及所有地区的贫困人口在近年来都有所增加，极度贫困人口占6.2%。埃及的极度贫困线为每年5 890埃镑。尽管上埃及农村地区贫困状况有所改善，但仍有52%上埃及人口无法满足其基本需求，占埃及贫困人口的40.3%。埃及只有25.2%的人口生活在上埃及的农村地区。

埃及10个最贫困省份中有7个位于上埃及，贫困率按高到低排名：阿斯尤特（Assiut）贫困率最高，为66.7%，其次分别为索哈杰（Sohag）59.6%，卢克索（Luxor）55.3%，明亚（Minya）54%，新河谷（New Vally）52.6%，马特鲁（Matrouh）50.1%，布海拉（Beheira）47.7%，阿斯旺（Aswan）46.2%，基纳（Qena）41.3%，北西奈（North Sinai）38.4%。

对此，埃及近年推出了“Takaful and Karama”（团结和尊严）社保专项计划，为最贫困的10%人口提供28.2%的援款，为最贫困的40%人口提供70%的拨款。由于减贫工作的成功与否与妇女和青年的参与程度密切相关，贫困的有效减轻必须推动妇女和青年广泛参与其中，并反映出这些群体的多样性。2015年，埃及社会团结部（MoSS）针对埃及最贫困和最弱势群体，特别是18岁以下的儿童和65岁以上的老年贫困者和残疾人发起了上述“团结与尊严”计划。该计划直接将现金转移给符合条件的家庭，用以补贴儿童的教育、母亲和儿童的保健、健康营养和计划生育等方面的扶助[①]。

从最近10年埃及的经济发展看，埃及在穆巴拉克执政以来，实现了短暂的社会稳定和发展，虽然2011年的“阿拉伯之春”给埃及的经济发展带来了严重的冲击，但并未彻底击垮埃及的经济发展，这得益于埃及多年的发展逐渐形成了一个越来越壮大和稳定的中间阶层，虽然还算不上是中产阶层，但慢慢已成为埃及社会经济发展的“稳定器”。经历了几年的社会动荡之后，特别是2014年6月塞西总统执政以来，埃及更加改善了对埃及民生的各项措施，一些旨在消除贫困的举措也渐渐显现出效果，使得民众对塞西的执政寄予了较高的期待。因此他在继首次以97%得票率当选埃及总统后的4年，在2018年再次以92%的得票率连任，这也显示了埃及上下对他4年任期的各项改革措施的认可。2019年，埃及为了确保进一步实现消除贫困的目标，也提出了以下一些迫切需要解决的问题和实施措施。

——全面扩大埃及平民的就业范围。一个强劲、可持续的经济形态，能创造更多更好的工作机会，并确保弱势群体不会陷入贫困，同时帮助部分穷人不

① Sherine El-Shawarby，开罗大学教授，2020年。

断减轻贫困程度，最终跨越贫困线，进入温饱阶段。

——建立覆盖全体埃及人的社会保障体系。一个全面、综合和协调一致的社会保障体系，将有效地满足社会以及个人的基本需求，有效地维护最弱势群体生存所必须得到的最低保障的权利。

——通过在国家层面推行强有力的政治承诺，并推动确保优先发展行业的可持续融资，加大对各级管理和技术人员的培训，在能力建设方面提供发展所必需的高素质人力资源支持。

——在国家政策制定方面，通过制定切实可行的改革与发展政策，特别是针对贫困问题解决的政策制定方面，进一步明确各项减贫指标以及需要解决的主要问题和差距。

要从根本上解决埃及的社会贫困问题，首先要从社会根源上明确埃及贫困的症结所在，也就是需要深刻理解整个埃及社会对贫困和穷人的立场是什么？从思想根源明确之后，就较容易理解埃及当前贫困的原因和现状，以及解决贫困问题的着手点和努力方向。

此外，为提出切实可行的埃及减贫的具体措施，必须全面了解埃及当前的贫困状况，对影响埃及家庭生活条件的经济发展和社会决策进行科学的统计分析，才能对未来几年埃及政府采取的减少贫困的具体措施准确定位。

一、埃及社会对贫困和穷人的立场

在当今埃及的社会普遍层面，存在显著的对贫困现象持批评态度的声音，这些批评主要是针对埃及目前存在和长期实施的高额口粮补贴政策，认为由此造成了埃及目前存在大量严重依赖补贴和救助的群体，长期的大规模补贴和公益性救助反而助长了他们的惰性，使其长期满足于不劳而获，不愿寻求任何改善和发展。因此，消除贫困的责任在于穷人自身，而不是政府和社会。穷人必须自食其力，从劳动中获得食物，以劳动换取生存、改善与发展。这种典型的美式观点也反映了埃及主流社会中美式文化的盛行。

另外，一些社会学者也发现大量的埃及穷人在现实中很难找到能够满足其基本需求的工作，他们中大多数人希望能够依靠自己的力量谋生，但事实上却难以如愿。只能依靠政府通过各种专门的计划和额外的救助项目来帮助他们重新融入社会（这点在当前欧洲社会近年涌入的黑人和少数民族难民、移民中体现得最为普遍）。

有一项针对28个欧洲国家的研究表明[①]，在个人层面，面临经济困难的个人和贫民往往将其贫穷归因于社会原因，然而在具备较健康的金融体制的社会往往将贫困的原因归咎于穷人本身。而在国家层面，大多数发达国家认为，贫困多半是个人原因，甚至由宿命论决定，这种普遍的观点大大降低了他们参与努力消除社会贫困的社会责任感。在国家层面的另一方面，多数最不发达国家往往会根据社会的不公正现象来解释贫困原因，这就造成了国际社会中国家层面对贫困问题认识的高度分化，即不发达国家的社会和政府在消除贫困中的作用在不断增加，而发达国家的相关作用和职责却在不断减少。这样就形成了全球“减贫”思路的“两极分化”，埃及在这种“两极分化”的思路影响下，不同阶层长期形成的不同观点形成顽固对立，不仅造成了社会部分群体对贫困人口的漠视，在推动减贫方面很难形成统一的认识，更难提出具体的、行之有效的减贫举措，当然也不可能短期内找到适合自身的减贫与发展之路。虽然长期与埃及合作的世界粮食计划署等一些联合国援助与发展组织提出诸如“劳动换食品”（Food for Labour）、“购买换食物”（Food for Purchers）及小农金融信贷等措施，但是效果却并不显著。这与中国在多年不断实践总结过程中形成的自下而上高度一致的减贫认识形成了鲜明对比。虽然中国在20世纪70—80年代在甘肃、云南、湖北、山西等地也接受过联合国有关组织类似的减贫援助项目，但一些“水土不服”的扶贫措施很快在中国得到了改进和调整，并形成了具有统一意志力的自上而下的决策力和自下而上的执行力的这种极具中国特色的扶贫氛围，然而这在埃及却很难做到。因此中国在减贫工作中行之有效的“精准扶贫”等措施很难在埃及得到认同和普及。

总的来说，基于个人层面和群体利益，埃及人对贫困的认识将不可避免地受其国家层面的传统、历史和文化的影响，而这些影响起着相当重要的作用。埃及人和整个阿拉伯国家都将贫穷现象视为一场灾难和对社会严重的危害，消除贫困是埃及历届政府积极寻求实现的目标。埃及的文化并不承认将贫穷视为上帝给予的必然命运安排。根据他们的宗教文化，贫困是可以改变的，并且有多种解决贫困的方法，主要可以概括为以下两个方面。

第一，在思想和意识领域，应明确对贫困的认识并形成客观、成熟的认知，应严格区分贫困与救济，以及贫困者之间的显著差异。

---

① Da Costa and Dias，2014.

第二，在行为和实践领域，埃及特有的宗教文化对于贫困的观念以及在减贫的行动中发挥了重要作用。埃及传统观念认为减贫必须不断提高工作机会和强化每个人对国家的责任感，同时确保他们的权益。

埃及的宗教文化观点与减贫的国际理念高度相似。数百年来，人们认识到，依靠对个体的改进措施、对经济的改进和消除导致社会贫困的不平等现象并不能保证减贫措施的成效。因此迫切需要一个类似中国的强有力的全面社会保护政策体系。这是一个相对较新的概念，既涉及对绝对贫困和最贫困群体的扶持和能力建设，也涉及对非贫困人群面对冲击和突发事件的安全保障。

二、埃及的贫困状况

埃及的主流宗教信仰认为，贫穷不是命运的必然安排和不可改变的，而是人为造成的。因此，可以通过国家政策和改善个人的能力以有效地减少和消除贫困。

从图5-1可以看出，自2004—2005年度以来，埃及的贫困人口比例一直在不断增加，至2017—2018年度，将近1/3的埃及人生活水平低于贫困线。该年度埃及的贫困线为人均每月736埃镑/月（即年收入8 827埃镑），而绝对贫困线为491埃镑/月（即年收入5 890埃镑），埃及北部省份的塞得港（Said porty）、达米埃塔（Damietta）和西部一些省份的贫困率最低，分别为7.6%、9.4%和14.6%，而上埃及地区仍然是埃及最贫困的地区[①]。

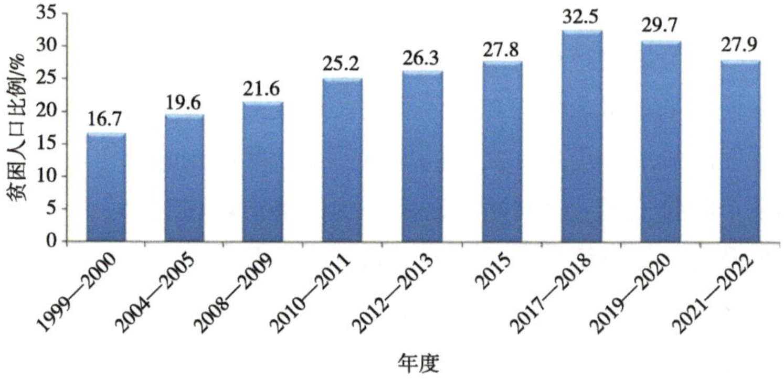

图5-1 埃及的贫困人口比例（2021—2022年度为statista.com预测值）

资料来源：埃及中央政府统计局（收入、支出和消费多年调查），2021年。

① Mona A. Outhman & El-Sayed E. Omran，2022.

在这些贫困人口中，极端贫困人口（图5–2）的数量有所增加，达到约600万人，也就是说，1/5的穷人无法满足其基本粮食需求。在2017—2018年度，几乎所有埃及地区的贫困人口比例都有所增加。埃及1 000个最贫穷的地区中有941个位于上埃及，其余20个定居点分布在其北部，这些地方的贫困差距指数（poverty gap index）高达35.3%，而埃及农村地区的贫困差距指数通常为5.9%①。

此外，由于近年埃及的城市化进程加速、人口快速增长、经济增长乏力、通货膨胀加大等多重因素，出现了城市贫困人口的比例大幅增加的趋势，埃及城乡之间的差距首次出现缩小。

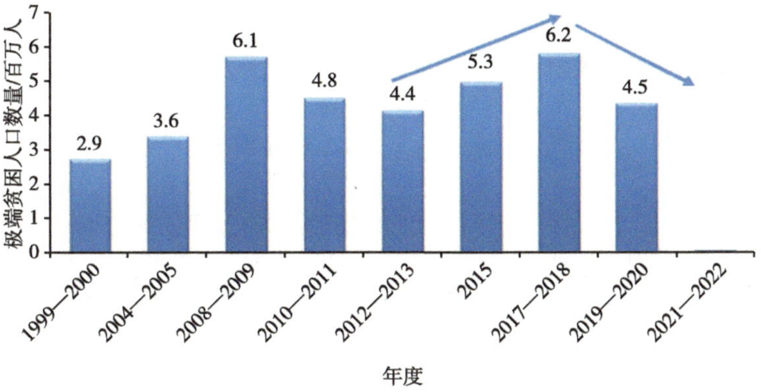

图5–2　埃及的极端贫困人口的数量

资料来源：埃及中央政府统计局（收入、支出和消费多年调查），2020年。

2017—2018年，埃及有3 100万人（超过750万家庭）处于贫困线以下，贫困人口中有2/3（66.8%）仍然生活在农村。最高的贫困率仍然在上埃及农村（52%），占总贫困人口的40%，而其人口仅占埃及全部人口的25%。平均而言，每个贫困人口每月需要大约150千克粮食（按2018年价格计算）才能满足其基本生存需求并跨越贫困线。那么现在埃及贫困人口面临的问题是：在贫困情况下如何面对发展问题？在发展经济中又如何面对“贫困–增长”不平等的连锁问题？

① Mona A. Outhman & El-Sayed E. Omran，2022.

三、影响家庭生活条件的经济发展和政府决策与措施

（一）埃及的经济增长

2015—2018年，埃及的经济增长率以年均4.6%的速度增长，2019年将继续加快增长，增长速度逼近6%。2020年虽然遭遇新冠疫情冲击，仍然能够保持3%左右的增长，2021年以后如果长期保持环境稳定，将会很快又恢复到一个较高的增长水平（图5-3）。

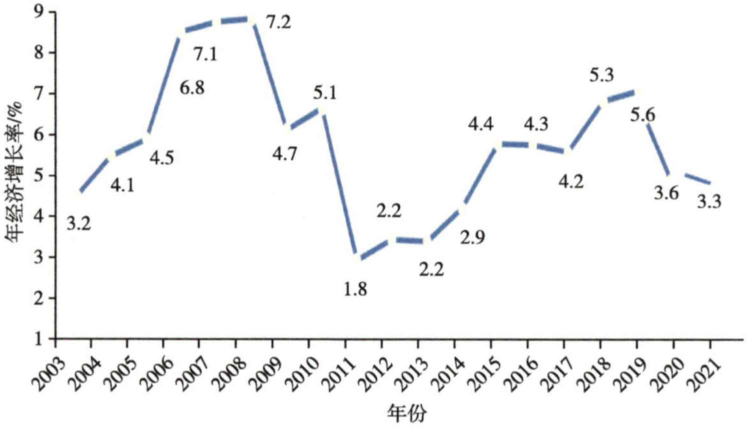

图5-3 埃及的历年经济增长率

资料来源：埃及财政部年度财务报告，2019年。

埃及的这种快速的经济增长水平，给人民日常生活带来的最大影响就是生活成本急剧上升（通货膨胀率在总体价格水平上，特别是在食品价格上）。尽管自2017年末以来有所下降，但是，在2015年12月至2018年6月，平均价格水平上升59%，餐饮价格上涨了72%。

从图5-4中看到，近年来，随着埃及生活成本、价格的上涨，埃及的货币汇率也在发生潜移默化的浮动，通货膨胀也在不断加大。造成上述情况的原因当然和国际环境变化有密切的关系，还有一个重要原因就是埃及政府在此期间进行了一系列经济改革，具体包括浮动埃镑汇率，减少补贴和增加增值税等金融措施。

埃镑的浮动汇率机制，其实就是汇率的自由化（提高基本利率）。减少补贴主要体现在对人民生活必需品的补贴上，例如燃油补贴，近年已经增加

了3次（2016年11月4日、2017年6月29日、2018年6月16日）。埃及还采用“阶梯电价”的形式，通过对富裕阶层的高征税补贴低收入群体，近年来埃及对电价（家用/工业/商业）实施两次大的调整（2016年10月28日、2017年7月10日）。2024年8月开始实施7档阶梯电价，进一步拉大了不同用户的费用差距。在增值税改革方面，埃及政府调整并颁布了新的增值税法，2016年9月开征增值税率为13%，在2017年7月提高至14%。

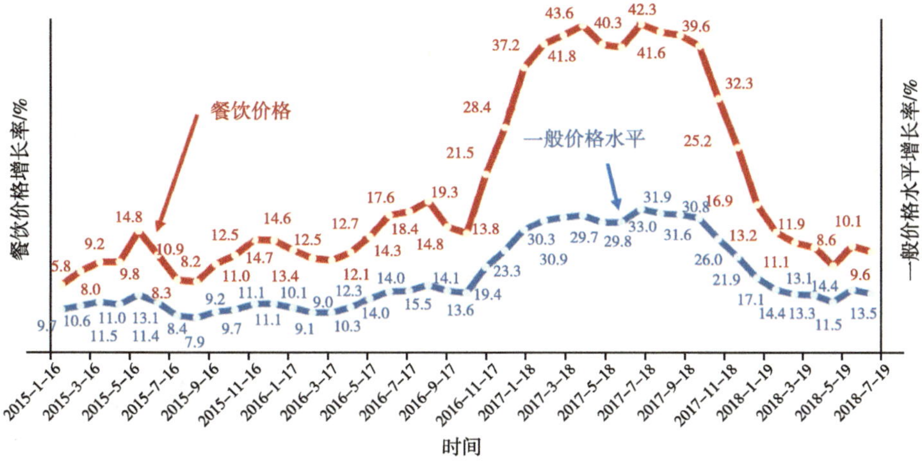

图5-4 埃及的价格水平生活成本增长率

资料来源：埃及财政部年度财务报告，2020年。

此外，埃及还对其他一些生活设施费用进行了调整。例如两次提高地铁票价（2017年3月23日、2018年5月11日）。通过3次调价将饮用水价格提高超过100%（2016年1月、2017年8月和2018年6月），并将居民污水处理费提高到占整个水费账单价值的75%以上。由于上述多种生活设施服务价格上涨，埃及家庭平均净收入的名义增长在2015年底到2018年中期被严重剥削。图5-5中红色柱形代表2017—2018年度的埃及居民消费价格指数及家庭平均净收入，可以看出该年度较2015年度（蓝色）的增量较为显著。

自2017年以来，埃及的国内实际消费增长率一直处于下降势态，至2020年更是跌至0.9%（图5-6），这充分体现了埃及国内居民的消费能力处于下降势态。这种显著下降和国际市场的消费环境改变也有一定的关系。

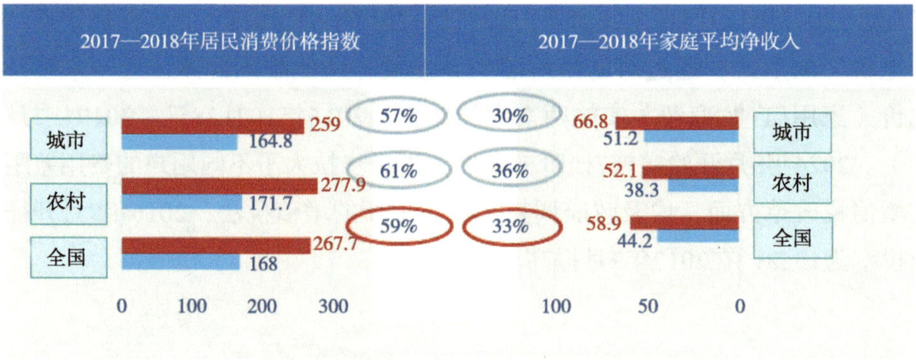

图5-5　埃及的居民消费价格指数及家庭平均净收入（10^3埃镑）

资料来源：中央公共动员统计局，收入，协议和消费调查，2020年。

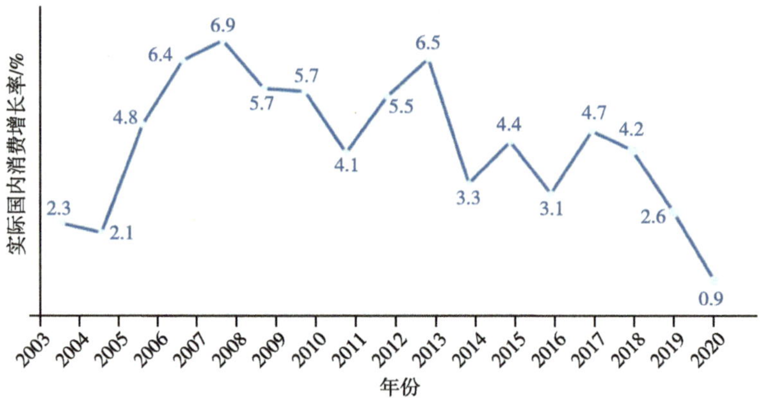

图5-6　埃及的实际国内消费增长率

资料来源：计划部，按市场价格计算的实际国内生产总值数据，2020年。

在2017年以后，埃及的人均消费增长率已变为负数，也就是说，埃及个人的实际消费水平显著下降了，从而导致了大量贫困现象的产生，最终拉高了埃及的整体贫困水平（图5-7）。

从埃及的居民收支调查数据的结果可以看出，在2015—2018年，埃及的人均实际消费量下降了5.1%。尽管此期间埃及的经济增长率很高，但由于生活费用很高，实际上埃及的贫困反而增加了，最终导致埃及的人均消费水平总体是下降的。埃及的人均消费增长率和人均实际消费量是埃及消费水平两个主要决定因素。

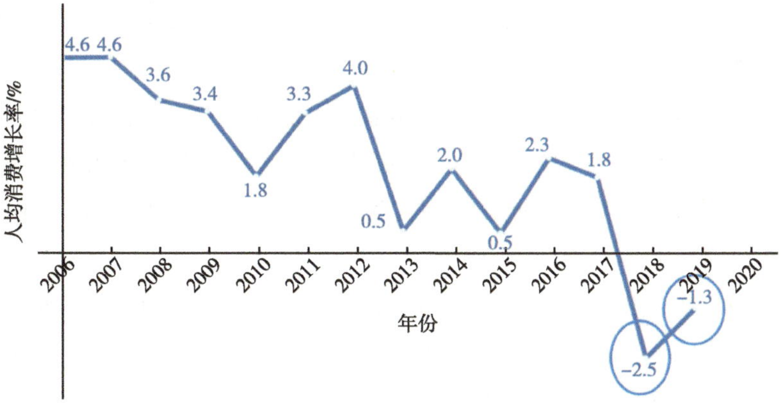

图5-7　埃及的人均消费增长率

资料来源：计划部，按市场价格计算的实际国内生产总值数据，2020年。

为此，需要构建一种增长模式，以确保增加埃及的家庭消费，从而拉动埃及的经济增长水平。我们知道，随着消费增长率的提高，社会失业率将会下降。因此如果能够促进劳动力市场得到改善，不仅有助于降低失业率，还会反过来推动消费增长率的提升。

（二）政府决策与措施

1. 埃及劳动就业率的改善

根据2018年埃及劳动力市场的跟踪数据，可以看出埃及的人口压力一旦减少，则进入劳动力市场的人数显著减少。因此控制埃及日益快速增长的人口是首先要解决的根本性问题。埃及在2020年2月突破了1亿人口大关，至2022年7月短短2年净增人口425万人。从数量上看，虽然对未来的经济增长不利，但是从结构上看，埃及巨大的人口增量中隐藏了大量的未得到充分释放的人口红利。

埃及的有效劳动力参与率从2012年的51%下降到2018年的48%。妇女的参与率从23%下降到21%，这种现象在很久以前就开始了。尽管埃及的有效劳动力受教育程度普遍很高，但是男性的实际参与率却仅有76%～80%，并未达到一个高参与度的状态，这与埃及当前的社会状态有一定的关系。在2020年6月，埃及计划部宣布埃及的失业率为9.2%。但考虑到复杂的现实状况，实际失业率也许会更高。纵观埃及对于劳动力各个阶段的教育，这也许是一个新的发展趋势，较高的失业率，意味着埃及很大一部分受教育的高素质人口的潜在贡献尚未得到开发。

因此，必须创造一个有利的商业环境，以保证创造良好的工作机会，从而发挥埃及所有人口类型的潜力。这也就是为什么埃及在近年来着力开展工业化，同时大力开发潜在的土地以及现代集成设施农业项目的原因，即一切为了就业机会的创造。

自2014年以来，埃及经济的恢复和国内生产总值（GDP）的增长并不显著，未达到2007—2010年的水平，就业增长也没有达到预期水平，这种增长对提高就业人口比例的帮助并不明显（图5-8）。在2006—2018年，未接受过教育、工作或培训的年轻人比例有所增加[①]。25～29岁的女性就业者从76%增至82%，而25～29岁的年轻人失业率却从7.2%增至8.9%。

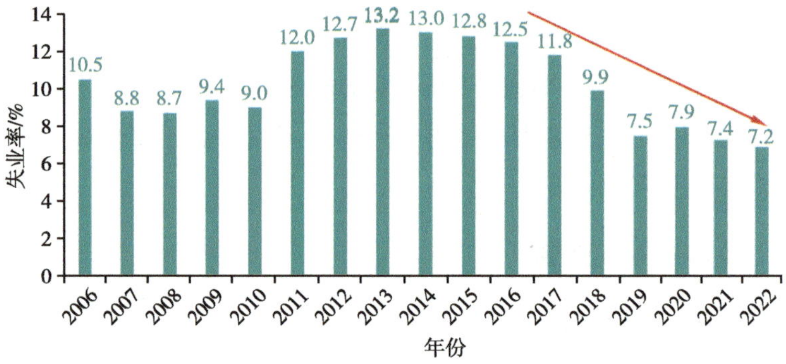

图5-8 埃及的失业率

资料来源：财政部，年度财务报告，2022年。

在2014—2015年度至2017—2018年度，埃及全国的失业人数从351.8万人减少到287.5万人。导致失业率下降的主要原因是与劳动力的增加（仅2.5%）相比，就业的增加（5.8%）相对更高一些[②]。失业率的上升还导致了隐性失业者数量的上升，如果在计算失业率时考虑到隐性失业者，拓展到2012—2018年的总体失业率将会从9.6%增至11.1%。此外，工作时长也会减少，平均每周工作时间会从54.5个小时减少到52.5个小时。最后，由于通货膨胀率极高，达到了59%，实际工资大大下降（私营部门下降了18.7%，公共部门下降了

① Amer and Atallah，2019.

② Krafft，Assaad and Keo，2019.

39.3%），而名义工资却增长了。

在2014—2015年度至2017—2018年度，随着公共部门所占份额的不断下降（占总就业的4%），正规私营部门带薪就业的持续疲软增长（占总就业的1%）以及非正式工作的薪酬大幅度增长，公共部门正式的就业人数将占所有就业人数的8%。

根据埃及中央动员和统计局的数据，埃及的失业率在2020年中期创下近两年来的最高水平，从2018—2019财政年度的7.5%攀升至9.6%。通货膨胀率从疫情前的7.2%上升至7.4%，到2022年7月已经飙升至14.6%。2024年10月甚至升至26.5%，国际货币基金组织（IMF）预测到2024—2025财政年度末，将回落至16%。

与农业和制造业以及某些服务业（例如教育和卫生）的增长相比，建筑和运输业的快速增长导致非正规就业的增长不成比例，其中企业的工资（占总就业的5%）是埃及最易遭受影响的就业形式之一，在该行业工作的工人风险程度也较高，他们受到的职业伤害最高[①]。

然而，非正规化就业对中产阶级的影响尤其明显。在某些时段埃及就业机会的频繁下滑真实地反映了埃及普遍存在的正式工作机会的显著减少，埃及社会中最贫困的20%的人群甚至都很难有机会获得这些本来就处在摇摇欲坠状态的工作机会。尽管埃及的经济近年来增长率持续攀高，失业率逐步降低，但由于劳动力增加的幅度仍然远远不够，非正规就业部门的快速增长以及工作时间和实际工资的减少等种种因素的叠加，导致埃及的实际贫困增加了。

对此，为解决此类问题，埃及目前需要一种包容性增长的模式，既能够保证更多更好的工作，也能更有效地解决实际贫困问题。埃及政府为此在近年来也逐步做出了一系列重要的决定和举措，不断推动经济改革，努力改善埃及家庭普遍存在的不尽如人意的生活状态，特别是改善埃及的穷人和弱势群体的生活。

2. 生活补贴措施

在北非国家以及西亚和南亚一些地区，政府出资提供食品补贴，力求消除贫困并保障粮食安全。常见的补贴食品包括小麦、小麦粉、面包、油、大米、糖和奶粉等。这些补贴极大保证了当地中低收入群体的食物热量摄入，特别是

① Assaad，AlSharawy and Salemi，2019.

埃及和突尼斯分别对本国的贫困人口提供了高达45%和60%的食品热量摄入。然而，食品补贴计划通常耗资巨大，占据了大量的国家财政经费。北非地区2011年食品补贴平均花费就占到了该地区生产总值的1%。此外，由于该区域很多国家正在进行营养结构转型，很多家庭特别是农村地区的家庭还处于多重营养不良中。考虑到高昂的成本和加强扶助最贫困人口的需要，该区域很多国家，例如阿尔及利亚、埃及、伊朗、约旦、突尼斯和也门已于近几年修订了本国的补贴计划，取消了不切合实际的补贴，保留了一些涉及油、糖以及白面粉或面包的基本生活补贴，力图打造更符合本国国情的补贴机制①。

埃及是北非地区的食品补贴大国，常年实施大范围的食品补贴政策。埃及政府目前在食品补贴方面的支出每年约900亿埃镑。埃及配发给中低收入群体的配给卡数量为810万张，覆盖910万个家庭约3 700万人。但是由于多种复杂原因，埃及目前仍有一些较贫困的家庭没有获得配给卡，而一些富裕的人却长期享受配给卡的福利。

除了食品补贴以外，埃及还对本国公民在燃油等非食品领域也给予巨额补贴。特别是在新冠疫情期间，埃及还对一些行业进行现金补贴。例如有超过150万非正规工人能够获得至少6个月的每月500埃镑的额外现金补助。在“配给卡”的具体实施举措和效果方面，埃及居民的配给卡补贴幅度在不断增加，每人每月的补贴由最初21埃镑增加到2017年6月的50埃镑，增加了将近140%，一个5人家庭每月可获得765埃镑，全国平均为750埃镑。为此政府该年度预算增加了850亿埃镑。2022年8月，面对不断上涨的物价，埃及将国家配给卡的特殊补助从100埃镑/月提高至300埃镑/月，以减轻该国公民在应对食品价格上涨方面所面临的压力。到了9月，为了更进一步帮助埃及的弱势和贫困家庭，埃及政府不得不再次提高了配给卡的标准，给持有配给卡的家庭额外连续6个月发放100埃镑的补贴，使这些家庭有能力购买基本口粮或在指定的政府商店购买基本商品。另外他们还可以每人每天获得5张补贴大饼。埃及每张配给卡最多可领取4瓶800毫升的食用油，每人可领取2千克糖，每张卡最多可以领取8千克，4人以下的补贴卡可领1千克大米和800克面食，4人以上家庭可领取2千克大米和1.6千克面食。埃及政府还在配给卡上增加了食品清单，包括蔬菜、油脂、面粉、芝麻酱、金枪鱼和果酱等，这使配给卡涵盖的补贴食品总数达到

① 《世界粮食安全和营养状况（2020）》，联合国粮食及农业组织（FAO），2021年。

了30种。埃及政府仅此一项补贴就使财政支出增加了8.33亿埃镑。埃及对配给卡的调整将有效帮助较贫困的家庭应对过快的物价上涨，舒缓一定的社会不满情绪与矛盾，但是不断增加的补贴也将产生越来越多的负面效应，例如不断扩大的补贴范围与额度的做法与埃及和国际货币基金组织等国际金融组织在达成的贷款协议中的承诺严重冲突，不符合国际货币基金组织的大幅削减埃及社会性生活补贴的要求。此外，连续增加的补贴也为埃及的财政支出带来了越来越严重的负担，特别是在埃及的粮食安全挑战愈发严重的今天，补贴政策的“固化”和所占财政支出的比重过大或将导致“浪费型消费”以及“公共市场失灵”现象。随着埃及的“配给卡”（图5-9）越来越普遍，其定向补贴贫困阶层的意义逐渐弱化，对此埃及近年开始考虑对传统配给卡制度进行改革。埃及国内供应部宣布2023年8月1日将取消“配给卡”，代之以“统一卡”形式，由埃及邮政局免费发放平民使用，首先在塞得港省试点使用，未来将取代2 300万张现有的配给卡。统一卡将涵盖餐饮、综合医疗保险、邮政服务、养老金等服务，未来还将在交通、银行等领域开放使用。这种统一卡目前暂不发放给经营补贴大饼的经销商和面包店。

图5-9　埃及配给卡

在政府职员补贴方面，对公务员实行定期失业保险和7%的特殊高保费，对非公务员实施10%的不定期失业保险，定期失业保险最低为65埃镑，两项保费最低为130埃镑。埃及还在2016年12月成立中小企业发展管理局，并于2017年3月启动微型企业倡议，筹措资金2.5亿埃镑，旨在为低收入者和最需要帮助的弱势群体提供更加有效的经济赋权，并颁布相关法律为企业提供更多许可便利。2017年6月，埃及投入80亿埃镑对低收入群体提供减税和免税支持，在农业领域暂停3年征收农业土地税，以减轻农业部门的税收负担。

在其他民生扶助计划中，埃及还设有“回教保险”（Takaful）项目和“卡拉玛”项目（Karama）等多个专门民生计划。2017年6月，埃及宣布为100万“回教保险”和75万“卡拉玛”项目的参与者提供现金支持，每月增加

100埃镑，相当于增加约82.5亿埃镑的预算。另外将退休保险金提高15%，使本国1 000万退休公民每月至少增加150埃镑，该笔支出又增加了政府近2 000亿埃镑的预算。

埃及在2018年颁布了第2号《全面健康保险法》，并采取了一项全面的长期战略来改革埃及的卫生系统，以确保有足够和可持续的资金，到2035年，为所有埃及人提供全面和高质量的医疗保健和治疗服务。在针对特定受益人的社会援助方面，埃及主要采取现金社会援助的方式，对最需要帮助的生活困难人群提供资金帮助。据统计，在埃及的贫穷人口中，20%有子女的贫困家庭得到了伊斯兰保险项目的援助，25%的贫困家庭领取了社会保障养老金，3.5%的贫困老人或残疾人家庭获得了“尊严救助”。

借助埃及相关社会救助机制特别是团结援助项目，针对非目标人群的辍学率得到了下降。领取社会保障养老金的人中有60%来自贫困家庭，而来自半贫困人口和小康家庭仅有18.3%和22%。获得团结援助的人中有73%来自有孩子的贫困家庭，而来自半贫困人口和小康家庭仅有18.2%和8.7%。获得“尊严救助”的人中有65%是老年人或残疾人，而半贫困人口中则有15.6%，小康家庭有19.2%。

在社会救助效果方面，埃及的“伊斯兰教保险援助计划”使得埃及有10%的受益者脱离了贫困线，而“卡拉玛援助计划”使得埃及6%的受益者脱离贫困线，这两个援助计划将埃及贫困差距指数降低了8%。“伊斯兰教保险援助计划”的受益人大多数都来自上埃及的农村地区，有孩子的贫困家庭占32.9%。“卡拉玛援助计划”中的受益人大多数也来自上埃及，老年人和上埃及农村的残障人士占3.8%，该援助使15%的受益人摆脱贫困（表5-1）。

表5-1　埃及每月的现金援助计划　　单位：埃镑

伊斯兰保险援助计划		卡拉玛援助计划Karama	
给家庭的基本援助金	325	个人	每月援助金
幼儿园年龄（0～5岁）每个孩子的援助金	60	对个人的基本援助金	350
小学阶段每个孩子的援助金	80	2人基本援助金	700
支付给初中学生的援助金	100	3人基本援助金	1 050
中等儿童（16～18岁）的援助金	140		

资料来源：财政部，年度财务报告，2020年。

上埃及贫困人口的62%从埃及的各项担保计划中受益。但是应该指出的是，实际在上埃及的金融机构向非穷人提供担保援助的比例达到了54%（穷人为22%，下同）。在“回教保险”（Takaful）计划中这一比例达到27%（8.7%），“卡拉玛”（Karama）计划中达到28%（19.2%）。

3. 粮食安全支持系统

埃及的粮食安全支持系统覆盖了88.5%的埃及家庭，农村地区这一比例上升到95.5%，而城市地区则下降至80.2%。家庭的平均营养支持约为160埃镑/月，在农村增加至174埃镑/月，而在城市地区则下降至约140埃镑/月。在较低收入家庭的支出部分中，粮食的支出占家庭食物和饮料总消费的15.5%，而在较高收入家庭中，则下降到6.1%。埃及的粮食补贴使5.3%的埃及人免于陷入贫困，同时也改善了其他受益人的生活水平。

4. 社会保护措施

埃及的社会保护措施是指确保符合以下条件的人能够获得充分的救助：长期未能够脱贫的穷人、其他急需得到减贫扶持的人、难以进入劳动力市场的穷人和弱势群体、收入及分配严重不均的群体。

（1）社会住房方案倡议

“体面住房”方案。埃及是整个非洲唯一将全民纳入住房保障体系的国家[①]。作为国家为公民及其子女提供相应住房项目的一部分，“体面住房”项目旨在为受益于“回教保险”“有尊严的社会保障养老金计划”等项目或“埃及爱心家庭”荣誉获得者完成2.2万套住房的修缮。

“家庭康复”计划，主要提供家庭装修、屋顶或外墙的改造或加固、厕所的建造或加固，以及饮用水和生活污水管道的连接以及扩展，此外还包括常规水泥地面的铺设。上述项目是埃及“Sitra项目”的补充，其中甚至包括了拆除和重建大约1万个不安全住宅和建筑物。

社会住房项目的目标是在6年内在所有省和新城市增加72.5万套基本住房，目标人群是中下阶层家庭。这些住房将仅以建筑成本价提供给目标家庭，并提供20年以中央银行的补贴利息支付贷款。实施“中型住房”项目相结合的政策，该项目旨在为中等收入人群提供价格可承受的较好条件的住房，其

① 莫斯塔法·马德布利（Mostafa Madbouli），埃及总理，2020年。

价格低于私营部门在新城市最佳位置的市场价格，首批预计总共有40万套住房。

最后，为了填补供水和卫生方面的空白，埃及将通过实施342个饮用水项目和224个卫生项目，并将所有住房与上述饮用水和卫生设施连接起来。预计总费用分别为436亿埃镑和268亿埃镑。

（2）贫民窟发展与消除倡议

埃及争取将在2020年底消灭国内全部“贫民窟”[①]。该倡议旨在推动埃及现有的357个贫民窟尽快得到改观。目前正在对其中156个贫民窟改造，2020年将完成开发剩余201个贫民窟，并提供11.4万套住房。此外，从中长期来看，埃及还将继续开发未列入改造计划的贫困地区。在未来，埃及将采取全面城市发展战略，以避免人口过度迁徙，防止新贫民窟出现。

（3）“体面生活”倡议

由总统塞西于2019年1月2日发起的旨在帮助该国最需要帮助的弱势群体。该倡议首先将重点选择埃及的那些贫困率超过70%的277个村庄，并拨款28亿埃镑，协调16个非政府组织（NGOs）共同实施。以下是提出的其他为公民提供体面生活的各项倡议。

“一亿健康”计划。旨在为埃及的所有公民进行全面和免费的医学检查。包括并CT扫描以及慢性病的诊断，例如糖尿病、高血压和肥胖症等。该计划于2018年10月启动，针对18岁以上的埃及公民。自2018—2019年已对大约5 000万公民进行了检查。

“消除等待名单”倡议。从2018年7月开始的“消除等待名单”倡议旨在对难以得到及时治疗的一些重症患者进行优先救助治疗。至今已大约对12.5万例重症手术进行了免费治疗。

“Nour Hayat”倡议。旨在对弱视以及视力丧失的人群提供帮助和进行早期治疗，该倡议始于2019年1月，将分4个阶段持续3年半的时间。该倡议的目标是及早在埃及500万小学生中发现视力有问题的儿童，以及对现有的200万弱视人群给予相应治疗。埃及政府从相关基金项目中拨款10亿埃镑进行完全免费治疗。

“模范医院”倡议。于2018年7月启动，旨在为残障人士进一步改善相应

① 莫斯塔法·马德布利（Mostafa Madbouli），埃及总理，2020年。

的医疗服务，并通过项目在埃及每个省设立“模范医院”，进一步规范设施和运营，同时促进未来埃及实现全面的医疗改革。

该倡议提出了“疾病、肥胖、贫血和发育不良的早期发现和介入”项目，旨在对埃及的1 250万名学生进行筛查，该倡议将分为3个阶段实施，第一阶段于2019年2月开始。

（4）儿童听力障碍倡议

对全埃及的新生儿进行强制性听力障碍常规早期筛查，以便于对有听力障碍的儿童及时治疗。此外，还将结合在前文提到的“体面生活”的总统倡议，埃及将在各省启动流动医疗车队，向广大埃及民众特别是边远地区的农村提供“检测、治疗、医学分析、X射线、超声波”等流动医疗服务。

（5）乳腺癌早期发现倡议

始于2019年1月，旨在通过埃及的各级卫生部门和社区医疗中心，对埃及40岁以上的妇女进行相关身体筛查，并对18～40岁的女性进行教育和培训，帮助她们学会如何进行自我初步和定期检查，以便在早期发现可能存在的乳腺癌。

（6）“尊重生活”发展倡议

此外，为进一步推动对偏远地区农村基础设施和基本生活保障，埃及还推出了“尊重生活”发展倡议（Respectful Life Initiative）。该计划于2019年启动，已经发展了375个村庄，项目重点关注3个方面。一是基础设施，例如将低收入村庄连通水和废水管网以及电网。另外，为减少对丁烷气瓶的依赖，还将铺设天然气管道。二是公共服务，建立学校和医疗单位。三是考虑到农村大量存在的剩余劳动力，将通过推广微型小农项目和农村技术培训，提供信贷并创造农村就业机会。2019年1月，埃及政府已投资96亿埃镑用于该计划第二阶段的1 277个项目。第一阶段包括升级21 974栋房屋，建立1 100间教室，可容纳4.4万名学生。在92个村庄铺设道路并架设电线杆，改善88个村庄的水供应，并且将47个村庄连通废水管路①。

5. 大饼补贴

埃及大饼在埃及人的生活中占有重要的地位。埃及严重依赖小麦制作大饼，因为大饼是埃及普通百姓的日常主食，每年消耗近1 000亿张大饼，埃及

① Egypt Today，2020.12.3.

每年消耗掉的小麦约1 800万吨，但本国产量仅占其一半不到，其余的依赖进口，且大部分用于制作大饼等主食。目前在埃及各地面包店出售的大饼主要由国家提供补贴。在埃及的农村地区，特别是在上埃及，大饼主要在家中制作，大饼的制作原料主要由小麦、大麦或玉米面粉等素食成分组成，因地而异。面粉的成分是白面粉和棕色面粉、麸皮的混合物，还包括糖、盐和胡芦巴[①]粉。其中单层薄饼，硬度适当，口感很好，在上埃及农村很受欢迎。

对大饼这种基本生活物资进行补贴是埃及政府保障民生、维持社会稳定的重要措施。埃及的大饼补贴政策也是现行所有补贴政策中最敏感、最复杂，牵扯社会面最广的政策，更不单纯是一项社会性补贴，而是一个复杂的政治问题。要想深刻理解埃及大饼补贴及其关联的政治、社会问题，首先需要回顾一下埃及的补贴政策。埃及的补贴政策历史渊源深厚，始于1941年法鲁克王朝时期，面向所有普通大众。在1945年，大饼、食用油及食糖是补贴的核心，主要用以解决战后物资短缺和通胀问题。到了纳赛尔及萨达特时代，逐渐成为促进社会公平、政治稳定以及减缓经济改革和结构调整的不利影响的政治工具，同样也在党派斗争和争取选票方面发挥了特殊作用。特别是在1977年的“大饼革命”及在2011年“面包、正义、自由”口号下爆发的“阿拉伯之春”运动都是因大饼而起。谁敢擅动大饼这块“奶酪”，谁就有可能引发“大饼困境”，继而产生“一张大饼引发的血案”。

自2011年革命以后，埃及社会逐渐形成了一种共识，即任何企图调整食品补贴的做法，都会被认为是一个极具政治挑战性的行为。大多数埃及人认为，食品补贴是他们唯一能够从政府得到的有价值的福利，是他们的合法权利，不容侵犯。

然而，近年来随着埃及的工业化进程加速以及经济改革的步伐不断加快，埃及对资源和资金的需求与日俱增。但是埃及日益膨胀的人口以及日益复杂的各种社会矛盾对埃及的现代化之路产生了严重的阻碍。而原先作为改善民生设计的补贴大饼政策逐渐不再适应现实的社会需求。特别是近几年，补贴大饼的现实情况由于多年以来的补贴政策漏洞积累和僵化等原因，导致了补贴政策被“滥用”和被食利阶层“蚕食”，且浪费现象越来越严重，而真正需要得到补贴的穷人则未真正受益。特别是到了近几年，各种食品的补贴占埃及财政支出

① 胡芦巴是一种草药，也是常见的家用香料和增稠剂，是印度等地菜肴中的常见成分。

的比例越来越大。埃及平均每年用于大饼补贴的支出约为530亿埃镑，2021年8月，埃及宣布2019—2020财政年度食品补贴支出占GDP的1.4%，大约为2 750亿埃镑，其中大饼补贴占去了845亿埃镑。2022年8月，埃及宣布将大饼补贴项目的拨款再增加320亿埃镑。至此埃及每年的大饼补贴已经超过1 000亿埃镑，成为埃及政府现行的所有补贴中最大的一笔支出。

事实上，埃及大饼补贴的意义正在迅速弱化。一是埃及用于大饼补贴的“补贴卡”正在失去原有的实际意义。埃及目前为补贴大饼发放的补贴卡已经累计达1 500万张，覆盖了6 700万人，但是实际每年享受补贴的人高达7 100万人以上，远超实际贫困人口数量，这导致了越来越多的非贫困人口正在“蚕食”这张大饼。二是补贴大饼形同纸张，人民鲜有珍惜，浪费严重。目前埃及补贴大饼的单价为5皮亚斯特（Piaster）①，仅相当于一根香烟价格的1/20。市场流通的大饼价格是补贴大饼价格的10～20倍之多。三是补贴配额政策已经不适应形势要求。埃及政府目前规定每位公民月均大饼补贴配额为150个，相当于每人每天5张大饼，之后虽然有过微调，但是多年来却没有大的变化。四是埃及失业率、贫困率及通胀率近年来起伏多变，而补贴政策不够灵活，难以跟上形势，补贴卡正在成为牟利工具，实际效力越来越弱，穷人正在被变相“逐出”补贴。

埃及目前的贫困率近30%，40%的城市人口和78%的农村人口生活在贫困线以下，上埃及部分农村的贫困率甚至高达70%以上。40%的人口日均收入不足2美元。加之近年来埃镑大幅贬值，国内通货膨胀率居高不下，2019年曾高达9.1%，包括大饼在内的米面油等价格持续上涨。基于此，塞西总统在2021年通过多次发表公开谈话，表达了要对埃及补贴大饼价格进行调整的决心。他认为，现在是提高埃及补贴大饼价格的时候了，大饼逐步涨价势在必行。此外，鉴于埃及将通过“体面生活”倡议改善埃及的学校膳食并推动整个埃及农村的综合治理，埃及将调整目前的部分补贴政策以便将更多资金投入到“体面生活”的倡议中，未来埃及将在大饼补贴政策改革方面出台一系列政策，这将是20年来的首次系统调整。塞西强调，埃及政府不仅要对自己负责，还要对所有埃及人民的生计和命运负责。埃及将打破多年以来大饼补贴政策弊端。此次通过对大饼补贴政策的调整，将为政府每年增加77亿埃镑资金用于儿童的学校

① 埃及货币单位，100皮亚斯特=1埃镑。此为2022年前后的价格数据。

膳食项目。我们可以通过塞西以下的谈话看到埃及补贴大饼在埃及政治经济生活中的重要地位以及塞西敢于撼动前任均不敢轻易染指的“埃及大饼”改革的决心。

“我对埃及大饼的问题已经思考了30年……没有人告诉我不能触碰埃及大饼的价格……我将对埃及大饼政策价格调整的后果承担全部责任。”作为总统，塞西的此番表态实属罕见。特别是此次调整价格的意见公布正值埃及的经济改革的关键阶段，这对于埃及的社会稳定特别是当下埃及面临的国内外种种严峻挑战的形势意义重大。

不过事实上，塞西的此番做法时机掌握得恰到好处。

首先是埃及的民意已经发生了微妙的变化。从古至今，埃及大饼代表的是埃及的一种民族精神，象征着埃及人民的生命和生活，也是人民生命延续的根本保障，因此传统的埃及人将大饼视为珍贵的食物，并将食用大饼看作是一件神圣的事情。特别是埃及大饼这种文化遗产所象征的美好美德，已经深深融入了埃及人社会生活中。因此，在埃及的传统文化习俗中，大饼已经变成了一种精神的象征，同样蕴含着这种精神的“补贴大饼”的任何变化毫无疑问也将深深触动埃及人的心理底线。

然而，随着埃及社会的不断变迁，特别是近现代以来，西方思潮的涌入，埃及的年轻一代特别是“Z世代”对埃及的大饼文化似乎开始逐渐淡漠起来，社会各处充斥着令人惊讶的浪费现象，代表着“勤俭”美德的埃及大饼逐渐沦为被人唾弃的东西，甚至作为饲料。塞西曾对此公开表态，“这是令人痛心疾首的浪费，也是令埃及的下一代迷惘的毫无价值的大饼。”

其次是埃及在现代化进程中迅速增加的财政负担也使得埃及的“补贴大饼”难以为继。埃及政府不得不将目光转移到大饼补贴政策上，希望通过开源节流的方式，缓解当前的经济难关。由于疫情原因，埃及的旅游业收入在2020—2021年已经微乎其微，埃及因大饼补贴的财政支出巨大，这一部分的缩减可以有效地弥补财政经费的不足。

再次是来自国际上的巨大压力使然。埃及近年加速推动的经济改革计划和各地纷纷上马的庞大基建工程使得埃及对来自国际财团和金融机构的贷款和融资需求直线上升。特别是与国际货币基金组织（IMF）、世界银行（WB）以及欧盟、美国、英国、日本等国的金融合作。然而“天下没有免费的午餐”，对于来自国际的巨额融资，往往附带有较为苛刻的条件，例如2016年埃及自国际货币基金获得了120亿美元的融资，但是埃及必须遵守实行紧缩的货币政策和汇率自由化的承诺，结果导致了埃及在当年即发生了埃镑的迅速贬值。

最后是埃及长期以来僵化的补贴政策已成为国民双重营养不良、经济与国民营养发展严重脱节的元凶。埃及长期以来奉行的以救济为目的的食品补贴政策，由于食品的单一化造成的高热量、低营养已经导致埃及民众特别是近800万儿童的营养不良和普遍贫血。因此，塞西也正在关注尽快建立科学和多元化的食品补贴政策。

当然，塞西的补贴大饼新政不出意料引起了埃及社会各界的热议。埃及一些左翼政党纷纷公开批评塞西“似乎忘记了埃及人民在兑现国际金融援助承诺中正在承受着的日益加重的负担”。但是有更多的声音支持塞西的决定。埃及开罗大学的一些教授表态，目前埃及大饼夸大的补贴已经与成本无关，这种畸形的补贴浪费了大饼应有的经济价值，导致了社会上的浪费性消费。埃及商会联合会烘焙部门表示，提高大饼的价格是一个非常正确的举措，当前埃及每张补贴大饼的价格是0.05埃镑，该价格自1984年以来就没有变动过。目前埃及实行的大饼补贴政策已经实施30多年没有发生任何变化。按照正常情况，埃及的补贴大饼价格应该至少每10年变动1次。

为了积极策应大饼新政，同时也为埃及紧张的财政状况赢得更多的资金支持，2021年8月，位于梅努菲亚省萨达特市的大型食品工业综合设施——仓储食品（Silo Foods）建成投入使用。塞西赋予了该综合设施国家粮食安全体系的重要保障的重大意义。据估计，该位于曼努菲亚省（Monufia）的大型食品工业综合体“仓储食品”将为全国约1 300万学生提供学校膳食。埃及国家服务项目组织（NSPO）和埃及武装部队参与了仓储食品项目的建设。

四、未来减贫需要采取的主要措施

（一）包容性增长和宏观经济政策

包容性增长（inclusive growth）是寻求社会和经济协调发展、可持续发展的增长方式，通俗地讲就是使所有人“机会平等的增长”，强调包容性增长，对于处在社会底层的贫困人口意义重大，特别是对于贫困人口基数巨大且相对保持长期稳定的埃及社会而言。此外，由于包容性的提升对于维持整个社会宏观经济增长亦起到关键作用，因此积极维护宏观经济政策稳定对于实现社会减贫目标来说是最核心的要素也是最为直接的手段之一。同时应该明确的是，宏观经济稳定仅仅是一个过程，而不应反过来将其作为实现减贫的目的，否则减贫目标将带有功利性而失去原有的意义。因此包容性增长、宏观经济稳定和减贫目标之间的关系应该是单纯而明确的。埃及的减贫战略如果能够更加明确这一点，坚持务实的包容性增长，坚定维护可持续的宏观经济政策，减贫效果或将更为显著。图5-10阐明了埃及为实现其减贫目标而应具备的三大要素。

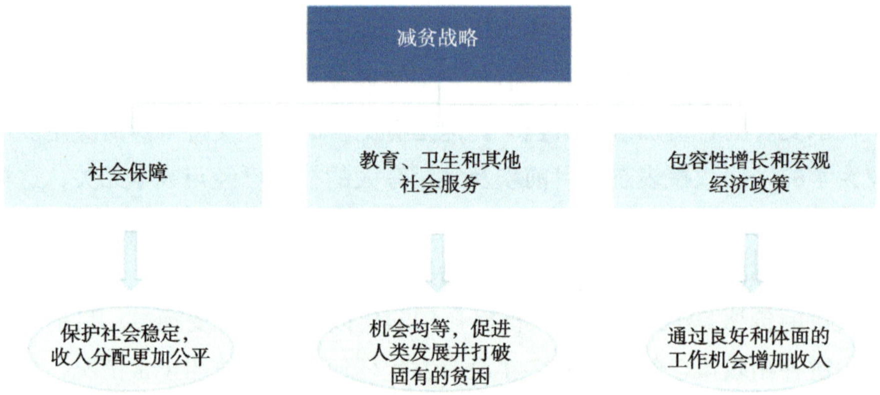

图5-10　埃及国家减贫战略核心三要素

资料来源：财政部，年度财务报告，2020年。

从图5-10可以看出，埃及减贫战略的实施路径非常明确，即通过覆盖全体人民的社会保障体系，并在完备的公共福利保障和服务部门的支持下，在全社会特别是重点人群受益的包容性经济政策支持下，实现社会财富更加平均分配、社会资源和机会更加均等。

（二）实现家庭消费的高增长率

为实现家庭消费的高增长率，以下是几种可以采用的假设模型。

假设收入继续按照原来的标准进行分配，并且假设贫困对家庭消费增长率的弹性为-2.68，那么这将意味着埃及年均家庭消费的平均增长率每增加1%，贫困就会减少2.68%。从2020—2030年，要使埃及的贫困人口减少一半（占人口的16.75%），家庭消费增长至少为18.8%（即年均增长率至少为1.74%）。

假设埃及的人口增长率继续保持在2.4%，则所需的家庭消费增长率至少应为4.14%。人口增长率越小，相同条件下所需的家庭消费增长率就越低。

假设收入分配有所改善（例如社会援助占GDP的0.5%），即所需的家庭消费增长率降至15.05%（即年均增长率至少为1.45%），则所需的家庭消费增长率至少将降至3.85%①。

从以上假设可以得出初步结论，贫困人口的持续减少、适度的人口规模以及合理的收入分配措施，将有效促进家庭消费的增长，提升经济包容性，从而有助于实现埃及的进一步减贫目标。

（三）确定减贫的国家方向及在私营部门的地位

在国家层面，减贫主要依靠各公共部门执行与推进。减贫工作是否能够顺利开展，首先需要确定并固化公共部门的主体和领导地位。公共部门在埃及的社会化援助和救助方面具有显著的优势。埃及的公共部门主要通过以下手段实施社会化救助的推进和扩张计划。

政府通过制定与实际行动相一致的政策，同时采取将公共部门私有化的形式并扩展到新的公共部门中去；由政府制定和采用标准化的市场行为准则，并强化管理与监督的透明度，推动公司参与治理模式；通过政府行为协调促进国内外商品和服务市场层面的公平竞争。提升国内部门竞争力指数，多手段刺激提升国内相关部门竞争力；政府推动帮助解决重点支持部门的发展障碍，积极改善公共服务部门的各项能力，包括部门经济增长、出口增长和就业创造等。积极帮助解决在实现具体业务指标中遇到的显著障碍，例如帮助解决重点、大型项目的实施，确保项目的示范效应，并促进其他项目的推进；政府确保其政策的实施性和可持续性，并及时对相关政策进行评估和审查，并根据实际情况进行适当的改进与调整。

对于公共部门的服务和产出评估也是一项很重要的效能评价指标，对于埃及的公共部门，评价其社会化服务的水平和能力如何，应重点关注其是否具有以下特点，并将其作为该行业的评价标准：是否获得了最佳的产出增长率、是否创造了最大数量的就业机会、是否在贫困的抗御力方面进行了最优化设计和安排?

（四）教育、卫生和其他社会服务

1. 增加所需的现金转移数量

如果埃及的公共服务部门能够针对埃及的每个家庭确定并准确地提供其越

① Sherine El-Shawarby，2020.

过贫困线所需要的经济援助数额，而且在作这种假设时，公共部门的服务定位是准确的，并且其他客观因素与限制条件均保持不变，包括当前的所有支持条件（这是基于一种“完美”的假设，仅仅作为一种参考标准）。那么按2017—2018财政年度价格计算（根据家庭预算调查数据），埃及每年在现金转移方面所需要分配的金额估计约为550亿埃镑，将是当前现金转移计划（包括社会保障养老金）支出的3倍以上。

根据上述假设的标准可以得出结论，仅仅借助政府的公共服务部门是难以通过社会援助手段来解决埃及由来已久的复杂的贫困问题。要想准确寻找到解决埃及贫困问题的入口，首先有必要统一所有利益相关方对现有政策改进的认同及新政策的事先约定，即在分配任何新的财政与金融援助资源的优先事项前需要达成一致，并作出以下选择：要么增加受益家庭的数量，但是并不能确保他们都能越过贫困线，要么直接增加当前受益者的每月援助金比例，以实现脱贫率的提高。然而实施上述做法，还需要考虑到埃及家庭结构的普遍特点，就是不管是否处于贫困线以下，多子女一直是埃及的家庭现状。由此带来一个问题，即社会救助福利是否仅限于两个或三个孩子乃至更多需要抚养子女的家庭？还是进行无差别的社会援助？任何一种援助方式，对未来的发展会产生什么样的长期影响，必须得到充分考量和评估。

2. 社会保护网计划的实施

实施一项覆盖全部受益人口的社会保护网计划，首先必须十分明确受益对象的核心需求是什么？也就是必须找出埃及的穷人想要什么，以及他们如何看待改善自己的状况？

通过社会保护网的运行可以进行各种方案的评估，辨别和明确哪些方案能最有效地减少贫困，同时对贫穷人群的能力建设切实起到了增强的作用，从而促进他们能够顺利进入就业市场并在其中获得较为满意的就业机会。当然，一个良好运行的社会保护网系统，保证其正常运作也非常重要。就本身系统的构建而言，维持一个能够持续健康运作的社会保护网，首先必须运行在一个完整的工作流中，并能够实现高效的联网和自我设计；其次必须能够顺畅实现各利益攸关方之间的协调与合作；最后必须能够保证必要的融资以及可持续性。

总之，一个建立在高效、健康的社会援助体系之上的国家减贫战略必须确保社会保障、教育、卫生和其他社会服务，包容性增长和宏观经济政策3个核心领域的工作协调一致运行。

五、农村综合治理

埃及是传统农业国，农村人口占全国总人口的56%以上。由于种种原因，农村贫困群体人数较多，许多地区缺医少药，卫生、教育等条件亟须改善。埃及20%的农村医院缺少医生，仅40%的农村公立医院配备了必需药品。因此加大农村综合治理力度是埃及实施减贫战略中必须高度关注的一方面。针对埃及广大农村地区的普遍落后状况，塞西总统在2020年伊始提出，埃及将结合一系列大型的国家项目，在农村地区推行一种综合全面的治理方法，通过协调参与该项目的不同部门进行协作，强化农村的社区建设，以达到最佳的运行模式。

2020年9月，塞西就有关发展埃及乡村的国家项目发表了谈话，提出将加大农村的综合治理力度。目标是改善当地农民的生活水平、减轻贫困、发展基础设施和基本服务，进一步提升当地的教育、住房、电力、卫生、饮用水和卫生部门的能力建设水平，并创造更多的就业机会。此外还将联合民间社会组织共同实施相关项目，以扩大社会安全网的效能，并通过协助最脆弱的阶层来减少贫困。塞西还提出了另一个支持埃及渔民生计的国家计划。10月，为加快改善埃及农村生活基础设施，推动落实埃及乡村发展新规划，埃及政府还进一步批准了44亿埃镑的旨在覆盖全埃及375个农村社区的综合治理投资项目。塞西还就乡村发展的新规划，提出了一系列大型项目设想，包括推动农村地区综合、全面治理，以改善农村的生活条件，提高农民生活质量。这些项目涉及埃及农村公共医疗机构、学校、道路、发电站、垃圾集中处理场、饮用水供水系统、新建房屋及老旧房翻新改造等。为推动以上综合治理计划落实，埃及政府还将派出医疗队入驻贫困地区，提供医疗和手术援助。

埃及媒体认为，乡村发展新规划是塞西2019年初提出的促进农村地区发展计划的升级版。根据该计划，政府将和社会机构共同努力，为埃及11个省的380个村庄提供清洁饮用水、房顶加固等服务，推动农村地区发展，改善农民生活水平。埃及金字塔战略研究中心研究员艾哈迈德认为，乡村发展新规划有助于打破埃及经济社会发展的瓶颈，中国减贫成就举世瞩目，在精准扶贫和促进农村地区发展方面，埃及应该借鉴中国的成功经验。

第二节 埃及农村贫困与营养问题

一、扶贫与减贫进展

（一）埃及农村的贫困现状

据埃及中央公共动员与统计局（CAPMAS）的数据显示，早在2010—2011年度，埃及的贫困率为25.2%，比2008—2009年度的21.6%上升了3.6个百分点。至2015—2016年度，贫困率更是上升至28%，特别是极端贫困率达到5.3%，大约450万人处于极端贫困状态[①]。埃及农村地区特别是上埃及等地农村偏远地区的贫困率同时期更是高达51.4%。如果按照联合国每天生活费低于2美元的标准计算，埃及的贫困人口比例则实际有可能高达40%。埃及目前大约有1 500万人栖身于贫民窟或棚户区内。到了2019年前后，埃及特别是上埃及部分地区的贫困率已增至60%，极端贫困率在6%以上。埃及目前实际上仍有15.9%的人口还处于“粮食不安全”状态（Poor access to food safety）[②]。2020年12月，埃及政府宣布，埃及贫困率由两年前的32.5%下降至2019—2020年度的29.7%，是2019—2020年度以来首次下降，其中极端贫困率从两年前6.2%降至4.5%。目前埃及的贫困认定标准是，两人家庭月收入为1 932埃镑以下，四人家庭为3 218埃镑以下。

考虑到埃及的贫困现象是因历史原因长期积累而形成的，因此埃及的减贫、扶贫措施特别是在广大农村地区开展的减贫、扶贫措施也将是一个长期和循序渐进的过程。扶贫首要解决的最根本问题是基本生活问题，为了满足庞大人口的基本生活需求，长期以来埃及政府实施食品和能源补贴政策，即政府以正常价格采购食品和能源，以极低价格向居民提供。2012年，埃及政府用于能源和食品两项补贴的开支至少占财政总开支的28%，成为政府财政赤字连年快速上升的主要原因。此外，面临如此快速的人口增长速度，如何控制人口过快增长，如何找出适合埃及的经济发展道路，实现贫困人口的真正脱贫，是埃及

① *Household Income Expenditure and Consumption*, Center Agency for Public Mobilization and Statistic（CAPMAS）, January-December 2015.

② WFP，2019.

政府面临的重大课题。

埃及的广大农村地区依然广泛存在的贫困和营养不良现象，对埃及的农业现代化和可持续发展造成了严重的障碍。导致贫困的原因除了人口剧增以外还有很多，例如人口的基数现状是导致贫困的根源。这些都是埃及实现农业可持续与现代化发展的桎梏，必须在推动现代农业发展的进程中予以优先解决。

第一是增加农村的就业水平。

面对巨大的人口和就业需求压力，埃及迄今还是一个主要依靠农业满足就业的国家，在埃及2005年的就业结构中，农业占比39.1%，是全国最大的就业方向。尽管埃及发表的数据与世界银行的统计不尽相同，近年来其他领域的就业人数在快速增长，但实际上农业依然是埃及最大的就业方向。截至2014年6月底，全国就业总数2 390万人。农业和渔业仍然是吸纳雇工最多部门，占26.5%，除此之外，工业、服务业和劳务输出也是埃及人的就业渠道。然而，随着埃及的经济发展和地区及国际环境的迅速演变，这些传统的就业渠道均已显现出难以进一步扩大的局限性或提供就业机会的不稳定性和不确定性。

农业虽然是埃及的第一大就业方向，但实际上埃及发展农业的自然条件并不十分有利，扩大就业的能力已经非常有限，埃及全国只有3%的国土是可耕地，而且随着农村人口的不断快速增长，人均耕地面积不断减少，2005—2007年下降到平均每100人耕地面积仅为3.8公顷，约合人均0.57亩，属于世界上人均耕地面积最少的国家之一。而且埃及的耕地中很大一部分没有现代化的灌溉设施，缺乏适合埃及这种“靠天吃饭”农业生产的节水和滴灌设施，埃及的农业发展总体上仍然跟天气变化息息相关，好在尼罗河两岸长期因洪涝自然沉淀而形成的肥沃“黑土”在一定程度上弥补了技术的落后。

埃及农业部门承载人口和就业的能力较为薄弱。由于自然禀赋所限，埃及农村目前的隐性失业现象已较为严重，特别是近年来各种内外部危机及新冠疫情对社会就业的全面打击，农村地区的农业生产成本不断提升，导致农业用工大量减少，农村大量劳动力有待向非传统部门和城镇转移。因此在目前的生产力条件和社会环境下，埃及的农业在未来较长时间内很难再稳定地充当吸纳就业的第一大产业。

对此，埃及政府通过发布一系列乡村发展新规划，利用推出的多个大型项目带动农村就业，此外还出台相应措施为贫困农民提供各类不同级别的培训，以有效促进农村就业，改善贫困状况。在埃及2020—2021财政年度的减贫规划中，政府计划推出各类项目支持农村的小微创业和家庭生产，增建青年职业培训中心，为妇女和年轻人提供7万个就业机会。埃及还通过与在埃的国际组织、机构、当地企业和民间团体合作，为妇女、儿童和残疾人提供援助、技能培训和各类帮扶。

第二是加大对贫困人口基本生活的保障。

埃及高度关注对贫困特别是农村地区广大农民最低生活水准的保障，除了埃及特有的“大饼补贴”政策外，还通过一系列雄心勃勃的大型国家扶助项目，维护和确保弱势群体的基本生活权利。2020年7月，埃及总理马德布利提出，即将在埃及启动阿斯马拉特住房项目（Al Asmarat project）①，以解决埃及贫困人口的基本生活保障。塞西总统已早于6年前即正式宣布了上述国家大型项目的启动，该住房项目也是扶助贫困地区的系列项目之一，埃及的大型国家扶贫项目计划作为一个综合性的全国项目，不仅要对遍布埃及的生活设施落后的地区和社区进行全面升级和开发，而且要对标埃及自身提出的2030发展战略进行实施，以改善埃及人特别是广大农民的生计。

在未来一段时间内，埃及政府还将继续推出一系列新的举措，以便在后疫情时期为埃及的贫困和弱势地区的公民服务，并推动埃及经济的可持续发展。埃及当前疫情下国内有很多像世界其他国家一样实行全面封锁的呼声，但事实证明，这一措施在解决疫情危机带来的经济问题方面，并没有带来理想的结果。

包括国际货币基金组织（IMF）和世界银行（WB）在内的所有国际机构都指出疫情流行后，全球经济正经历衰退。2020年全球经济增长率将在2%～3%，但在疫情流行之后，这些机构现在预期经济将出现负增长。但埃及除外，埃及在疫情下的经济增长率将为正。2019—2020财政年度的增长率不低于3.8%。这得益于埃及在新冠疫情时期实施的多元化经济政策，有力促进埃及经济恢复。

目前埃及已经采取了334项措施来提振经济、遏制病毒，并帮助受灾严重的部门，特别是关乎国家安全和社会稳定的农业生产和粮食安全等问题。目前埃及有超过100亿埃镑被用于卫生部门的医疗手段提升，包括将医护人员的津贴提高75%。到2019—2020财政年度结束时，埃及政府对疫情支持资金总价值

① 阿斯马拉特项目是一项旨在开发埃及全国所有不安全地区的大型国家住房计划，这是一个综合项目，不仅要开发棚户区等危险地区，而且还要实现上述地区的人类可持续发展目标。首期目标是为24万住在贫民窟的家庭提供公共住房服务。

将为890亿埃镑，其中530亿埃镑用于满足公民对面包等主粮的需求。另外，埃及还发放了18.6万张新的食物配给卡，并配发至最需要的人群。

为了应对疫情，埃及将确保大宗商品特别是主粮的储备足以满足未来3个月的需求。在当前的疫情流行期间，埃及政府甚至采取了更多采购行动，将部分重要战略商品的库存提高到6个月。在这些有效的措施保障下，埃及粮食和商品的供应在疫情期间未发生过中断。

另外，在2020—2021财政年度，还有大约660亿埃镑被分配给领取养老金的人，以改善他们的生活条件。此外，作为改善公务员生活条件计划的一部分，政府还将增加340亿埃镑，以提高公务员的工资。埃及还修改了税法，规定月收入在2 000埃镑以内的公民不必缴纳所得税。塞西总统还特别发起了一项“体面生活”计划，旨在通过政府扶助措施，帮助发展埃及最贫困的1 000个村庄。

第三是多种途径改善民众营养不良。

埃及的农村营养不良问题也是一个非常严重和普遍的现象。当然，造成这一现状的主要原因是历史造成的，但是随着社会保障能力在人口等因素的巨大压力下逐渐与人民的需求脱节，营养问题也变得越来越突出。自2004—2005财政年度以来，埃及的贫困人口比例一直在不断增加，2017—2018财政年度将近1/3的埃及人低于贫困线。2017—2018年，3 100万埃及人（超过750万家庭）处于贫困线以下。贫困人口中有2/3（66.8%）仍然生活在农村。最高的贫困率仍然在上埃及农村（52%），占总贫困人口的40%，而其人口仅占埃及总人口的25%。

高贫困率导致埃及的农村广泛地存在着营养不良的状况，埃及5岁以下儿童中营养不良者的比例为35%。肥胖作为营养不良的另一种体现形式，逐渐为社会所认知，埃及成年人的肥胖症已达到令人担忧的水平。与解决饥饿与粮食安全问题相比，埃及更需要在保障健康饮食方面下功夫，特别是妇女和儿童的营养不良和健康饮食问题。埃及目前有超过700万人有体重超重问题，政府应推动建立健康饮食体系，并倡导体育锻炼，使全体国民受益[①]。埃及更需要关注国民营养不良和健康饮食问题，并大力发展可持续的绿色农业[②]。

① 埃兹·埃尔丁·阿布·赛义德（Ezz el-Din Abu-Steit），埃及前农业部长，2019年。
② 纳斯雷丁·哈格·阿拉明，联合国粮食及农业组织（FAO）驻埃及代表，2019年。

（二）埃及农村的扶贫进展

1. 贫困率进一步降低

2021年2月，埃及社会团结部长内文·卡巴赫（Nevine Al-Qabbaj）宣布经过3年的努力，埃及在国家减贫工作中取得了显著成效，已从过去难以全面满足公民生活的基本需求，提升为在全国范围内实施全面的社会保护政策。由于该国全面的社会保护政策，埃及的贫困率已从2018年的32.4%降至2020年的29.7%。

这些政策包括实施现金支持计划、确保体面的住房，提供水和污水处理服务、确保经济权能和软贷款，并与有关当局协调补贴产品和提供健康保险。这些政策将有助于逐步帮助贫困家庭摆脱贫困。该部实施的社会保护计划是在埃及实施的一项基本民生发展计划，旨在赋予穷人、残疾人、孤儿、无人照料的儿童、老人、妇女和其他弱势群体更多的权利。埃及社会团结部正在积极寻求推动埃及社会各阶层向更完善的社会、经济和文化过渡，这将加快埃及贫困率的下降，提升社会稳定以及提升对家园的归属感。

在2018—2021年，该部投入775亿埃镑，将养老金增加了50%，此举使埃及1 040万贫困人口受益。此外，埃及的金融机构也积极参与埃及的扶贫事业，埃及纳赛尔社会银行投入了达328亿埃镑的贷款，使受益人数达到74.6万，比2018年增加了22%。尽管新冠疫情对埃及社会产生了负面影响，但预计埃及银行业2022年的利润率将比上年增加约20%。

2. 持续推进减贫工作

埃及中央公众动员和统计局的数据显示，2019—2020财政年度，埃及贫困率从两年前的32.5%下降至29.7%。这是自1999年以来埃及贫困率首次下降，其中极端贫困率从两年前的6.2%下降到4.5%。

埃及政府已经意识到贫困问题的严重性，开始通过各种途径不断加强社会保护力度，并推出多项组合措施推进减贫工作。首先是为贫困人群提供必要的资金、物资和医疗保障。埃及自2015年起启动的“团结和尊严”社保专项计划已为约360万个困难家庭的近1 460万人提供援助款项，包括每月向弱势家庭提供有条件养恤金，向老年人、严重残疾和疾病患者以及孤儿提供无条件养恤金等措施。在政府部门和社会机构的努力下，“顺利过冬”“照顾无家可归儿童”等各类帮扶活动已经连续实施多年。在2019年，塞西总统还提出了“体面生活”的倡议。重点用于改善住房、道路、电力、卫生和供水，发展医疗和教育等各项措施。特别是在2020年初暴发的新冠疫情期间，埃及政府加大扶持力度，通过社会团结部以及各民间机构等力量向埃及的困难家庭特别是偏远地区的农村家庭累计提供了价值20亿埃镑的援助物资，受益家庭达100万个。此外，埃及卫生与人口部还通过组织送医下乡等活动，为偏远和贫困地区的民众提供免费医疗服务。

新冠疫情防控期间，埃及加大扶持力度，向困难家庭累计提供了价值20亿埃镑的各类资助。埃及社会团结部还组织满载衣物、毛毯、食品等物资的货车车队，深入全国偏远地区，分发给100万个困难家庭。埃及卫生与人口部日前也组织了68个免费医疗车队奔赴各省，为偏远和贫困地区的民众提供免费医疗服务。

埃及政府积极改善偏远地区的基础设施。在基础设施改善方面覆盖住房、道路、电力、卫生和供水，发展医疗和教育等各项措施。埃及政府还发布乡村发展新规划及一系列大型项目。埃及贝尼苏韦夫大学政治学教授希勒米指出，加大农村地区的基础设施建设力度，有利于改善贫困人群生活，创造大量工作岗位，将带来更多潜在的经济增长。

埃及政府还出台相应措施为贫困民众提供培训，促进就业。在2020—2021财政年度的减贫规划中，政府推出各类项目支持小型创业和家庭生产，增加青年职业培训中心，为妇女和年轻人提供就业机会。还通过与国际机构、当地企业和民间团体合作，为妇女、儿童和残疾人提供生活便利、技能培训和各类帮扶。此外，埃及注重借鉴中国经验持续推进减贫。埃及社会团结部认为中国减贫实践重在从根源上消除贫困，具有很强的针对性和可操作性，值得借鉴，期待两国在减贫方面开展进一步合作。

二、营养改善

（一）埃及的营养状况

随着近年来全球的冲突、气候变化和各种突发极端事件增多，世界性的饥饿、粮食不安全和营养不良已经成为阻碍人类共同发展和进步的主要因素之一。加之2019年以来的全球性经济减速和衰退以及2020年暴发的新型冠状病毒病（COVID-19）和空前的东非沙漠蝗虫灾等一系列全球性公共安全事件频发，使得全球经济前景变得更加难以预料。在新冠疫情发生之前，全球已有近

6.9亿人处于食物不足状态，这相当于全球人口的8.9%。然而随着疫情的高度不确定性，预计全球食物不足人数将新增8 300万至1.32亿人。2019年，共有20亿人面临饥饿或营养不良，占全球总人口的25.9%。全球5岁以下儿童中有21.3%（1.44亿人）发育迟缓，6.9%（4 700万人）消瘦，5.6%（3 830万人）超重，同时至少有3.4亿儿童面临微量营养素缺乏①。

虽然从1990—2020年，全球患有慢性营养不良的5岁以下儿童人数从2.53亿减少到1.44亿人，但是受疫情影响，到2022年患有长期慢性营养不良的儿童人数将增加2.6亿人②。在5岁以下儿童的所有死亡中，近一半可归因于营养不良，营养不良使儿童面临更大的死于常见感染的风险，增加此类感染的频率和严重程度，并延迟康复（图5-11）。

2019年，全球有九成发育迟缓的儿童生活在非洲或亚洲，分别占世界发育迟缓儿童总数的40%或54%。虽然多数地区在过去的10年间在减少发育迟缓人群方面取得了一定进展，但仍难以实现联合国2025年和2030年相关可持续发展目标。全球5岁以下儿童超重发生率从2012年的5.3%升至2019年的5.6%，共有3 830万名儿童，有大约24%生活在非洲，其中南部非洲（12.7%），北部非洲（11.3%）。

埃及作为北非及中东地区有影响力的大国，近年来随着经济的不断加速，人口迅速增加，但同时由于地区发展的差异巨大，占人口多数的农村地区的贫困和营养问题依旧十分严重，且部分地区现状仍在加剧。每4个埃及人就有1个身处贫困线以下，每5个埃及儿童就有1个患有慢性营养不良，2/3的儿童死亡率归因于营养不良。特别是一些偏远的农村地区例如埃及第二大省马特鲁省，水资源供应短缺、农业产量低，当地人缺乏足够的蔬菜水果与动物制品摄入（鸡禽与鸽类），从而导致当地儿童的营养状况长期处于令人担忧的状态③。

---

① 《世界粮食安全和营养状况（2020）》，联合国粮食及农业组织（FAO），2021年。

② 联合国儿童基金会（UNCIEF），The Standing Together for Nutrition Consortium，2021年。

③ The UN Capital Development Fund（UNCDF），2021.

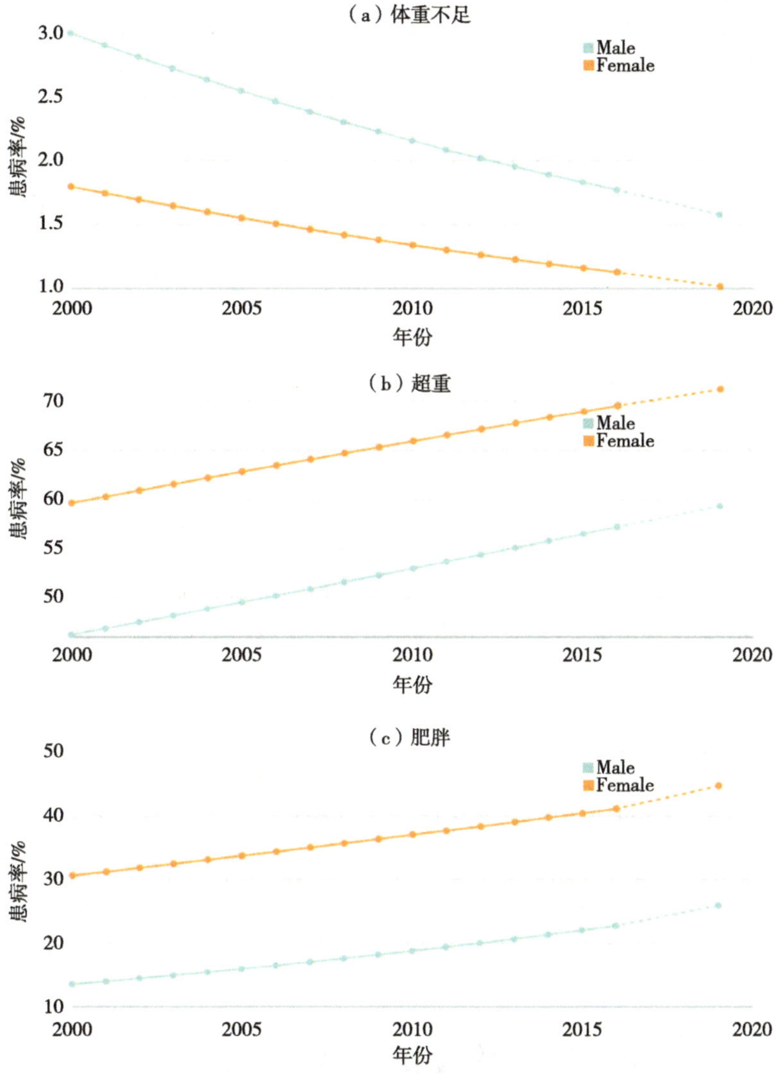

图5–11　成人营养状况和疾病，18岁及以上成年人体重不足、超重和肥胖的患病率

资料来源：全球营养报告。

注：患病率（%）估计值基于截至2016年使用世界卫生组织标准人口对18岁及以上成年人进行建模的年龄标准化估计值。2019年的预计值使用虚线显示。体重不足定义为体重指数（BMI）小于18.5kg/m²（BMI<18.5），超重（包括肥胖）等于或大于25kg/m²（BMI≥25），肥胖等于或等于大于30kg/m²（BMI≥30）。有关指标的更多信息，请参阅方法论。

此外，气候变化及不良的农业生产方法所造成的资源浪费使生物多样性遭到破坏，从而导致能够保障健康、营养食物的供给能力不足。埃及5岁以下儿童中营养不良者比例为35%，而成年人肥胖症已达到令人担忧的水平。与解决饥饿与粮食安全问题相比，埃及更需要在保障健康饮食方面下功夫，特别是妇女和儿童的营养不良与健康饮食问题。考虑到埃及有超过700万人体重超重，埃及政府在近年开始推动建立健康饮食体系，并与一些国际组织例如粮农组织（FAO）开展能力建设合作，改善埃及贫困地区妇女儿童的饮食，提高其健康水平。埃及农业与土地复垦部目前已在埃及5个省实施了营养改善项目，重点关注增加粮食多样性和改进农业生产方法等①。

（二）埃及的营养改善计划

埃及目前20%的人患有肥胖症，1 000万人患有高血压，300万人患有糖尿病。有800万儿童因食用非营养食品而患有贫血症，且各省之间儿童的贫血率发生状况差异较大，上埃及的发生率较高，主要存在于阿西尤特（Asyut）和索哈格（Sohag）等地。对于患有贫血症或发育迟缓的儿童应提供不同的膳食，并为儿童的健康状况定制不同的膳食标准已经迫在眉睫。2021年8月，埃及最大的儿童膳食供应商Silo Foods公司宣布在开罗建成“Silo Foods综合供应设施”，该设施是埃及总统倡议项目，将通过一整套完整的学校供餐制造、生产、储存和分销体系，为埃及的儿童提供不同年龄段的最佳膳食保证。塞西对此也给予了高度的期待，认为埃及政府正在加快推动实现埃及的学龄儿童“以美好方式呈现”（Presented in a nice way）的标准膳食结构。目前埃及儿童供餐的成本为每顿6～7埃镑，埃及政府每年为此的投入成本约为77亿埃镑。

第三节　埃及新农村与国家战略

一、“体面生活”与“2030愿景”目标

“体面生活”（Haya Karima）的概念是2019年在埃及举行的世界青年大会期间，由埃及总统塞西提出的，也是大会的一项倡议，之后成为埃及未来实现其可持续发展目标和后续提出的“2030愿景目标”（图5-12）的一个重要

① 新华社，2019年10月17日。

衡量手段。该概念的提出，对于埃及如何破解当前面临的发展矛盾和危机，如何缓解国内日益严重的人口、贫困以及资源和环境压力，如何树立在阿拉伯国家的重要领导地位，具有相当重要的社会和政治意义，对急于摆脱内外羁绊、重拾民族自信的埃及人来说，具有极大的认同感和期待值。

图5-12 “2030”愿景目标标志

埃及在近年频繁举办的重大国际会议及国际交流活动中，不断强化“体面生活”的概念，促进了埃及人未来美好生活向往的认同感，也产生了较大的凝聚力和国际反响。例如在2019年底至2020年初的亚历山大论坛、阿斯旺论坛、非洲经贸峰会、世界青年大会等会议上，均将埃及“体面生活”的各项理念，融入大会的主旨和精神中。

针对埃及“体面生活”的目标实现，埃及后续提出了很多与之配套的政治、经济倡议和举措。埃及计划和经济发展部长哈拉·赛义德（Hala al-Said）在2020年1月提出，埃及将实施有史以来规模最大的社会保护网计划，包括住房、医疗、卫生等一系列改革措施。该计划将使绝大多数埃及普通百姓受益，通过计划的实施，埃及的家庭及其成员将以一种体面的生活方式，彻底摆脱过去种种“不体面”的生活方式，彻底改变农村和城市贫民的窘迫生活。埃及计划和发展部除了将大力发展青年住房项目外，还计划实施全面健康保险制度，以响应塞西此前发起的“体面生活”倡议，改善全国最贫困村庄的居民的生活水平。在2020年初举办的阿斯旺非洲可持续和平与发展论坛上，埃及还进一步强调了重视吸引投资，特别是在基础设施领域，将进一步加大投资。

埃及当前正遭受一系列经济和社会问题，特别是农业领域的问题更加尖锐和突出。例如水资源权利争夺的白热化、耕地面积和地力加快萎缩、人口暴涨及贫困加剧等。对于如何分阶段、体系化地应对以及进行社会改良，埃及也认真参考了联合国可持续发展目标（SDGs），并提出了上述“2030愿景目标”。从实质上讲，上述目标就是埃及农业的“愿景”，因其涉及的多数内容都与农业相关，即“2030新农业发展愿景”所能带给埃及人“体面生活”的最现实保障。

为进一步落实“2030愿景目标”，埃及政府随之也制定了一系列包容性改革计划，这些改革也成为埃及“2030愿景目标”的一部分。为实现埃及面向现代化的飞跃，避免将宏伟的计划停留在口号上，埃及提出了在其各省之间实现均衡发展，不断缩小这些省之间发展差距的系列具体措施，包括投资以及发展公共、私人筹资等关键举措，进一步开放并促进政府与私营部门之间的合作以推动投资。

埃及在2020年以上埃及的基纳省（Qena）作为其“体面生活”倡议项目的试点省份，并给予了大量的政府支持措施。该项目的第一阶段将涵盖12个村庄，埃及政府将投资1.06亿埃镑，对该地区的公共服务设施进行改造。预计该项目的受益人数将达到16.8万人。这些项目具体将包括安装饮用水管道，建立新教室、青年恢复中心，并在全省范围内推行新的电力项目等。

埃及提出的“2030愿景目标”得到了国际社会的普遍认可和赞扬。世界银行（World Bank）联合国关系和伙伴关系高级副总裁Mahmoud Mohieldin称赞“2030愿景目标”与联合国“可持续发展战略（SDS）高度契合，符合联合国的17个可持续发展目标（SDG）的要求，特别是在经济增长，社会发展和服务，教育、健康和社会保护，环境和气候变化的治理和经济改革等方面。“2030愿景目标”同时与埃及的经济和政治改革与发展计划高度契合，有利于埃及实现经济长期持续增长，尽快实现其发展目标并在非洲超过其他国家。此外，还有利于埃及对全球气候变化的贡献，埃及公共和私营部门以及民间社会组织在“2030愿景目标”的指引下也将在这方面发挥重要作用。

2020年12月，埃及计划和经济发展部长哈拉·赛义德（Hala al-Said）宣布埃及在实现可持续发展（SDGs）目标方面取得显著进展。埃及在2020年可持续发展指数中排名第5，从2019年162个国家的第92位上升到166个国家的第83位，在所有17个2015—2030可持续发展目标中平均得分为68.8。

在阿拉伯国家中，埃及从2020年19个国家中的第9位上升到2020年20个国家中的第7位。值得注意的是，埃及在实施可持续发展目标评估的国际标准方面在阿拉伯世界排名第一。在非洲国家中，埃及在2019年和2020年均排名第4。作为新兴经济体，埃及在2019年和2020年排名第10①。

① Egypt Today，2020.12.14.

二、与阿盟及非盟的战略合作

（一）与阿盟的战略合作

阿拉伯国家联盟（League of Arab States），简称阿盟（图5-13），是最早成立的重要地区性国际组织之一，其成立的宗旨是为了加强阿拉伯国家的联合与合作，维护阿拉伯国家的独立与主权。阿盟于1944年9月在埃及倡议下在埃及亚历山大港成立，并通过《亚历山大议定书》形式将阿盟以正式形式固定下来。1945年3月，埃及、伊拉克、约旦、黎巴嫩、沙特阿拉伯、叙利亚和也门7个阿拉伯国家又通过了《阿拉伯国家联盟条约》，宣告联盟正式成立。2019年，埃及、阿拉伯联合酋长国、伊拉克、黎巴嫩、突尼斯、苏丹、阿尔及利亚以及巴林同意叙利亚重回阿拉伯联盟。该联盟有共有21个成员国。现任秘书长艾哈迈德·阿布·盖特（Ahmed Aboul Gheit），埃及人，2016年7月1日正式就任，任期5年，2021年5月任期届满。前任秘书长纳比勒·阿拉比也是埃及人，埃及长期占据该职位。

图5-13　阿拉伯国家联盟标志

埃及与阿盟的战略合作关系考虑到历史原因具有一定的特殊性，主要体现在对阿盟的巨大影响力方面。从外部表现看来，埃及始终在主导阿盟的运行管理和战略规划，引领阿盟框架下的阿拉伯合作机制的总体发展方向。埃及作为阿盟的发起人，同时也是阿盟的主要供资方，对阿盟拥有绝对的控制力，阿盟总部就位于埃及开罗，且阿盟秘书长的职位长期由埃及人占据。在内部利益的共同点和价值取向方面，埃及与阿盟有着相近的政治主张，埃及的民族主义思想与阿拉伯民族主义互动的“晴雨表”就是阿盟立场的变化和演进。埃及与阿盟在意识形态上的一致性与矛盾性在这个平台上得到了充分的演绎。埃及与阿盟多年来的互动实践表明，在阿拉伯世界的集体利益受到来自其他地域的威胁下，一个具有灵魂作用的地区阿拉伯大国将发挥重要的引领作用，与其他主要国家组织相比，“脆弱”的阿盟必须出现像埃及这样的地区大国支撑才能真正向国际社会传达出正确的地区主张。同时，阿盟的泛阿拉伯主义体制与意识形态对于埃及维护其地区战略安全，推行其地区战略目标和实现其国家战略利益能够提供直接的支撑。两者的互生关系保持一种动态平衡，对于维持地区稳定和发展至关重要，只要埃及引领中东事务的决心不变，这种关系就会一直持续下去。

阿拉伯国家之间在共同争取地区间政治经济利益的过程中，不可避免地涉及农业领域的协同与合作。随着全球化的进程加速，国际农产品贸易流通也不断提速，阿盟国家越来越意识到农业在该区域经济中的重要作用，因此在农业发展领域进行协调，以促进完全一体化的阿拉伯经济最终目标成为一种共识。在这种背景之下，阿拉伯农业发展组织（AOAD）作为阿盟重要的农业磋商组织，于1970年成立，并在以后推动阿盟国家之间的农业合作发挥着重要的纽带作用。

阿拉伯农业发展组织于1972年建立，目标主要定位在国家和地区两个层面。在国家一级，将协助成员国发展和加强各自的农业部门。在区域一级，旨在促进农业部门成员国之间的协调，以期实现完全一体化的阿盟，并确保成员国实现粮食自给自足的粮食安全基本目标。

自20世纪70年代以来，阿拉伯农业发展组织在阿拉伯国家地区推动成员国的农业可持续发展产生了积极推动作用。该组织制定了一系列具有针对性的农业发展规划，有效地对接成员国农业有关部门。并不断根据实际情况对规划进行及时审查、评估和更新，确保了其能够适应周期性发生的区域和国际变化。

埃及与阿盟在农业领域的合作战略主要体现在《阿拉伯农业可持续发展十年战略（2005—2025）》（Strategy for Sustainable Arab Agricultural Upcoming Decades（2005—2025））等战略框架下。鉴于阿拉伯各国农业国情不同，自然和资金资源差异显著，再加上近年来粮价持续攀升，阿拉伯各国首脑意识到保障粮食安全的重要性，并一致认为解决粮食安全问题的根本措施就是依靠不断增产，然而实现增产目标需要成员国加强协作才能实现。2008年金融危机引发了粮食安全危机，沙特阿拉伯呼吁阿拉伯国家联合应对这一危机，共同采取措施缓解全球粮价大幅上涨对阿拉伯世界的威胁。对此，阿盟国家也普遍认识到走阿拉伯农业一体化道路的必要性。只有通过扩大生产性的农业投资，并充分利用先进的农业科技，可以实现阿拉伯国家的农业增产，更好地应对持续旺盛的粮食需求。

因此，一个符合阿拉伯各国现实情况和需求的统一政策和发展规划，对于未来实现阿拉伯农业经济一体化具有重要的指导意义这一思想在阿拉伯国家很快达成一致并形成了一个构想，即通过“一体化”之路，全面提升阿拉伯国家农产品在国际市场上的竞争力、实现阿拉伯农业一体化、满足阿拉伯国家的粮食需求，捍卫阿拉伯国家的粮食安全。早在2004年，阿拉伯农业发展组织就受阿盟委托，着手制定上述阿拉伯农业可持续发展战略（2005—2025年）框架草案。2004年召开的阿盟突尼斯峰会上，阿盟正式提出了实现阿拉伯农业一体化，以最终实现阿拉伯经济一体化的战略构想。2005年的阿尔及利亚峰会上决定由阿拉伯农业发展组织牵头正式起草该发展战略（2005—2025年），2007年，该战略完成并正式成为阿拉伯国家间的第一个地区性农业发展战略。

阿拉伯农业可持续发展战略分12个部分，分别为：阿拉伯农业发展的经验教训、农业可持续发展面临的挑战、农业可持续发展建构的条件和基础、农业可持续发展战略的主要方面、农业可持续发展战略的远景目标、发展方案、国家和民族分配发展要素的建议方案、阿拉伯农业联合发展的优先点、执行伙伴、融资及相关渠道、战略方案和实施时间表、执行监督评估机制。该战略虽然制订的方案非常详尽，但对实施的国家主体没有法律约束力，不过如果过度强调国家在其中的作用并赋予一定独立权利，那么很有可能会因资源配置不合理、国家地方保护主义等原因导致规划最终失去凝聚力而成为一纸空谈。如果阿拉伯国家的确需要一个真正意义上的“一体化”，那么就必须将有效的协调机制和共同的责任明确体现在其制定的发展政策和规划中，这是实现真正经济协作的基本条件。只有这样，才能避免出现如大阿拉伯自由贸易区（P-AFTA）框架下的农业贸易模式那样的“各自为政”的现象①。

（二）与非盟的战略合作

非洲联盟（African Union）（图5-14），简称非盟（AU），是集政治、经济和军事于一体的全非洲性的政治实体，拥有55个会员国，数量远超欧洲联盟（28国）、阿拉伯国家联盟（21国）、东南亚国家联盟（10国）等，是目前世界上最大的国家组织。总部设在埃塞俄比亚首都亚的斯亚贝巴（Addis Ababa），其

图5-14　非洲联盟标志

① 各国都从自身出发，想方设法通过农业补贴、设置例外条款和非关税壁垒等手段保护本国农民、农产品和农业利益。

总部大楼由中国承建。非盟的前身是非洲统一组织（非统组织），1963年通过“推动非洲各国独立与维护地区和平”倡议，部分国家在亚的斯亚贝巴成立了这一组织。2002年7月在南非改组。埃及总统塞西为2019年非盟轮值主席。

非盟成立目的是帮助发展及稳固非洲的民主、人权以及推动可持续发展的经济，之外还有一个重要的目的是统一行动，减少非洲内部的冲突、战乱并努力维护有效的共同市场，从而推动非盟的经济“一体化”目标实现。非盟建立的最终目的是在未来致力于有计划统一使用货币、联合防御力量，以及成立跨国家的机关，最终目标是建立“阿非利加合众国”。

在农业发展领域，非盟也在积极倡导建立一系列合作平台，并制定和实施统一的发展战略规划。非洲农业发展综合计划和2003年《马普托声明》[①]应运而生。2013年，非盟又提出了“非洲愿景2063战略”重要倡议，旨在规划非洲未来50年包括农业可持续发展在内的蓝图并制定具体行动纲领。2014年，“农业与粮食安全”成为第23届非盟峰会的主题，会上还提出了推动非洲农业现代化的统一策略构想，并将该年确定为“农业与粮食安全年”。非洲国家也一致认为，现代农业发展将承载着非洲未来可持续发展的希望，农业转型对于非洲国家实现农业的绿色、可持续发展具有非常重要的意义。但是由于历史原因导致的非洲国家政策与经济体系的多样性和复杂性的影响，近年来非洲国家农业生产率增长较慢，统一的农业政策难以普遍使用，非洲国家需要认真反思其农业政策[②]。

此外，对于非洲建立共同市场的农业产业体系，非盟委员会主席祖马（Zuma）呼吁非洲国家建立现代农业体系，创新农业科技，发展农产品加工业。非洲联盟委员会负责农村经济与农业事务的委员图姆斯米·罗达也呼吁非洲国家加大对本国农业的政策与金融支持，加强农业机械化和商业化程度。

随着非盟影响力的逐步加大，和阿盟一样，埃及在2014年加入非盟之后也积极参与非盟内部的管理运作，也积极倡导建立一系列包括农业在内的合作机制。非盟也根据自身的现实需求也酝酿推动成立一些包括农业在内的跨区域合作平台。2019年12月，在阿斯旺可持续和平与发展论坛上，塞西总统在卸任非

① 非盟于2003年在莫桑比克首都马普托（Maputo）发表《马普托声明》，承诺在非盟国家增加农业投入，提升农业活力。

② 卡洛斯·洛佩斯（Carlos Lopes），联合国非洲经济委员会（Economic Commission for Africa，（ECA）执行秘书，2014年。

盟轮值主席之际推动埃及与非盟在开罗成立“非盟重建与发展中心”，为需要战后重建的非盟成员国提供符合其国情的建设方案。埃及在担任非洲发展新伙伴关系（AUDA-NEPAD）[①]国家元首和政府首脑指导委员会主席期间还优先启动“非洲农业综合发展计划”，支持非洲实现粮食安全[②]。

三、国际对话机制下的合作

提起非洲，很多人立刻会想起丹麦女作家伊萨克·迪内森（Isak Dinesen/Karen Blixen）[③]在1937年发表的畅销小说《走出非洲》，作家以优美的文字叙述了1914—1931年非洲的农场、自然景色、动物和神奇的土著文化。海明威（Ernest Miller Hemingway）[④]的《乞力马扎罗的雪》同样也给读者描绘了一个神奇的、充满魅力和潜力的非洲。

的确，非洲的潜力是无与伦比的，昨天是这样，今天以至于未来亦如此。时至今天，这块充满着野性和魔幻的大陆至少已经占据了世界上发展最快的经济体一半的数量。它拥有着丰富的资源以及各种难以预测的未知资源。随着全球化的不断加剧，整个非洲大陆的市场化走在前列的国家纷纷掀起城市化风潮，工业化和经济多样化成为主旋律。非洲，已经成长为市场和全球增长的重要引擎，它在全球经济中的分量会不断增加。同时，非洲大陆也是世界上最年轻的大陆，预计到2030年，全世界将有1/5的人口生活在非洲，这也为非洲国家的工业化之路提供了源源不断的劳动力资源。

然而，随着2020年新年伊始不期而至、逡巡不定的非洲蝗灾和COVID-19肆虐，非洲特别是北部非洲各种外部的威胁和来自内部的挑战和矛盾应运而生，在多重矛盾的重压下，这块年轻大陆的年轻人民显然难以依靠自身的力量完全消弭冲突，实现自身的独立自主和可持续发展。非洲的独立和发展这样一个伟大的目标正在史无前例的受到威胁和破坏。非洲已经走到了发展的

① African Union Development Agency-New Partnership for Africa's Development简称AUDA-NEPAD，2018年6月在毛里塔尼亚举行的非洲联盟国家元首和政府首脑大会第31届常会决定将非洲发展新伙伴关系规划和协调机构改为非洲联盟发展署-新伙伴关系（AUDA-NEPAD），旨在提高联盟影响力和运营效率。

② 第18届二十国集团（G20）峰会，2023年9月9日。

③ 伊萨克·迪内森（Isak Dinesen），1885—1962，丹麦著名女作家，原名卡琳·布利克森（Karin Blixen），《走出非洲》一书作者。

④ 欧内斯特·米勒·海明威（Ernest Miller Hemingway），1899—1961，美国作家、记者，被认为是20世纪最著名的小说家之一。

十字路口，在当今新工业革命以及信息技术革命的风尖浪口之下，哈姆雷特（Hamlet）的著名咏叹——“生存，还是毁灭？①”用在非洲这块大陆，再合适不过了。

在非洲的和平、安全与发展的过程中，随之而来的危机、挑战和风险破坏着可持续发展的进程。此起彼伏的冲突持续造成毁灭性的人道灾难，持续破坏本已脆弱的经济和社会结构，摧毁非洲的发展赖以生存的基础设施。由此产生的移民、难民和流离失所者的人数不断创历史新高。恐怖主义的威胁也在各类危机的温床中不断滋生。

今天对非洲和平、安全与发展的威胁在许多方面都是前所未有的。首先，这些威胁的并发性、发生频率和发生规模是空前的，对非洲的冲击也是历史所罕见的。其次，这些威胁暴露了非洲大陆的安全结构和机制的严重缺点以及对威胁应对的脆弱性。最后，这些危机是在全球化的浪潮中显现出来的。全球化既为非洲带来了挑战，更带来了难得的机遇。

在这些当前的重大考验之中，非洲当然可以继续依赖外来的力量，但是终归只有依靠它自己。幸运的是，当代不断崛起的雄心勃勃的非洲领导人、政策制定者和知识分子们前所未有地凝聚了更加强有力的责任感，更加急迫的为非洲寻求问题的本土解决方案，以保护当前的非洲共同利益，并为非洲的子孙后代创造一个可以预期的未来。那么，从现在起，非洲就需要开始“对话”。

（一）“亚历山大”对话机制

该对话机制是联合国埃及事务办公室与亚历山大图书馆共同组织的高层学术对话机制，旨在面向“埃及的2050年”倡议提及的有关目标，着眼埃及目前面临的经济增长、能源价格、通货膨胀等各种矛盾以及未来发展需求，为埃及的可持续发展提供智库专家的意见以及政策指导意见。对此，联合国埃及事务办公室和亚历山大图书馆曾共同发起了一系列倡议，力求通过“亚历山大对话”机制，寻求如何将现实的发展与未来的战略机遇进行有机融合。

亚历山大对话着眼于构建2050年战略规划与实施方案，审查未来社会经济挑战，这种前瞻性的战略规划作为埃及传统战略思维的重要补充，已经迅速呈现在世人面前。该对话将帮助决策者面对埃及社会的未来，对不同的构想和方

① “To be or not to be”，生存，还是毁灭——莎士比亚的戏剧《哈姆雷特》中的经典独白。

案进行专家会诊，评估其决策以消除潜在的偏见，从而主动地、更好地为前瞻性的政策建议服务。

（二）阿斯旺论坛对话机制

在第32届非洲首脑会议上担任非洲联盟主席之后，埃及总统塞西于2019年12月发起了“阿斯旺可持续和平与发展论坛”。该论坛依托于非洲联盟2063年议程核心：非洲人要寻求用非洲的方式解决非洲问题。基于这样一个共识和急迫的需求，埃及政府借助非盟轮值主席国的时机，倡导了阿斯旺论坛这样一个泛非多边论坛机制。该论坛于每年12月举行，已成为埃及展现其参与地区与国际治理能力的重要论坛，会议重点关注来自地区的威胁和挑战及机遇并对上述问题进行针对性、面向行动和前瞻性的讨论。论坛还将设立的专家委员会作为智库，由非洲和全球知名人士组成国际咨询委员会并提供战略指导。在埃及外交部指导的国家协调委员会的监督下，非洲联盟培训、能力建设和研究卓越中心和开罗国际冲突解决、维持和平与建设和平中心（CCCPA）承办论坛。该论坛目前主要由埃及伙伴发展机构、联合国开发计划署（UNDP）以及日本、瑞典、英国、加拿大等国家提供资金支持。

第二届阿斯旺论坛由于新冠疫情的影响在2020年3月以线上方式举行，会议针对全球特别是非洲面临的新风险、威胁和挑战以及未来机遇和应该采取的具体进行了深入讨论。在2022年6月召开的第三届阿斯旺可持续和平与发展论坛上，讨论的焦点集中在了非洲国家面临的粮食安全、气候变化和应对恐怖主义以及地区冲突等热点问题上。埃及总统塞西在会上指出，非洲大陆正在经历的粮食安全危机对地区安全与稳定可能产生严重影响，非洲各国与国际社会应共同采取有效应对措施。非洲有必要在加强和平与安全、实现可持续发展、反恐等方面持续努力。

（三）世界青年论坛对话机制

世界青年论坛（The World Youth Forum）是由埃及总统塞西倡议的一个年度召开的世界青年交流盛会。论坛面向全世界青年精英和政治、商业领袖，通过构建一个广泛议题的交流平台，向全世界传达和平、繁荣、和谐与进步的诉求。来自世界各地的青年精英，将利用这个多边平台表达自己的观点，并向有关政府决策者和有影响力的人物提出政治倡议。论坛还涉及多个议题，包括政治、经济、文化、教育领域中存在的关键问题，甚至包括地区的热点人道主义问题等。

首届世界青年论坛于2017年11月埃及沙姆沙伊赫举行，会议议题包括文化和文明之间的差异、冲突和融合，利用人口红利投资青年，在全球范围内实现可持续发展的青年愿景，难民及移民的不利影响，文学与艺术的统一愿景，通过文化实现和平，以文学艺术弥补冲突和战争的破坏等当今在全世界青年中最受关注的热点问题。论坛围绕和平与发展两大热点主题，讨论了战后国家和社会的重建、国家领导人在促进和平方面的作用、国际社会在提供人道主义援助和反恐方面的责任以及非洲联盟《2063年议程》等议题，为建设更好的埃及和非洲建言献策。埃及总统塞西在会上明确提出了“埃及拒绝极端主义”的宣言。2019年12月，“第三届世界青年论坛”继续如期在埃及沙姆沙伊赫举办，主题为“和平、发展和创新”。埃及总统塞西、阿拉伯国家联盟秘书长盖特等政要在论坛上呼吁国际社会加强合作，共同维护国际和平与安全。

（四）其他国际合作机制

1. 埃及与世界经济论坛

世界经济论坛（World Economic Forum）成立于1971年，由瑞士日内瓦大学教授克劳斯·施瓦布（Klaus Schwab）倡议创建，是一个非营利性基金会，总部设在瑞士日内瓦，目前拥有670多家全球性企业会员。每年1月末在瑞士达沃斯召开“世界经济论坛年会”（即“冬季达沃斯论坛”），每届年会均有来自数十个国家的政界、企业界、学术界和媒体界代表参与。论坛自2007年起每年在中国举办“新领军者年会”（即“夏季达沃斯论坛”），由大连市和天津市轮流举办。论坛每年还举办多场地区峰会。

埃及近年来积极参与世界经济论坛的各项议程，在论坛中扮演了越来越重要的角色。埃及国际合作部长拉尼亚·马沙特（Rania Al-Mashat）自2014年被提名为全球青年领袖以来，一直积极倡导埃及全方位参与世界经济论坛。2021年1月，世界经济论坛发布了《世界经济报告（2019—2020）》，重点阐述了2020年举办的论坛在推动中东地区可持续发展和包容性，以及推动解决地区争端等方面发挥的重要作用。世界经济论坛也为来自世界各地的未来年轻领导人特别是包括埃及在内的中东地区的未来领导人提供了一个独特探讨变革和创新机制的交流平台。

在世界经济论坛的推动下，埃及国际合作部在2020年共获得了价值98亿美元的发展融资。其中67亿美元用于主权项目的融资，31亿美元用于支持私营部门，这些投资为埃及在后疫情时代实现经济的复苏与尽快繁荣注入了新的动力。

此外，值得一提的是，埃及在世界经济论坛逐步扮演重要角色的同时，在其他国际经济组织同样也发挥了重要的作用。2021年1月17日，在经济合作与发展组织（OECD）[①]成立60周年之际，塞西总统进一步强调了埃及对经济合作与发展组织在制定有助于实现全球可持续发展的经济政策中发挥的作用，埃及不仅通过有效和灵活的经济改革为应对新冠疫情做出了贡献，还对世界经济的复苏和健康运行产生了积极的影响。尽管疫情已经并还在对世界经济产生严重的影响，也对埃及的经济造成了影响，但由于埃及正在进行的经济改革计划，促使该国灵活应对并已成功地实现了经济正增长。埃及的经济改革积极反映了其发展努力和国家有效干预的能力，特别是埃及积极实施的经济激励政策，有效地保护了重要部门免受疫情影响，此外弱势群体也通过“体面生活”等一系列国家发展倡议得到了有效保护。

埃及非常重视经济合作与发展组织在制定有助于实现国际发展的经济政策中的作用，埃及也是第一个签署“经济合作与发展组织国际投资和多国企业宣言”[②]的阿拉伯和非洲国家，这也被视为埃及为吸引外资迈出的重要一步。埃及为加入经济合作与发展组织投资委员会做出了巨大努力，即推进改革，埃及在2001—2006年的改革使埃及外商直接投资增长了15倍。近年来，埃及政府在国有资产私有化、税收、海关以及银行等领域采取了一系列改革措施，营造了良好的投资环境，外商直接投资大幅上升。

2020年新冠疫情的流行给埃及的经济改革进程带来了许多艰巨挑战和负面影响，世界经济也将在危机后发生颠覆性的改变。尽管存在这些困难，但危机中仍然显示出重要的机遇，特别是在促进数字转型和实现包括社会、经济和环境方面的可持续发展政策方面。埃及在充分利用上述机遇方面有领先的优势，其在全球占有的重要战略位置以及与世界各主要经济体以及经济组织之间的良好关系，确保其在疫情下经济的快速复苏和经济改革计划的顺利进行。

---

① 经济合作与发展组织为政府间国际组织，1961年9月在法国巴黎成立，目前有包括美国、日本、欧元区国家在内的30个成员国。

② 2014年7月1日，经济合作与发展组织（经合组织）国际投资和多国企业宣言在巴黎签署。

2. 埃及的国际合作委员会机制

埃及通过其国际合作部建立各类国际联合委员会机制，加强与世界特别是阿拉伯国家等的合作。联合委员会是深化埃及与友好国家之间经济和发展合作关系的经济、外交工具之一，是埃及与各国间建设性合作的框架。埃及国际合作部目前已经与埃及的各发展伙伴和政府之间开展持续的后续行动和协调，以执行联合委员会签署的各项议定书。2021年至今，埃及国际合作部通过成立多个联合委员会，加强了与阿拉伯国家和友好国家的各领域的合作。

（1）埃及—约旦合作联合委员会。2021年3月，双方签署了旨在加强电力和可再生能源部与约旦能源和矿产资源部之间电力互联能力的框架协议，签署了国际合作部与约旦规划和国际合作部交流经验执行方案及水资源领域谅解备忘录执行方案，以及住房和城市发展双边执行方案。此外双方还在文物、公司监管、通信和信息技术领域签署了谅解备忘录。联合高级委员会是自1985年成立以来最活跃的联合委员会，在加强埃及和约旦之间各级联合关系方面发挥了重要作用。

（2）埃及—利比亚合作联合委员会。在促进区域一体化和推进联合经济关系的背景下，埃及—利比亚联合高级委员会签署了包括青年和体育、石油和天然气等多个不同领域的合作协议。

（3）埃及—约旦—伊拉克三边合作联合委员会。该联委会旨在埃及、约旦和伊拉克领导人合作框架内加强各经济领域的三方合作和一体化，此外还在货物和人员运输，粮食安全和物流领域，能源、电力互联，天然气和石化，卫生和药品注册以及建筑等领域达成了拟议合作项目。

（4）埃及和南苏丹合作联合委员会。2020年7月，埃及和南苏丹联合高级委员会签署了自2021年1月成立以来的首个协议。协议旨在发展两国的联合经济关系，研究“巴尔盆地”的洪水风险和两国贸易和工业发展。

（5）埃及—乌克兰经济、科学和技术合作联合委员会。2021年12月，埃及—乌克兰经济、科学和技术合作联合委员会召开了高级委员会会议，旨在加强两国在优先领域的联合合作。埃及和乌克兰在出口产品的标准化、规格和质量领域，以及空间领域签署了谅解备忘录。埃及航天局与乌克兰航天局还签署了一项关于空间与和平利用外层空间领域合作的谅解备忘录。

3. 埃及与COP27

哥白尼气候变化服务中心（C3S）[①]报告称，2024年3月全球气温比数据记录中的任何一个3月都高，到了5月，地球连续12个月承受了前所未有的高温。预计未来5年有47%的可能性突破1.5℃的全球气候变化门槛[②]。2023年7月，美国加州死亡谷甚至创下55℃高温，是1931年以来全世界已知的最高温度。世界气象组织（WMO）在2020年12月称，2011—2020年是有记录以来最热的十年。而非洲的气候指标表现为气温持续变暖、海平面加速上升、极端天气和气候事件的发生（如洪水、山体滑坡和干旱）以及相关的毁灭性影响[③]。非洲的变暖速度超过了全球陆地和海洋变暖的平均总和。

在气候变化冲击下，地球发展轨迹令人担忧。欧洲多条河流出现干涸，泰晤士河、莱茵河、波河等出现了500年未遇的低水位甚至部分断流，8月甚至在易北河裸露出的河床上出现了1934年甚至更早时期被标记的“饥饿石”[④]（图5-15）。2024年3月，联合国发布了年度气候报告并发布了红色警报：2023年是史上最暖的一年，全球平均近地表温度比工业化前基线高1.45℃，使2023年成为史上最暖的一年[⑤]。

图5-15　饥饿石

由于世界遭遇的极端气候灾害已佐证了气候变化加快，全球呼吁采取行动的呼声越来越高，人们也都将缓解全球气候恶化希望寄托在采取一致的国际行动上。2022年11月在埃及西奈半岛沙姆沙伊赫举办了《联合国气候变化框架公约》第27次缔约方会议（UNFCCC/COP27，简称COP27），因埃及在全球气

① Copernicus Climate Change Service，缩写为C3S，用于执行欧盟哥白尼地球观测计划，是一项建立在欧洲等地的气候观测运营计划，于2018年投入运营，为全球气候服务框架（GFCS）提供了重要资源。

② CNN.com，2024.6.6；Copernicus，2024.6.6.

③ 《2020年非洲气候状况报告》，世界气象组织，2021年10月19日。

④ 这些（尚未经考证的）石头被用来记录水位及当地发生的饥荒，易北河床的警示铭文石块最早可能追溯到17世纪。图中标出了1921、1930、1934、1944年不同水位，其中1616年铭文上写：“Wenn du mich siehst，dann weine”（“如果你看到我，请哭泣”）。

⑤ UN News：Records smashed-new WMO climate report confirms 2023 hottest so far，2024.3.19.

候变化中所扮演的角色再次吸引了所有人期待的目光。此前2021年9月，埃及总统塞西即宣布埃及将代表非洲大陆举办此次气候大会。埃及将“在各方协调下，使之成为国际气候努力的重大转折点，造福非洲和整个世界”。塞西特别强调了在当今持续发生的全球危机中，更为紧迫的因气候变化、荒漠化和水资源短缺而加剧的粮食安全危机。此次在埃及举办的气候大会同时也将是非洲重新审视气候变化对自身影响的历史机遇。

埃及近年也频繁出现极端天气。像埃及这样的主要以沙漠和三角洲为主的国家，降水量少，夏季炎热，海岸线长，人口集中，城市庞大，整个国家依赖一条河流，极易受到气候变化的影响。随着全球气候变化，埃及可用水资源的不确定性急剧增加①。2020年2月，埃及社交媒体广为转载了开罗吉萨金字塔罕见暴雨及开罗严重沙尘暴（图5-16）。埃及政府在应对气候变化的影响方面做出了多种努力，特别是在通过支持绿色和可持续发展经济转型领域减缓气候变化对社会，以及对环境和自然资源的影响等方面。这也充分体现了埃及积极参与地区乃至全球治理的态度。埃及是在中东和北非地区首先实施绿色投资计划的国家之一，在向绿色经济转型方面采取了多种措施，目前已有20多个待启动的绿色发展项目，分别涉及电力与可再生能源、交通、农业、水、石油与天然气5个领域，总成本超过1 200亿美元。

图5-16　开罗暴雨及沙尘

除了启动多个绿色发展项目外，发行绿色债券也是埃及大力推行的另一项手段。埃及率先在中东和北非发行了第一只价值7.5亿美元的主权绿色债券，绿色债券可为气候行动提供资金，并被公共和私营部门发行人广泛使用。埃及还围绕交通改善和清洁空气等耗资2亿美元在开罗推动空气污染治理和气候变化项目。埃及投资低碳交通方式有助于埃及实现减缓污染和适应气候变化的目标。埃及铁路改善和相关公共交通项目还将有助于农村地区污染缓解和对气候变化的适应。在埃及较为贫困且对气候变化更为敏感的上埃及地区，推动地方

① Marina Wes，世界银行埃及、也门和吉布提国家主任，2022年4月19日。

发展计划，促进城市固体废物管理、进行气候风险评估和制定地方气候行动计划，能够帮助当地更好地应对气候风险。此外埃及正在积极推行的“体面生活”（Hayat Kareema）国家发展倡议也为埃及在气候变化方面的进展提供了难得的机会。埃及还制定了“2050年国家气候变化战略”，以及准备启动的“国家氢战略”等计划，作为埃及积极应对气候变化的一揽子国家发展计划①。

COP27就直接影响发展中国家的问题进行谈判，并将上届格拉斯哥的COP26会议上做出的承诺转化为实际行动。考虑到阿拉伯地区的特殊气候条件和非常脆弱的环境适应力，气候变化对阿拉伯地区的经济发展有着显著的影响。特别是2020年联合国气候变化框架公约下的13个阿拉伯国家预计到2030年将需要4 780亿美元用以减轻气候变化的影响。但目前每年仅有74亿美元能够用于在阿拉伯地区实施减缓和适应气候变化的项目，其中还包括49亿美元的国际援助经费，主要集中在可再生能源投资、创新伙伴关系和融资安排。为配合COP27，埃及加快推进环保项目并更积极寻求金融支持，以减缓和适应气候变化倡议。

目前埃及与欧盟、欧洲投资银行、法国开发署和德国建设银行合作实施了1.45亿欧元的工业污染控制计划（EPAP），埃及全国所有工业设施都可以从EPAP项目中受益，参与该计划的埃及公司将在减少碳排放和温室气体、进入出口市场、获得财务回报、提高生产力和增强竞争优势方面获得帮助。EPAP目前正在准备和实施符合环保和节能的项目，项目预算超过2亿欧元。

埃及还在国家气候适应战略框架内再次明确了埃及的气候适应项目的融资方式，埃及最近推出的2050年国家气候变化战略和2030年国家专项贡献计划也将共同支持埃及的国家气候适应战略框架。埃及获得气候变化战略融资有两种形式，第一种来自政府，相关融资将主要分配给埃及的海岸侵蚀、基于自然的解决方案和三角洲保护等项目。第二种融资形式是赠款，以帮助埃及实施一些开创性的技术推广项目，例如在上埃及种植多种类型的环保型作物。此外埃及也正在几个省份实施一项由上文提及的绿色气候基金资助的沿海地区综合管理的大型项目，该计划是基于以自然的解决方案保护和维持最易受气候变化影响的沿海地区社区的生活质量②。

① 埃及《第七日报》，2022年8月8日。
② 《埃及金字塔在线》，2022年8月10日。

与许多同样拥有漫长海岸线的非洲及中东国家一样，埃及正在更大范围内做出气候适应的努力，通过寻求更大的金融支持力度建立保护海滩和限制海岸侵蚀的基础设施。在农业气候应对方面，在埃及主持的COP27及其参与的其他缔约方会议中，埃及也同样高度重视有关议题的条款对其农业的影响。埃及在COP27议程中还单独设置了“适应与农业日”（Adaptation and Agriculture Day）。2022年5月，埃及时任农业和土地复垦部部长库赛尔（El Sayyed El Qusseir）在科特迪瓦举行的联合国防治荒漠化公约（UNCCD）第十五届缔约方会议（COP15）上提出，建造巨型水坝不应成为跨界河流水域公平分配以防治荒漠化、防止土地退化和保护粮食生产的障碍。

由于荒漠化和干旱对全球粮食安全的负面影响已经成为全球最为迫切的议题。埃及期待国际社会达成一个具有约束力的法律框架，并尽快实施全球干旱倡议，以减少除荒漠化对全球气候变化影响。对此，埃及呼吁国际社会尽快达成生物多样性、气候变化和荒漠化的三项公约，并加大对实施国家行动方案的资金支持。

第四节　新农村与全球治理

一、“南南合作”

“南南合作”（South-South Cooperation，SSC）是指全球发展中国家之间在可持续发展领域方面的合作。自1955年万隆会议召开至今，南南合作历经70年的不断发展演化，有效帮助很多发展中国家融入和参与到世界经济的大循环之中，并使其从中受益。特别是随着全球经济的快速发展，一些发展中国家提前实现了“零饥饿”以及相应的减贫目标，成为全球新的经济增长点，其中有很大一部分现在有能力也有强烈意愿为全球可持续发展做出更大贡献。这些发展中国家很多已经发展并形成了先进的技术能力和经验，同时又在知识产权等衍生领域催生了创新的需求和解决方案，将更好地解决广大发展中国家在各个领域面临的共同发展挑战。在全球化和自由贸易带来机遇中，南南合作以其不断地实践，为世界广大发展中国家提供了丰富的经验和模式参考。同时也在全球孤立主义和贸易保护主义抬头的情况下，南南合作坚定地推动世界经济秩序不断变革，使之朝着更符合发展中国家利益的国际经济新秩序转变。这些都促使发展中国家逐步意识到南南合作的价值和潜力所在，更加意识到需要加强彼此之间的合作挖掘潜力，充分利用发展中国家之间的互补性，实现共同进步。这种理念从本质上讲就是“命运共同体”①理念的朴素内涵，即这个世界，各国相互联系、相互依存的程度空前加深，人类生活在同一个地球村里，生活在历史和现实交汇的同一个时空里，越来越成为你中有我、我中有你的命运共同体②。

埃及作为北非及中东地区发展中大国，也非常重视南南合作对于地区政治、经济持续健康发展所具有的特殊意义。埃及在不断推进自身现代化进程中越来越意识到仅靠自身力量难以实现快速减贫目标和其他可持续发展目标。而南南合作作为消除贫困、构建公正公平的国际关系的重要“公共产品”，将能够为埃及带来更多的多边合作成功经验参考。对此，时任外长舒克里（Sameh Shoukri）在2020年9月举行的第75届联大会议南南合作边会上呼吁应建立更广泛的战略合作，并推动南南合作的不断创新，以适应在新形势下更进一步强化南南合作对于构建地区安全与公平的作用。

为庆祝联合国成立75周年，埃及与世界粮食计划署（WFP）对在卢克索（Luxor）和基纳省（Qena）开展的多年农业可持续发展项目进行了评估。这些项目已作为“南南合作”倡议的实施部分，旨在提升上埃及农村社区的能力建设，并将这些成功经验转移给其他非洲国家。项目重点通过引入现代农业生产技术和先进的灌溉系统，预计在2023年之前全部建成，并使多达100万名埃及小农受益。此外，项目还通过向妇女提供实物及贷款，以促进上埃及地区妇女的赋权，另外还将通过对农村的改造及学校、社区的改建，最大化消除童工现象和降低贫困率。

埃及与世界粮食计划署的伙伴关系是其与联合国的重要合作关系，迄今已有50多年的合作历史，双方常年坚持的合作为联合国合作框架下的“南南合作”树立了成功样板。当前，埃及政府正在着力采取措施满足该国最脆弱群体的进一步减贫和发展等迫切需求，以更好地支持联合国可持续发展目标和积极探索“南南合作”新形式。

① 人类命运共同体（a Community of Shared Future for Mankind）旨在追求本国利益时兼顾他国合理关切，在谋求本国发展中促进各国共同发展。该理念由习近平于2013年首次提出。

② 习近平，2013年。

当今，发展中国家已不再被简单视为技术创新和知识的受益方，它们正在逐渐演变成创新的新生力量。南南合作被联合国认为是实现技术合作的一种关键方式，近年来在共享知识、经验、技术以及解决方案等方面，南南合作已经成为一种日益重要的国际合作途径。可持续发展目标是南南合作的核心，中国在可持续发展领域多年来形成了非常宝贵的经验，这些宝贵经验尤其值得包括埃及在内的广大非洲国家参考。其中最重要的经验就是在联合国粮食及农业组织（FAO）框架下，充分利用联合国机构的经验和协调能力积极推进南南合作项目。

以往的南南合作由于历史和政治等原因，在合作方式上，人们往往更多地关注在政治层面的支持，关注不发达国家弱势群体面对的生存挑战，合作重点多集中在通过援助解决生存需要以及发展不平衡等问题。随着经济全球化时代的到来，可持续发展成为时代主题，多年来南南合作所涉及的领域很广泛，如农业领域、安全领域、能源领域、经贸合作、产能合作等，但每个国家的合作重点和优先是什么[①]，必须因地制宜，才能避免南南合作被“滥用”或“误导”。

新时期的南南合作必须赋予其全新的内涵，必须将治理能力、创新能力融入南南合作的新理念之中，推动广大发展中国家提升参与全球治理的能力，促进他们加速自我创新的步伐，避免在发展中落入“中等收入陷阱”[②]“比较优势陷阱”[③]或者“国际分工陷阱”[④]，最终误入“民主陷阱”[⑤]的政治歧途，使得社会传统文化丧失、民族凝聚力彻底崩塌而失去国家与民族复兴的希望。而新时期的南南合作的最终目的就是要解决这个“南北对峙”问题。必须把和平、合作、发展和共赢的“普世”理念贯穿其中，并强调绿色可持续发展、公平发展、全面发展和协同发展，才能为广大发展中国家的脱困与发展带来

① 唐丽霞，2018年。

② 指当一个国家从低收入迈入中等收入水平，会导致劳动力成本上升，但由于创新能力不足，而导致该国的出口竞争力既无法与劳动密集型低收入国家相比，又更难与高度发达的创新性制造大国相比，由此导致出口竞争力下降，最终带来经济增速下降甚至倒退，沦为经济“停顿”国家，该现象称为“中等收入陷阱”。Homi Kharas，Harinder Kohli，2011年。

③ 特指发展中国家完全按照比较优势，生产并出口初级产品和劳动密集型产品，与技术和资本密集型发达国家的贸易中虽然能盈利，但处于不利地位，从而落入“比较利益陷阱”。

④ 指发达国家为强化其贸易地位及既得利益，会通过所谓“国际分工”策略将发展中国家锁定在全球贸易产业价值链的末端而无法自拔，使其最终沦为大国的原材料初加工国，进而掉入“国际分工陷阱”。

⑤ 国家发展的首要问题是解决民众的生计问题，其次是精神层面的问题。但是一旦当生计问题得到解决，社会经济提速过快，而政府的管理与改革未能跟上民众的精神层次需求步伐，就会出现社会意识形态的脱节与混乱，继而引发社会动荡，这是发展与民主之间的一道坎，称为“民主陷阱”。

真正“福音”。此外，对于发展中国家急需更多的公共产品的供给，也是南南合作新时代最具“生命力”的创新合作形式之一。例如2020年席卷全球的COVID-19不仅给全人类的生命健康财产造成重大损失，也同样给正待提速发展的“南方”国家的经济蒙上了一层阴影。面对当前全球存在着的巨大不确定性的疫情，面对广大发展中国家在危机面前经济和国家安全的脆弱性，南南合作现在比以往任何时候都显得更为重要。而有效、可信赖的全球公共产品的提供，将更有效地帮助发展中国家更好地应对全球问题的挑战。

面对全球化浪潮的时代，发展面临的矛盾和挑战以及危机无处不在，广大发展中国家只有齐心协力，共同致力于扩大南南合作发展成果，通过密切互相合作广泛分享彼此成果，才能实现危机下仍然快速实现经济强劲复苏并到2030年实现可持续发展目标[①]。

二、“一带一路”

“一带一路”（The Belt and Road，简称B&R）是国家级顶层合作倡议，即“丝绸之路经济带”和“21世纪海上丝绸之路”的简称，最初由中国国家主席习近平于2013年9月和10月分别提出建设“新丝绸之路经济带”和“21世纪海上丝绸之路”的合作倡议。

“一带一路”的产生具有鲜明的历史背景和存在意义。进入21世纪以来，世界不断发生着复杂而深刻的变化，2008年国际金融危机的深层、长远影响仍不断腐蚀着不稳定的国际贸易合作基础，世界经济虽然缓慢复苏，但是发展分化迅速，不确定性加剧，特别是国际投资贸易格局和多边投资贸易规则在深层次不断发生动荡、整合，随时可能酝酿一场巨大的经济风暴，金融危机的再次发生也变得并非遥不可及，各国面临的发展问题和挑战层出不穷，南北差距的“两极分化”趋势依然严峻。“掉队”国家的增多给世界带来一系列“赤字性问题”，势必将会给全球的整体经济复苏进程带来“拖累”，同时自身也有可能演变成为地区性政治、经济危机的“定时炸弹”，给世界的和平与发展带来更多的不确定性。“治理赤字、信任赤字、和平赤字、发展赤字”的严峻挑战正摆在全人类面前[②]。在这种情况下，借助全球经济缓慢复苏的机会，只有加

① 安东尼奥·古特雷斯（António Manuel de Oliveira Guterres），联合国秘书长，2020年9月12日（联合国南南合作日）。

② 习近平，2019年。

强区域合作，调动各自资源力量，优势互补，才能重新获得推动世界经济发展的动力，而且，跨区域间经济全面合作已经成为全球化的一种趋势。

2008年全球金融危机爆发以来，全球范围内保护主义倾向抬头，多边贸易体制受到冲击。2016年，英国选择脱离欧盟、美国大选等“黑天鹅”事件更是将全球化推到一个十字路口。全球金融危机对全球的经济影响巨大而深远，多年来一直冲击着全球的经济增长和贸易投资。至2016年全球外国直接投资下降了13%，贸易增长仅略高于1%，是2008年金融危机以来表现最差的一年①。同时，由于现有国际合作的碎片化、排他性，世界难以把资源更有效地整合起来。这时候，对一个能够跨区域整合资源并分享机遇和平摊风险的新平台及合作机制的呼声越来越大，“一带一路”由此进入人们的视野。

“一带一路”的产生具有鲜明的时代特征和实际需求，是随着世界的需要“应运而生”的产物，具有天时、地利、人和的特征。

在天时方面，当前中埃全面战略伙伴关系呈现快速发展新气象，中国的“一带一路”倡议同埃及“2030愿景”倡议高度契合，且具有较高的互容度和互补性。在地利方面，埃及作为阿拉伯、非洲大国和新兴经济体，拥有独特的地缘优势和枢纽地位。“一带一路”倡议与“2030愿景”在多个领域可以实现紧密对接，互利合作可以走得更深、更快、更实。在人和方面，中埃同为具有灿烂历史的文明古国，相近的顽强不屈的意志和坚韧不拔的毅力，铸就了共同的民族品格和文明底蕴，特别是在逆境奋起、追求民族伟大复兴的“梦想”方面，中埃命运共同体意识的鸿蒙初辟②，治理理念的交集与交融，必将为世界带来全新的先行先试样板。

“一带一路”是面向全球的开放性、包容性区域合作倡议，而非排他性、封闭性的“小圈子”，也非有企图的地缘政治工具，更非单纯对外援助计划，是一个惠及广大发展中国家，激发传统贸易国家新活力的具有划时代意义的“公共产品”。“一带一路”的核心内容就是要促进相关国家间的基础设施建设和互联互通，对接各国政策和发展战略，以便深化务实合作，促进协调联动发展，实现共同繁荣。“一带一路”建设非常重要，“它是政治经济文化上的

① 联合国贸发会议和世界银行，2017年。

② 即开天辟地，鸿蒙是指古人认为天地开辟之前是一团浑沌的元气，意指刚刚开始出现人类世界。出处自宋·张君房《云笈七签·太上君开天经》：“太初始分别天地清浊，剖判溟涬鸿蒙。”

桥梁和纽带，让人民跨越国界更好交流”①。“丝绸之路曾经塑造了过去的世界，甚至塑造了当今的世界，也将塑造未来的世界。”②作为和平、繁荣、开放、创新、文明之路，“一带一路”必将会行稳致远，惠及天下。

当今世界正经历百年未有之大变局，特别是COVID-19全球肆虐使这个大变局加速变化，世界进入高度不确定性的动荡变革期，人类再次面临进步还是倒退、团结还是分裂、开放还是封闭的抉择关头。在这种情况下，当面对重大危机和挑战，西方筑墙向内退缩时，东方却在打造向外推进的门户，通过中国提出的“一带一路”倡议来迎接全球化③。为推动全球范围对“一带一路”理念的正确认识和核心要义的准确把握，中国在2017年5月和2019年4月连续举办了两届“一带一路”国际合作高峰论坛。全球政治经济界精英借助这个平台共商合作大计，共建合作平台，共享合作成果，为解决当前世界和区域经济面临的问题寻找方案，为实现全球联动式发展寻找新能量，并探索赋予“一带一路”更多的创新思想和理念。

众所周知，“一带一路”倡议涉及的沿线大部分国家都是发展中国家，农业在这些国家中多扮演着支柱产业角色，特别是东南亚、南亚、中亚和非洲地区的许多国家农业产值可以占到其国内生产总值的25%以上，农业就业更占全部就业的40%以上，农业在可持续发展、消除贫困、增进营养、粮食与食品安全、重大疫病疾病防控以及气候变化等方面具有深远的影响，农业的兴衰牵一发而动全身。这些国家农业是否能够健康发展，不仅对本国的粮食安全和社会稳定至关重要，对更大区域乃至全球的自然资源保护、生物多样性、气候变化以及全球的可持续性进步同样意义重大。

事实上，彼此差异显著的“一带一路”合作伙伴的现实情况并不乐观，第一是“一带一路”合作伙伴虽然土地矿产资源丰富，生产潜力巨大，但是普遍人均资源不足，劳动力素质差，人地矛盾严峻，盲目工业化副作用凸显；第二是土地的产出效率不足，土地退化严重；第三是水资源争端加剧，人均可利用水资源短缺，水生产与管理效率低下，水源污染严重，导致农业可持续性受限；第四是“一带一路”合作伙伴由于过度开采及开发，正在面临逐渐成为资源枯竭型国家，自然环境随之破坏严重；第五是这些国家在全球化的浪潮中，

① 多米尼克·德维尔潘（de Villepin.Dominique），法国前总理，2017年。

② 彼得·弗兰科潘（Peter Frankopan），英国历史学家，2016年。

③ 马来西亚《新海峡时报》，2017年。

由于战略定位和自身调节等原因，经济结构变得更加不合理，能源利用效率低，节能减耗成效不显著，未来将面临更大的碳减排压力。

如何为以上这些国家普遍面临的发展困境寻求出路？如何实现发展中国家的共同发展和进步？坚持“命运共同体”理念，坚持可持续发展理念，积极倡导互利共赢，和谐包容的生态文明建设，面向农民自身利益和维护社会与政治稳定为目标的“一带一路”倡议，是这些国家应该首要进行考虑的治理理念。

应当明确的是，“一带一路”倡议不是属于哪一个国家的“私有财产”，是一项可以惠及所有发展中国家的“公共产品”。当今，“一带一路”合作伙伴的农业与世界经济的融合度正在逐渐提高。这意味着，哪个国家能够率先利用“一带一路”倡议的“创新优势”，哪些国家能够充分发挥“一带一路”倡议的“群体优势”，这些国家就能够率实现资源的最有效配给，率先走出发展“陷阱”，率先步入良性的经济循环。

埃及作为“一带一路”倡议的重要合作伙伴，面临几乎所有上述发展中国家“困境”。如何充分利用“一带一路”倡议的“红利”，如何破解埃及可持续发展面临的难题，如何帮助埃及尽快走上农业“自给自足”的道路，如何真正实现埃及人“体面的生活”？对此，一些埃及的智库专家也纷纷认识到“一带一路”倡议对于埃及的特殊意义以及战略参考价值，不断反思埃及的现行战略存在的不足和缺陷，并纷纷从战略角度对中国的“一带一路”的定位和发展趋势以及埃及如何更好地加以利用提出了更加深入的看法。这些很值得其他发展中国家反思，也值得提出“一带一路”倡议的中国政府积极研究更加适合发展中国家的合作发展之路。

中国在2013年提出的“一带一路”倡议在经济上具有显著的优势，但是无论从其动机、主要推动力还是现行的运行机制来看，将其仅仅视为一个倡议或单纯的经济项目及战略似乎都不够全面。因此，必须准确了解该倡议的动机，以及倡议提出的全球背景或该倡议对未来的长期影响，才能深刻理解这个倡议的战略性质。“一带一路”显然从战略上远远超出了人们一般认识的经济和商业的层面①。

值得注意的是，该倡议计划启动的时间也恰逢埃及面临着重大变化和变革的历史关头。与此同时，埃及外部环境的剧烈变化也同时深刻影响着埃及这些

① 穆罕默德·法耶兹·法哈特（Mohamed Fayez Farhat），埃及Al-Ahram政治与战略研究中心，2020年。

内部的变革。放眼更高层面，当前全球诸多“不确定”因素的袭扰，加之阿拉伯自身世界的政治、经济剧烈震荡和再调整，包括埃及在内的阿拉伯国家对于多年接受的传统的西方国家治理效果产生了疑问，因此“面向东方”的思潮逐渐兴起并在包括埃及在内的很多国家智库形成一种新的政策倾向，而且逐渐成为全球趋势的一部分。事实上，许多东南亚国家和地区较为成功的改革经历已经证明了这一点，即来自东方治理经验的务实性以及东方在世界的再次崛起已经成为不争的事实。此外，在过去10年中，美国也已经悄悄将其战略重点转向了亚太地区，该地区的很多领域都引起了美国的浓厚兴趣，美国为确保实现重返亚太的战略，甚至未来有可能会以牺牲其他地区为代价来确保美国在亚太地区的利益。这一动态也成为全球智库竞相关注的焦点课题。

本书在出版前夕，恰逢美国特朗普新政府对加沙和乌克兰两个处于激烈冲突地区的“闪电”式“斡旋”和匪夷所思的和平重建计划出台，抛开其中的利益角逐等外在因素，充分体现了美国为确保亚太地区的“美国优先”而放弃或牺牲其他地区利益的企图。这一点，埃及智库在多年前的上述判断充分展现了埃及高层政策制定者对国际形势的准确把握和对中国“一带一路”等顶层设计的深刻理解。

“面向东方”政策并不是基于亚洲大国和地区在全球经济中日益重要的地位，而是基于一系列重要的战略安全转型，特别是在合作和冲突层面。这种新的政策理念将对全球治理体系的未来产生重大影响。例如在2013年埃及在政局持续发生动荡、难以寻找出口的背景下提出的“东进”政策就具有鲜明的政治性，埃及的政治家们已经意识到全球体系结构和力量的变化以及世界经济重心已经发生了重大变化，这也是全球趋势的一部分。

埃及作为较为传统的阿拉伯国家，与亚洲大国之间的历史关系极为密切，且通过西奈地区与亚洲大陆形成了紧密的地理关系，同样也通过苏伊士运河与亚洲各水域形成了密切的海上联系，因此本身具有的特点和要素对建立和继承“东方取向”的政策具有天然的亲和性。而且“一带一路”倡议还提供了重要的附加功能框架，对于深化“东方取向”这一趋势具有良好的可拓展性，事实上，“东方取向”需要建立的最重要的亚洲大国关系就是中国。

应该清楚地认识到，“一带一路”倡议在总体上是一种深化的定向政策，这对于建立埃及与中国的战略关系是尤为重要的指导性框架。一般来说，全球性倡议的作用可通过政治、经济、商业等多种方法实现，其中一些方式的采纳是由倡议本身的性质所决定的，而另一些方式则由倡议所涉及的国家间经济和商业关系以外的更多样化的关系所决定和影响。这些更多样化的关系，构成了“一带一路”最具价值和发展潜力的部分。

三、埃及与“金砖+”机制

（一）埃及加入“金砖+”机制的背景

埃及粮食安全虽不至于危亡旦夕，但鉴于周边政治诡谲、国际贸易变数、国内经济萎靡、社会矛盾复杂等多重因素共同影响，其粮食安全仍如履薄冰，经济重振仍须待以时日。粮食安全对于埃及的生存与发展具有越来越重要的意义，对此埃及政府已将粮食安全提升至国家安全层面，并不断探求国际层面的帮助和突破性思维的破局。“金砖+”机制为埃及经济解困和粮食安全维稳提供了更多来自融资贷款、贸易渠道等方面支持的可能性。

2023年以来，埃及经济继续呈现持续下滑势态，特别是其本币的持续大幅贬值导致了社会性通货膨胀，不仅粮食等生活必需品大幅贬值，其他商品和生活服务价格都不断攀升，已经超出普通百姓的承受能力。加之多年的国际借贷积累导致无力及时偿债，即将面临债务违约风险，这对于埃及的国际信用将是一次严峻的考验。在此情况下，埃及当前的粮食安全挑战实际已经演变成了“生存挑战”，埃及政府在不断通过多种途径向国际社会频繁提出了各类粮食安全立场、倡议和诉求。此外，埃及还将目光更多投向本地区之外乃至全球范围，希望利用一些更有影响力的国际集团为埃及的经济特别是粮食安全危机纾困。

2023年8月22日，金砖国家领导人第十五次峰会将埃及在内的6国正式引入为成员国，并提出了“约翰内斯堡宣言”，宣言在重振和改革多边体系、推动实现可持续发展和包容性增长、深化金砖战略伙伴关系等方面提出了更多的倡议，其中特别提出了一些国家的高债务水平压缩了其应对当前发展挑战所需的财政空间，需要有韧性的粮食供应链，加强农业投入的稳定性以及确保对全球粮食安全具有重要战略意义等切合埃及等处于粮食安全危机下的发展中国家极端关注的观点。

为积极响应被金砖机制吸纳成为正式成员特别是金砖国家新开发银行正式成员，埃及在同一时刻宣布，埃及将发挥其重要的地理区位优势，建立粮食物流与枢纽中心，该物流中心未来将成为埃及和阿拉伯地区以及北非和东非地区小麦及其他谷物存储和贸易的枢纽[①]。作为金砖机制新成员，埃及将在新的国际合作平台找到提振国内经济的思路，并依托新的渠道探索解决粮食安全危机的方法。这对于正处于关键发展时期的埃及来说是一个难得的机遇。同样，拥有丰富资源和劳动力的埃及，也将成为金砖机制不断发展壮大的重要新生支持力量和未来金砖机制与“非洲一体化”实现对接互通的重要桥梁。

目前看，埃及符合加入“金砖”的标准。在地缘政治层面，埃及政治稳定，战略位置重要，对全球政治经济的影响不可小觑。在经济表现方面，根据Statista[②]的数据，埃及2020年的GDP为3 631亿美元，为非洲第二大经济体。埃及与金砖国家的贸易总额约为250亿美元[③]。在农业发展领域方面，长期的历史发展证明，埃及的农业具有很强的韧性和潜力。过去3年在新冠疫情的打击下，埃及旅游、运输等产业利润几乎被归零，而农业却出现逆势增长势头，并在埃及众多不景气的部门中“一枝独秀”，特别是埃及的橙子、橄榄、椰枣等特色农产品在国际市场受到追捧。目前埃及农业产值已经占据埃及GDP总量的15%且还在不断上升，农业已经成为埃及最重要的创汇部门之一[④]，在维护埃及的社会经济稳定方面发挥着越来越重要的作用。随着埃及土地开发的力度不断加大，如辅以品种改良、水资源综合利用、土壤改良等技术，埃及的粮食产能还将进一步得到放大。

（二）“金砖机制”国家与埃及农业的密切关系

纵观“金砖”国家，农业具有显著的多样性，农产品资源较为丰富，农业劳动力和土地开发潜力也都较为可观。俄罗斯、中国、巴西、印度都是世界最重要的粮食生产与贸易国，在粮食规模化生产和管理等方面，具有成熟的经验，同时也有巨大的市场容量、成熟的贸易机制和金融体系。“金砖”国家在很多方面与埃及有较强的相似和互补性。

埃及与俄罗斯、中国、印度和巴西的经济关系有着悠久而深远的历史。其中与俄罗斯在一些大型基础建设项目如阿斯旺高坝以及达巴核电站的合作奠定

① 马德布利，埃及总理，2023年8月23日。

② Statista是一个位于德国的专门从事数据收集和分析的在线数据平台，提供对全球的统计数据和报告、市场、消费者和公司观察。

③ 埃及中央公共动员和统计局（CAPMAS），2023年。

④ 埃及农业与土地复垦部，2023年。2024年降为11.8%。

了双方难以撼动的关系。埃及是巴西在阿拉伯地区的主要贸易伙伴，双边贸易额约为26亿美元，双方同时也是南方共同市场（Mercosur）[①]自由贸易协定成员。埃及加入金砖将使其能够更好地吸引投资、利用南方共同市场协议并启动与巴西建立自由贸易区的计划。

成为金砖国家成员资格将为埃及带来巨大机遇，尤其是在提振埃及的经济特别是增加贸易和投资以及保护其政治和经济利益方面。在农业发展领域，加入该机制将吸引金砖国家成员在数字化、农业发展、基础设施和绿色经济方面的投资，特别是在粮食安全方面将获得更大保障。此外还将是打破美元主导地位的重要一步，埃及已通过与俄罗斯、中国和印度的双边协议打开了无美元贸易交易的大门，此举可能有助于促进埃镑纳入与金砖国家的国际金融交易，而金砖国家也在寻求结束美元主导地位[②]。

与金砖国家具体合作而言，中国现在是埃及最大的投资者之一，目前有140家中国企业在埃及开展业务。中埃间农产品贸易在2022年超过6亿美元，中国自埃及进口的农产品总额为3.3亿美元[③]。中国与埃及在农产品领域的合作优势在于特色农产品的相互贸易，埃及石榴、椰枣等已经获得输华认证，杧果也即将进入中国市场。中国在粮食储藏、加工与运输等方面具有成熟的经验，这方面的优势也是埃及当前所急需的。另外在种质资源、沙漠治理、动物疫病防治、农业遥感、水资源综合利用等领域与埃及均有开展深入合作的可能。在与俄罗斯的合作方面，埃及和俄罗斯始终都在粮食安全领域保持着紧密的合作关系，2022年，俄罗斯向埃及出口了810万吨粮食，在2022年2月俄罗斯和乌克兰两国之间爆发冲突引发黑海供应链中断之前，埃及80%的小麦进口依赖于俄乌[④]。埃及与俄罗斯的农业合作优先领域除了粮食贸易外，油料、玉米和大豆等作物种子，以及化肥农药等领域都是未来双方合作的重点。而埃及由于种子90%以上依赖进口，因此与俄罗斯的种业合作潜力很大。另外，根据埃及总理在“金砖”峰会上的倡议，埃及与俄罗斯还将在苏伊士运河经济区建立粮食物流配送中心，使得埃及自俄罗斯采购大批量小麦同时转口至邻国销售将变得更

---

① 南方共同市场是根据1991年《亚松森条约》和1994年《欧鲁普雷图议定书》建立的南美洲贸易集团。其正式成员包括阿根廷、巴西、巴拉圭和乌拉圭等。2022年成为世界第六大经济体并与以色列、埃及、日本和欧盟等签署了自由贸易协定。

② Mohamed Hafez，金字塔政治与战略研究中心研究员，2023年8月24日。

③ Al-ahram，2023.

④ 《埃及金字塔在线》，2023年8月21日。

加便利。俄罗斯不仅将成为埃及长期稳定的粮食进口来源，还将成为埃及重要的货币互换对象。莫斯科中央银行在2023年1月将埃镑添加到其兑换货币清单中①。在与巴西的合作方面，由于埃及农产品良好的国际声誉，一些农产品特别是柑橘、草莓和杧果等在巴西有巨大市场潜力，埃及与巴西之间的农产品贸易规模升级非常具有市场前景。在具体的合作领域方面，双方在甘蔗的育苗与种植领域的合作具有优势，巴西具有明显的专家技术优势。另外在双方在种子生产领域有深入合作潜力。近期，埃及和巴西之间的农产品贸易量有所上升，这也为两国未来继续拓展合作领域并构建更多的战略合作关系打下了良好的基础。在与印度合作方面，2022年前10个月，双方的双边贸易额达52亿美元，印度在埃及的投资已增长至超过32亿美元。

（三）“金砖机制”国家与埃及开展合作的展望

中国在2017年厦门金砖国家峰会期间提出创建“金砖+”机制的提议，引发了众多发展中国家加入金砖机制的热情。埃及表现出了较大的热情，不仅以观察员身份出席了2017年峰会，塞西总统还批准埃及加入金砖国家新开发银行（NDB）并出资11.96亿美元，成为该银行的第四个新成员国。之后在2023年6月正式提交加入申请，希望此次正式“入金砖”有助于缓解其外汇短缺并吸引新的投资。埃及对“金砖+”机制的热情源于埃及当前的两大需求——更多的外国直接投资和更低的债务负担，而金砖国家成员身份或将满足上述要求。

可以预见，埃及当前的出口和商品结构的多样性将有助于实现金砖国家之间供应链和进口的一体化。埃及加入金砖国家将有助于埃及促进投资和增加出口机会和外国直接投资（FDI）流动。此外金砖国家之间以本国货币进行交易还有助于埃及合理化用于支付进口费用的一揽子货币政策，从而缓解国家预算的压力②。

扩员后的金砖机制不仅为埃及的贸易和投资打开了新窗口，使之能够根据共同利益的标准与其他伙伴国家平等往来，还将加强埃及在与金融机构和有影响力国家交往时的地位，强化埃及作为非洲、阿拉伯国家和发展中国家利益代表的关键作用。该机制还将使埃及能在国际谈判层面就非洲债务、融资机构的政策、粮食和价值链以及能源安全等问题达成更公平的协议。因此，金砖国家

---

① Nosmot Gbadamosi，《外交政策》专栏作家，2023年8月30日。

② Mohamed Maait，埃及财政部部长，2023年8月26日。

的扩张代表了一个更加公正和人道的全球化，其基础是公正、平等和互利的原则，为其成员和埃及的发展中世界带来好处。因此，埃及抓住了此次金砖国家扩大化所提供的机遇，成为充分参与机制内政策制定的成员①。

基于当前经济与粮食安全形势，埃及不仅将目光投向“金砖”机制，同样对其他国际机制寄予了厚望，塞西总统在参加二十国集团（G20）领导人第十八次峰会上特别提出了对解决非洲大陆日益严重的粮食危机的呼吁。埃及将非盟加入二十国集团和金砖扩员都看作是埃及借助国际治理机制解决自身危机的重要成果。入主“金砖”和“G20”必将有助于将非洲问题特别是埃及的问题纳入国际议程，这对于埃及来说是非常具有实际意义的。

虽然金砖国家的扩张不太可能在短期内产生重大经济影响②，但是展望未来，如果能够在包括维护世界粮食安全在内的更多全球治理领域形成更加一致的共识和明确的共同发展目标，那么可以预期，包括埃及在内的6名金砖新成员的加入将会使金砖国家机制变得更加稳固。

四、粮食安全与全球治理

埃及在2008年全球金融危机以及粮食危机中，曾经因为粮价上涨太多，人民买不起粮食，引起了全国动荡。然而2022年因俄乌冲突导致的全球经济动荡对埃及的影响更将是深远的，这次地区冲突给埃及的粮食安全带来了深刻的教训，也强烈震动了埃及高层并推动埃及政府加深了对埃及粮食安全的反思，特别是埃及长期奉行的过度依赖全球贸易的“投机”政策给埃及的粮食安全埋下了巨大的隐患。这个隐患在和平时期不会有任何风险，但是一旦遭遇俄乌冲突这样的“黑天鹅”事件以及由此引发的全球紧缩和粮食来源市场的高度不确定性，埃及的粮食安全挑战将会演变成“生存危机”。在这种情况下，埃及遭遇的此次粮食安全挑战甚至或将左右埃及未来的国家安全战略走向。埃及必须充分认识到这一点并吸取以往经验教训，提出真正适合埃及国情的粮食安全策略和举措。

埃及作为地区有影响力的大国和世界贸易“十字路口”国家，更因苏伊士运河“黄金水道”坐拥全球12%左右的贸易量，中国对欧出口的60%取道苏伊士运河。埃及自身发生的任何动荡可能会引发多种“多米诺骨牌”效应，不仅

① 今日埃及，2023年8月21日。
② James Swanston，Capital Economics，2023.8.29.

损害包括中国在内的国家在埃及甚至北非和中东的既有利益，还可能打破上述地区业已形成的政治生态格局。

（一）埃及的粮食安全现状

埃及为全球最大小麦进口国，主粮生产绝大多数供国内需求，不具国际竞争优势。如果在人口总量适宜的情况下，埃及能够依赖其较具弹性的农业以及稳定的生产能力还是能够满足国内的粮食安全需求并实现农业的可持续发展需要。但是近年由于人口猛增，国内主粮需求已远超自身生产能力。2023年小麦种植面积增至365万费丹，产量超过1 000万吨，而进口将超过1 300万吨。虽然小麦的产量和进口量不断增长，但仍不能满足国内日益增长的需求。

埃及常年通过其通用商品供应总局（GASC）和私营机构从世界各地进口大量小麦，2021年私营机构进口的小麦总量已超过GASC，达到690万吨①，占全部进口的60%以上，埃及粮食安全未来或将更多受市场牵制。埃及小麦进口商多年倾向于从法国、美国和加拿大等西方国家进口各类小麦，近年来由于上述原因开始转向从俄罗斯、澳大利亚、罗马尼亚和乌克兰进口大量优质价廉小麦，在过去十年中越来越依赖乌克兰和俄罗斯小麦。考虑到价格、成本、关税和品质等综合因素，埃及近年甚至未来仍将高度依赖俄罗斯及乌克兰小麦。虽然由于俄乌冲突的影响，埃及小麦的进口量将会显著下降，但是埃及小麦进口渠道来源除了依赖俄乌传统主渠道外，未来将持续扩大国际市场以及私人采购途径来源②。上述渠道来源将在一定程度上弥补进口不足。

目前埃及全球粮食安全指数（GFSI）得分为60.8/100，在113个国家中排名第62位。另外在惠誉（Fitch）近期的评分是B+，处于较好的水平③。作为地区有重要影响力的大国，为应对粮食安全面临的内外部挑战，确保地区稳定与发展，埃及政府需要更多长期解决方案，以缓解埃及经济压力，但从长远看，可能影响埃及与世界的贸易关系，因此必须积极寻找缩小国内供需差距的方法。

（二）俄乌冲突对埃及粮食安全的影响

俄罗斯和乌克兰合计占世界小麦出口的29%。埃及作为世界最大小麦进口

① Oxford Business Group（OBG），*How Egypt plans to expand agricultural output*，*The Report*：*Egypt*，2022.

② 美国农业部对外农业局（FAS），2022年。

③ Fitch Ratings，2022.11（2023年11月降为“B-”，2024年11月又恢复为B1稳定）。

国，约80%的小麦进口来自俄乌（俄50%，乌30%），自俄乌的进口小麦约占埃小麦总消费量的62%。

埃及是受俄乌冲突影响最严重的国家之一，最直接的影响就是其粮食安全。冲突伊始，自黑海港口到中东和北非地区的国际粮食贸易供应链已中断。在不断升级的粮食安全危机威胁下，埃及不断在谋求小麦的国际替代市场并与有关国家进行谈判，这些国家包括非洲和欧洲国家及其他产粮大国。2022年4月，印度商务部宣布计划本年度向埃及出口300万吨小麦。同时埃及农业部宣布，印度首次获批成为埃及小麦进口的原产地国。埃及决定从印度进口小麦旨在实现小麦进口来源多样化，而印度是埃及的多个候选国家之一。

（三）埃及粮食安全的内在威胁

1. 粮食浪费、损耗严重及产业结构落后

在中东和北非（MENA）近年发生在除消费阶段以外的食品价值链上的损失和浪费（FLW）达到人均250千克以上，每年损失估计600亿美元。大约有2/3的食物损失发生在食品的生产、处理、加工和分配过程中，另1/3则发生在消费者一级，这对粮食产量潜力有限、水源和耕地短缺、严重依赖粮食进口的上述地区社会、经济和环境影响是严重的。

特别是粮食采后损失发生在价值链各个阶段，不同作物损失程度不一。主要是由于害虫的为害、不适当的储存方式和不符合要求的运输工具等。埃及每年约有50%的蔬菜和水果、40%的鱼、30%的牛奶和小麦被浪费。小麦采后损失为10%～20%，这是由于埃及一直采取的粗放式小麦储存方式。蔬菜和水果的采后损失为45%～55%，运输过程损耗可达30%以上。在斋月期间的浪费更严重，有15～25种食物经常被丢弃在垃圾桶。埃及往年人均年浪费粮食50千克，2021年人均食物垃圾达到91千克，该年度埃及餐厨垃圾总量达9 136 941吨①。针对埃及的粮食浪费现象，埃及众议院宣布将实施一项规范食物浪费并鼓励重新分配、回收和捐赠的新法律草案，浪费将被处以高额罚款。

2. 粮食政策掣肘

包括大饼补贴在内的粮食补贴政策是埃及最重要的基本民生稳定补贴政策，针对低收入群体和贫困人口。为维护社会稳定，避免再次出现类似因“大

① Egypt Today，2022.5.3.

饼革命”对经济社会的巨大冲击，乃至出现危及政权的动荡，埃及政府常年对大饼等生活必需品实施高额补贴政策，多年来很少降低补贴标准。然而长期高额的补贴已经成为埃及经济的拖累。2021年埃及包括食品在内的各类补贴已经高达2 750亿埃镑，特别是长期奉行的大饼补贴政策，在2021年高达506亿埃镑，大致相当于苏伊士运河一年的收益，这种不正常的“过度”补贴政策不仅造成了粮食的浪费性消费，而且强化了民众对进口粮食的依赖程度，甚至有沦为政治工具从而导致出现社会动荡的可能。

3. 粮食生产高产配套技术落后

节水技术未成体系，成为埃及小麦和水稻高产、扩产的瓶颈。高产、抗旱作物品种不足，难以实现产量突破。近年在塞西总统“体面生活”新农村倡议下，埃及水务部门加快了渠灌技术的改进和滴灌技术的应用，埃及原子能局也宣布成功培育出耐盐碱耐旱水稻和小麦品种，但是囿于配套及推广技术落后，沙漠土地改造技术不成熟，难以实现规模化高产和土地改良。此外，对于面粉的加工改良技术落后，也难以短期实现主粮改良与替代。

4. 耕地资源严重不足

当前埃及对于耕地的需求已经超越以往任何时刻，在目前国际贸易已经难以弥补埃及粮食需求的巨大缺口情况下，开发耕地资源将成为埃及解决粮食安全的唯一出路。埃及土地资源本身非常稀缺，但是近年来的工业化和城市化步伐增速，导致埃及的土地特别是耕地资源的流失和破坏程度非常严重。虽然埃及在不断加大荒漠化治理和土地开垦的力度，每年增加的耕地面积在高峰时期能够达到数十万费丹。尽管如此，这些增加的土地形成稳定的产出仍然需要一定时间。

（四）埃及应对粮食安全危机的举措

1. 增加战略储备

埃及政府将在2022年本地采购600万吨小麦，比2021年增加250万吨，此举将使埃及的小麦战略储备扩增到6个月，国家小麦储存能力提高到450万吨（在2014年塞西执政时仅为210万吨）。为了进一步增加对未来粮食危机的抗御能力，埃及还与意大利等国合作实施了大型粮食仓储设施的建设项目。2022年6月，埃及供应和国内贸易部宣布与意大利共建6个大型谷物筒仓并投资5 200万埃镑建立小麦物流项目，每个筒仓的容量为5 000吨，预计投资3.67亿埃镑。为了进一步确保埃及面对粮食安全危机挑战不发生民生特别是生计危机，埃及未来计划在全国新建60个大型筒仓，每个筒仓的容量为1万吨。而埃及目前拥有44个大型筒仓，总容量为270万吨。由于引入了新的仓储设施和现代化储存技术，小麦的损失率可以大幅降低10%①。

2023年3月，埃及提议与乌克兰在苏伊士运河经济区特别是艾因苏赫纳港设立大型粮食仓库和物流区，专门用于乌克兰粮食的出口与存放，以便利用该港口对中亚和撒哈拉以南非洲的粮食出口（图5-17）。埃及利用近期不断加快的小麦筒仓等重大国家项目，力图打造全球最大、最现代化的网络化粮食保存和管理中心。随着埃及不断加大粮食等战略物资的储备规模，埃及正在快速向全球新兴谷物贸易中心转型。这不仅将帮助埃及在当前的粮食危机中站稳脚跟，还将推动埃及成为世界上最大的粮食贸易和储存中心之一。2024年5月，中国企业丰尚仓储与埃及合作承建的“埃及未来”可持续发展12万吨小麦和玉米的粮食仓储项目在埃及投产，该一期仓储项目，采用智慧管理技术实现对百余个总仓容近50万吨大型筒仓全流程自动化管理，此外还实现与金融、粮食行政管理部门的数据互联互通②。埃及自2015年以来在建立仓储方面积累了丰富的经验，截至2024年末，埃及已经与阿拉伯联合酋长国、意大利、中国等合作建成并拥有86个现代化筒仓，分布在全国各地，单位筒

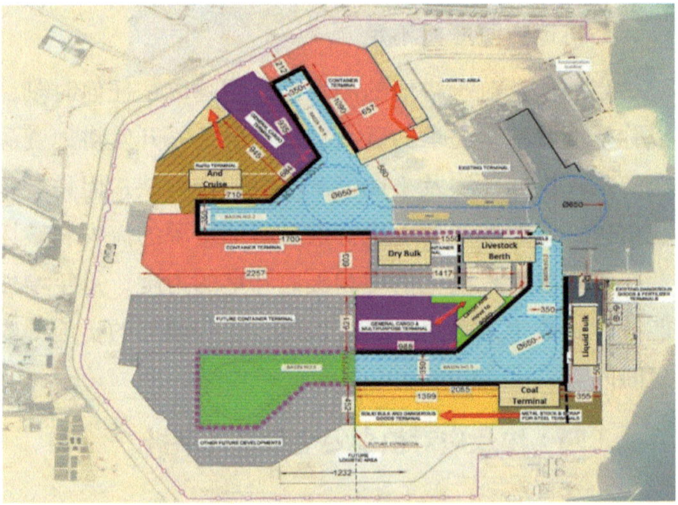

图5-17　埃及规划在艾因苏赫纳港（Ain Sokhna）设立大型粮食等仓储设施

图片来源：推特（EslAm OthmAn@Esll7970Gladii）。

① Al-Ahram online，2022.6.15.
② 丰尚农牧，2024年5月16日。

仓储藏面积高达2万平方米，总储存能力从2014年的150万吨提高到了目前的600万吨。埃及已经拥有建立全球谷物中心的资格和能力，这不仅仅是因为埃及独特的地理位置，更主要的是其还是许多大陆和区域自由贸易区及集团的成员，埃及未来具有成为区域内粮食贸易中心的巨大潜力。2024年11月塞西总统在巴西举行的G20峰会上甚至还倡议在埃及建立一个全球谷物及食品储存和分配中心，提升全球应对粮食安全以及抗击饥饿与贫困的能力①。

2. 多样化进口渠道

埃及每年花费40亿美元进口粮食，受俄乌冲突影响，埃及小麦价格在2022年上涨了10%②。特别是乌克兰的粮食出口在冲突期间完全被切断，这给埃及未来的粮食安全带来了较大的不确定性。由于国际小麦价格的持续走高，埃及目前不再完全依赖小麦国际招标并做了多种预备措施，特别是寻找了更多的新进口渠道，例如积极与阿根廷、印度、法国和美国等就未来小麦进口谈判，并与罗马尼亚讨论化肥换小麦的可能性。埃及还降低了小麦进口质量标准，使法国小麦进口更具优势，但仍然倾向当前国际市场小麦报价最低的俄罗斯小麦，而对其他价格偏高的小麦供应国处于观望状态。为了在当前高度不确定的国际粮食贸易中维持一定水平的国内粮食安全，埃及还在2023年7月与印度建立了战略合作伙伴关系，同期还高调参与了“2023年圣彼得堡俄非峰会”并与俄罗斯进一步强化了粮食安全合作关系。

3. 提高小麦补贴

为鼓励国内小麦生产，改善产能不足等问题，埃及政府对小麦生产加工实行了高额补贴政策，并不断增加补贴额度，2023年小麦收获季的收购价高达1 500埃镑/阿德布。预计埃及政府还将根据情况逐步增加补贴以应付高昂的国际市场价格。

4. 争取更多国际金融支持

为获得更多国际资金用于小麦巨额采购，埃及已要求国际货币基金组织等国际金融机构在更大程度上支持实施其综合经济计划，以消除疫情及地区冲

① 埃及金字塔在线网站，2024年11月19日。

② Faqin Lin etc., *The impact of Russia-Ukraine conflict on global food security*, Global Food Security, Volume 36, 2023.

突带来的国内粮食安全危机隐患。埃及还向世界粮食计划署（WFP）申请了粮食安全响应和恢复方案，以争取世界银行5亿美元项目融资采购小麦。埃及目前正在与非洲开发银行（AfDB）、欧洲投资银行（EIB）及阿拉伯开发银行（ADB）等金融机构进行谈判，以争取更多的国际融资资源和专业技术支持，帮助埃及提升主粮的生产与管理能力。此外，埃及还分别与沙特阿拉伯、卡塔尔等国达成了一系列粮食安全金融合作协议。为确保埃及不引发地区性粮食安全危机，一些国际机构和组织也纷纷增加了对埃及的粮食安全援助力度，欧盟委员会主席乌尔苏拉·冯德莱恩（Ursula von der Leyen）在2022年6月15日宣布欧盟将拨款1亿欧元紧急救济款用于应对埃及粮食安全危机，并提供30亿欧元对埃及农业部门进行综合性投资。2024年3月，欧盟还与埃及达成了74亿欧元的一篮子金融支持计划，以提振埃及经济。

5. 增加小麦种植面积和多样化替代战略

埃及计划和经济发展部宣布埃及2022年将增加50万费丹农业种植面积，力争将作物总种植面积由2020年的1 750万费丹增加到1 900万费丹以上。将进一步提高土地和水资源的使用效率，每费丹的土地生产力将提高15%～20%，还将开发抗旱和抗热的高产早熟作物品种，加强节约灌溉用水的现代农业实践的应用。埃及内阁信息和决策支持中心（IDSC）提出了埃及政府未来三年内将小麦作物的种植面积增加150万费丹的目标。由于埃及不断加大耕地的开垦，至2022年6月，埃及的小麦种植面积增加了40万费丹，预计小麦产量将会实现进一步增产。埃及政府正在尽最大努力实现小麦生产的更大自给自足，目标是到2024年满65%的国内需求。

为了帮助缓解进口小麦的巨大压力，埃及一直在积极寻求小麦的主粮替代战略。由于埃及制定了在未来6个月内进口1 000万吨小麦的宏伟目标，且小麦价格上涨将对埃及的预算构成重大负担。因此埃及正在研究将马铃薯粉进行加工并与小麦进行混合用于补贴大饼的生产，预计该新技术将可以节省大约100万吨进口小麦①。

① 阿里·埃尔·莫塞利（Ali El Moselhy），埃及供应部长，2022年6月27日。

五、未来之路

埃及的新农村建设成功与否和政府高层的重视息息相关，特别是塞西总统的直接指挥在很大程度上决定了埃及新农村建设的进程。2021年6月8日是埃及总统塞西执政7周年纪念日，埃及各大报刊对塞西执政以来在工业、商业、农业、运输、教育、卫生等领域做出的巨大贡献进行了全面梳理和评价。7年来，埃及各行各业都发生了翻天覆地的变化，特别是农业实现了显著的进步。埃及国内媒介对塞西给予了高度评价，认为塞西对埃及的农业复兴做出了卓越贡献。2014年，塞西上任之初，埃及出口了300万吨农产品，而2022年农产品出口总量超过600万吨。显著的农业出口贸易增量为农业和农民带来了更多的发展空间和就业，也为埃及粮食安全提供了保障。

塞西总统作为一位高度关注民生和农业的国家领导人，自就任以来始终关注农业发展并制订了一系列雄心勃勃的农业扩张计划。特别是宏伟的沙漠土地改造计划将埃及的现代农业体系逐步从狭小拥挤的尼罗河三角洲和河谷转移到占埃及土地面积95%以上的沙漠中。塞西的农业复兴战略依赖于沙漠土地的开发、农业生产力的提升和水资源的综合利用。2018年，塞西亲自启动“10万温室”设施农业国家项目，为埃及前所未有的大规模设施农业开发按下了启动键。此后分布在埃及不同地区的数千个巨型现代化温室在国际化管理体系下，产生了巨大的经济效益，弥补了国家粮食缺口并降低了国内粮食价格。2021年1月，塞西总统批准了埃及有史以来最大的土地改造项目——“新三角洲项目”，该项目将在两年内为埃及的农业提质增效发挥决定性作用。2021年4月，塞西启动了“埃及的未来”国家农业可持续发展项目，将在更大程度上提升埃及的农业在各个行业的集成发展能力，推动实现“埃及农业的复兴”。这充分体现了塞西执政以来以及未来将在国家农业领域所做出的努力①。

埃及新农村建设取得的可喜进展也为埃及的可持续发展奠定了坚实的基础。埃及的可持续发展战略是与联合国可持续发展战略以及相应的国际可持续发展标准是紧密相连的。

众所周知，联合国可持续发展目标（SDGs）的制定是为了替代2015年结束的千年发展目标（MDGs）。新的可持续发展目标有利于所有国家采取集体

① 埃及公报，2021年6月8日。

行动，并强调“不让任何人掉队”、建立伙伴关系和为实现共同目标而共同努力。该目标提供了一个广泛的共同行动框架，通过涵盖17个全球目标帮助世界应对这个时代最紧迫的社会和环境挑战。

对此埃及与联合国机构、私营部门和非政府组织合作制定了“2030年愿景”。这个愿景是埃及的一项包含了很多具体行动的国家重大行动计划。为了实现2030年的愿景目标，埃及将通过公共部门改革、经济改革以及偏远地区的大规模基础设施建设，全面促进埃及的经济发展。当然埃及在实现上述愿景方面面临许多挑战，包括人口增长、水资源短缺、腐败和邻国的政治动荡。但是机遇已经将埃及推向历史潮流的“风口”，不进则退。为了实现雄心勃勃的目标，埃及必须专注于与不同利益相关者特别是联合国建立更广泛的伙伴关系、能力建设和对其人口进行投资、改革国内政策以及打击腐败①。

2022年8月，埃及计划和经济发展部与联合国开发计划署（UNDP）就共同推动可持续发展目标（SDG）项目融资，并将埃及的可持续发展目标与联合国联合SDF基金（UN Joint SDF Fund）合作相结合，提升埃及的发展项目融资水平达成了一致②。这是在联合国驻埃及协调员办公室（UNRCO）和联合国开发计划署的协调下，贸发会议、联合国妇女署、联合国儿童基金会和国际劳工组织的共同努力下，与埃及计划和经济发展部（MPED）重要合作成果，该项目旨在帮助埃及通过切实可行的融资战略来履行其2030年国家可持续发展议程。这也意味着埃及的可持续发展目标特别是其在2020年2月推出的“2030愿景”国家发展战略与联合国可持续发展目标形成了高度的吻合。埃及的“2030愿景”的核心是通过伙伴关系的构建，特别是推动与私营部门、民间社会以及国际和国内合作伙伴的伙伴关系机制，以促进发展融资，并使资金资源和发展计划多样化③。因此埃及的可持续发展战略与联合国的可持续发展战略接轨，将进一步提升埃及的可持续发展战略未来能够被国际社会接受的程度，并能够帮助埃及进一步提升在地区以至国际社会参与全球治理的领导力。

埃及在联合国可持续发展目标（SDGs）指数中的表现上，在2022年得分为68.7，在当年20个新兴市场国家中排名第15。此外在与国际社会其他机构的

① Hamid Ali，《埃及SDS2030：在实施的期望和挑战之间》，2018年。
② 埃及国家信息服务中心，2021年8月16日。
③ 《埃及金字塔在线》，2020年2月4日。

可持续发展评价合作方面，在2022年可持续发展报告（SDR2022）[①]中，当年7月在20个阿拉伯国家中综合排名第7位，在47个非洲国家中排名第4位，在中东和北非（MENA）排名第7位，在全球排名第87位。在报告中的全球影响力指数中，在163个国家中排名第30位。埃及在教育、研究、发展、健康、福祉和人口指标方面的表现优于中东和北非国家以及中低收入国家的表现[②]。

来自中国的可持续发展倡议同样也能够为埃及带来更多的利益和发展机遇，特别是能够帮助埃及在更广泛程度参与全球治理方面提供更多的解决之道。尽管"一带一路"倡议正在给世界带来福音，但是作为一个新事物，加之2020年的新冠疫情给世界带来的巨大不确定性，西方世界对于"一带一路"倡议出现了各种不同的声音、质疑甚至是更为偏激的猜测，这在中国作为世界的新兴力量正在逐步填补西方在全球治理过程中出现的各种缺失中，并不奇怪。

中国在全球的快速崛起给美国、欧盟（EU）和欧洲各国政府带来了新的挑战。中国的经济和政治足迹扩张得如此之快，以至于许多国家，即使是那些拥有相对强大国家和公民社会机构的国家，都在努力适应其影响力。中国在某些方面确实填补了西方在全球治理中的缺失并成了西方国家的替代，并为一些渴望摆脱经济困境或者寻求经济快速发展的国家提供了现成的解决方案。当然这些国家自身的地方脆弱性和弱点——例如脆弱的国家机构、精英俘获和脆弱的公民社会（fragile state institutions，elite capture，and weak civil society）等也成了他们需要外来力量实现自我革新的机会。美国、日本和西欧的工业国家也越来越关注这个问题[③]。

这些工业国家所重点关注的地区有两个战略区域尤为明显：东南欧、中欧和东欧以及南亚。在这两个地区，中国的经济和政治影响异常迅速地扩大。他们认为，中东欧及东南欧特别容易受到中国政治、经济或软实力影响，美国和欧盟的一些政策制定者甚至担心中国在该地区的影响可能会加剧当地的治理缺陷，破坏政治和经济稳定，并使欧盟在未来的一些关键问题上达成共识更加困难，从而对来自中国影响难以做出更有效的应对。

---

① 该报告由剑桥大学与德国贝塔斯曼基金会和可持续发展解决方案网络（SDSN）合作每年发布。

② 今日埃及，2022年7月25日。

③ 埃里克·布拉特伯格（Erik Brattberg）等，《中国在东南欧、中欧和东欧的影响——四个国家的脆弱性和复原力》，卡内基学会，2021年。

特别是希腊、匈牙利、罗马尼亚和格鲁吉亚——尽管这些国家具有多样性的经济结构，但这些国家都渴望来自中国的贸易和投资，以至于不约而同地在一些共同的领域受到越来越显著的中国的影响。

特别是中国目前正在实施的庞大的“一带一路”倡议承诺和随之在基础设施、交通和能源等领域提供的很多商业和投资机会。例如中国在该地区投资的雅典比雷埃夫斯港[①]和连接布达佩斯和贝尔格莱德的铁路项目[②]。比雷埃夫斯港已成为中希共建“一带一路”的旗舰项目，同时也成为中欧经贸来往的重要门户之一。而埃及坐拥全球最重要的贸易水道苏伊士运河，对于中欧乃至中非贸易同样具有非常重要的价值和意义。中国与希腊的关系有两大纽带，一是文明交流，二是互利合作。在共建“一带一路”和中国—中东欧国家合作引领下，中希实现了互利共赢、共同发展[③]。

中国与希腊的关系尚且如此，中国与埃及作为全球两个最重要的文明古国，未来在全面战略合作伙伴关系的发展上更应在“文明交流，互利合作”方面有所突破。两国自2016年签署的《中华人民共和国和阿拉伯埃及共和国关于加强两国全面战略伙伴关系的五年实施纲要》已经实施了6年，近年来双方在各领域的互利合作成果显著，体现了两国和两国人民的利益。

迄今为止中埃之间的合作成果就是建立在一种长期形成的友谊关系的基础上的，而友谊的基础是相互信任，相互信任来自相互了解，只有不断加深了解，中埃友谊才能更加巩固深化[④]。正是由于中埃之间长期以来的相互深入了解，相互洞悉对方的愿望和诉求，才形成了牢固的信任关系。因此在之后才出现了中埃是好朋友、好伙伴、好兄弟的说法。埃及是第一个与新中国建交、第一个与中国建立战略合作关系的阿拉伯国家和非洲国家[⑤]。建交55年来，两国相互同情，相互支持，双方在各领域合作不断深入发展，堪称南南合作的典范[⑥]。

埃及作为地区重要国家，在中东事务中也发挥了重要的作用。这一点中国

---

① 比港是“一带一路”在欧洲的重要贸易节点，是希腊最大港口，也是欧洲五大集装箱港口之一、地中海东部地区最大的集装箱港口之一。

② 埃里克·布拉特伯格（Erik Brattberg）等，《中国在东南欧、中欧和东欧的影响——四个国家的脆弱性和复原力》，卡内基学会，2021年。

③ 肖军正，中国驻以色列大使，时任中国驻希腊大使，前驻埃及公使。

④ 刘晓明，中国前驻埃及大使，2003年（2001—2003年任驻埃及大使）。

⑤ 温家宝，2009年11月7日。

⑥ 宋爱国，中国前驻埃及大使，2011年（2010—2019年任驻埃及大使）。

也非常清楚，因此中国一直非常注重与埃及的沟通和协调，这也是中埃战略合作的组成部分之一[①]。

随着非洲在新世纪进入快速发展的轨道，借力“非洲一体化”的历史机遇，非洲农业现代化的发展需求持续增加。中非农业合作应该紧紧抓住这个历史机遇，尽快对接非盟《2063年议程》，加大支持非洲国家实施《非洲农业综合发展计划》。并积极借助中非合作论坛这个成熟的平台，通过与非盟共同编制并实施《中非农业现代化合作规划与行动计划》，加大中非农业领域的合作力度，聚焦重点农业产业，为对非农业合作赋予新动能。

特别是通过经贸合作、经验分享、能力建设、技术转移等具体形式，积极推进与北非国家例如埃及等在粮食安全、可持续农业、数字农业等技术领域的深入合作，借助中埃政府间合作委员会的统筹协调作用，更新中埃农业部门间的农业合作行动计划，不断拓展新时期中埃农业合作新领域[②]。值得注意的是，在农业科技国际交流方面，美国、欧盟等已经走在了前面并在埃及开展了多年富有成效的合作。“农业科技外交已经成为埃及与美国建立并强化战略合作伙伴的独特手段，农业科技将成为埃及与美国、欧盟最优先合作的领域之一。[③]”对此，应高度重视并借助农业外交的专业手段，开辟新时期中埃深化战略合作的新途径、新方法，农业外交将成为未来外交领域的一个重要的创新点和增长点。

在粮食安全领域，“粮食安全无虞，大国仍须重稷。[④]”中国在积极解决自身粮食问题的同时，也在为推动实现全球“零饥饿”目标贡献力量。中埃在粮食安全领域有着广泛共识。随着共建“一带一路”倡议与埃及“2030愿景”的深度对接，中埃两国在农业生产领域开展了密切合作。中埃农业合作潜力巨大，前景广阔[⑤]。

回顾历史，展望未来，中埃关系发展前景令人充满信心。中埃战略合作关系一定会蓬勃发展，结出更加丰硕的果实。这不仅符合中埃两国人民的根本利

---

① 吴思科，中国前驻埃及大使，2011年（2003—2007年任驻埃及大使）。

② 农业农村部，《“十四五”农业农村国际合作规划》，2022年。

③ 中东经济研究所，2023年。

④ 《求是》，2020年5月27日。

⑤ 廖力强，中国驻埃及大使，2022年（2019年起任驻埃及大使）。2022年7月24日，埃及《七日报》纸质版和网站发表驻埃及大使廖力强署名文章《中国倡议为维护世界粮食安全作出新贡献》。

益，也有利于加强发展中国家间的团结与合作，还有利于世界的和平、稳定与繁荣①。

不仅中埃关系如此，中非关系亦然。中国和非洲国家友谊源远流长，勇敢、智慧的中非人民很早就开始相互交往，把这两块神奇的大陆连接在一起。非洲是一个充满生机、希望和发展潜力的大陆。中非关系发展史表明，中非是好朋友、好伙伴、好兄弟，维护好、发展好中非关系符合双方的共同利益，建立在相互尊重、互利共赢基础上的中非友谊之树将会枝繁叶茂，茁壮成长。中国和非洲建立的政治上平等互信、经济上合作共赢、文化上交流互鉴的新型战略伙伴关系，把世界上最大的发展中国家和发展中国家最集中的大陆更加紧密地联系在一起②。

总之，埃及作为非洲大陆的重要国家，终结自身的贫困实际上也在终结非洲的贫困，埃及的贫困终结者就是它自己，而它的新农村时代则属于埃及的“新共和时代”，更属于整个人类文明的时代。

① 安惠侯，中国前驻埃及大使，2010年（1998—2001年任驻埃及大使）。
② 武春华，中国前驻埃及大使，2009年（2007—2010年任驻埃及大使）。

参考文献

阿赫曼（Ahmed Atef Selim Soliman），张世新，2019. 中国消费品在埃及市场的营销策略研究[D]. 兰州：兰州理工大学.

安惠侯，2010. 中国与埃及友好关系六十年[J]. 阿拉伯世界研究（3）：3–7.

安维华，2011. 埃及的经济发展与社会问题探析[J]. 西亚非洲（6）：18–24，79.

白鑫沂，孙德刚，2019. 当代埃及政府与非政府组织互动模式研究[D]. 上海：上海外国语大学.

毕健康，陈勇，2019. 论当代埃及的社会结构和发展困境[J]. 阿拉伯世界研究（2）：3–18.

畅雄勃，2010. 援非手记（一）：埃及农业概况[J]. 农机质量与监督（7）：39–40，45.

畅雄勃，2010. 援非手记（三）：埃及农业发展扶持政策纵览[J]. 农机质量与监督（9）：37–38，31.

畅雄勃，2010. 援非手记（四）：埃及农业发展经验浅谈[J]. 农机质量与监督（10）：39–40.

车效梅，李晶，2015. 城市化进程中的开罗边缘群体[J]. 历史研究（5）：121–136，193–194.

陈天社，2018. 穆巴拉克时期埃及经济发展方略评析[J]. 世界近现代史研究（1）：133–155，364，365.

陈炜，戴丽丽，2008. 全球气候变暖对武汉作为鸟类迁徙"中转站"地位的威胁[J]. 四川动物（2）：248–250.

陈勇，毕健康，2020. 当代埃及私营部门与社会阶层结构问题评析[J]. 阿拉伯世界研究（2）：62–79，158，159.

陈执中，2014. 新型冠状病毒及其防治药物研究进展[J]. 食品与药品，16（2）：147–149.

戴晓琦，2017. 塞西执政以来的埃及经济改革及其成效[J]. 阿拉伯世界研究（6）：35–49.

丁佳茹，2019. 埃及大饼遗产的保护与传承研究[D]. 银川：宁夏大学.
丁麟，2017. 国际组织参与粮食安全与营养全球治理对我国的借鉴：以世界粮食计划署为例[J]. 世界农业（6）：5-8.
丁麟，2018 . 饥饿终结者和他的粮食王国：世界粮食计划署概述篇[M]. 北京：中国农业科学技术出版社.
丁麟，2021. 法老终结者和她的终极之河：埃及农业概论[M]. 北京：中国农业科学技术出版社.
丁麟，2023. 饥饿终结者和她的努特之翼：世界粮食计划署综述篇[M]. 北京：中国农业科学技术出版社.
丁隆，2011. 埃及穆斯林兄弟会的崛起及其影响[J]. 国际政治研究（4）：21-33，187.
董小菡，夏新华，2012. 埃及宪法变迁研究[D]. 湘潭：湘潭大学.
樊胜根，2015. 全球背景下的中国粮食安全与营养[J]. 中国发展观察（1）：87-92.
冯蕾，2014. 穆巴拉克时期埃及非政府组织研究[D]. 郑州：郑州大学.
冯璐璐，2006. 中东经济现代化的现实与理论探讨：全球化视角研究[D]. 西安：西北大学.
冯永忠，向友珍，邓建，等，2013. 埃及尼罗河流域农作制特征调研[J]. 世界农业（2）：110-112.
付海蛟，2016. 军队对埃及政治格局的影响研究（1952—2011）[D]. 昆明：云南大学.
付明辉，2017. 中国与“一带一路”国家农产品出口市场细分：贸易连续体理念与方法[D]. 武汉：华中农业大学.
高贵现，2014. 中非农业合作的模式、绩效和对策研究[D]. 武汉：华中农业大学.
顾坚，2012. 中阿关系中的双边认知（1949—2009）[D]. 上海：上海外国语大学.
顾尧臣，2006. 埃及有关粮食生产、贸易、加工、综合利用和消费情况[J]. 粮食与饲料工业（6）：44-47.
郭子林，2011. 古埃及托勒密王朝对法尤姆地区的农业开发[J]. 世界历史（5）：78-90，160.
韩翔，2012. 托勒密二世时代对外关系研究[D]. 上海：上海师范大学.
何美兰，2012. 多元文明的互动与共生：969—1171年的开罗[D]. 北京：首都师范大学.
黄超，2017. 埃及近现代农业经济与国家发展的互动关系研究[J]. 阿拉伯研究论丛（1）：76-86.
金寿福，2012. 内生与杂糅视野下的古埃及文明起源[J]. 中国社会科学（12）：179-200，209.
李春光，2009. 国外“三农”面面观[M]. 北京：石油工业出版社.
李后强，2009. 借鉴埃及经验 发展四川农业[J]. 西南石油大学学报（社会科学版），2（4）：77-81.
李辉，2006. 中国新疆棉花产业国际竞争力研究[D]. 武汉：华中农业大学.
李明波，2015. 阿拉伯大饼传奇[J]. 中华活页文选（初二）（10）：15-16.
李宁，2009. 全球粮食危机背景下的埃及农业发展和中埃农业技术合作建议[J]. 全球科技经济瞭望，24（12）：23-27.
李奇，2007. 埃及人把大饼当坐垫[J]. 科学大观园（16）：63.
李岩，2018. 尼罗河灌溉与古代埃及农业[J]. 山西青年（6）：236.
李智，2010. 美国中东政策研究（1967—1974）[D]. 长春：东北师范大学.
栗铁申，彭世琪，2003. 埃及的旱作节水农业[J]. 世界农业（4）：40-42.
刘科，2016. 穆巴拉克时期埃及贫困问题研究[D]. 兰州：西北师范大学.
刘云，2012. 中国埃及合作的现状、成效与问题[J]. 非洲研究（1）：169-182，13-17.
刘志华，2013. 1805—2011年埃及农产品市场化问题刍议：以棉花的种植和销售为例[J]. 华中农业大学学报（社会科学版）（2）：34-46.
刘志华，2014. 1952—2011年埃及粮食问题研究[J]. 世界农业（2）：55-58.
刘志华，2018. 略论埃及伊斯兰时代的农业用地包税制[J]. 农业考古（4）：226-232.
刘志华，2018. 中外比较视域下埃及农业合作社的百年嬗变（1910—2011年）[J]. 世界农业（6）：37-42.
刘志华，2019. 1952—2011年埃及乡村人口流动的概况、成因、影响及对我国的启示[J]. 山东农业工程学院学报，36（1）：1-11.
龙翔，2016. 从农业角度观察埃及变革的发生[J]. 现代经济信息（19）：24.
卢小莞，2015. 埃及政权合法性探究[D]. 北京：外交学院.
马霞，宋彩岑，2016. 中国埃及苏伊士经贸合作区：“一带一路”上的新绿洲

[J]. 西亚非洲（2）：109-126.
马新伟，2013. 美国对外援助的比较分析[D]. 上海：华东师范大学.
孟炳君，2017. “站位三角”理论视角下埃及国家形象构建的话语策略研究：以埃及总统第70届联大演讲为例[J]. 外语研究（1）：3-7，114.
孟菁，2014. 萨达特时期埃及政治伊斯兰力量研究[D]. 上海：上海社会科学院.
莫荣旭，2007. 埃及和西班牙农业发展的特点和启示[J]. 广西农学报，22（3）：89-93.
莫顿·杰尔文，2016. 糟糕的数据——非洲发展数据的误导性及对策研究[M]. 武汉：湖北科学技术出版社.
聂利利，2017. 论古埃及新王国时期的法老年代记[D]. 长春：吉林大学.
钱磊，2015. 埃及穆斯林兄弟会历史进程研究[D]. 金华：浙江师范大学.
秦精欢，2016. 当代埃及食品补贴研究[D]. 郑州：郑州大学.
沈朝建，2002. 紧急动物疫病应急管理在发达国家的运行机制及我国的工作重点[D]. 南京：南京农业大学.
沈鹏，周琪，2015. 美国对以色列和埃及的援助：动因、现状与比较[J]. 美国研究（2）：9-31，5.
宋欣涛，2004. 美国应急管理机制[D]. 北京：外交学院.
童彤，2019. 埃及：柑桔为2018年出口最多的农产品[J]. 中国果业信息（1）：43.
王得才，2013. 2011年埃及政变的原因探析[D]. 北京：中国青年政治学院.
王磊，2018. 埃及有机农业耕作政策支持述评[J]. 世界农业（11）：95-99.
王三义，2005. 工业文明的挑战与中东近代经济的转型（1809—1938）[D]. 西安：西北大学.
王泰，2015. 一战与埃及民族主义运动的转折趋势[J]. 阿拉伯世界研究（2）：77-92.
王秀红，2002. 埃及农业科技发展现状概述[J]. 中国农业科技导报（3）：76-80.
王钊英，张家喜，2010. 埃及农业机械化发展现状分析及合作建议[J]. 世界农业（9）：61-63.
吴建阳，2017. 埃及城市化与经济稳定研究[D]. 临汾：山西师范大学.
郗慧，2014. 十月革命对埃及社会的影响（1917—1924）[D]. 临汾：山西师范大学.
肖艳，2014. 中国与中低收入发展中国家经贸合作新战略研究[D]. 北京：对外经济贸易大学.
谢振玲，2011. 罗马统治时期古代埃及的农业实践研究[J]. 农业考古（1）：113-115，145.
谢志恒，2012. 埃及立宪君主制时期的政党政治研究[D]. 南开：南开大学.
徐振伟，2014. 世界粮食危机与中东北非动荡：以埃及为例[J]. 中山大学学报（社会科学版）（6）：169-177.
杨光，2015. 埃及的人口、失业与工业化[J]. 西亚非洲（6）：124-138.
姚穆，2015. 新疆棉纺织产业的发展优势及转型升级建议[J]. 棉纺织技术，43（10）：1-3.
殷罡，2005. 借一双“慧眼”看埃及：与埃及问题专家座谈实录[J]. 对外大传媒（8）：31-35.
应文超，2014. 埃及工人运动的历史考察（1945—2011）[D]. 临汾：山西农业大学.
尤瓦尔·赫拉利，2017. 人类简史：从动物到上帝[M] . 北京：中信出版社.
尤瓦尔·赫拉利，2017. 未来简史[M]. 北京：中信出版社.
余建华，2016. 中国与埃及关系六十年：回顾与前瞻[J]. 阿拉伯世界研究（5）：3-16，118.
袁海勇，2012. 中国海外投资风险应对法律问题研究：以对非洲投资为视角[D]. 上海：华东政法大学.
苑全玺，2014. IMF援助效果的国际政治经济学分析[D]. 北京：中共中央党校.
张爱民，李欣，刘冬成，等，2016. 品质支撑农作物产业与未来发展[J]. 中国农业科学，49（22）：4265-4266.
张济，耿兴义，曹若明，等，2013. 全球新型冠状病毒感染的进展研究[J]. 山东大学学报（医学版），51（4）：108-112.
张佳喜，张梦华，畅雄勃，2011. 中国与埃及农业机械合作前景分析[J]. 新疆农机化（5）：56-58.
张琏，2019. 尼罗河流域的水政治：历史与现实[J]. 阿拉伯世界研究（2）：64-77，121.
张梦华，2011. 关于埃及农业机械领域现状的调查研究（续）[J]. 农机质量与监督（3）：42-45.
张梦华，2011. 中埃农业合作发展成效及建议（上）[J]. 农机质量与监督

（5）：38-39.

张群生，2008. 中国和埃及农业合作研究[D]. 重庆：西南大学.

张帅，2014. 埃及的粮食安全问题[D]. 西安：西北大学.

张帅，2016. 埃及应对粮食安全的政策措施浅议[J]. 国际研究参考（1）：13-16，23.

张玉，2019. 埃及和苏丹的尼罗河水问题[D]. 西安：西北大学.

赵红亮，2013. 穆巴拉克时期埃及中小企业发展研究[D]. 金华：浙江师范大学.

赵军，2015. 埃及与阿盟的互动关系研究[J]. 阿拉伯世界研究（5）：96-108.

朱艳凤，2014. 古代埃及的尼罗河神崇拜[D]. 长春：东北师范大学.

ABD EL MOWLA K E，H. H. ABD EL AZIZ，2020. Economic analysis of climate-smart Agriculture in Egypt[J]. Egyptian Journal of Agriculture Research，98（1）：52-63.

ABDUL-MUMIN ABDULAI，ELMIRA SHAMSHIRY，2014. Governance and Poverty Alleviation in the Muslim World，Linking Sustainable Livelihoods to Natural Resources and Governance[M]. Springer Singapore.

ADDISU LASHITEW，2020.2.18. Why Ethiopia，Egypt，and Sudan should ditch a rushed，Washington-brokered Nile Treaty Tuesday[EB/OL]. https://www.brookings. edu/blog/africa-in-focus/2020/02/18/why-ethiopia-egypt-and-sudan-should-ditch-a-rushed-washington-brokered-nile-treaty/.

ADEL SHALABY，RAFAT R AL，2010. Agricultural land monitoring in Egypt using NOAA-AVHRR and SPOT vegetation data[J]. Nature and Science，8（11）：275-278.

AL-BARAA，EL-SAIED，ABASS EL-GHAMRYA，et al.，2015. Khafagi，Owen Powell，Ramadan Bedair. Floristic diversity and vegetation analysis of Siwa Oasis：An ancient agro-ecosystem in Egypt's Western Desert[J]. Annals of Agricultural Sciences，60（2）：361-372.

ALETTA NORVALAMR ABDULRAHMAN，2011. EU Democracy Promotion Rethought：The Case of Egypt，Europe，the USA and Political Islam[M]. London：Palgrave Macmillan.

ANNABELLE DABURON，VÉRONIQUE ALARY，AHMED ALI，et al.，2018. Urban and Peri-Urban Agriculture，the Dairy Farms of Cairo，Egypt，

Diversity of Family Farming Around the World[M]. Springer.

ASSEM REDA ABU HATAB，2011. 埃及农业出口影响因素及出口中国市场潜力研究[D]. 杨凌：西北农林科技大学.

AYMAN ZOHRY，2006. EGYPTIAN IRREGULAR MIGRATION TO EUROPE[C]. European Population Conference .

CHRISTIAN A. GERICKE，KAYLEE BRITAIN，MAHMOUD ELMAHDAWY，et al.，2016. Health System in Egypt，Health Care Systems and Policies[M]. New York：Springer.

DALIA M. GOUDA，2020. Climate Change，Agriculture and Rural Communities' Vulnerability in the Nile Delta，Climate Change Impacts on Agriculture and Food Security in Egypt[M]. New York：Springer.

ELLIS GOLDBERG，2004. Labor Regulation in Egypt After 1952，Trade，Reputation and Child Labor in Twentieth-Century Egypt[M]. New York：Palgrave Macmillan.

ERIK BRATTBERG，PHILIPPE LE CORRE，PAUL STRONSKI，et al.，2021. China's Influence in Southeastern，Central，and Eastern Europe：Vulnerabilities and Resilience in Four Countries[R]. Carnegie Endowment for International Peace.

FAO，2020. Desert Locust situation update[EB/OL]. http://www.fao.org/ag/locusts/en/info/info/index. html.

FRANÇOIS MOLLE，2019. Egypt，Irrigation in the Mediterranean[M]. Springer.

FRANÇOISE DE BEL-AIR，2016. Egypt：Migration Profile[M]. Egypt（2）：DOI：10.13140/RG.2.1.1399.7206 .

FRANK EBO SAGOE，2022-07-19. 振兴非洲的十年发展计划[EB/OL]. 西非漫谈（12）：https://www.shangyexinzhi.com/article/5024141.html.

GAMAL M，2015. Selim. Egypt's Integration into the Global Economy and the Dynamics of Political Deliberalization. The International Dimensions of Democratization in Egypt[M]. Springer Cham.

GAMAL M，2015. Selim. The Western Democracy Promotion Agenda in Egypt：The Persistence of the Democracy-Stability Dilemma，The International Dimensions of Democratization in Egypt[M]. Springer Cham.

GARY PAUL NABHAN，2007. Agrobiodiversity Change in a Saharan Desert Oasis，1919–2006：Historic Shifts in Tasiwit （Berber） and Bedouin Crop Inventories of Siwa，Egypt[J]. Economic Botany（61）：31-43.

GEHAN A. G.，2014. Elmenofi，Hamid El Bilali，Sinisa Berjan. Governance of rural development in Egypt，Faculty of Agriculture，Ain Shams University[J]. Annals of Agricultural Science，59（2）：285–296.

GISELLE C，1991. Bricault. Major Companies of EGYPT，Major Companies of the Arab World 1992/93[M]. Springer Dordrecht.

GIUSEPPE SCHIAVONE，2008. International Organizations[M]. London：Palgrave Macmillan.

HASSAN EL-RAMADY，TAREK ALSHAAL，NOURA BAKR，et al.，2019. The Soils of Egypt[M]. Springer Cham.

HASSAN R. EL-RAMADY，SAMIA M，2013. El-Marsafawy，Lowell N. Lewis. Sustainable Agriculture and Climate Changes in Egypt，Sustainable Agriculture Reviews[M]. Springer Cham.

HEBA ELBASIOUNY，FATHY ELBEHIRY，2020. Rice Production in Egypt：The Challenges of Climate Change and Water Deficiency，Climate Change Impacts on Agriculture and Food Security in Egypt[M]. Springer.

HEBA S. MAREY，JOHN C. GILLE，HESHAM M. EL-ASKARY，et al.，2010. Study of the formation of the “black cloud” and its dynamics over Cairo，Egypt，using MODIS and MISR sensors[J]. Journal of Geophysical Research，115（D21206）：doi：10.1029/2010JD014384.

IBRAHIM NATIL，2016. Civil State in the Post-Arab Spring Countries：Tunisia，Egypt and Libya，The Arab Spring，Civil Society，and Innovative Activism[M]. New York：Palgrave Macmillan.

JANE HARRIGAN，2014. Policies for Arab Integration into Global Food Markets and Arab Domestic Agriculture，The Political Economy of Arab Food Sovereignt[M]. London：Palgrave Macmillan.

JULES JANICK，2002. Ancient Egyptian Agriculture and the Origins of Horticluture[J]. Acta Hortic（582）：23–39.

KARIM HAMZA，2015. Smart City Implementation Framework for Developing

Countries：The Case of Egypt，Smarter as the New Urban Agenda[M]. Springer Cham.

KEI SAKAMOTO，2013. Efforts to Introduce Inclusive Planning in Egypt [R]. Global Economy and Development at BROOKINGS.

KHALIFA，H. A. MOUSSA，2017. Soil and Agriculture After the Aswan High Dam[R]. Irrigated Agriculture in Egypt.

M. H. ELAGOUZ，S. M. ABOU-SHLEEL，A. A. BELAL，et al.，2020. Detection of land use/cover change in Egyptian Nile Delta using remote sensing[J]. The Egyptian Journal of Remote Sensing and Space Sciences，23（1）：57–62.

MARIAM G. SALEM，2012. Water and hydropower for sustainable development of Qattara Depression as a national project in Egypt[J]. Energy Procedia（18）：994–1004.

MASAYOSHI SATOH，SAMIR ABOULROOS，2017. Irrigated Agriculture in Egypt[M]. Springer International Publishing.

MICHELE DUNNE，2011. Egypt：From Stagnation to Revolution，America's Challenges in the Greater Middle East[M]. New York：Palgrave Macmillan.

MIRZA BARJEES BAIG，GARY S. STRAQUADINE，AJMAL MAHMOOD QURESHI，et al.，2019. Sustainable Agriculture and Food Security in Egypt：Implications for Innovations in Agricultural Extension，Climate Change[J]. Food Security and Natural Resource Management（16）：103–131.

MISHANA HOSSEINIOUN，2017. Egypt，The Human Rights Turn and the Paradox of Progress in the Middle East[M]. Palgrave Macmillan，Cham.

MOATAZ ELNEMR，2018. Policies That Work for Sustainable Agriculture in Egypt，Sustainability of Agricultural Environment in Egypt：Part Ⅱ[M]. Springer Cham.

MOATAZ ELNEMR，2017. Applicability of Sustainable Agriculture in Egypt，Sustainability of Agricultural Environment in Egypt：Part Ⅰ[M]. Springer Cham.

MOHAMED ABDEL MEGUID，2017. Key Features of the Egypt's Water and Agricultural Resources，Conventional Water Resources and Agriculture in Egypt[M]. Springer Cham.

MOHAMED FAYEZ FARHAT，2020. Towards a Common Destiny：The Belt and Road Initiative and the Vision 2030Forum “Governance and Egypt’s Vision 2030” [R]. Asian Studies Program-Al-Ahram Center for Political and Strategic Studies.

MOHAMED K，2018. Abdel-Fattah，Reclamation of Saline-Sodic Soils for Sustainable Agriculture in Egypt，Sustainability of Agricultural Environment in Egypt：Part Ⅱ[M]. Springer Cham.

MOHAMED SALMAN TAYIE，ABDELAZIM NEGM，2018. Conventional Water Resources and Agriculture in Egypt[M]. Switzerland：Springer International Publishing.

MOHAMED TALAAT EL-SAIDI，2002. Prospects for Saline Agricultur[M]. Netherlands：Springer Netherlands.

MONA A. OUTHMAN，EL-SAYED E. OMRAN，2022. Egypt’s Strategy to Meet the Sustainable Development Goals and Agenda 2030：Researchers’ Contributions[M]. Springer Cham.

MYLES OELOFSE，HENNING HØGH-JENSEN，LUCIMAR S. ABREU，et al.，2011. Tursinbek Sultan & Andreas de Neergaard. Organic farm conventionalisation and farmer practices in China，Brazil and Egypt[J]. Agronomy for Sustainable Development，31：689–698.

REIJI KIMURA，ERINA IWASAKI，NOBUHIRO MATSUOKA，2020. Analysis of the Recent Agricultural Situation of Dakhla Oasis，Egypt，Using Meteorological and Satellite Data[EB/OL]. https://www. mdpi. com/2072-4292/12/8/1264/htm.

SALAH ABDELWAHAB EL-SAYED，KH. A. ALLAM，M. H. M. SALAMA，et al.，2017. Investigation of Chemical and Radiochemical Fingerprints of Water Resources in Siwa Oasis，Western Desert，Egypt[J]. Arab Journal of Nuclear Science and Applications，50（1）：158–178.

SALWA F. ELBEIH，ABDELAZIM M. NEGM，ANDREY KOSTIANOY，2019. Environmental Remote Sensing in Egypt [M] . Springer Geophysics.

SHAAZKA BEYERLEARWA HASSAN，2009. Popular Resistance against Corruption in Turkey and Egypt，Civilian Jihad[M]. New York：Palgrave

Macmillan.

SHAHAT SABET，MOHAMED AHMED ALI，2017. 埃及农业发展的评价与前景研究[D] . 北京：中国农业科学院.

SHALABY A，GAD A，2010. Urban Sprawl Impact Assessment on the Fertile Agricultural Land of Egypt Using Remote Sensing and Digital Soil Database，Case study：Qalubiya Governorate[A]. National Authority for Remote Sensing and Space Sciences，Egypt. US-Egypt Workshop on Space Technology and Geo-information for Sustainable Development[C]. Cairo：Egypt.

SHERINE EL-SHAWARBY，2020. Poverty and poverty reduction：Egypt's 2030 vision[R]. CairoUniversity.

SUZANNE OGDEN，2007. Don't Judge a Country by its Cover：Governance in China，China in the Twenty-First Century[M]. New York：Palgrave Macmillan.

THE UNITED NATIONS HIGH COMMISSIONER FOR REFUGEES （UNHCR），2019. EGYPT Regional Refugee & Resilience Plan（3RP）2019–2020[R]. Cairo.

TOBY WILKINSON，2011. The rise and fall of ancient egypt[M]. New York：Random House.

V. TÄCKHOLM，1976. Ancient Egypt，Landscape，Flora and Agriculture[R]. The Nile：Biology of an Ancient River.

WORLD BANK，2021. World Bank Annual Report 2021[R]. Washington DC：World Bank.

WORLD FOOD PROGRAMME，2020. Annual Performance Report for 2020[R]. Rome：Executive Board Annual Session.

WORLD FOOD PROGRAMME，2020. WFP Egypt Country Brief for 2020[R]. Rome：WFP Egypt Country Office.

YOUSSEF M，2017. Hamada，Agriculture and Irrigation in Nile Basin，The Grand Ethiopian Renaissance Dam，its Impact on Egyptian Agriculture and the Potential for Alleviating Water Scarcity[M]. Springer：Cham.

后　记

事实上，本书在基本完成之后，从严格意义上来说已经不仅仅专注于对埃及农业自身的研究，本人也希望通过《埃及农业综论》这种更加具有深度的撰写方式，跳出农业有限的范畴，帮助更多非农业研究领域的朋友在本书中找到自己感兴趣的内容。这是因为埃及作为一个典型的农业国家，无论从哪个方面进行研究，都离不开农业，既然如此，在《埃及农业概论》的基本研究使命完成之后，为什么不对埃及进行一次“头脑风暴”式的全面论述呢？或许能够通过这种方式，帮助埃及，也帮助我们自己，以旁观者的角度，更好地审视我们身处的这个处在巨变前夜的世界，更好地思索未来的生活模式和发展方向。

另外，本《埃及农业综论》的撰写要远远早于另一本专著——《世界粮食计划署综述篇》，只不过由于俄乌冲突在《埃及农业综论》基本完稿之时突然爆发，我也突然感到尚在构思之中的《世界粮食计划署综述篇》应该尽快完成，以更“应景”地展示世界粮食计划署在重大突发危机下的人道主义工作。因此《埃及农业综论》在2022年之后被搁置了近一年，不过这也帮助我更加系统地梳理了有关思路。

无论是撰写《埃及农业概论》还是《埃及农业综论》或是《世界粮食计划署综述篇》，实质上都是一样的。都是探索在一个不确定的大环境下，个体的生存之道与发展路径。当对自己的研究对象有了一个较为透彻的理解之后，实际上也就对自我的存在价值和发展方向形成了一个更加自信和明确的主张。

“写作就是一场‘自我革命’。”

自2013年首次萌发撰写《世界粮食计划署概述篇》的想法，在历经了10年积累，连续完成了《埃及农业概论》《世界粮食计划署综述篇》《埃及农业综论》的撰写，其间还经历了数年新冠疫情的考验，可以说，撰写农业外交系列丛书所达成的目标已经不仅仅在于研究对象本身，而是借助这样一种系统化写作的模式，对自我知识体系和认知能力进行一个重新认识与塑造。考虑到数据时效性对于学术著作的重要程度，在夜以继日的努力下，于2023年下半年完成了全部工作，并确保了大部分数据是2022年前后的。然而美中不足的是，随着2023年底的离任回国，该书的题序、勘误、校对、排版设计以及工作和安家等诸多事项导致出版又延后了一年半之多，这样看来部分数据略显陈旧，不能不说是一个小小的遗憾，为了尽可能弥补，对部分数据更新到了2024年。

也许有朋友会问，冠以农业外交系列丛书的目的是什么？

要回答这个问题，就要从政治和理论两个方面进行阐述。

从政治上讲，首先在撰写一个国家的农业以及国际组织的粮食安全与可持续发展领域方面的内容时，作者并不满足于出自某个“任务”、某种爱好或基于某种优势资源。因此把上述著述行为放进实现中华民族伟大复兴事业所必须开展的中外文明互鉴与沟通的伟大叙事之中，我们就会发现，仅仅以依赖“文化输出”的单向理念和行为而期待达到弘扬中华民族优秀文化的做法，不能实现令那些处于异域文化之中的受众完全理解和接纳的目的。如果在我们“输出”的文化和理念之中，能够包容性地含有对方有关文化的研究与成果，那么一定会获得对方的赞赏和接纳，这种整合了相互交流、相互融合理念的“文化输出”行为，一定是最高效率的文明互鉴与交流。例如撰写埃及农业以及撰写粮农机构的粮食安全与可持续发展事业并充分展示巨大的交流成果、进展以及潜力，一定能够为埃及、意大利这些丝绸之路上的核心国家以及更多“一带一路”沿线节点国家所青睐，并激发对方对中华民族优秀文化的兴趣和期待。这也充分体现了外交学原理中的相互尊重、相互借鉴、共同发展、共同进步的理念。

在理论方面，诚然，仅仅从上述系列丛书的内容看，只是对于国家和国际组织两个方面的粮农领域专业研究，鲜有在文字上提及外交领域的工作和技巧以及相关案例。此外，包括本书在内的整个“农业外交系列”丛书中都向读者展示了大量甚至特别的各种类型、形态和来源的数据和统计资料、模型。但是，这里正是作者试图向读者传达的一个理念：外交不能仅仅作为一个专业领域，也不能是一个具有排他性的职业，更非仅仅代表着一个特殊的群体。外交，是和每个人都息息相关的事务，是一种每个人都能具备的技能，更是一种应有的生活态度和价值观。《农业外交系列丛书》力图体现出来的就是这样一些与你的生活一定会发生亲密接触的事务，一种你需要掌握的研究方法，一种给予自己一个自我超越机会的理念。系统的外交学原理及方法论乃至本体论[①]的应用层面不是作者所关注和需要在这里进行展示的。而且，农业外交亦无相应的直接理论体系所支撑。然而，本系列丛书所展现给大家的不同类别和特征的海量数据和实时信息、资源所代表的，首先是一种描述性统计信息，而非推断性统计信息。除了用于论证有关观点，更体现的是一种“数据产品”的概念、“数据交流”的观念乃至“数据外交”的理念。围绕数据生产和传播的问题非常重要，特别是在当今数字化的时代，更加不能被忽视[②]。埃及在对数据的发掘、应用和包装方面，走在了非洲的前列，在国际上亦独具一格。和本书所研究的所有农产品一样，数据产品也无处不在，交换无处不在，价值无处不在，这就是专业领域外交理念的一个亮点，即，彼此共享彼此受益，乃至共赢共襄，正是上述外交学原理、手段及理念的具体体现——这就是外交思想在专业研究领域中的应用理念，也是冠以农业外交系列丛书的最终理论目的。

希望每位有志于在本专业领域有所突破的学者，获得并驾驭这个思想，最终跨越专业瓶颈，为我所用，超越自我。

① 本体论（Ontology），是探究世界的本原或基质的哲学理论，由17世纪的德国经院学者P. 戈科列尼乌斯首先使用的。本研究指的是外交及国际关系这门专业中的概念、术语及其相互关系。

② 莫顿・杰尔文，糟糕的数据——非洲发展数据的误导性及对策研究，2016年。

Postscript

I HAVE TO ADMIT THAT WITH THIS SECOND EDITION COMPLETE, the "*Comprehensive Review of Egyptian Agriculture*" is no longer align with the study of Egyptian agriculture itself. I also would like to use this irregular writing style and to break out of the limited scope of agriculture and help more friends outside agricultural but could catch their own interests in this book. This is because Egypt, as a typical agricultural country, cannot do without agriculture in any aspect of research. Therefore, after completing the basic research mission of "*Introduction of Egyptian Agriculture*" , why not to conduct a "brainstorming" style and comprehensive discussion on Egypt? Perhaps in this way, we can help Egypt as well as ourselves, from an onlooker's perspective, better examine the world we are in on the corner of great changes of world, and better contemplate future lifestyles and development directions.

In addition, the writing of this "*Comprehensive Review of Egyptian Agriculture*" was much earlier than another monograph— "*Comprehensive Review of the World Food Programme*" . However, due to the outbreak of the Russia-Ukraine conftict at the time of the "*Comprehensive Review of Agriculture in Egypt*" was almost completed, I suddenly felt that the " *Comprehensive Review of the World Food Programme*" —which was still in the planning stage—should be completed as soon as possible to be more "timely" showcase the humanitarian work of the World Food Programme in major sudden crises. Therefore, the "*Comprehensive Review of Agriculture in Egypt*" was suspended for nearly a year after mid-2022, but this also helped me to make more systematically revise of this book.

It is essentially the same whether "*Introduction of Egyptian Agriculture*" , "*Comprehensive Review of Agriculture in Egypt*" or even "*Comprehensive Review of the World Food Programme*" . It is all about exploring the survival and development path of individuals in an uncertain environment. By doing so, you will form a more confident and clearer proposition about your own existence value and development direction when you have a more thorough understanding of your research on writing well.

Writing is a process of "Re-knowing yourself" .

The idea of writing the World Food Programme (WFP) was in 2013. After 10 years of consideration, I have successively completed the three series books above. Furthermore, the period I stay in Chinese Embassy was the same period of COVID-19 erupt and finish. It can be said that the goal achieved by writing the series of books is not only about the research itself, but also a process of re-knowing and re-shaping my knowledge system and cognitive ability through such a systematic writing mode.

Perhaps some friends may ask, what is the purpose of naming the series as "*Agricultural Diplomacy*" ?

To answer this question, we need to elaborate on both political and theoretical purposes.

In Politic, I would rather not satisfy with a certain "task" , hobby, or advantageous resource as the purpose of writing these books. Therefore, if we put the above-mentioned writing behavior into the great narrative of mutual learning and communication between Chinese and foreign civilizations which must be carried out to achieve the great rejuvenation of the Chinese nation, we will find that relying solely on the one-way concept and behavior of "exporting culture" to make Chinese culture popular worldwide will not achieve the goal of foreigner fully understand and accept Chinese culture. If we "export" the culture with include some research about other's culture in an inclusive manner, we will definitely receive the appreciation and acceptance of others. This "cultural export" integrates mutual communication will definitely be the most efficient civilization mutual learning and exchange. For example, writing about Egyptian agriculture and the food security and sustainable development cause of the Food and Agriculture Agency, and fully demonstrating the great exchange achievements, progress and potential, will certainly be favored by Egyptian, Italian and more key countries along the "the Belt and Road" , and stimulate more interest and expectation in Chinese culture. This also fully embodies the principles of mutual respect, mutual learning, common development, and common progress in diplomacy.

In theoretical, it is true that diplomatic work, skills, and related cases are rare mentioned in the series of books which only focus on professional research in both national and international organizations. In addition, the entire "*Agricultural Diplomacy*" *series*, including this book, presents readers with a large amount and even special types of forms, data, statistical inference, and models. However, this is exactly the idea that the author is trying to convey to readers: diplomacy is not just a professional field, nor can it be an exclusive profession, nor should it only represent a special group. Diplomacy is a matter that is closely related to everyone, a skill that everyone should possess, and a necessary attitude and values towards life. The "*Agricultural Diplomacy*" *series* aims to reflect some of the affairs that will inevitably have intimate contact with your life, a research method that you need to master, and a concept of giving yourself an opportunity to surpass yourself. The principles and methodology of systemic diplomacy, as well as the application level of ontology, are not the focus of the author's attention and no need to be shown here. Moreover, *Agricultural Diplomacy* is not supported by a corresponding theoretical system directly. However, what the massive amounts of data and on-time information and resources in different categories and with diverse characteristics presented in this series of books is, just a descriptive statistical information, not used for inference. In addition to be used to argue relevant viewpoints in the series, it also embodies the concepts of "*data products*", "*data exchange*", *and* "*data diplomacy*". The issues surrounding digital production and dissemination are extremely critical and should not be ignored especially in today's digital age. Egypt is at the forefront of data mining, application, and design among Africa countries, and also eye-catching internationally. Like all agricultural products studied in this book, data products are also everywhere as well as exchange and value. This is the highlights of diplomacy in professional fields which focus on sharing and mutual benefit, and even achieve win-win cooperation. This is the application concept of diplomatic thinking in professional research fields, and also the ultimate theoretical goal of my *Agricultural Diplomacy* series.

I hope, if you aspire to make breakthroughs in your field of expertise, you may acquire and master the idea above, overcome bottlenecks in your research, and then surpass yourself ultimately.

附 图

附图1　位于埃及孟菲斯的萨卡拉金字塔内有关埃及渔民捕鱼的场景（摄影：丁麟）

附图2　位于埃及孟菲斯的萨卡拉金字塔内有关埃及农民农事活动的场景（摄影：丁麟）

附图3　位于埃及孟菲斯的萨卡拉金字塔内有关埃及畜牧业养殖的场景（摄影：丁麟）

附图4　位于埃及孟菲斯的萨卡拉金字塔内有关埃及食品加工制作的场景（摄影：丁麟）

附图5　由埃及本地手工艺品制作师手工制作的纸莎草绘画作品（摄影：丁麟）

附图6　由作者收集并装潢制作的自埃及本地民俗绘画师手工创作的纸莎草展画，颇具收藏价值（摄影：丁麟）

附图7　位于埃及博物馆内的埃及古代陶艺作品，古埃及制陶工艺精湛（摄影：丁麟）

附图8　法国卢浮宫博物馆内收藏的反映古埃及农村田间耕地、收获、运送粮食、装仓、储藏等劳作过程的壁画（摄影：丁麟）

附图9　埃及开罗文明博物馆内收藏的古埃及农村土地丈量官员的雕塑，其手捧用于丈量土地的测绳卷（摄影：丁麟）

附图10　埃及开罗文明博物馆内展示的古埃及人制作脆饼的场景，图右下角可见类似“烤馕”的制作工艺（摄影：丁麟）

附图11 埃及开罗文明博物馆内收藏的近代埃及棉花种植的资料，埃及种植棉花的历史悠久（摄影：丁麟）

附图12 埃及开罗文明博物馆内收藏的古埃及各类面食、麦类种子标本，古埃及农业发达，能够制作多种烘焙食品并使用大麦酿制啤酒等饮料（摄影：丁麟）

附图13　中国著名埃及学者，北京大学颜海英教授在其研究中提及的Abu Humms附近出土的植物苗圃中摆放的双耳瓶（Amphora bodies in plant nursery near Abu Humms），古埃及园艺文化历史悠久

图片来源：©Peter Fraser Photographic Archive，Lexicon and Greek Personal Names，Oxford.

附图14　位于埃及西部沙漠达赫莱绿洲的Al-Qaṣr地区农村（Al-Qaṣr，Egypt，in the Oasis of Al-D ā khilah in the Western Desert.）

图片来源：Georg Gerster/Photo Researchers.

附图15 位于上埃及阿斯尤特地区的农村（A view in Upper Egyptian city of Asyut）

图片来源：Internet.

附图16 位于上埃及卢克索地区的农村（A view in Upper Egyptian city of Luxor）

图片来源：Internet.

附图17　位于上埃及纳赛尔湖周边的农村（A view in Upper Egyptian city of Nasser）
图片来源：FeaturePics.

附图18　位于埃及中部城市明亚地区的农村（A view in Middle Egyptian city of El Minya）
图片来源：Internet.

附图19 位于埃及开罗以南法尤姆地区附近的农村（A view in Egyptian city of Fayum）

图片来源：Alamy stock photo.

附图20 位于下埃及开罗地区附近的农村（A view in rural areas located near Cairo，Egypt）

图片来源：Internet.

附图21　位于埃及锡瓦绿洲地区的农村（Countryside in the Siwa Oasis，Egypt）

图片来源：Internet.

附图22　位于埃及锡瓦绿洲农村的私人民宿与度假村（Private B&B and Resort in Siwa Oasis Countryside，Egypt）

图片来源：Internet.

附图23 位于埃及东部沙漠腹地用土坯垒砌的典型农家院落

图片来源：Amira Noshokaty，Exploring the Red Land II：Shahira Fawzy-The Lady of the Eastern Desert，2023.7.26.

附图24 位于埃及郊区农村的私人牧场（Private ranch in rural Cairo，Egypt）（摄影：丁麟）

附图25　位于埃及开罗郊区农村的私人别墅（Private villa in the countryside on the outskirts of Cairo，Egypt）（摄影：丁麟）

附图26　埃及开罗郊区新农村建设建造的现代化民居（摄影：Fares Abdo）

附图27　埃及“新三角洲”土地开垦项目2017年实施（上）和2023年现状（下）对比。“新三角洲”是埃及农业领域的一个大型项目，位于埃及西北海岸，目标是新开垦200万费丹耕地

图片来源：推特（Twitter）EslAm OthmAn@Esll7970Gladii.

附图28　与埃及“新三角洲”土地开垦项目相配套的水渠灌溉项目，项目包括“埃及的未来”等大型开垦项目，该项目将为埃及增加15%的新农田，预计耗资约50亿美元，分三期完成

图片来源：dailynewsegypt，2023.8.21.

附图29　埃及在达米埃塔（Damietta）新建的达米埃塔纺纱公司（Damietta Spinning and Weaving Company），该公司能够生产世界上品质最好的牛仔裤面料

图片来源：推特（Twitter）EslAm OthmAn@Esll7970Gladii.

附图30　埃及投资80亿美元新建的"Renew Power"工厂，生产氨气和氢气。该项目在苏伊士运河经济区，一期投资7.1亿美元，年产氨气10万吨、氢气2万吨，计划于2026年6月开工。二期投资71亿美元，年产100万吨合成氨气和20万吨氢气，计划于2029年6月开工

图片来源：推特（Twitter）EslAm OthmAn@Esll7970Gladii.

附图31　为确保顺利实施西部沙漠耕地改造工程，埃及目前在三角洲地区等建设了Bahr El Baqar、Al-Mahsama、Al-Hamam 3个巨型灌溉水处理站，年产50亿立方米水，约占埃及尼罗河份额的10%。这些处理过的水将通过一条穿越西部沙漠的巨大人工河流输送

图片来源：推特（Twitter）EslAm OthmAn@Esll7970Gladii.

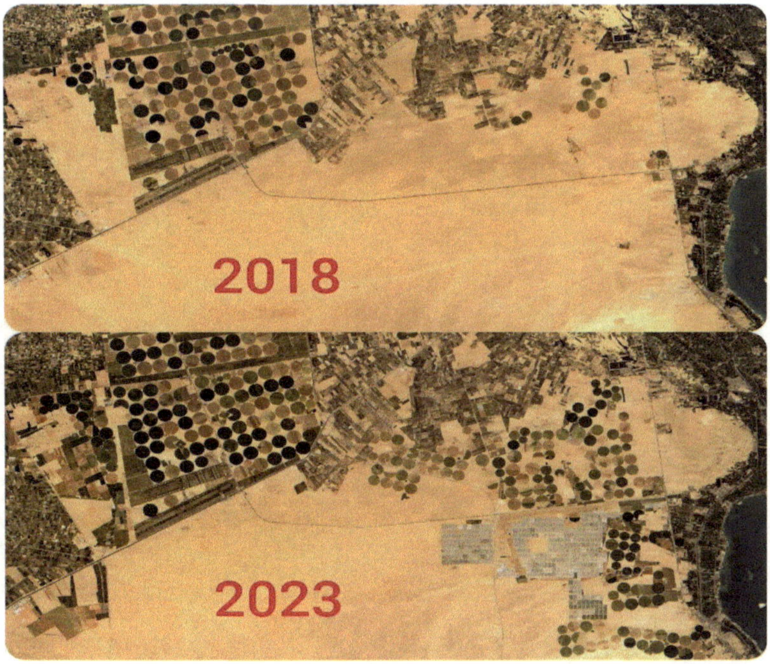

附图32　埃及在“Al-Tal Al-Kabir”地区实施了大规模沙漠土地开垦。该地区包括2万费丹露地栽培和1.25万费丹设施大棚。栽培的主要品种是小麦、杧果、番茄和芳香植物等。图为2018年和2023年耕种前后效果对比

图片来源：推特（Twitter）EslAm OthmAn@Esll7970Gladii.

附图33　埃及在沙漠地区广泛开垦并兴建的温室大棚，主要种植蔬菜

图片来源：推特（Twitter）EslAm OthmAn@Esll7970Gladii.

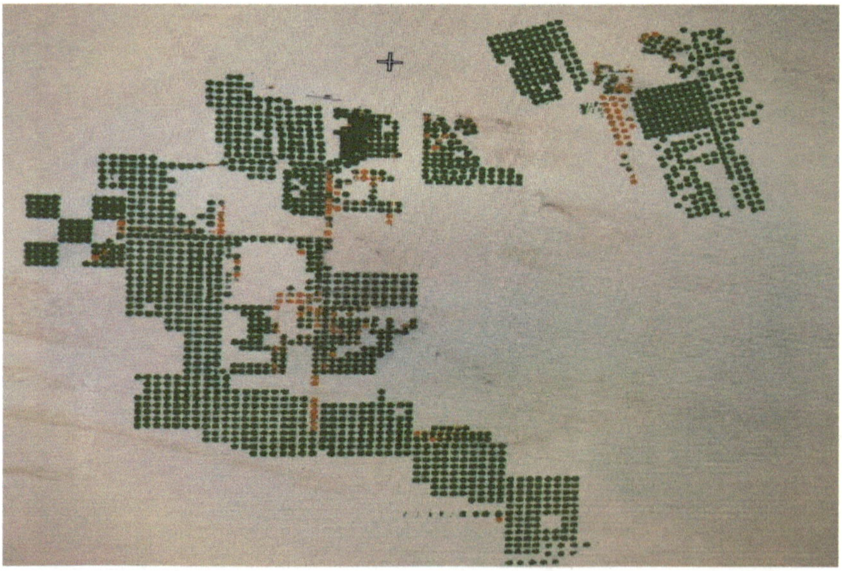

附图34　卫星拍摄的新河谷地区第二大农垦项目东奥瓦纳特（East Al Owainat）沙漠农场项目，图中每个绿色点代表已种植的农田，面积为125费丹，迄今为止，“埃及艳后”“奥西里斯”和“埃及沙漠”等埃及公司、“Al Dahra”阿拉伯联合酋长国公司和“Kadco”等沙特阿拉伯公司已完成数十万费丹沙漠土地开垦。预计到2030年达到100万费丹

图片来源：推特（Twitter）EslAm OthmAn@Esll7970Gladii.

附图35　埃及近年新建的大型粮食仓储设施，为了应对越来越严峻的粮食安全形势，埃及启动了一项国家粮食安全战略储存项目，2014—2021年全国共新建35个大型粮仓，而2014年以前仅4个

图片来源：推特（Twitter）@yehia5yehia.

附图36　埃及在新三角洲的"埃及农业未来"项目主要种植马铃薯、杧果、番石榴、柠檬、紫花苜蓿、豇豆、小麦、扁豆、大豆、花生、芝麻、木槿、棉花、黄玉米、小茴香、薄荷、大蒜、甘草、马郁兰枣、无花果、石榴、橙子等

图片来源：推特（Twitter）EslAm OthmAn@Esll7970Gladii.

附图37　埃及东部奥瓦纳特（Owainat）地区的马铃薯农场种植的马铃薯，通过自动流水线上每小时产出20吨半油炸马铃薯条。该地区每年能够生产6.4万吨马铃薯种子和块茎

图片来源：推特（Twitter）EslAm OthmAn@Esll7970Gladii.

附图38　埃及在新三角洲的"埃及农业未来"项目中大范围种植的向日葵因土地肥沃、阳光充足，加之灌溉水通过大量新建的水渠得到保障而长势良好。埃及沙漠开垦的实践证明，只要水源问题得到解决，埃及特有的沙漠地形能够被改造成肥沃的土壤

图片来源：推特（Twitter）EslAm OthmAn@Esll7970Gladii.

附图39　埃及为确保粮食安全，在新三角洲、图什卡等沙漠荒地开垦了大片土地。图为位于新三角洲的“埃及农业未来”项目收获向日葵场景。向日葵是埃及非常重要的油料作物

图片来源：推特（Twitter）EslAm OthmAn@Esll7970Gladii.

附图40　埃及开罗周边的商业设施绿地大量使用了滴灌栽培技术（摄影：丁麟）

附图41　喜获丰收的埃及麦田和埃及农民

图片来源：Internet.

حوار

«من يملك أمنه الغذائي يملك حريته»
من هذا المنطلق بدأ د. سعيد سليمان، أستاذ الوراثة بكلية الزراعة جامعة الزقازيق، العمل على حلمه واستنباط أصناف جديدة من أهم محصولين استراتيجيين وهما القمح والأرز وبالفعل استطاع خلال رحلة عمل استمرت منذ عام 1988 حتى الآن استنباط أنواع من القمح والأرز قادرة على مقاومة الملوحة والجفاف والأمراض، وتعطي انتاجية عالية وبمواصفات جودة عالمية وتم زراعتها داخل مصر على مساحة تصل إلى 300 ألف فدان، بالإضافة إلى زراعتها في السعودية واليمن وعمان وغيرها من الدول العربية وأثبتت نجاحًا كبيرًا، وعلى الرغم من هذا النجاح إلا أن البيروقراطية تقف أمام تسجيل هذا الحلم
ولذلك كان لنا هذا اللقاء مع د. سعيد سليمان صاحب الطفرة الكبيرة في زراعة الأرز والقمح المقاوم للجفاف

أصناف من الأرز والقمح مقاومة للجفاف والملوحة

ياسمين وهمان

د. سعيد سليمان: بدأت عام 1988 في رحلتي لاستنباط أصناف جديدة من الأرز

附图42　埃及扎加齐克大学（Zagazig University）农学院遗传学教授赛义德·苏莱曼（Saeed Sulaiman）博士自1988年起研发水稻和小麦抗干旱、抗盐碱、抗病虫害世界级新品种，已成功在埃及种植30万费丹，同时在沙特、也门、约旦等阿拉伯国家种植，取得巨大成功

图片来源：推特@nourmoh59996001.

附图43 喜获丰收的埃及瓜田和埃及农民

图片来源：Internet.

附图44 埃及的特色水果在斋月期间消费量巨大，埃及橙子“Clementine”品种因品质突出，甚至出口到包括约旦在内的欧洲和阿拉伯国家

图片来源：推特（Twitter）EslAm OthmAn@Esll7970Gladii.

附图45　埃及的椰枣产量已超越沙特阿拉伯和伊朗，位居世界第一。目前正将椰枣产品打造成国际市场高营销价值的产品。图为埃及在图什卡（Toshka）地区建立了世界上最大的椰枣农场国家项目，生产的椰枣色香味俱佳

图片来源：推特（Twitter）EslAm OthmAn@Esll7970Gladii.

附图46　埃及的国粹“大饼”，埃及近年随着经济危机加重和持续的粮食安全危机，大饼作为埃及人特别是低收入者的基本口粮，对于埃及的社会稳定越来越重要（摄影：丁麟）

附图47 埃及甘蔗及制成的糖浆原料，制糖产业是埃及的重要战略产业。埃及平均年产1 000万吨以上的糖

图片来源：推特（Twitter）EslAm OthmAn@Esll7970Gladii.

附图48 埃及草莓在国际市场广受欢迎。由于土地肥沃，气候适宜，近年在西奈半岛沙漠深处大规模种植成功

图片来源：推特（Twitter）EslAm OthmAn@Esll7970Gladii.

附图49　埃及葡萄种植历史悠久，品种繁多，大规模商业化种植可以追溯到罗马时代。图为埃及的葡萄园

图片来源：EslAmOthmAn@Esll7970Gladii.

附图50　位于开罗“Salah al-Din al-Ayyubi”城堡和“al-Khalifa”街区的贫民窟被拆除。该贫民窟紧邻著名的Muhammad Ali清真寺。随着埃及参与国际治理的步伐加快，埃及越来越重视国际形象，大城市边缘的众多贫民窟成了埃及政府下决心整治的对象

图片来源：推特（Twitter）EslAm OthmAn@Esll7970Gladii.

附图51 穆罕默德·阿里（Muhammad Ali）清真寺及周边著名的贫民窟——“开罗死人城”。随着“体面生活”倡议实施，埃及特别是农村贫困地区的贫民窟改造力度空前加大

图片来源：推特（Twitter）EslAm OthmAn@Esll7970Gladii.

附图52 在“体面生活”倡议推动下，埃及乡村综合治理效果显著，图为前往萨卡拉（Saqqara）金字塔的乡村道路整治前后

图片来源：推特（Twitter）EslAm OthmAn@Esll7970Gladii.

附图53　埃及通过在农村推行的针对女性农民开展的以促进性别平等为目标的农业推广计划获得广泛的社会影响和显著成效

图片来源：Maha Balbaa，Sameh Mansour，*Enhancing Women Status in Egypt's Agriculture Sector.. The Role of Policy Interventions.* 2023.11.01.

附图54　埃及斋月期间免费提供的堂食，主要是大饼、各种豆类、坚果和牛羊肉，由于2023年埃及通胀严重，斋月食品中肉食显著减少

图片来源：推特（Twitter）EslAm OthmAn@Esll7970Gladii.

附图55　埃及第35届“撒哈拉国际农业展”（Sahara 2023）。本届展览的重点为节水灌溉、绿色农业以及肥料等领域（摄影：丁麟）

附图56　展出的来自欧美以及本地制造的各类节水灌溉、海水淡化等设备（摄影：丁麟）

附图57　埃及农业银行等为埃及中小经营者和农民推出的各种金融产品依然是展会的热点之一，体现了埃及社会对投资农业的热情持续高涨（摄影：丁麟）

附图58　埃及农业与土地复垦部展台推出的图书展是展会最吸引观众的展台之一，体现了埃及民众对农业的热情（摄影：丁麟）

附图59　埃及本地生产商生产及销售的肥料和农药等产品（摄影：丁麟）

附图60　埃及本地生产商生产和销售的玉米品种（摄影：丁麟）

附图61　埃及本地生产商生产和销售的豆类（摄影：丁麟）

附图62　埃及本地生产商生产和销售的马铃薯品种，马铃薯已经成为埃及重要的农作物，在埃及粮食安全的危机挑战下，或将成为埃及重要的主粮替代品（摄影：丁麟）

附图63　来自中国重庆、浙江、河北、北京等地的企业也带来了农机、肥料等产品及设施农业等农业方式（摄影：丁麟）

附图64　2022年第34届“撒哈拉国际农业展”（Sahara 2022），时任埃及农业与土地复垦部部长库赛尔（中）出席，智能农业在该届展会成为亮点

图片来源：Sahara Expo 2023 Egypt Agricultural Exhibition.

附图65 青年农业创新项目：本国大学生将AI等技术应用于农业实践。埃及近年诞生了一大批智慧农业创新企业实体和商业网络平台，推动了埃及的现代农业可持续发展

图片来源：Sahara Expo 2022 Egypt Agricultural Exhibition.

附图66 埃及艾孜哈尔大学在校学生制作的田间轮式设备（摄影：丁麟）

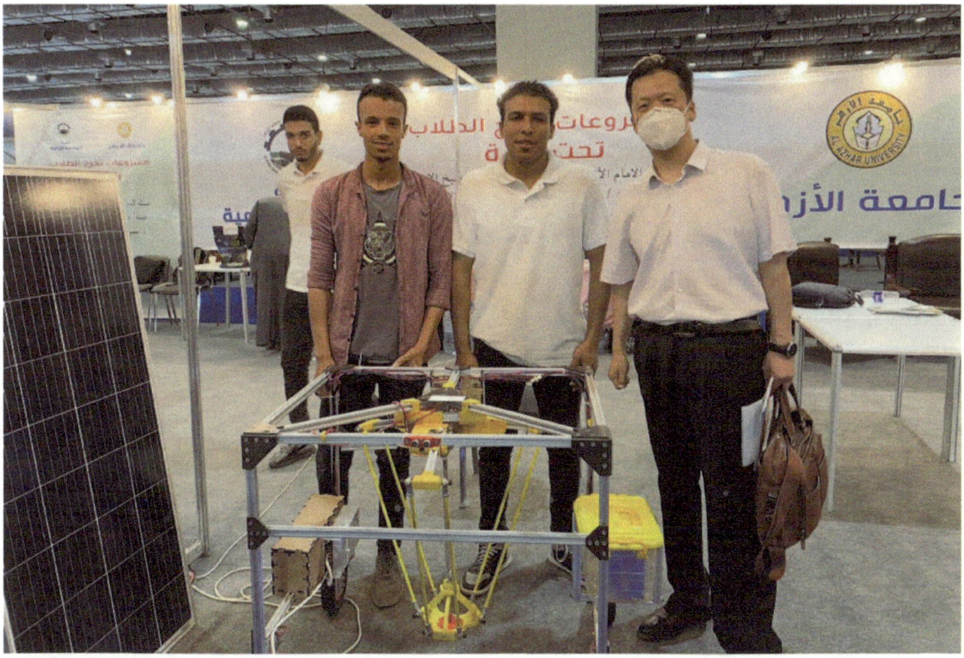

附图67　作者（右一）与艾孜哈尔大学学生在其制作的田间管理平台前合影（摄影：陈卓）

附图68　作者（右）与阿斯旺大学学生展示该校自行研制的精油提取物（摄影：陈卓）

附图69　埃及El Asraa农业公司展示培育的椰枣产品（摄影：丁麟）

附图70　埃及Mango-Arabia公司展示的自美国、肯尼亚、南非、泰国等引进培育生产的多种杧果产品（摄影：丁麟）

附图71　伊斯梅利亚（Ismlia）举办的“2023年杧果节”上展示的埃及杧果品种，杧果节每年8月的收获季举办。埃及拥有世界上最好的杧果品种，其中最著名的是“Keet”和“Kent”，以及能够承受高温的树种“Al-Naomi”。埃及杧果在2024年有望成功输华

图片来源：推特@nourmoh59996001.

附图72　第34届“撒哈拉国际农业展”（Sahara 2022）展示的埃及农业研究中心（ARC）棉花研究所培育的埃及吉萨系列超级长绒棉产品（摄影：丁麟）

附图73　埃及农业研究中心（ARC）棉花研究所培育的“吉萨90”（Giza90）长绒棉植株（摄影：丁麟）

附图74　作者（左）与埃及农业研究中心（ARC）棉花研究所研究员Ahmed Mekawy展示该所培育的“吉萨90”（Giza90）长绒棉植株（摄影：陈卓）

附图75　第34届“撒哈拉国际农业展”（Sahara 2022）展示的埃及农业部选育的主要玉米和高粱品种（摄影：丁麟）

附图76　第34届“撒哈拉国际农业展”（Sahara 2022）展示的埃及农业部种子生产管理局选育的优质小麦品种（摄影：丁麟）

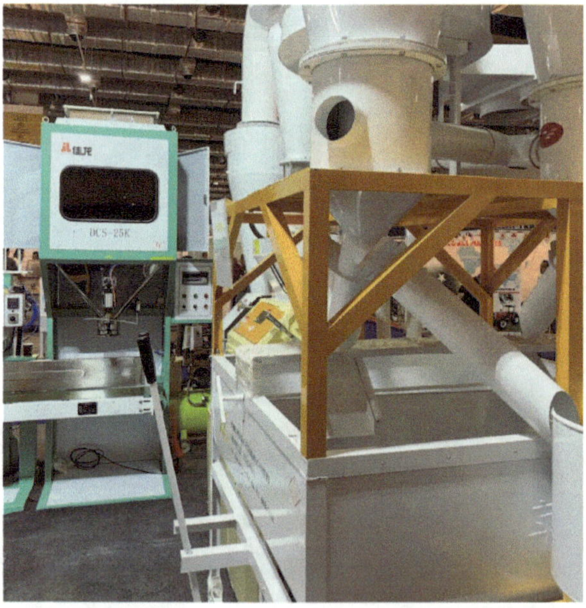

附图77　第34届“撒哈拉国际农业展”（Sahara 2022）展示的埃及农机公司从中国进口的农机产品，图为河北农机企业生产的面粉加工设备及秸秆粉碎设备等（摄影：丁麟）

附图78　国际农发基金（IFAD）2022年在开罗举办的首届“农业数字转型与粮食系统大会”（IFAD AgriTech 2022）期间展示的埃及自主研发的农田自走式农药喷洒设备

图片来源：IFAD AgriTech 2022.

附图79　作者（左）与埃及农业与土地复垦部副部长Mohamed El Kersh在“IFAD AgriTech 2022”大会的合影（摄影：IFAD）

附图80　作者（左）在“IFAD AgriTech 2022”大会与参会的埃及农业电子商务服务商交流（摄影：IFAD AgriTech 2022）

附图81　埃及目前有多家处于创新前沿的农业科技初创公司，其中“FreshSource”服务于粮食损失解决方案，直接从农民处购买生鲜产品，并实现农田到餐桌“最后一英里”连接

图片来源：FreshSource，2023.

附图82 一些新兴农业科创公司在埃及推广农业科技解决方案。“Plug‘n’Grow”通过水培技术，帮助埃及农业应对气候变化造成的粮食不安全和水资源短缺的挑战

图片来源：Bright Agrotech，2023.

附图83 世界粮食计划署（WFP）在埃及参与了大量农业与农村可持续发展的推广工作，在埃及农村地区影响广泛（摄影：丁麟）

附图84 2023年4月5日作者展示世界粮食计划署在开罗萨拉丁城堡举办的慈善活动上在埃及推广的食品（摄影：袁超）

附图85 联合国粮食及农业组织（FAO）在埃及的区域及国家办事处，该处从事了多年的农村地区可持续发展研究与推广工作（摄影：杨红杰）

附图86　埃及第34届“开罗图书展”的埃及农业图书专区（摄影：杜南南）

附图87　作者与在开罗艾孜哈尔公园（Al-Azhar Park）参加游学的来自上埃及农村的学生交谈。埃及农村地区学校众多，升学压力不大，已普遍推行义务教育（摄影：杜南南）

附图88　在埃及大博物馆（Great Egypt Museum）展示的埃及传统手工艺莎草纸的制作过程（摄影：丁麟）

附图89　埃及莎草的茎部及叶梢端局部特写（摄影：丁麟）

附图90　开罗著名的哈里里市场（Khan el-Khalili）里商贩展示埃及的特色香薰制品（摄影：丁麟）

附图91　2023年威尼斯双年展埃及厅（NiLab Nile as Laboratory，La Biennale di Venezia 2023）正在展示尼罗河沿岸农村的工业化进程（摄影：丁麟）

附图92　埃中友好协会副主席、前埃及外交部副部长、前埃及驻华大使阿里·埃尔·希夫尼（Aly · El · Hefny）在2024年11月访华期间与作者深入交谈

附图93　埃及主流报刊近年对埃及的农业提质增效和新农村综合治理给予了广泛关注，埃及总统塞西亲自参与了埃及农业各个领域的重要项目设计和实施，体现了埃及对农业发展的高度重视（In recent years，Egyptian mainstream newspapers paid extensive attention to the improvement of agricultural quality and efficiency，as well as the comprehensive management of new rural areas. Egyptian president Sisi personally participated in the design and implementation of important projects in various fields of agriculture in Egypt，reflecting Egypt's high attention to agricultural development）（制图：丁麟）

附　件

附件1

埃及主要农作物的播种与收获周期一览

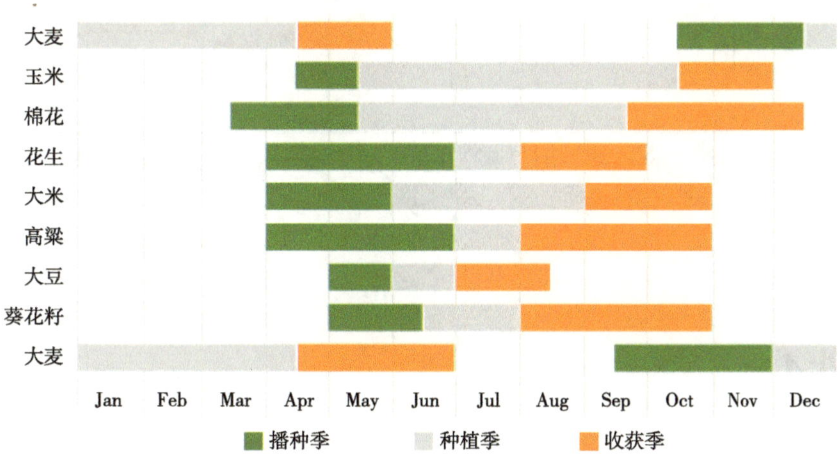

图片来源：USAID，2023.

附件2

埃及主要农作物2024—2025年度预估产量一览

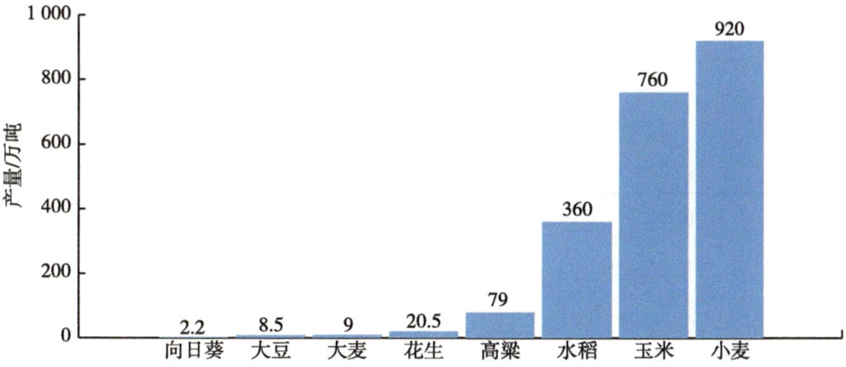

图片来源：USAID，2023.

附件3

埃及3种主要农作物多年种植面积一览

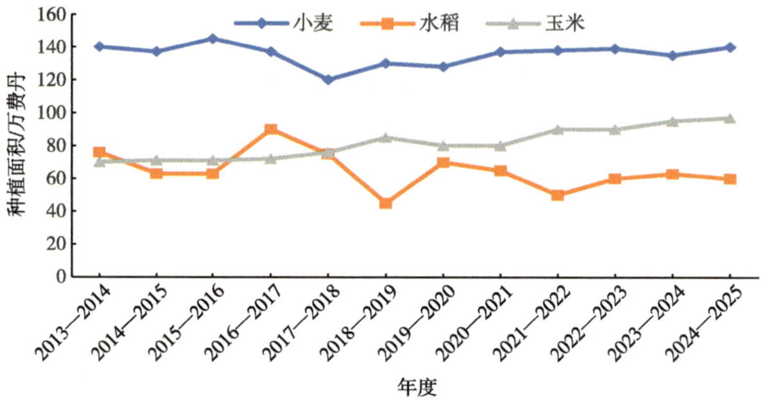

图片来源：USAID，2024.

附件4

1960—2022年埃及农林渔业部门产值占国家GDP总量的变化

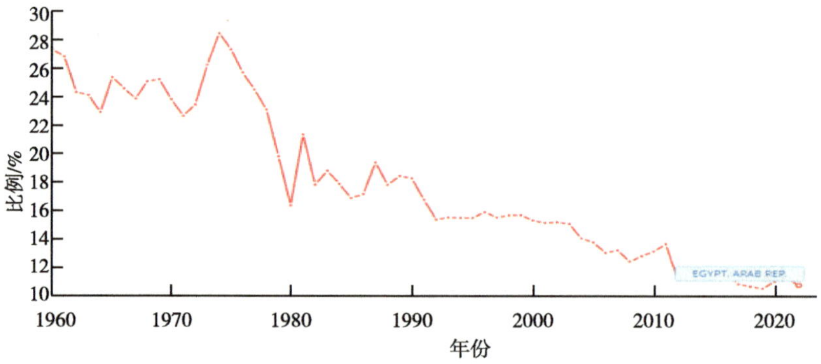

图片来源：世界银行。

附件5

埃及农作物生产指数①的多年变化

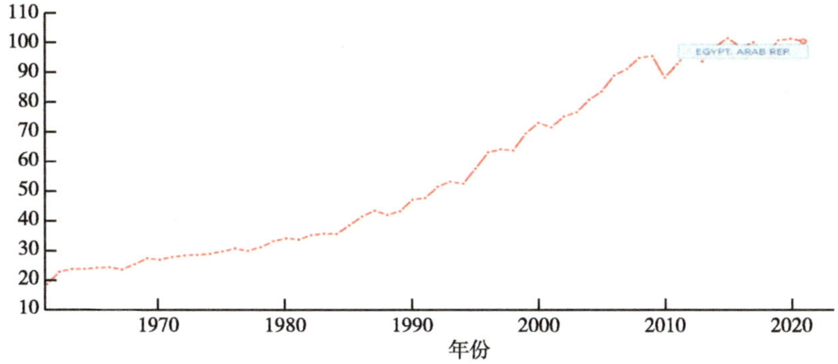

图片来源：世界银行。

附件6

埃及农业生产总需求多年变化

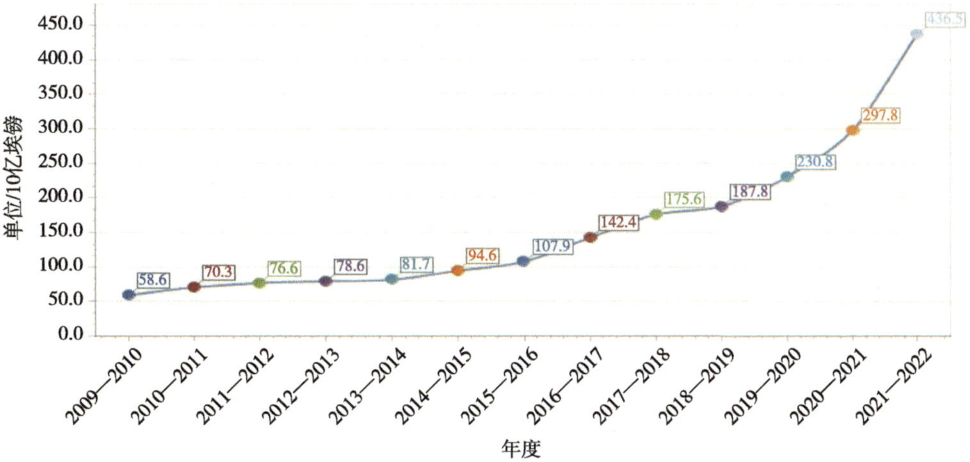

图片来源：埃及中央公共动员和统计局（CAPMAS），下同。

① 农作物生产指数显示了相对于2014—2016年基期每年的农业产量。它包括除饲料作物外的所有作物。粮农组织生产指数的区域和收入组别总量是根据以2014—2016年基期标准化的国际美元基础价值计算的（FAO：https://databank.worldbank.org/metadataglossary/world-development-indicators/series/AG.PRD.CROP.XD）。

附件7

埃及农业净收入变化

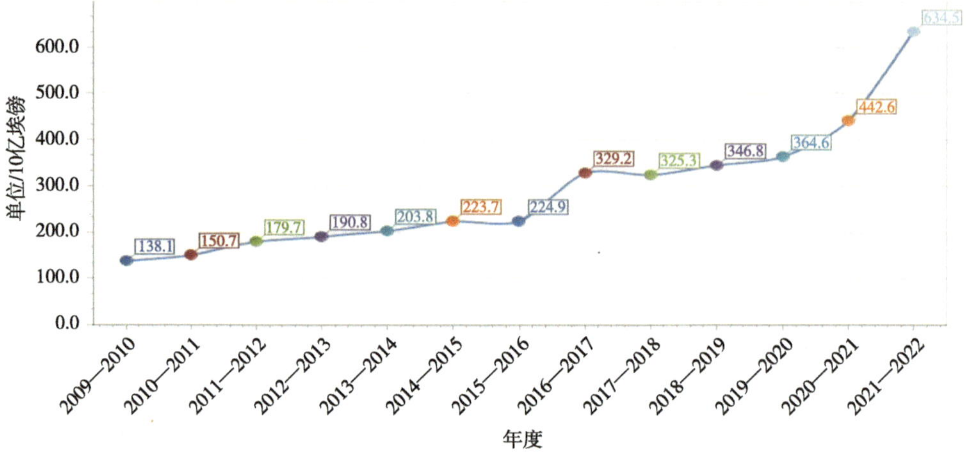

图片来源：CAPMAS.

附件8

埃及植物、动物、昆虫和鱼类农产品总价值的多年变化

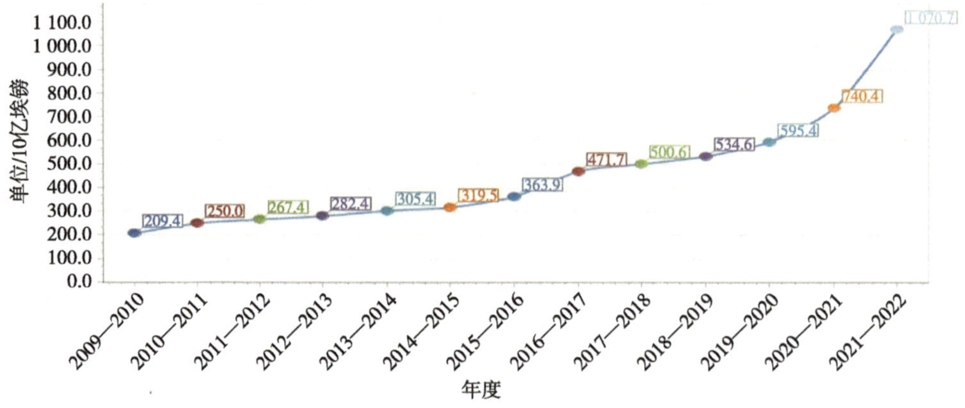

图片来源：CAPMAS.

附件9

埃及3种主要农作物（大田作物、蔬菜、水果）产值变化

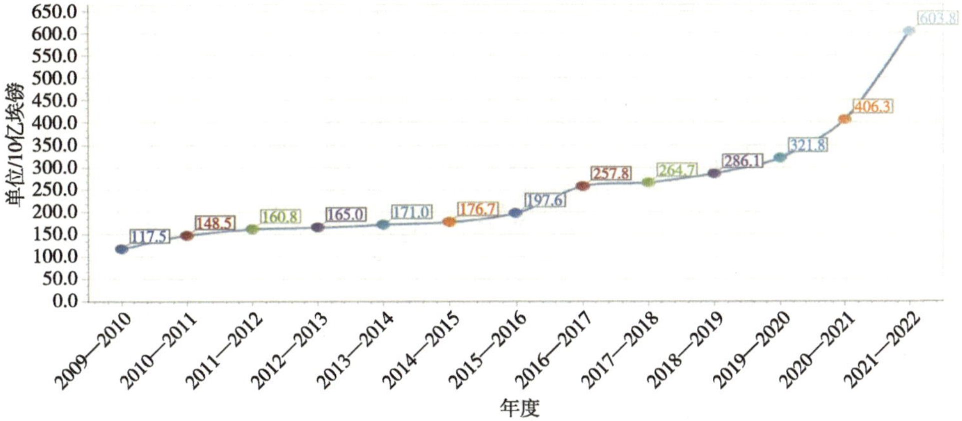

图片来源：CAPMAS.

附件10

埃及各省农业投资贷款（短期—中期—长期）变化

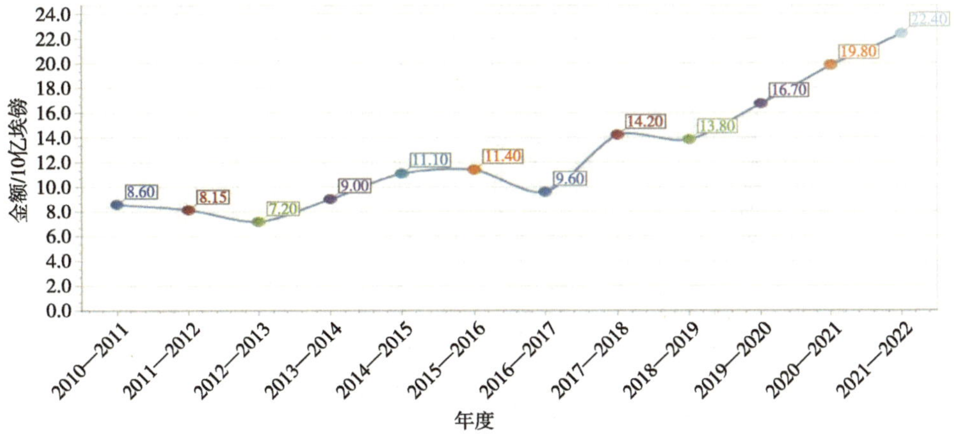

图片来源：CAPMAS.

附件11

联合国粮食及农业组织（FAO）在埃及实施的合作项目一览（截至2023年8月2日） 单位：百万美元

序号	项目名称	英文名称	项目概述	项目编号	实施周期
技术合作项目（TCP）					
1	促进埃及南西奈半岛的可持续生计和地区发展	Promotion of sustainable livelihoods and territorial development in South Sinai, Egypt	总体目标是促进西奈当地社区参与其中，重点关注妇女和年轻人参与当地的可持续发展，并在农业食品价值链中创造更可持续和体面的生计	TCP/EGY/3903	2023—2025
2	加强生物安全治理，支持埃及可持续水产养殖生产	Enhancing biosecurity governance to support sustainable aquaculture production in Egypt	通过在改善水产养殖生物安全的渐进管理途径（PMP/AB）内制定的国家水生动物健康战略（NSAAH），支持埃及水产养殖的可持续发展	TCP/EGY/3705	2019—2021
3	埃及本地种子和杂交种的繁殖和推广	Propagation and Promotion of Local Seeds and Hybrids in Egypt	提高某些省份从事蔬菜作物生产的农民的生产力和收入	TCP/EGY/3807	2021—2023
4	为新谷的青年和妇女赋权支持丝纱生产	Support production of silk yarn for empowerment of youth and women in the New Valley	通过在新开垦地区和沙漠地区发展蚕桑业，为青年和妇女的经济赋权做出贡献，并提高丝绸生产的质量和数量，这有助于地毯行业的稳定	TCP/EGY/3809	2022—2023

（续表）

序号	项目名称	英文名称	项目概述	项目编号	实施周期
5	支持在上埃及甘蔗种植区建立示范指导田	Support for the establishment of model guide fields in sugarcane growing areas in Upper Egypt	技术合作项目（TCP）通过提高上埃及甘蔗小农生产者的技术能力，为提高农业生产力和管理自然资源（特别是水、土地和化肥）做出贡献	TCP/EGY/3902	2022—2024
6	支持埃及农业食品部门参与《联合国气候变化框架公约》——第27届缔约方会议（UNFCCC-COP27）	Support to Agri-food sector in Egypt to engage in the United Nations Framework Convention on Climate Change—Conference of Parties 27（UNFCCC-COP27）	该技术合作计划根据埃及农业和土地复垦部的要求，以粮农组织埃及国别规划框架（CPF）为基础；响应COP27主席国环境、农业和土地复垦及水资源和灌溉部长会议成果	TCP/EGY/3808	2022—2023
7	支持近东和北非农业食品部门参与UNFCCC COP27	Support for agri-food sectors in the Near East and North Africa to engage in UNFCCC COP27	该区域性技术合作计划旨在支持区域成员国提高能力并促进更多地参与缔约方大会进程，强调农业实践在减少二氧化碳排放以及加强适应措施以应对气候变化对农业部门的影响方面的作用	TCP/RAB/3806	2022—2023
8	支持埃及农田灌溉现代化规划设计	Supporting the design of on-farm irrigation modernization plan in Egypt	支持埃及农田灌溉现代化规划设计	TCP/EGY/3708	2021
9	增强埃及国家秋黏虫预警、监测和管理能力的应急响应	Emergency response to enhance the national capacity of Egypt for early warning，monitoring and management of Fall Armyworm	最大限度地减少秋黏虫侵扰的影响，加强各利益相关者的秋黏虫监测和综合管理能力	TCP/EGY/3706	2019—2021

（续表）

序号	项目名称	英文名称	项目概述	项目编号	实施周期
10	通过刺激农业和农产品价值链支持目标省份受益人的MOSS的能力建设项目	Building Capacity of MOSS support beneficiaries in the targeted Governorates through stimulating Agriculture and the Agro-Food Value Chain	通过解决/刺激畜牧业、园艺和农产品价值链，提高财政支持接收家庭以及其他小农户创收活动的能力	TCP/EGY/3804	2020—2022
11	农村发展创新解决方案在贝赫拉省的应用	Application of rural development innovative solutions in Behira Governorate	项目将与埃及水资源和灌溉部（MWRI）以及农业和土地复垦部（MALR）合作，在贝赫拉省选定的农场进行试点	TCP/EGY/3711	2021
12	支持在Hayat Karima（体面生活）倡议框架内制定适应气候变化的创新解决方案	Support the formulation of innovative solutions for climate change adaptation within the framework of Hayat Karima（decent life）initiative	支持制定由适应基金资助的全额气候适应项目，该项目将涉及相关的国家计划和战略。使埃及能够适应气候变化的不利影响，并在国家体面生活倡议的框架内建立一个满足国家需求的创新系统，同时为该国实现可持续发展目标做出贡献	TCP/EGY/3710	2021
13	促进埃及农业商品投资	Promoting agriculture commodity-based investment in Egypt	为有效实施 SADS计划，在两个领域提供支持： ①协助设计一项涉及所有利益相关者，特别是农民和省政府及相关发展伙伴和私营部门； ②制定农业和食品部门的互动投资规划。有助于促进粮食和农业投资，提高农业生产力和创收	TCP/EGY/3709	2021
14	与粮食和农业相关的COVID-19宣传活动	Awareness Campaign on COVID-19 in Relation to Food & Agriculture	该活动将利用通信工具明确对这些社区教育水平的宣传并强化地农村人口现状的关注	TCP/EGY/3801/C1	2020

（续表）

序号	项目名称	英文名称	项目概述	项目编号	实施周期
15	评估COVID-19对埃及粮食系统和粮食安全的影响	Assessing the Impact of COVID-19 on the Food Systems and Food Security in Egypt	政府正在寻求粮农组织的技术援助和支持，以便①收集有关COVID-19和相关缓解措施对粮食系统影响的信息；②制定有效的政策应对措施，以减少对粮食供应、分配和消费的负面影响，一方面涵盖农业、畜牧业和渔业部门，另一方面尽量减少对弱势农村人口的负面经济影响	TCP/EGY/3802/C2	2020
16	COVID-19时期的食品安全移动应用程序	A mobile application for Food Safety in the time of COVID-19	为解决农业生产中新冠疫情带来的健康问题，粮农组织埃及办事处将创建一款以农业食品安全为主题的移动应用程序。该移动应用程序将为农民和整个价值链的所有参与者提供从农场到餐桌的食品安全所需信息，以确保他们及其家人、农场工人、买家/卖家和购买公众的安全	TCP/EGY/3803/C3	2020
17	更新2030年农业可持续发展战略并制定中期行动计划	Updating the Sustainable Agricultural Development Strategy 2030 and preparing a Medium-term Plan of Action	制定了五项战略目标：①可持续利用土地和水，提高单位生产力；②提高战略粮食自给自足程度，维护国家粮食安全；③提高农产品在本地和国际市场的竞争力；④建立和改善农业投资的有利环境；⑤提高农村人口生活水平，减少农村贫困	TCP/EGY/3701	2019—2020
18	埃及太阳能灌溉能力开发和创新解决方案	Developing capacity and innovative solutions for solar-powered irrigation in Egypt	降低埃及农民对能源供应的脆弱性，从而改善农民的生计，从而保持高农业生产力并维持水资源	TCP/EGY/3707	2019—2021

（续表）

序号	项目名称	英文名称	项目概述	项目编号	实施周期
19	支持新开垦地区的可持续水资源管理和灌溉现代化	Support sustainable water management and irrigation modernization for newly reclaimed areas	在新填海区的选定试点地区建立并测试自动用水量监测和水核算系统，供水利部使用	TCP/EGY/3604	2018—2019
20	加强国家能力，防止秋黏虫（FAW）在埃及蔓延	Strengthening national capacities to prevent the spread of Fall Army Worm（FAW）in Egypt	通过建立有效的监测和预警系统以及提高对监测和监视技术以及最佳管理方案的认识，提高埃及政府的准备能力，以应对秋黏虫引入和传播的日益增加的风险	TCP/EGY/3704/C3	2019
21	为埃及小规模奶牛养殖发展提供订制的支持	Formulation support for small-scale dairy farming development in Egypt	通过聘请技术专家制订一项关于小型奶牛养殖发展的技术合作计划，加强实地计划规划和制定流程，该技术计划正在根据国家计划框架进行制定	TCP/EGY/3703/C2	2019
22	支持埃及农业普查（2019—2020）	Support to the Agriculture Census in Egypt（2019-2020）	2019—2020 年农业普查的信息将有助于政府优先考虑提高小农农业生产力和自然资源的可持续管理	TCP/EGY/3702	2018—2019
23	促进埃及农业投资的投资论坛和能力建设	Investment Forum and capacity building for the promotion of agricultural investment in Egypt	改善投资环境： ①促进私营部门参与埃及农业； ②加强公私政策对话； ③加强农业发展利益相关者之间的协调	TCP/EGY/3605	2017—2019

（续表）

序号	项目名称	英文名称	项目概述	项目编号	实施周期
24	埃及的椰枣价值链发展	Dates Value Chain Development in Egypt	该项目旨在提高中小型椰枣生产、包装和加工商的能力，以提升埃及椰枣价值链。特别关注埃及椰枣品种基因库的建立	TCP/EGY/3603	2016—2019
25	支持埃及农业合作社法律改革	Support to the Reform of the law governing the Agricultural Cooperatives in Egypt.	推动埃及农业合作社体系得到更好的组织，对其政策和监管框架实施改革，以便为小农户提供蓬勃发展的有利环境：①改善对埃及小规模和家庭农业的支持；②对利益相关者提供法律支持；③推动埃及审计委员会的改革；④制定支持审计委员会改革的项目提案（与国际劳工组织和其他感兴趣的发展伙伴合作）。此外，为增强椰枣行业的可持续性，重视埃及椰枣品种基因库的建立	TCP/EGY/3503	2016—2017
信托基金项目					
1	埃及西部沙漠哈里加绿洲农业生态系统的可持续管理（MSP）	Sustainable Management of Kharga Oasis Agro-Ecosystems in the Egyptian Western Desert（MSP）	可持续管理自然资源以应对土地退化和保护	GCP/EGY/030/GFF	2019—2023
2	提高新土地的农作物和畜牧业生产和生产力	Enhancing Crop & Livestock Production and Productivity in New Land	小农能够增加收入、提高盈利能力并实现生计多样化。该项目将致力于为3 000名男性和女性小农实现可操作的FFS，以便在4个选定省份（卡夫谢赫、贝尼斯韦夫、明亚和阿斯旺）	UTF/EGY/035/EGY	2021—2023

（续表）

序号	项目名称	英文名称	项目概述	项目编号	实施周期
3	在近东和北非地区实施水效率/生产力和水可持续性2030年议程	Implementing the 2030 Agenda for Water Efficiency/Productivity & Water Sustainability in NENA	①建立健全的水核算系统，同时评估水资源治理的机构有效性；②实施系列干预措施，提高各国选定农业系统的用水效率和生产力；③确保在2030年时间范围内，在用水的安全运营范围内实现更高的效率/生产力，从而实现可持续、社会公平和基于人权的发展	GCP/RNE/009/SWE	2016—2020
4	通过国家自主贡献和国家行动计划扩大土地利用和农业气候雄心的支持计划（SCALA）	Support Programme on Scaling up Climate Ambition on Land Use and Agriculture through NDCs and NAPs（SCALA）[①]	①增强识别和评估创新和变革性气候敏感型农业和土地利用行动纳入国家自主贡献的能力；②加强国家和部门计划和预算，整合农业和土地利用部门与气候相关的优先事项；③通过更有力地动员私营部门的参与和资金，加强农业和土地利用方面的气候行动	UNFA/GLO/092/UND	2020—2025
5	扩大非洲、近东和亚洲秋黏虫的可持续管理	Scaling-up the sustainable management of the Fall Armyworm in Africa，the Near East and Asia	旨在帮助政府、小农和农村社区控制秋黏虫（FAW）危害并降低进一步传播的风险	GCP/GLO/220/EC	2021—2022

① 粮农组织和联合国开发计划署（UNDP）正在共同领导一项名为“通过国家自主贡献和国家适应计划扩大土地利用和农业气候雄心”（SCALA）的新五年计划，该计划由德国环境部资助，通过国际气候倡议（IKI）开展自然保护和核安全（BMU）。

（续表）

序号	项目名称	英文名称	项目概述	项目编号	实施周期
6	加强国家早期发现和应对新出现的流行病威胁的准备能力（EPT-2）	Strengthening national capacity for preparedness early detection and response to emerging pandemic threats（EPT-2）	①及早发现新的疾病威胁； ②通过有效的部门间合作和伙伴关系，加强国家一级对新威胁的准备和应对； ③通过尽量减少引发新病原体溢出和传播的做法和行为，降低疾病出现的风险	OSRO/EGY/501/USA	2015—2020
7	2050年非洲可持续畜牧业	African Sustainable Livestock 2050	通过提供收入、粮食和就业来改善人们的生计；通过单一健康投资解决人畜共患疾病和抗菌素耐药性的出现和传播，改善公共卫生；解决环境退化和气候变化问题，并维持生物多样性	OSRO/GLO/602/USA	2015—2021
8	中东和东北非的中东呼吸综合征冠状病毒应用研究活动	MERS-CoV applied research activities in the Middle East and Northeast Africa	充分了解中东呼吸综合征冠状病毒的来源、感染和传播动态，并通过风险缓解干预措施最大限度地减少或中断动物间传播和动物间传播	OSRO/GLO/505/USA	2015—2021
9	改善明亚省受COVID-19影响的农村妇女及其家庭的生计、营养和赋权	Improved Livelihoods，Nutrition and Empowerment of Rural Women & their Families affected by COVID-19 crisis in Minya Governorate	该项目将在上埃及地区明亚（Minya）省的10个最贫困村庄实施。总体目标是减少贫困，改善粮食安全和营养，并为不同年龄和社会经济群体的弱势农村妇女，特别是受COVID-19危机影响最严重的妇女建立有复原力的生计。近期目标是为2 000名农村妇女及其家庭提供更多获得高效气候智能型农业实践和技术的机会，并为在园艺价值链中建立农业食品企业提供技术和财政支持	OSRO/EGY/102/CAN	2021—2023

（续表）

序号	项目名称	英文名称	项目概述	项目编号	实施周期
10	旨在加强埃及新发、继发地方性人畜共患疾病和抗菌素耐药性的预防、检测和应对的全球健康安全计划（GHSP）	Global Health Security Program（GHSP）for enhancing prevention，detection and response to emerging，re-emerging and endemic zoonoses and AMR threats in Egypt	该计划预计到2024年底实现以下三项成果： ①改善行动者/部门之间的合作； ②加强对新出现和被忽视的传染性人畜共患疾病的了解和/或减少其发病率和传播； ③改进针对抗菌素耐药性的缓解措施畜牧业的出现和传播	OSRO/EGY/100/USA	2020—2023
11	集水和良好农业实践在马特鲁雨养农业区的生计提升和可持续生产的改善中的应用	Water harvesting and Good Agriculture Practices for Improved Livelihood and Increased and Sustained Production in Matrouh Rain-fed Agricultural areas	生活在北马特鲁雨养地区的农村贫困人口的生计得到改善，农业生产得到增加和持续： ①增加水资源供应并提高与水资源管理相关的良好农业实践知识； ②改进农业实践并增加农业产量	GCP/EGY/026/EC	2017—2020
12	法尤姆小农园艺生产质量和数量的可持续改善的良好农业规范（GAP）	Good Agricultural Practices（GAPs）for sustainable improvement of quality and quantity of horticultural production of small-scale farmers in Fayoum	改善法尤姆省5个选定目标村庄的男性和女性小规模园艺农的生活条件，并通过减少农药使用、采用良好农业规范、建立SFA核心目标群体、制定全面简化且易于遵循的GAP指南等措施提高生产质量、数量和竞争力	GCP/EGY/027/EC	2017—2020
13	埃及农场级灌溉现代化项目（FIMP）技术审核	Technical Audit of Farm-level Irrigation Modernization Project（FIMP）in Egypt	改善贝赫拉省（Beheira）Mahmoudia区以及卡夫谢赫省（Kafr-el-Sheikh）的Manaifa和Meet Yazid主运河20万费丹的水灌溉	UTF/EGY/025/EGY	2017—2018

（续表）

序号	项目名称	英文名称	项目概述	项目编号	实施周期
14	农场灌溉开发项目（OFIDP）技术审核	Technical Audit of On-Farm Irrigation Development Project（OFIDP）	技术审计将有助于增加有关OFIDP干预措施的规划、设计和实施的知识，从而协助GOE确定如何提高未来类似AWM投资的效率和有效性。投资战略和政策有助于GOE对AWM进行更加可持续和成功的投资	UTF/EGY/032/EGY	2018—2019
15	埃及西部沙漠哈里加绿洲农业生态系统的可持续管理（PPG）	Sustainable Management of Kharga Oasis Agro-Ecosystems in the Egyptian Western Desert（PPG）	可持续管理自然资源以应对土地退化和保护	GCP/EGY/031/GFF	2018
16	提高营养敏感型农业的水生产率并改善粮食安全和营养	Increasing water productivity for nutrition-sensitive agriculture and improved food security and nutrition	该项目的总体目标是通过加强这些环境中小农采用可持续水、土壤和农艺管理实践的能力，通过农业生产途径提高膳食质量和多样性	GCP/GLO/925/IFA	2020—2023
17	埃及和突尼斯减少粮食损失和浪费以及促进粮食安全的价值链发展——埃及部分	Food loss and waste reduction and value chain development for food security in Egypt and Tunisia - Egypt component	①了解埃及粮食损失和浪费现状、规模和程度； ②针对妇女参与的特定食品价值链（农民、贸易加工商、运输商、劳工）技术和管理能力提升； ③上述群体减少粮食损失和浪费的技术和经验，特别是中小企业（SMAE）的食品安全改进； ④上述群体的伙伴关系改善，价值链附加值提升	GCP/RNE/004/ITA	2015—2019

（续表）

序号	项目名称	英文名称	项目概述	项目编号	实施周期
18	以妇女和青年为目标，改善埃及的家庭粮食和营养安全	Improving household food and nutrition security in Egypt by targeting women and the youth	该项目将集中于三大干预战略： ①通过教育和行为改变沟通（BCC）计划（包括大众媒体、人际沟通和社会动员）实现营养和健康行为； ②宅基地粮食生产和创收活动； ③能力建设和综合参与性方法的制度化，以改善分散层面的家庭粮食和营养安全	GCP/EGY/024/ITA	2012—2019
19	应对水资源短缺：农业在加强国家能力方面的作用	Coping with water scarcity：the role of agriculture in strengthening national capacities	通过减少运河蒸发损失来改善三角洲的农业用水管理，并为灌溉提水提供更可持续的能源	GCP/INT/124/ITA	2011—2018

来源：FAO.

附件12

国际农发基金（IFAD）在埃及实施的合作项目一览（截至2023年8月2日）

单位：百万美元

序号	项目名称	英文名称	项目概述	项目投入	实施周期
1	上埃及农业韧性的可持续转型	Sustainable Transformation for Agricultural Resilience in Upper Egypt	提高上埃及农村地区小农及贫困和弱势妇女和青年生活水平，项目包含3个组成部分：增强农村机构、企业和市场能力；提高小农生产力和复原力；改进农村地区的管理和政策措施	269.64	2019—2029
2	提高沙漠环境恢复能力	Promoting Resilience in Desert Environments	提高贫困农村家庭的生产能力并协助社区提高新开垦土地的生产潜力以及受气候变化影响地区的有酬、可持续和有复原力的生计以减少贫困并加强粮食和营养安全。改善妇女和儿童的营养和社会经济地位。项目分为两个部分：气候适应型生计和综合营养敏感型投资。该项目地点在马特鲁省	81.6	2017—2026
3	可持续农业投资和生计项目	Sustainable Agriculture Investments and Livelihoods Project	帮助小农增加收入和盈利能力，并使他们的生计多样化。项目有四个组成部分：社区和生计发展、农业发展和多样化、农村金融服务、项目管理	94.67	2014—2024
4	通过市场增强项目促进农村收入	Promotion of Rural Incomes through Market Enhancement Project	通过融入农业价值链增加5万农户的收入，减少埃及农村贫困。项目计划在7个省实施：上埃及的基纳省、索哈格省、阿西乌特省、明亚省、贝尼斯韦夫省，以及下埃及省的贝赫拉省和卡夫尔谢赫省	108.22	项目结束

（续表）

序号	项目名称	英文名称	项目概述	项目投入	实施周期
5	旧地农场灌溉开发项目	On-farm Irrigation Development Project in Oldlands	建立水资源有效利用机制，改善3费丹土地小农及无地劳工、失业年轻人和女户主家庭生计。项目在上埃及阿西乌特、基纳和索哈格省及下埃及卡夫尔谢赫和贝赫拉省为2.1万贫困人口提供季节性和兼职工作	92.16	项目结束
6	上埃及农村发展项目	Upper Egypt Rural Development Project	援助埃及战略框架系列项目中的首个项目。帮助小农、无地劳工、失业年轻人和户主妇女等目标群体减少农村贫困和失业。项目重点关注贫困和极端贫困村庄的弱势群体及具有潜在技能和创业能力人们	19.85	项目结束
7	西努巴里亚农村发展项目	West Noubaria Rural Development Project	针对小规模农户和失业青年，改善住房和生活条件，并推广沙漠耕作技术。项目覆盖3.6万家庭，推广农场水资源管理实践、鼓励中小企业发展、提供营销和推广信息、支持发展金融体系，解决融资迫切需求	54.75	项目结束
8	索哈格农村发展项目	Sohag Rural Development Project	为期6年，支持索哈杰政府农村发展项目，目标是利用参与性方法促进农村可持续发展、提高社区和地方政府直接参与农村基础设施子项目所有阶段的能力、改善信贷，特别是失业年轻人和妇女	93.75	项目结束
9	东三角洲新土地农业服务项目	East Delta Newlands Agricultural Services Project	为期7年，增加农民收入，并为该地区农村经济发展奠定基础。地点在苏伊士运河和尼罗河三角洲之间开垦的沙漠土地，覆盖2.55万个家庭的定居和农业生产	91.46	项目结束
10	农业生产集约化项目	Agricultural Production Intensification Project	为期7年，项目涵盖明亚、法尤姆和贝尼斯韦夫三个省，100万无地、拥有少量土地或以妇女为户主的农村家庭将受益。该项目采用“全农场”方法来开展研究和推广活动，以满足小农的实际需求	39.2	项目结束

（续表）

序号	项目名称	英文名称	项目概述	项目投入	实施周期
11	新土地农业服务项目	Newlands Agricultural Services Project	该项目提供了技术转让、农田水管理和信贷等一系列农业支持服务，帮助约3.555万户在填海区定居的小农户	41.63	项目结束
12	法尤姆农业发展项目	Fayoum Agricultural Development Project	项目覆盖3.1万个小农家庭，提升产量和收入水平。重点开展五项活动：推广和研究、灌溉和水管理、畜牧业、农场机械化、信贷和营销以及技术援助和培训	40.00	项目结束
13	明亚农业发展项目	Minya Agricultural Development Project	增强明亚省的推广和研究服务，提高11.5万小规模农户的农作物和牲畜产量。建立养鸡场、饲料厂并提供动物健康服务。提供农业机械化信贷。“培训参观”模式已被政府采纳和其他省份效仿	46.74	项目结束
14	西贝赫拉定居点项目	West Beheira Settlement Project	项目恢复并私有化了一个国有农场，将小块土地分配给1700名小农，并向社区提供技术转让和信贷服务。项目证明了私人小农所有权在刺激农业生产力和盈利能力方面取得的成功	38.00	项目结束

来源：IFAD.

附件13

世界粮食计划署（WFP）在埃及实施的合作项目一览（截至2023年8月6日）

单位：百万美元

序号	项目名称	英文名称	项目概述	项目投入	实施周期
1	埃及国家战略计划（2023—2028）	Egypt Country Strategic Plan（2023—2028）	国家计划（CSP）。受危机影响的民众，包括难民基本的粮食和营养需求。项目预计到2028年，提升埃及目标群体更具弹性、可持续和气候适应性的生计和粮食系统。埃及政府相应增强了能力、计划和系统的完善，确保到2028年弱势群体能够从改善食品、营养、健康和教育服务的获取和质量中受益	431.312 019	2023—2028
2	埃及国家战略计划（2018—2023）	Egypt Country Strategic Plan（2018—2023）	国家计划（CSP）。加强国家能力，解决粮食不安全和营养不良脆弱性的根本问题，同时满足埃及难民和移民的人道主义需求。支持埃及南南合作，以促进该地区有复原力的生计，并与埃及在农业发展和粮食安全方面的国家优先事项联系起来	454.040 907	2018—2023
3	埃及过渡性临时国家战略计划（2018年1月至2018年6月）	Egypt Transitional Interim Country Strategic Plan（Jan 2018—Jun 2018）	临时性计划（T-ICSP）。6个月的计划重点确保粮食计划署在过渡期间不间断地支持埃及政府，并继续加强国家能力，在应对人道主义需求的同时，解决粮食不安全和营养不良脆弱性的根本问题	38.847 732	2018年1—6月

（续表）

序号	项目名称	英文名称	项目概述	项目投入	实施周期
4	向埃及、伊拉克、约旦、黎巴嫩和土耳其的弱势叙利亚难民和收容社区提供援助	Assistance to Vulnerable Syrian Refugees and Host Communities in Egypt，Iraq，Jordan，Lebanon and Turkey	持久救济和恢复行动计划（EMOP200987）。通过支持弱势难民和收容社区的人力资本和自力更生来实现可持续解决方案，同时在需要时提供拯救生命的粮食援助	2 310.288 097	2017.1.1至2018.12.31
5	向从利比亚返回的埃及人提供援助	Assistance to Egyptian returnees from Libya	持久救济和恢复行动计划（EMOP200835）。紧急行动将实现粮食计划署的战略目标1："在紧急情况下拯救生命并保护生计"，特别是减少粮食不安全并稳定回返者、难民和其他弱势群体的营养状况	2.822 361	2015.5.1至7.31
6	埃及国家计划（2013—2017）	Egypt Country Programme（2013—2017）	国家计划（CSP）。①提供技术援助，发展机构监测和应对粮食安全和营养威胁的能力；②支持食品安全网改革；③向上埃及和边境省份提供粮食援助，以增加学前教育和小学教育的机会，并增强抵御冲击的能力。扩大与政府、地方当局、联合国机构、发展伙伴、非政府组织和私营部门的伙伴关系[①]	87.220 870	2013—2017

① 注：预算修订（2）将预算从87 220 871美元增加到159 641 328美元，以帮助政府扩大向因埃及近期事件造成的经济混乱而受到影响的贫困农村家庭提供的安全网。学龄儿童尤其容易受到伤害。项目范围扩大到包括上埃及和下埃及以及边境省的7个新省份。

（续表）

序号	项目名称	英文名称	项目概述	项目投入	实施周期
7	向约旦、黎巴嫩、伊拉克和土耳其受叙利亚事件影响的弱势叙利亚民众提供粮食援助	Food assistance to vulnerable Syrian populations in Jordan，Lebanon，Iraq and Turkey affected by the events in Syria	持久救济和恢复行动计划（EMOP200433）。紧急行动将支持叙利亚邻国粮食不安全的难民，满足当前的粮食需求，同时遏制过去一年遭受多重冲击的民众的消极应对策略 注：EMOP200433的第18号决议总体预算增加1 856万美元	23.832 572	2012年7—12月

注：CSP代表国家战略计划；ICSP临时国家战略计划；T-ICSP过渡性临时国家战略计划；LEO有限紧急行动；MCSP、IMCSP T-IMCSP和MLEO是其多国同等版本。

来源：WFP.

附件14

世界银行（World Bank）在埃及实施的合作项目一览（截至2023年8月6日）

单位：百万美元

序号	状态	项目名	项目概述	实施机构	批准-结束日期	总价值（承诺额）	借贷方	借贷方式	参与方（1、2、3）
1	在建	气候适应型农业食品转型项目	提高项目地区农业食品部门生产力并增强气候适应能力	水资源与灌溉部，农业与土地复垦部	N/A	0（250）	国际合作部	投资项目融资	
2	运行	粮食安全紧急和复原力支持项目	项目目标是确保小麦的短期供应，以便贫困和弱势家庭不间断地获得面包，并增强埃及应对粮食危机的能力	埃及筒仓和仓储控股公司（EHCSS），供应与内部贸易部，农业与土地复垦部，商品供应总局（GASC）	N/A-2026.6.15	500（500）	国际合作部，财政部	投资项目融资	1. 农业市场、商业化和农业企业；2. 其他工业、贸易和服务业；3. 农业推广、研究和其他支持活动
3	结束	改善水资源管理和能力的区域协调	埃及改善水资源管理和能力建设计划（APL2）多国区域协调项目第二阶段的发展目标是在受益国内部和之间基于定量和空间改善水资源和农业管理和规划。基于决策的工具	国家遥感和空间科学局（NARSS），Cairo，Egypt.	N/A-2017.11.30	1.05（0）	MOIIC	投资项目融资	1. 排灌；2. 公共行政——农业、渔业和林业；3. 公共行政——水、卫生和废物管理

（续表）

序号	状态	项目名	项目概述	实施机构	批准-结束日期	总价值（承诺额）	借贷方	借贷方式	参与方（1、2、3）
4	结束	参与式农场灌溉现代化	对尼罗河三角洲灌溉面积为2 800公顷的5 000名小农户试行参与性的方法，实现农场一级灌溉和种植方式的现代化	农业与土地复垦部	N/A-2016.6.30	3（0）	国际合作部	专项投资贷款	1. 排灌； 2. 农业推广、研究和其他支持活动
5	结束	EG-强化水资源管理	在尼罗河三角洲试点水资源综合管理，并增强埃及水务部门机构在水资源综合管理方面的知识和能力	水资源与灌溉部	N/A-2016.12.31	8.37（0）	埃及政府	专项投资贷款	1. 公共行政——水、卫生和废物管理； 2. 废物管理； 3. 排灌
6	结束	埃及-农场级灌溉现代化	该修订项目旨在改良位于尼罗河三角洲的Mahmoudia、Ma naifa和Meet Yazid项目区的灌溉系统	农业与土地复垦部	N/A-2017.12.31	180（150）	国际合作部	投资项目融资	1. 排灌
7	结束	可持续持久性有机污染物管理项目	项目目标是以无害环境的方式改善对废弃农药目标库存的管理和处置，包括持久性有机污染物（POP）和多氯联苯（PCB）	埃及环境事务局（EEAA）	N/A-2021.12.31	23.6（0）	埃及政府	投资项目融资	1. 其他工业、贸易和服务业； 2. 公共行政——农业、渔业和林业
8	结束	EG-国家排水增加项目Ⅱ，融资	①提高约100万费丹灌溉土地的排水效率；②增加农业产量并提高农村收入；③查明并监督解决因未经处理的污水排入露天排水沟而造成的环境问题项目区工业、生活废水		N/A	45.2（30）		专项投资贷款	1. 排灌； 2. 中央政府（中央机构）

（续表）

序号	状态	项目名	项目概述	实施机构	批准-结束日期	总价值（承诺额）	借贷方	借贷方式	参与方（1、2、3）
9	结束	禽流感和人类流感的控制和预防	该赠款的总体发展目标是最大限度地减少高致病性禽流感（HPAI）感染和其他家禽人畜共患病对埃及人类和家禽的威胁，并提高对禽流感和其他传染病的应对能力		N/A-2011.6.30	7.14（0）		紧急恢复贷款	1. 农业推广、研究和其他支持活动； 2. 渔业； 3. 畜牧业
10	取消	上埃及省综合发展	缩小上埃及和下埃及之间在获得基本服务方面的差距，并增加农村地区的就业机会和收入		N/A	0（200）		专项投资贷款	1. 其他农业、渔业和林业； 2. 农产品加工业； 3. 社会保护
11	结束	第二期污染减排项目	展示基于市场的金融/技术方法的适用性，以便能够在亚历山大和大开罗地区及其周边选定的热点地区实现显著污染减排。每个热点地区目标企业的污染物排放量减少至少75%		N/A-2014.8.31	177.97（20）		金融中介贷款	1. 其他工业、贸易和服务业； 2. 其他农业、渔业和林业； 3. 废物管理
12	结束	西三角洲节水灌溉修复工程	通过以下方式协助借款国改善西三角洲地区人民的生计和收入：①缓解地下水资源过度抽取造成的进一步环境恶化；②建立水资源利用灌溉基础设施的财务可持续性框架		N/A-2011.6.30	213（145）		专项投资贷款	1. 排灌； 2. 中央政府（中央机构）； 3. 其他农业、渔业和林业

（续表）

序号	状态	项目名	项目概述	实施机构	批准-结束日期	总价值（承诺额）	借贷方	借贷方式	参与方（1、2、3）
13	结束	马特鲁资源管理（02）项目	第二个马特鲁资源管理项目，改善西北沿海地区贫困农村人口的生计，通过社区发展、能力建设和获得服务来减少贫困发生率，以帮助改善福利并增加收入以保护和恢复，并以可持续的方式利用其自然资源		N/A	5.17（5.17）		专项投资贷款	1. 其他农业、渔业和林业； 2. 农业推广、研究和其他支持活动； 3. 排灌
14	结束	第二期马特鲁资源管理项目	同上		N/A-2005.2.16	39.8（25.05）		专项投资贷款	1. 其他非银行金融机构； 2. 农村和城际道路
15	结束	埃及-综合灌溉改善和管理项目	项目总体目标是协助借款国改善项目区灌溉排水管理，提高灌溉农业用水和服务的效率（预计对配水数量、质量、公平和及时性产生积极影响）	水资源与灌溉部	N/A-2016.3.31	303（120）	国际、区域和阿拉伯融资机构——国际合作部	专项投资贷款	1. 排灌； 2. 中央政府（中央机构）； 3. 废物管理

（续表）

序号	状态	项目名	项目概述	实施机构	批准-结束日期	总价值（承诺额）	借贷方	借贷方式	参与方（1、2、3）
16	结束	埃及—私营部门和农业发展	私营部门和农业发展项目旨在支持埃及政府继续实施鼓励基础广泛的私营部门主导增长的政策，以满足增加就业机会和收入的需要		N/A-2004.8.4	479（100）		专项投资贷款	1. 农业市场、商业化和农业企业；2. 其他农业、渔业和林业；3. 银行机构
17	结束	东三角洲新土地农业服务项目	东三角洲农业服务项目的目标是为东三角洲13万费丹新开发土地上约2.6万农户提供安置和农业增产支持服务，从而增加农民收入，为未来的农业发展奠定基础		N/A-2009.12.31	57（15）		专项投资贷款	1. 小微和中小企业金融；2. 其他农业、渔业和林业；3. 农产品加工业
18	结束	第二期国家排水工程	通过改善排水系统来提高农业生产力，从而通过适当利用土地和水资源，实现多样化和可持续生产，从而提高农村收入	埃及排水工程公共管理局	N/A-2015.3.31	143.6		专项投资贷款	1. 灌溉排水；2. 中央政府（中央机构）
19	结束	社会基金项目（02）	该第二期项目的目标是：①通过支持小企业和劳动密集型工作创造就业机会；②与非政府组织（NGO）和当地团体合作支持社区基础设施和服务		N/A-2001.6.30	775（120）		专项投资贷款	1. 小微金融和中小企业金融；2. 社会保障

（续表）

序号	状态	项目名	项目概述	实施机构	批准-结束日期	总价值（承诺额）	借贷方	借贷方式	参与方（1、2、3）
20	结束	泵站修复三期	①提高泵站运作及维修的效率；②提高灌溉水输送和排水的效率和可靠性；③加强政府部门的规划和运行维护，增强灌溉排水系统的可持续性		N/A-2007.8.31	253（120）		部门投资和维护贷款	1. 灌溉排水；2. 中央政府（中央机构）
21	结束	索哈格农村发展项目	①通过国家农村综合发展计划（SHROUK）的参与式方法，促进当地可持续发展；②改善农村贫困人口、失业青年和妇女获得信贷的公平机会；③提高农村社区的收入和生活质量		2008.4.30	63.97（25）		专项投资贷款	1. 其他农渔林业；2. 其他公共管理；3. 供水
22	取消	农业推广和营销援助项目	N/A		N/A	0（17）		部门投资和维护贷款	
23	结束	灌溉改善项目	改善灌溉基础设施，合理农场水资源分配。通过农民承担三级灌溉系统的运营和维护责任并分担三级投资成本，提高长期可持续性，加强公共工程和水资源部的规划和实施能力		2006.12.31	182.3（26.7）		专项投资贷款	1. 灌溉排水；2. 中央政府（中央机构）

（续表）

序号	状态	项目名	项目概述	实施机构	批准-结束日期	总价值（承诺额）	借贷方	借贷方式	参与方（1、2、3）
24	结束	农业现代化项目	通过技术推广提高农业生产力，通过对定制服务业务和中小型企业的投资进行融资增加农村收入，精简农业信贷银行（PBDAC）投资，提供长期融资、员工培训和投资数据，促进商业银行参与农村投资融资，改善农场一级的农业服务		2001.12.31	268.8（54）		专项投资贷款	1. 农业推广、研究及其他支持活动；2. 小微金融和中小企业金融；3. 银行业金融机构
25	结束	马特鲁资源管理项目	N/A		2002.12.31	29.5（22）		专项投资贷款	1. 农业供水；2. 推广、研究和其他支持活动；3. 小微金融和中小企业金融
26	结束	泵站修复工程（02）	政府实施了一项系统计划，修复老化的泵站并升级其车间设施。该计划得到了1983年启动的一个正在进行的项目的支持。到1990年底，将恢复大约70个泵站		1998.9.15	49.1（31）		部门投资和维护贷款	1. 灌溉排水

（续表）

序号	状态	项目名	项目概述	实施机构	批准-结束日期	总价值（承诺额）	借贷方	借贷方式	参与方（1、2、3）
27	结束	国家排水工程[1]	①通过疏浚多余的水和盐份提高当地农业生产力，减缓土地退化趋势；②提高排水部门的机构规划和实施能力		2000.21.31	290（45）		专项投资贷款	1. 灌溉排水
28	结束	渠道维护工程	渠道维护项目的目标是：①通过更有效地发挥灌溉和排水网络来帮助提高农业生产力；②引入相关且具有成本效益的渠道维护方法；③加强项目相关机构的能力		1986.6.26 至 1994.6.30	0（70）		专项投资贷款	1. 灌溉排水
29	结束	排水工程（05）	第五期排水项目的目标是改善46.5万费丹土地的盐水平衡并提高农业产量，提升埃及公共排水项目管理局（EPADP）的工程实施、质量控制、维护和管理的标准		1985.5.30 至 1994.3.31	0（68）		专项投资贷款	1. 灌溉排水
30	结束	农业发展项目（02）	第二期农业发展项目的目标是通过在7个水稻种植省份（约占全国耕地面积的50%）引入综合农业配套，提高农业生产力并增加农业产量		1985.5.30 至 1994.3.31	0（139）		专项投资贷款	1. （历史性）农业调整

① 该项目为为期六年的国家排水计划（NDP）提供资金，覆盖约72万费丹，包括安装地下排水沟及改造整个尼罗河谷和三角洲现有的明渠。

（续表）

序号	状态	项目名	项目概述	实施机构	批准-结束日期	总价值（承诺额）	借贷方	借贷方式	参与方（1、2、3）
31	结束	农业产业项目（02）	第二期农业产业项目将协助四家银行参与为埃及各地的农业产业投资提供融资，包括加工、营销和分配基本食品的设施以及相关的服务和投入活动		1983.3.8至1990.6.30	0（81.2）		部门投资和维护贷款	1.（历史性）农业信用
32	结束	灌溉泵站修复项目	项目为30个灌溉和排水泵站提供融资，为上埃及和下埃及约120万费丹地区提供泵站建设、维修、培训和财务等服务		1983.4.26至1992.6.30	0（41.5）		专项投资贷款	1. 灌溉排水
33	结束	技术援助项目	N/A		1981.6.16至1992.6.30	0（6.9）		技术援助贷款	1.（历史性）其他农业
34	结束	新土地开发项目	为新开垦沙漠土地提供灌溉和排水建设服务，安置小农并提供必要的农业机械、咨询服务和培训及农业信贷服务。该项目还包括血吸虫防止计划部分，扩大到项目区和吉萨省		1980.12.31至1990.12.31	0（80）		专项投资贷款	1. 灌溉排水

（续表）

序号	状态	项目名	项目概述	实施机构	批准-结束日期	总价值（承诺额）	借贷方	借贷方式	参与方（1、2、3）
35	结束	养鱼项目	为期5年的商业养鱼示范计划。建立尼罗河三角洲100个个体养鱼场并提供中长期信贷，改进鲻鱼鱼苗收集站，提供养鱼场管理培训咨询服务，并推广监测和评价方案		1981.3.17 至 1989.6.30	0（14）		专项投资贷款	1. 渔业
36	结束	农业产业项目（01）	①向3个参与银行提供资金，用于发展中小型农产品加工业；②用于更换开罗和亚历山大的市政屠宰场；③对这些城市主要果蔬批发市场的更换进行研究		1980.3.11 至 1988.6.30	0（45）		金融中介贷款	1.（历史性）农业信用
37	结束	农业发展项目	推动埃及农业现代化进程，提升农村机构能力建设，在旧土地上选定两个省份进行投资，提高农作物和牲畜的生产力。项目将启动农业信贷体系的恢复进程		1978.6.27 至 1984.12.31	0（32）		金融中介贷款	1.（历史性）农业调整
38	结束	农业工业品进口项目（02）	N/A		1977.6.14 至 1982.6.30	0（70）		结构调整贷款	1.（历史性）贸易政策改革

（续表）

序号	状态	项目名	项目概述	实施机构	批准-结束日期	总价值（承诺额）	借贷方	借贷方式	参与方（1、2、3）
39	结束	尼罗河三角洲排水工程（02）	第二期排水工程，通过资助运输和视听设备协助农业部的推广服务，将血吸虫控制在吉萨和阿斯旺高坝之间，协助联合国开发计划署资助的《水资源开发利用总体规划》		1977.5.31至1985.12.31	0（66）		专项投资贷款	1. 灌溉排水
40	结束	亚历山大港项目	疏浚航道和港口积沙并完成开辟新航道，铺设道路和工作区，在港外建立新的货物储存区，建设深海码头和采购设备		1976.4.6至1985.8.31	0（45）		专项投资贷款	1. 港口/水路
41	结束	上埃及排水工程（02）	第二期上埃及排水工程。在选定区安装排水管，开挖、加深和拓宽明渠，建造泵站，对盐碱地进行浸出复垦，将政府血吸虫控制方案扩大至周边及艾斯尤特和代鲁特拦河坝之间		1976.6.8至1985.6.30	0（50）		专项投资贷款	1. 灌溉排水
42	结束	果蔬项目	提高园艺部门的生产力，并通过进口替代蔬菜种子和出口水果和蔬菜创汇		1976.5.28至1984.12.31	0（50）		金融中介贷款	1.（历史）一年生作物
43	结束	农业工业品进口项目	N/A		1974.12.3至1980.12.31	0（70）		结构调整贷款	1.（历史性）产业调整

（续表）

序号	状态	项目名	项目概述	实施机构	批准-结束日期	总价值（承诺额）	借贷方	借贷方式	参与方(1、2、3)
44	结束	电信项目	该项目是ARETO 1975/77 计划的组成部分，包括安装本地交换设备线路及用户和交换局电话电缆，专用手动和自动交换分机，电传交换设备和电传打字机		1975.5.8至1980.12.31	0(30)		部门投资和维护贷款	1.（历史性）电信与信息
45	结束	上埃及排水工程	①完成30万费丹排水和填海面积，防止土地生产力因盐碱化和内涝而持续下降；②血吸虫控制计划，覆盖90万费丹的地区		1973.6.7至1981.7.31	0(36)		专项投资贷款	1. 灌溉排水
46	结束	尼罗河三角洲排水工程	多阶段计划的第一阶段，旨在改善尼罗河三角洲400万费丹的排水系统，并最终覆盖埃及的整个尼罗河谷		1970.3.24至1980.12.31	0(26)		专项投资贷款	1. 灌溉排水
47	结束	红海沿岸和海洋资源管理项目	N/A		2002.6.30	5.7(0)		专项投资贷款	1. 其他农渔林业 2. 中央政府（中央机构）

来源：世界银行（WorldBank）。

附件15

埃及总理内阁信息与决策支持中心（The Egyptian Cabinet, Information and Decision Support Center、IDSC）国际合作部代理主管、资深专家Marwa Fawzi致著者的感谢信

Thank you Letter

Dear Dr.DING Lin,

First Secretary and Research Fellow
The Chinese Embassy in Cairo, Egypt

This is to thank you for your valuable effort in facilitating fruitful cooperation between The Embassy of People's Republic of China in Egypt and the Egyptian Cabinet Information and Decision Support Center.

I am sure that you will spare no effort to open up channels of cooperation between our two beloved countries wherever you were.

Keep up your very much-appreciated cooperative spirit
Thank you and best regards

Marwa Fawzi
International Cooperation Expert
The Egyptian Cabinet, Information & Decision Support Center (IDSC)

IDSC

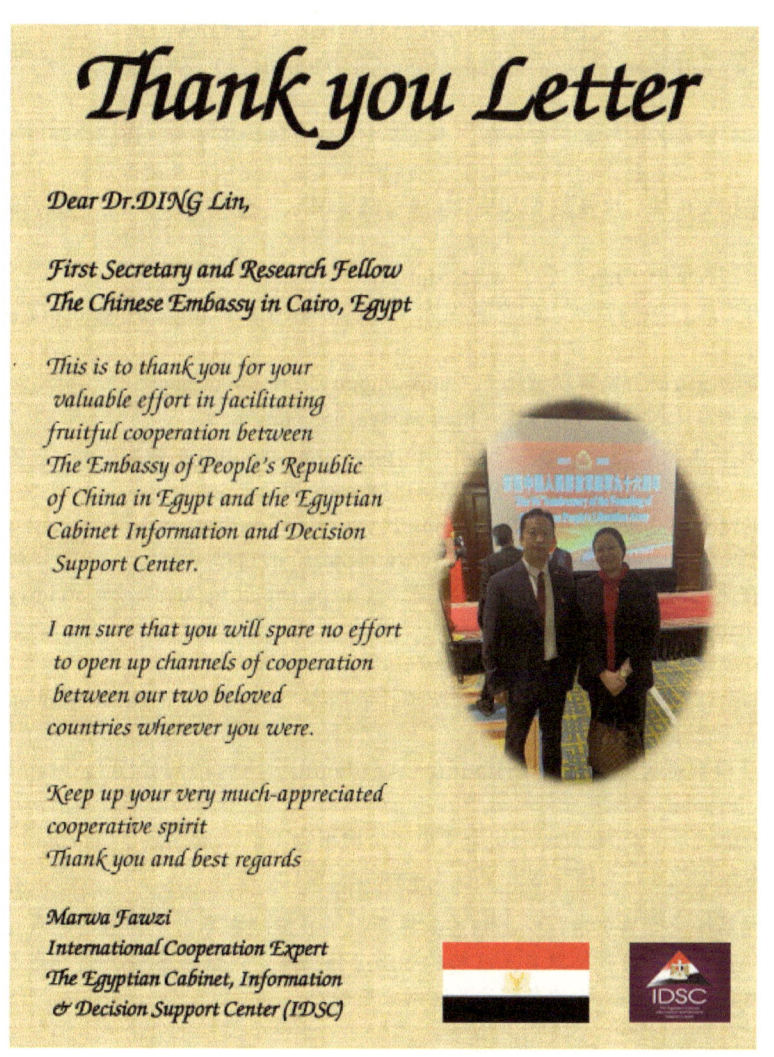

其他附件补充说明：

以下为FAO、WFP及IFAD在埃及实施的有关农村发展与援助等项目的具体信息。

FAO在埃及实施的合作项目地图分布

官网链接地址：https://www.fao.org/egypt/projects/en

WFP对埃及各省的弱势群体状况评估以及在埃及的项目一览[Egypt Country Programme (2013-2017)]

官网链接地址：https://executiveboard.wfp.org/document_download/WFP-0000024887

IFAD在埃及实施的合作项目一览（IFAD Country Strategy and Programme Evaluation Egypt CSPE）

官网链接地址：https://www.ifad.org/documents/38714182/39714812/Egypt+CSPE+-+Full+document+for+web.pdf/d7189ad4-0acb-4343-b1ce-0510e8722b9d

https://www.ifad.org/en/web/operations/-/project/1100001745（项目总揽平台）

其他有关埃及各地气候条件分布、小麦等主要农作物种植分布、遥感密植度（NDVI）[①]测产数值、小麦等主要作物产区分布卫星遥感图等实时数据信息及延伸资料，请参考更多国际及联合国相关机构、埃及政府以及美国农业部等国际广泛采用的有关官网数据链接（包括且不限于）：

世界银行数据库（https://data.worldbank.org/）

非洲开发银行披露及获取信息数据库（https://www.afdb.org/en/disclosure-and-access-information）

国际食物政策研究所资料数据库（https://library.ifpri.info/databases/）

联合国开发计划署资料数据库（https://assets.undp.org/）

联合国工业发展组织开放数据库（https://compass.unido.org/?_ga=2.247572736.664991523.1750736482-530892366.1750736482&year=2025）

联合国经济和社会事务部数据库（https://www.un.org/en/desa/products/un-desa-databases）

埃及中央公共动员和统计局（https://www.capmas.gov.eg/）

美国农业部海外服务局埃及统计数据库（https://ipad.fas.usda.gov/countrysummary/default.aspx?id=EG）

美国贸易和发展署数据库(https://www.ustda.gov/data/)

Statista全球数据和商业智能平台埃及统计数据库（https://www.statista.com/study/29056/egypt-statista-dossier/）

大英百科数据库学术版（Britannica Academic）国内访问界面（https://academic.eb.cnpereading.com）

荷兰爱思唯尔（ScienceDirect）全文电子资源平台（www.sciencedirect.com）

中国农业科技文献与信息服务平台（www.nais.net.cn）

注：因篇幅及有关要求，以上相关数据产品不再继续在本书中作为附件展示，上述阶段性数据仅供参考，因数据取自上述机构等动态数据库，因数据库维护/升级等原因可能出现链接失效或迁移情况，请读者关注其官网最新动态。

---

① NDVI原用于量化植被密度和评估植物健康的变化，这里通过密植度进行估产。该方法通过计算小麦等作物的水分等参数以估算产量。

缩 略 语

AfDB	非洲开发银行
AFESD	阿拉伯经济及社会发展基金（阿拉伯经社发展基金）
AFD	法国国际开发署
AICS	意大利合作署
AIIB	亚洲基础设施投资银行
Alcotexa	亚历山大出口商协会
ANDA	摩洛哥水产养殖发展局
AOAD	阿拉伯农业发展组织
AUAP	非洲农业专家联盟
B&R	一带一路
BRICs	金砖国家机制
CAPMAS	埃及中央公共动员与统计局
CBE	埃及中央银行
CBT	现金转移
CDC	英国发展金融机构
COEA	埃及农业卓越中心
COEA-CUFA	开罗大学农业学院
COVID-19	新型冠状病毒
DFID	英国国际发展部
EBRD	欧洲复兴开发银行
ECOSOC	经济及社会理事会
EIB	欧洲投资银行
EIP	欧洲外部投资计划
EU	欧洲联盟
EU-JRDP	欧洲联盟-联合农村发展计划

FAO	联合国粮食及农业组织
FAS	美国农业部海外农业服务局
FNSSA	欧盟-非洲粮食与营养安全与可持续农业R&I伙伴关系
GAFI	埃及国家投资及自由区总局
GASC	埃及商品供应总局
GACTI	德国-阿拉伯贸易和工业商会
GERD	复兴大坝
G20	20国集团
G77	77国集团
HCWW	埃及水和废水控股公司
IAEA	国际原子能机构
ICARDA	国际干旱地区农业研究中心
ICBA	国际生物盐农业中心
IDFR	国际家庭汇款日
IFAD	国际农业发展基金
IFC	国际金融公司
IFPRI	国际粮食政策研究所
IMF	国际货币基金组织
INRH	摩洛哥国家渔业研究所
IOM	国际移民组织
JICA	日本协力机构
KFAED	科威特阿拉伯经济发展基金
kW/H	千瓦时
MAECI	意大利外交与国际合作部
Mt	吨
M^3	立方米
Mw	兆瓦
MB	穆斯林兄弟会
NBE	埃及国家银行
MCDR	埃及清算、存管与注册中心
MSMEDA	埃及微型、小型和中型企业发展局

NCPC	埃及国家保护性耕作公司
NGO	非政府组织
NUCA	埃及新城市社区管理局
OIE	世界动物卫生组织
PPP	公共私营伙伴关系
PRIMA	地中海地区研究与创新伙伴关系
RBAs	联合国常驻罗马粮农三机构（FAO、WFP、IFAD）
SDGs	可持续发展目标
SSC	南南合作
UN	联合国
UNDP	联合国开发计划署
UNEP	国际联合国环境规划署
UNHCR	联合国难民机构
UNICEF	联合国儿童基金会
USAID	美国国际开发署
USDA	美国农业部
USTDA	美国贸易和发展署
USSEC	美国大豆出口委员会
WB	世界银行
WFP	世界粮食计划署
WHO	世界卫生组织
WTO	世界贸易组织
WWC	世界水理事会

Abbreviations

AfDB	African Development Bank
AFESD	Arab Economic and Social Development Fund
AFD	French Agency for International Development
AICS	Italian Cooperation Agency
AIIB	Asian Infrastructure Investment Bank
Alcotexa	Alexandria Exporters Association
ANDA	Moroccan Aquaculture Development Agency
AOAD	Arab Agricultural Development Organization
AUAP	Union of African Agricultural Experts
B&R	One Belt One Road
BRICs	BRICS Mechanism
CAPMAS	Central Public Mobilization and Statistics Bureau of Egypt
CBE	Central Bank of Egypt
CBT	cash transfer
CDC	UK Development Finance Institution
COEA	Egypt Center of Agricultural Excellence
COEA-CUFA	Cairo University College of Agriculture
COVID-19	new coronavirus
DFID	UK Department for International Development
EBRD	European Bank for Reconstruction and Development
ECOSOC	Economic and Social Council
EIB	European Investment Bank
EIP	European External Investment Program
EU	European Union
EU-JRDP	European Union-Joint Rural Development Plan

FAO	Food and Agriculture Organization of the United Nations
FAS	U.S. Department of Agriculture Overseas Agricultural Service
FNSSA	EU-Africa Food and Nutrition Security and Sustainable Agriculture R&I Partnership
GAFI	Egyptian State Investment and Free Zone Directorate
GASC	General Administration of Goods Supply of Egypt
GACTI	German-Arab Chamber of Trade and Industry
GERD	The Grand Ethiopian Renaissance Dam
G20	Group of 20
G77	Group of 77
HCWW	Egyptian Water and Wastewater Holding Company
IAEA	International Atomic Energy Agency
ICARDA	International Center for Agricultural Research in Arid Areas
ICBA	International Biological Salt Agriculture Center
IDFR	International Family Remittance Day
IFAD	International Agricultural Development Fund
IFC	International Finance Corporation
IFPRI	International Food Policy Research Institute
IMF	International Monetary Fund
INRH	Morocco National Fisheries Research Institute
IOM	International Organization for Migration
JICA	Japan Cooperation Agency
KFAED	Kuwait Arab Economic Development Fund
kW/H	kWh
MAECI	Italian Ministry of Foreign Affairs and International Cooperation
Mt	tons
M^3	cubic meter
Mw	megawatt
MB	Muslim Brotherhood
NBE	National Bank of Egypt
MCDR	Egypt Clearing，Depository and Registration Center

MSMEDA	Egypt Micro，Small and Medium Enterprise Development Agency
NCPC	Egyptian National Conservation Farming Company
NGO	Non-Governmental Organization
NUCA	New City Community Authority of Egypt
OIE	World Organization for Animal Health
PPP	Public Private Partnership
PRIMA	Mediterranean Research and Innovation Partnership
RBAs	Three United Nations Permanent Organizations for Food and Agriculture in Rome（FAO，WFP，IFAD）
SDGs	Sustainable Development Goals
SSC	South-South Cooperation
UN	United Nations
UNDP	United Nations Development Programme
UNEP	International United Nations Environment Programme
UNHCR	United Nations Refugee Agency
UNICEF	United Nations Children's Fund
USAID	United States Agency for International Development
USDA	United States Department of Agriculture
USTDA	U.S. Trade and Development Agency
USSEC	US Soybean Export Committee
WB	World Bank
WFP	World Food Program
WHO	World Health Organization
WTO	World Trade Organization
WWC	World Water Council

作者声明：书中所有观点均为个人观点，不代表任何政府、组织和机构观点。书中的任何引用均出于学术动机。凡未注明作者或引用来源的作品（含文字、图片、图表、数据等），未经本书著者授权，任何单位和个人不得全部或者部分转载；已标注作者或来源的部分，应注明经许可后转载并务必请注明出处，违者将依法追究相关法律责任。

免责声明：本书中出现的任何建议和判断，均为学术观点，不应视为任何官方工作建议。本书所收集的原始资料和数据来源于公开数据库、政府网站、公共媒体及互联网，对其进行适当补充、修改和处理的目的在于形成更多的创新思路和观点用于分享和讨论，并不代表著者赞同其观点和对其真实性负责，也不构成任何负有责任的建议，无商业目的。

本书中所有出于研究和交流分享目的而引用的数据、图表等知识产权归原始发布者所有，严禁通过本书进行加工并用于商业行为。

The author’s statement：All views in the book are personal views and do not represent the views of any government，organization or institution.

Disclaimer：Any suggestion and judgment in this book is academic viewpoint and do not constitute any proposal for official work. The original materials and data collected in this book are from public databases，government websites，public media and the Internet. The purpose of appropriate replenishing，revising and processing is to stimulate innovative ideas for readers，sharing and discussion. It does not mean that the author agrees with any views or is responsible for its authenticity. It does not constitute any responsible suggestions and has no commercial purpose.

致 谢

感谢在《世界粮食计划署概述篇》《埃及农业概论》《世界粮食计划署综述篇》《埃及农业综论》的撰写过程中，我的妻子杜南南以及家人们给予我坚定的支持。

感谢作者所在的中国农业科学院有关领导以及派出部门农业农村部人事司、国际合作司的长期信任与支持，包括本书在内的农业外交系列专著是作者向农业农村部及中国农业科学院多年推动的农业外交工作的献礼，事实上也可以看作是整个农业外交工作成果的一个缩影，只不过通过个人研究成果的方式进行了部分展现。本人上述微不足道的成绩从一个侧面也反映出广大农业外交官们的辛勤劳动和为这项“朝阳事业”所贡献的更多的热情和汗水。我在做上述感谢之时也特向近百位活跃在多条外交战线上的我的亲密战友、同事们致以深深的敬意。你们也在以不同方式讲述着你们的故事，你们也在演绎着你们的光辉业绩。

感谢中国外交部为农业外交事业提供了一个充分展示个人外交情怀和才华的窗口。“逢著公卿，谁不道、人才难得。”[①]具备外交潜力的各类人才在各行各业如天机云锦，繁若星辰。因而本人深感幸运，连续两次踏入粮农、双边外交“战场”并戮力同心，奋楫笃行，努力践行中国外交官的有所为、应所为、或所为。感谢多位杰出的大使，你们卓越的人格魅力和坚韧的职业精神在双边外交领域对我产生了关键启蒙并形成潜移默化的塑造，你们对我调研的多次高评成为我外交生涯中的珍贵闪光点，更使我从单纯学术研究的“长期主义”个人维度的实践中萃取出粮农外交创新理念和价值并分享给广大读者朋友们共勉。

感谢我的博士生导师路文如研究员的长期指导。感谢中国农业科学技术出版社白姗姗等编辑的艰苦努力，使本书得以顺利出版。

---

① 魏了翁，《满江红·送西叔兄之官成都》，宋代。

最后，感谢诸多领导、专家与学者的厚爱与帮助，感谢我的国内外挚友们的关心与帮助，才使得无数注定消融的雨露，最终被有心汇聚成为清流激湍，得以映带左右，现足以与挚友畅叙幽情。感谢埃及前外交部副部长、前驻华大使希夫尼先生对农业外交系列丛书特别是本书给予的细致点评和高度评价。特别向贾伶参赞的倾心相助表示深深敬意。感谢埃及外交部美丽善良的Mariam Ragaei小姐一贯的热情和专业的帮助。

“四海同爨（粮），全球一家。”正如毛广淞先生赠题本书所言，埃及农业无法独自荣光，同样属于全球一家，未来的全球农业领域合作在“惊涛骇浪”面前，或将是以全人类名义的合作——“同衣且共爨”①。农业外交，是我国大国外交的重要组成，也是中国外交部在近年着力推动的专业、特色外交的“尖兵”。当今世界贸易大门时开时关，贸易战不请自来，时急时缓，中国粮食安全重担必然落到农业外交肩上，农业外交也将成为平衡贸易关系的一种手段②。贸易往来有时不仅仅是经济活动，还具有政治和外交意义，良好的农产品贸易关系特别有助于巩固和发展国际友好合作关系③。农业外交，必将华丽登场，以“紫荆出檐端”之势，推进全人类的和谐与繁荣。

农业、粮食安全与可持续发展事业只是作者多边、双边粮农外交研究迈出的第一步。粮农外交，前景广阔，值得期许，值得奉献，值得战斗，也期待更多的朋友加入进来一起共同谱写粮农外交的壮丽篇章，为中华民族伟大复兴事业的壮丽诗篇增添更多充满生机的绿色。

---

① 出自宋代李处权的《题周氏棣华堂》。最出名的两句为：冰清而玉洁，同衣且共爨。

② 钟钰，2024。

③ 林屾，2024。

Acknowledgment

THANK YOU TO MY WIFE DU NANNAN AND MY FAMILY FOR THEIR unwavering support during the writing process of *"Overview of the World Food Programme"* , *"Comprehensive Review of Egyptian Agriculture"* , *"Introduction to Egyptian Agriculture"* , *and "Comprehensive Review of Egyptian Agriculture"* .

Thank you to the leaders of the Chinese Academy of Agricultural Sciences (CAAS) where I serves, as well as the personnel department and international cooperation department of the Chinese Ministry of Agriculture and Rural Affairs (MARA), for their long-term trust and support. The series of monographs on food and agriculture diplomacy, including this *"Comprehensive Review of Egyptian Agriculture"* can be viewed as a salute to MARA and CAAS for years of promoting *Agricultural Diplomacy* affairs. In fact, it should also be seen as a microcosm of the entire *Agricultural Diplomacy* affairs, but partially presented through personal research results. The fields ouputs mentioned above also reflect the hard work and dedication of the vast number of agricultural diplomats to this "Promising Course" . As I express my gratitude, I also extend my deep respect to nearly a hundred of my close colleagues who have been active on bilateral and multilateral diplomatic in frontline—dear friends, you are now telling the likely stories and showing your glorious achievements in your way. Thank you to the Chinese Ministry of Foreign Affairs for opening a "window" to showcasing my personal diplomatic feelings and talents in *Agricultural Diplomacy*. "When meeting high-ranking officials, who does not say that talented people are hard to come by?" ① Talents with diplomatic potential are spread across various industries. Therefore, I deeply feel fortunate to have served diplomatic affairs consecutive, and strive to fulfill the obligations, responsibilities, and innovations of Chinese diplomats. Thank

① WEI Liaoweng, "Man Jiang Hong: Farewell to Uncle Xi and takes office in Chengdu" , Song Dynasty. Translate by DeepSeek-R1, 2025.6.11.

you, my outstanding ambassadors I served. Your outstanding personality charm and professional spirit have provided me with crucial enlightenment and shaping in the field of bilateral diplomacy. Your multiple high evaluations of my research have become shining points in my diplomatic career, and have enabled me to gain innovative ideas and values in food and agriculture diplomacy from the academic research concept of "*long termism*" and share them with readers and friends for mutual encouragement.

Thank you to my doctoral supervisor, Mr. LU Wenru for his long-term guidance. Thanks to Ms.BAI Shanshan, the editor of China Agricultural Science and Technology Press（CASTP）and her colleagues with their hard work for the book and successfully published.

Finally, I would like to express my gratitude to those leaders, experts, and scholars for their kindness and assistance, as well as to my close friends inland and abroad for their concern and help. It is only through this way of writing, like many littles make a great deal, which can be aroused feelings around, and so as to makes me to freely express my fellings with my close friends. Thank you H.E. Aly · El · Hefny, the former vice minister of foreign affairs of Egypt and ambassador to China for your contribution of valuable comments and high praise for the book and series.Special tribute to Madam JIA Ling for her unwavering contribution. Thank you to Miss Mariam Ragaei, the pretty and kind diplomat from Egyptian Ministry of Foreign Affairs, for her always enthusiastic and professional assistance.

"The whole world is one family", Egyptian agriculture cannot glory alone and should belongs to the global community. Future global cooperation of agricultural very probably be in the name of humanity when in the face of "Perfect Storm" of humanitarian crisis. *Agricultural Diplomacy* is an important component of China's diplomacy as a major power, and it is also the "vanguard" of professional and distinctive diplomacy that the Chinese Ministry of Foreign Affairs has been promoting in recent years. In today's world, the door to trade is constantly open and closed, and trade wars come uninvited. The responsibility for China's food security will inevitably fall on the shoulders of diplomatic efforts in agriculture, which will also serve as an instrument for rebalancing trade relations. Trade relations are not merely economic activities at times—they carry political and diplomatic significance. Robust agricultural trade flows, in particular, serve as a proven mechanism to strengthen and develop friendly international relations. *Agricultural Diplomacy* will surely make a magnificent appearance, promoting harmony and prosperity for all mankind. The cause of agriculture, food security, and sustainable development in Egypt is only the first step taken by the author in bilateral and multilateral research on food and agriculture diplomacy. Food and agriculture diplomacy has broad prospects, is worth anticipating, dedicating, and fighting for. I am look forward more friends joining and roll out a newly chapter in food and agriculture diplomacy, adding more vibrant to the magnificent poem of the great rejuvenation of our country.

书评一

丁麟博士是首位中国派驻埃及的农业外交官，他能够将农业专业著作的研究上升到国际粮农治理的高度，并借助外交视角拓展了这种专业研究的视野。作者以中国学者的视角，结合大量实例全面展示了埃及农业、经济、政治、国际发展合作等，有利于国内读者全面了解埃及并关注世界粮农问题。他连续出版的四部粮农外交系列著作激发了我对粮农外交的关注和兴趣，作者对埃及的全方位介绍和深度解读，足以证明其农业外交官经历硕果累累。民以食为天，作者的研究始终围绕粮食安全这个核心问题，大胆拓展研究范围，并不断提出创新观点，丰富粮食安全的内涵与外延，特别是能够站在全球治理的高度，运用外交理论与观点，诠释和展望全球农业可持续发展，难能可贵。

《饥饿终结者和她的努特之翼——世界粮食计划署综论》是一部充满洞见和人文关怀的作品，它不仅深入探讨了全球饥饿问题的根源，还通过引人入胜的叙述，展现了科技与创新在解决这一全球性挑战中的潜力。丁博士以“努特之翼”为象征，寓意着希望和变革的力量，激励读者思考如何通过集体努力和科技创新来终结饥饿。同时，强调了农业科技、可持续发展和国际合作的重要性，并提出了新的视角和解决方案。读完该书，不仅会对全球饥饿问题有更深刻的理解，也会被激励成为改变现状的一分子，共同为实现一个无饥饿的世界而努力。

《法老终结者和她的终极之河——埃及农业概论》是一部融合了历史、文化与现代科技思考的杰作。书中，丁博士以古埃及法老和尼罗河为象征，探讨了水资源管理、农业文明与可持续发展之间的深刻联系。通过这一独特的视角，作者不仅带领读者回顾了人类文明与水资源密不可分的历史，还展望了未来如何通过科技与创新应对全球水资源危机。读者可能会被书中对水资源重要性的深刻洞察所震撼，尤其是对干旱、洪涝和水资源分配不均等问题的分析。丁博士通过“终极之河”这一隐喻，强调了水资源在人类生存与发展中的核心地位，并呼吁全球合作与科技创新来应对这一挑战。此外，书中对于古代智慧与现代科技结合的探讨，为读者提供了全新的思考方向。丁博士通过生动的叙述和严谨的分析，展示了如何从历史中汲取经验，利用现代技术实现水资源的可持续利用。该书不仅是一部学术著作，更是一部充满人文关怀和启发性的作品。它让读者深刻意识到水资源问题的紧迫性，并激励人们为保护这一宝贵资源而共同努力。丁博士的笔触温暖而富有感染力，使得这些学术著作不仅仅是冷冰冰的数据和分析，而是充满了对人类福祉的关怀和能够激发公众意识和行动力的读物。读者在阅读过程中，不仅能获得知识，还能感受到作者对全球粮食安全和农业发展的深切关注。

《贫困终结者和他的新农村时代——埃及农业综论》以其深刻的洞察力和全面的视角，使读者能更加深入地理解全球粮食安全、农业可持续发展以及农村经济发展等问题。书中强调了农业作为埃及经济基石的重要性，并对农业、国际合作和国内政策之间的交叉点进行了系统和深刻的分析，深入探讨了粮食安全、农业可持续发展以及农村经济发展等重要议题。不仅提供了丰富的理论支持，还结合实际案例，为读者展示了粮农领域的最新研究成果和发展趋势。通过阅读该著作，读者可以更全面地理解全球粮食生产和分配所面临的挑战，以及如何通过科技创新和政策调整来实现农业的可持续发展。此外，丁博士的著作还强调了国际合作在解决全球粮食安全问题中的重要性，为政策制定者和研究人员提供了宝贵的参考和启示。总的来说，是理解当代粮农问题不可或缺的资源，对于所有关心全球粮食安全和农业发展的读者来说，具有很高的阅读价值。

正如作者所说：那里存在着一个具有巨大发展潜力的农业体系，一些亟待开发的绿色农业产业，一批等待发掘的农业资源，一众聪颖务实的年轻人才，这些将毫无疑问地对埃及农业的未来转型和变革，以及推动地区的经济一体化步伐，起到关键的作用。总之，埃及作为非洲大陆的重要国家，终结自身的贫困实际上也是在终结非洲的贫困，埃及的贫困终结者就是它自己，而它的新农村时代则属于埃及的“新共和时代”，更属于整个人类文明的时代。

最后，预祝作者在世界粮农研究与合作领域以及未来联合国可持续发展目标的实现过程中取得新的突破，为全球粮食安全和农业发展做出更大的贡献。

李少青

早年曾在新华社驻贝鲁特分社（黎巴嫩）、驻开罗总分社（埃及）任英文编辑和记者，具有丰富的战地记者经验。后调入外交部并先后在亚洲司、驻日本使馆、驻新加坡使馆、干部司、驻温哥华总领馆（加拿大）、驻波黑使馆等任秘书、领事及政务参赞（首席馆员）、临时代办，后任外交部离退休干部局副局长（党委委员），是中国前外交官联谊会会员、中国公共外交协会理事会会员。驻外期间组织完成过多项重大外交任务并获得国际赞誉，是外交部资深外交官，同时也是著名书法家（详见题词页介绍）。

Review

Dr. DING LIN, CHINA'S INAUGURAL AGRICULTURAL Diplomat to Egypt, has elevated specialized agricultural research to the level of international food governance while expanding academic horizons through diplomatic perspectives. From the standpoint of Chinese scholarship, the author comprehensively examines Egypt's agricultural, economic, and political landscapes alongside international development cooperation, enriched with empirical cases that enhance domestic readers' holistic understanding of Egypt and global food security issues. This trilogy on *Agricultural Diplomacy* has profoundly engaged my academic interest, with its multidimensional analysis of Egyptian society serving as testament to the diplomat-scholar's fruitful professional journey.Centering on food security as humanity's fundamental concern, the author courageously extends research boundaries while innovatively redefining the concept's theoretical dimensions. Particularly noteworthy is his groundbreaking integration of diplomatic theory within global governance frameworks to interpret and envision sustainable agricultural development.

"*The Hunger Terminator with The Wings of Goddess Nut-The Synthesis Book of World Food Programme*" stands as an insightful humanitarian work that not only investigates root causes of global hunger but also narratively demonstrates technology's transformative potential. Through the symbolic "Wings of Nut" representing hope and transformation, Dr. Ding inspires collective action in agricultural innovation and international cooperation, proposing novel solutions that deepen understanding while motivating societal engagement.

"*The Pharaoh Terminator with The Ultimate River-Introduction to Egyptian*

Agriculture" masterfully intertwines historical analysis with contemporary technological discourse. Using ancient Egyptian civilization and the Nile as metaphors, Dr. Ding examines the intricate relationship between water resource management, agricultural civilization, and sustainable development. This unique perspective not only traces humanity's historical interdependence with water systems but also envisions technological responses to global water crises. The work's profound insights into water scarcity, flood management, and equitable distribution, framed through the "Ultimate River" metaphor, underscore water's centrality to human survival while advocating for global scientific collaboration. Particularly enlightening is its synthesis of ancient wisdom with modern innovation, offering fresh paradigms for sustainable water utilization.

Transcending conventional academic treatises, these works embody humanistic concern through eloquent prose that transforms technical data into compelling narratives of collective welfare. Readers acquire not merely knowledge but visceral awareness of global food security challenges, moved by the author's profound commitment to agricultural development. Dr. Ding's scholarly rigor, manifested in meticulous analysis and historical cross-examination, establishes these volumes as both authoritative references and catalysts for societal action. The trilogy ultimately achieves rare synergy between academic depth and public accessibility, exemplifying how specialized diplomatic experience can illuminate global governance challenges while inspiring cross-cultural solutions.

The series of academic monographs on *Agricultural Diplomacy*, including "*The Terminator of Poverty with His New Rural Era-Comprehensive Review of Egyptian Agriculture* (*Research on Rural and Sustainable Development in Egypt*)", provide profound insights and multidimensional perspectives that enable readers to deeply engage with critical global issues such as food security, agricultural sustainability, and rural economic development. These works systematically elucidate agriculture's pivotal role as the cornerstone of Egypt's economy, offering rigorous analyses of the intersections between agricultural practices, international cooperation, and domestic policymaking. Through methodical examination of core themes including food systems resilience, sustainable agro-development models, and rural economic revitalization, the publications not only establish robust theoretical frameworks but also demonstrate practical applications through empirical case studies, showcasing cutting-edge research advancements in the field.

By synthesizing academic rigor with policy relevance, these monographs equip readers with holistic understanding of contemporary challenges in global food production and distribution mechanisms. They particularly illuminate how technological innovation and evidence-based policy adaptations can synergistically drive agricultural transformation. Furthermore, Dr. Ding's scholarly contributions significantly advance discourse on international collaborative governance, proposing actionable strategies for addressing transnational food security challenges through multilateral institutional frameworks—a valuable reference for both policymakers and research communities. As indispensable intellectual resources for comprehending modern agri-food systems, these works hold substantial academic merit for stakeholders committed to global food governance.

The author's prescient observation resonates particularly: "There exists an agricultural system of immense developmental potential—untapped green industries awaiting cultivation, underutilized agro-resources demanding exploration, and a generation of pragmatic young talents poised for mobilization. These elements will undeniably catalyze Egypt's agricultural metamorphosis and accelerate regional economic integration." This analysis fundamentally repositions Egypt's agricultural modernization as both a national imperative and a continental paradigm—by eradicating its own poverty, Egypt inherently contributes to alleviating Africa's developmental challenges. The nation's emerging rural revitalization transcends domestic "New Republican Era" aspirations to embody civilizational progress for humanity at large.

In conclusion, these scholarly achievements not only enrich global *Agricultural Diplomacy* discourse but also chart pathways toward achieving UN Sustainable Development Goals. May the author's forthcoming contributions continue to break new ground in international agricultural research collaboration, further advancing humanity's shared mission for food security and sustainable agrarian development.

LI Shaoqing

In his early years, he worked as an English editor and reporter at Xinhua News Agency's Beirut Branch （Lebanon） and Cairo Branch （Egypt）, possessing rich experience as a war correspondent. Later, he was transferred to the Ministry of Foreign Affairs of P. R. China（MFPRC）, served as a secretary in the Department of Asian Affairs, the Embassy in Japan, the Embassy in Singapore, and the Department of Personnel. Then served as a consul at the Consulate General in Vancouver （Canada）, as a political counselor （Chief officer） and chargé d'affaires ad interim at the Embassy in Bosnia and Herzegovina. he also served as deputy director of the Bureau for Retired Cadres of MFPRC （member of the Party Committee）. He is the member of the China Former Diplomats Association and the member of the Council of the China Public Diplomacy Association. During his tenure abroad, he successfully achieved many crucial diplomatic missions and received honors. He is a senior diplomat of MFPRC and also a famous calligrapher （for details, see the inscription page）.

书评二

非常感谢丁博士对我的信任，邀请埃及的知名媒体关注埃中农业交流互鉴是一个好主意。我们曾在开罗就埃及农业以及埃中农业合作有过短暂交流，我也非常赞赏丁博士对埃及的热爱和对埃及农业的深刻理解。“Al-Masry al-Youm”（今日埃及报）是埃及的主流媒体，被广泛视为埃及最值得信赖的新闻来源之一，以“公正无私”的报道风格著称，同时作为长期关注埃及及其周边政治、经济、社会的主流日报记者，我长期致力于埃中友好关系的构建和合作，同时也对埃及的农业十分感兴趣，认为埃及极具多样性的农业不仅对于埃及的绿色及可持续农业的未来，而且对埃及改善当前经济、舒缓地区紧张局势将起到非常重要的作用。

非常高兴在上次谈话的一年后，就看到了这本全面解析埃及农业的专著——《埃及农业综论》。该书在更深层次领域，解读了埃及在不同农业应用领域的政府间伙伴关系、民间组织、国际机构等的表现。通过本书，读者可以生动地感受到一个来自遥远且和中国一样历史悠久的神秘国度的精彩农业叙事，领略一番埃及农业区域、全球影响力和多重挑战下的可持续发展能力。该书不仅着眼于对埃及的农业研究，甚至还拓展到对埃及的国内治理和双边、多边国际关系等更广泛的领域。是一本立足专业、放眼世界、超越了专业局限的综合性著述，阅读这本书将会获得更多意外收获。更重要的是，读者能够借助对埃及的全景观察，对北非、中东，乃至整个非洲地区的经济格局和区域治理产生更多启发，获得更多有情绪价值的阅读体验，也值得更多非专业领域的读者阅读。

《埃及农业综论》突破传统国别研究的窠臼，构建起“历史纵深—现实挑战—未来图景”的三维分析框架。作者习以考古学家的严谨追溯法老时代的灌溉智慧、经济学家的敏锐剖析尼罗河三角洲的农业承载力、外交战略家的视野勾画这个沙漠绿洲国度的可持续发展路径和参与国际治理的愿景。这种跨学科的研究范式，恰与埃及的“体面生活”“埃及的未来”和“2030年愿景”三大国家倡议形成呼应。

书中对埃及农业区域治理的阐释尤其精妙。作者创新性地将埃及集约化农业置于非洲一体化、区域联盟及国际对话机制等模式中并进行对比研究，揭示出埃及农产品自由贸易与非洲共同市场等融合并成为地区物流贸易最重要枢纽的可能。这种基于埃及自身特点优势以及非洲及阿拉伯区域特点的实践解决方案，为破解当今贸易壁垒、争端特别是农产品贸易困局提供了东方视角的解题思路。

另外，我对于作者将这本书冠名为“农业外交系列”丛书，感到非常惊喜。将农业合作提升至外交战略层面，是本书最具创新性的理论贡献。这体现了作者在长期的专业实践和外交经历的过程中完美地实现了两者的融合。作者敏锐地洞察到了区域国别研究和专业领域外交工作在未来应对全球挑战和地区纷争中将会扮演不可替代的角色。埃及作为和中国一样历史悠久的传统农业大国，在工业化进程中正在面临前所未有的挑战，埃及的周边国际环境同样危机丛生，多样性的专业化外交手段或许能够给埃及带来更多解决之道。

作者提出的农业外交“三层理论”——底层技术转移、中间层政策协调、顶层文明对话，也契合埃及当前的实际发展需求。特别是在苏伊士运河经济带与“一带一路”倡议对接的背景下，这种理论建构展现出前瞻性的战略眼光。该书没有通过系统的理论模式阐述以上观点，而采用丰富的案例和有针对性的实地分析的方法展示上述理论内涵。这是该书的一个创新和值得读者认真体会及思考的方面。

值得关注的是，著作对埃及农业多样性的剖析超越单纯的经济维度。作者敏锐指出，棉花种植带的兴衰史实为观察埃及工业化进程的微观镜像；而椰枣产业链的重构则可视为北非区域经济整合的温度计；近海湖泊渔业合作助力埃及粮食安全或可视为参与地中海区域治理的旗语；农村综合治理提升“体面生活”就是与联合国可持续发展目标同频。

作为一名记者，对于这样一本由中国朋友撰写的描写我们埃及的农业专著，感到由衷的敬佩并由此产生了更多启发：中国正在大力推动的“一带一路”等全球倡议，不仅在于讲好“中国故事”，更在于讲好“埃及故事”，这恐怕就是中国领导人经常提及的“美美与共”的核心思想吧！

在埃及积极投身并参与推动“金砖+”机制深化拓展的当下，本书的出版具有特殊的时代意义。作者通过翔实的数据论证揭示，埃中农业合作不是简单的技术转移，而是两大文明体系在现代化进程中的协同进化。这种基于平等互鉴的合作模式，为南南合作提供了可复制的范式，既可视为现代“丝绸之路”的功能延续，更是“全球发展倡议”在非洲大陆的生动实践。

一个有生命力的“一带一路”，必定是无数个美好故事的组合，才最终连接成为“新丝绸之路” 上闪亮的“珍珠”。一个伟大的“南南合作”，必定是无数个洪亮声音的和弦，才最终汇聚成全球南方的动人乐章。一个坚如壁垒的“金砖机制”，必定是每一方千锤百炼的泥土，才能浇筑成无惧风雨的铜墙铁壁。

《埃及农业综论》的价值，不仅在于其学术创新，更在于它架设起文明互鉴的新桥梁。当中国的“人类命运共同体”理念邂逅埃及的“尼罗河馈赠”哲学，迸发出的将是破解全球农业困境的东方智慧。我期待能够通过将这本书介绍给更多的埃及朋友推动更多埃中文化交流互鉴。期待这部著作能成为“一带一路”合作中在构建“知识共同体”方面的重要基石，让埃及尼罗河与中国长江的农业文明对话，谱写新时代的“双河记”。

埃及有句谚语：生命惧怕时间，而时间惧怕金字塔。相信埃中友谊如金字塔般经得起时间的考验。

哈立德·埃尔·沙米
新闻记者
今日埃及报

Review

THANK YOU VERY MUCH FOR YOUR TRUST, Dr. DING, and for inviting the renowned Egyptian media to pay attention to the exchange and mutual learning between Egyptian and Chinese agriculture. It was a good idea. We had a brief exchange in Cairo about Egyptian agriculture and Egyptian-Chinese agricultural cooperation, and I also highly appreciate Dr. DING's love for Egypt and his profound understanding of Egyptian agriculture. "*Al-Masry al-Youm*" (*Today's Egypt*) is a mainstream Egyptian media outlet widely regarded as one of the most trusted news sources in Egypt, known for its "impartial and selfless" reporting style. As a journalist for a mainstream newspaper who has been focusing on Egypt and its surrounding regions' politics, economy, and society for a long time, I have been dedicated to building and fostering Egyptian-Chinese friendly relations and cooperation.

I am also very interested in Egyptian agriculture, believing that Egypt's highly diverse agriculture will play a very important role not only in the future of green and sustainable agriculture in Egypt but also in helping Egypt improve its current economy and alleviate regional tensions. It is very pleasing to see this comprehensive treatise on Egyptian agriculture—— "*The Terminator of Poverty with His New Rural Era-Comprehensive Review of Egyptian Agriculture* (*Research on Rural and Sustainable Development in Egypt*)" a year after our last conversation. This "*Comprehensive Review of Egyptian Agriculture*" delves into the performance of intergovernmental partnerships, civil organizations, and international institutions in various agricultural application fields. Through this book, readers can vividly experience the fascinating agricultural narratives of a distant yet historically rich mysterious country, and appreciate the regional and global influence of Egyptian agriculture, as well as its sustainable development capabilities under multiple challenges.

The book not only focuses on research into Egyptian agriculture but even expands into broader fields such as domestic governance and bilateral and multilateral international relations in Egypt. It is a comprehensive work that is grounded in professionalism, looks to the world, and transcends professional limitations. Reading this book will bring you more unexpected insights. More importantly, readers can gain more inspiration about the economic landscape and regional governance of North Africa, the Middle East, and even the entire African continent through a panoramic view of Egypt. By reading the book, there will be a joyful reading experience you have and unique literal deliver making it worth reading for more non-specialist readers.

The "*Comprehensive Review of Egyptian Agriculture*" breaks away from the conventional framework of agricultural studies and constructs a three-dimensional analytical framework of "historical depth-current challenges- future vision" . The author meticulously traces the irrigation wisdom of the pharaonic era with the rigor of an archaeologist, keenly analyzes the agricultural carrying capacity of the Nile Delta with the acumen of an economist, and sketches out the sustainable development pathways and visions for international governance of this desert oasis nation with the perspective of a diplomatic strategist. This interdisciplinary research paradigm resonates with Egypt's three national initiatives: "*Decent Life*" , "*Egypt's Future*" and the "*2030 Vision*" .

The book's exposition of regional governance in Egyptian agriculture is particularly ingenious. The author innovatively places Egyptian intensive agriculture within the contexts of African integration, regional alliances, and international dialogue mechanisms, conducting comparative studies to reveal the potential for Egyptian agricultural products to integrate with the African common market and become the foremost hub for regional logistics and trade. This pragmatic solution is based on the characteristics and advantages of Egypt as well as Africa and the Arab region, and provides an Eastern perspective on breaking down current trade barriers and disputes, especially the dilemma in agricultural trade.

Additionally, I was pleasantly surprised that the author named this book as part of the "*Agricultural Diplomacy*" *series*. Elevating agricultural cooperation to the level of diplomatic strategy is the most innovative theoretical contribution of this book. It reflects the author's seamless integration of long-term professional practice and diplomatic experience. The author keenly recognizes that specialized diplomatic efforts in professional fields will play an irreplaceable role in addressing future global challenges and regional conflicts.

Egypt, like China, is a historically significant traditional agricultural powerhouse currently facing unprecedented challenges during its industrialization process. The surrounding international environment of Egypt is equally fraught with crises, and diverse specialized diplomatic tools may offer Egypt more solutions. The author's proposed "three-tier theory" of *Agricultural Diplomacy*—bottom-layer technology transfer, middle-layer policy coordination, and top-layer civilizational dialogue—aligns well with Egypt's current developmental needs. Especially under the backdrop of dock with the *Suez Canal Economic Belt* with the "*Belt and Road*" initiative, this theoretical framework demonstrates forward-thinking strategic vision.

Notably, the book's analysis of Egypt's agricultural diversity goes beyond mere economic dimensions. The author perceptively points out that the rise and fall of the cotton-growing belt serves as a microcosm of Egypt's industrialization process; the restructuring of the date palm industry chain can be seen as a thermometer for regional economic integration in North Africa; cooperation in fisheries around inland lakes aiding Egypt's food security could be viewed as a signal for participating in Mediterranean regional governance; and comprehensive rural governance enhancing "*decent life*" resonates with the *United Nations Sustainable Development Goals* (*SDGs*). As a journalist, I deeply admire this book, written by a Chinese friend about Egypt's agriculture, and it has sparked further inspiration. China's global initiatives, such as the "*Belt and Road*" are not only about telling "China's stories" but also about telling "Egypt's stories". This might be the essence of the "*harmony in diversity*" philosophy often mentioned by Chinese leaders.

In the current context of Egypt actively participating in and promoting the deepening and expansion of the "*BRICS+*" mechanism, the publication of this book holds special significance. Through substantial data-driven arguments, the author reveals that Egyptian-Chinese agricultural cooperation is not merely about technology transfer but represents the synergistic evolution of two great civilizations during their modernization processes.

This cooperative model, based on equality and mutual learning, provides a replicable paradigm for "*South-South cooperation*". It can be seen as an extension of the modern "*Silk Road*" functions and a vivid manifestation of the "*Global Development Initiative*" on the African continent.

A vibrant "*Belt and Road*" is inevitably a combination of countless beautiful stories, ultimately connecting to form the dazzling "pearls" along the "*New Silk Road*". A great "*South-South Cooperation*" is inevitably the harmony of countless resonant voices, ultimately converging into the melodious symphony of the *Global South*. A "*BRICS+*" mechanism as strong as a fortress is inevitably built from the well-refined soil of each member, forging a bastion of iron.

The value of "*A Comprehensive Overview of Egyptian Agriculture*" lies not only in its academic innovation but also in bridging a new avenue for civilizational exchange. When China's "*community with a shared future for mankind*" philosophy meets Egypt's "*gift of the Nile*" philosophy, it ignites the eastern wisdom to unlock global agricultural challenges. I look forward to introducing this book to more Egyptian friends, fostering cultural exchanges and mutual learning between Egypt and China.

I hope this work becomes a cornerstone in building a "*knowledge community*" within "*Belt and Road*" cooperation, enabling a dialogue between the agricultural civilizations of Egypt's Nile and China's Yangtze River, composing a new chapter of the "Tale of Two Rivers".

There is an Egyptian proverb: Life fears time, and time fears the pyramids. I believe that the friendship between Egypt and China can withstand the test of time like a pyramid.

Khaled El Shamy
Journalist
Al-Masry al-Youm

在沙漠与绿洲的千年对话中，埃及农业正立于命运十字路口，但法老的土地被“水—粮—能”三重枷锁禁锢。变革的密钥藏在魔法三棱镜中：滴灌技术亲吻羞涩的绿洲、设施农业拥抱狂野的戈壁、荒漠改造唱响中国方案。但真正的革命仍需“法老与农夫的新约”——“尼罗河流域粮食安全共同体”：跨境水资源协作、粮安区块链……让沙漠玫瑰在数字土壤中绽放。这些不是选择，而是抉择：要么在黄沙中书写新的生存史诗，要么再次沦为世界粮仓版图上的木乃伊。

——DeepSeek（V3 Model, Web version）

2025.2.11

埃及有句谚语：世上只有两种动物能够到达金字塔顶，一种是雄鹰，一种是蜗牛。蜗牛当然就是“步步为营”，那么雄鹰所代表的呢——就是一种创新的理念，一种开拓的勇气和眼光。这正是这本书所希望传达给读者的。

——阿里·埃尔·希夫尼（埃及前外交部副部长）

本书深入探索研究埃及的历史、经济、文化、特别是农业，为读者打开了深度了解埃及和国际粮农的一扇窗口。当我们读到书中浩瀚的知识、精美的文字、深刻的见地时，作者钻研求真、笔耕不辍的精神跃然纸上，我深感不懈努力攀登的人，一定能达到思想上、学术上的高峰。

——薛亮（中国农业科学院研究员、原党组书记）

埃中农业合作不是简单的技术转移，而是两大文明体系在现代化进程中的协同进化。尼罗河与长江的农业文明对话将谱写新时代的“双河记”。

——哈立德·埃尔·沙米（《今日埃及报》新闻记者）